Territoires et terres d'histoires

Perspectives, horizons, jardins secrets dans la littérature française d'aujourd'hui

Édité par
Sjef Houppermans
Christine Bosman Delzons
Danièle de Ruyter-Tognotti

Rodopi

AMSTERDAM - NEW YORK, NY 2005

The paper on which this book is printed meets the requirements of
'ISO 9706: 1994, Information and documentation - Paper for documents -
Requirements for permanence'.

Le papier sur lequel le présent ouvrage est imprimé remplit les prescriptions
de 'ISO 9706: 1994, Information et documentation - Papier pour documents
- Prescriptions pour la permanence'.

ISBN: 90-420-1984-0
Editions Rodopi B.V., Amsterdam - New York, NY 2005
Printed in The Netherlands

Edinburgh University Library

Books may be recalled for return earlier than due date;
if so you will be contacted by e-mail or letter.

S

Due Date	Due Date	Due Date

FAUX TITRE

258

Etudes de langue et littérature françaises
publiées sous la direction de

Keith Busby, M.J. Freeman,
Sjef Houppermans et Paul Pelckmans

TABLE DES MATIÈRES

INTRODUCTION

Le dernier Français à recevoir le prix Nobel était un Chinois. En effet, en 2002 c'est Gao Xingjiang qui fut le lauréat et son œuvre continue à surprendre et à émerveiller tous ceux qui veulent bien se laisser charmer par elle. Que ce soit un long roman complexe comme *La Montagne de l'Ame* ou encore les nouvelles qui touchent chaque fois avec une précision extrême l'essence d'une situation, que ce soit son théâtre (écrit en partie en français d'ailleurs) ou bien ses peintures légères comme le vent, puissantes comme l'orage, c'est véritablement d'un créateur universel qu'on peut parler. Il combine joyeusement la finesse orientale et l'héritage tragique de l'Ouest (qu'il connaît très bien en tant que traducteur et ancien professeur), il tisse une vaste tapisserie multicolore d'inspiration postmoderne, mais peut tout aussi bien être caractérisé de moderniste par les aspects subjectivistes et autonomistes de ses textes. Et pourquoi pas lui appliquer le prédicat de 'classique', tant il reprend et renouvelle l'univers mythologique et sacré d'une culture mondiale, ou même celui de 'baroque', car les lignes de ses envolées lyriques le mènent vers des perspectives toujours ouvertes où l'enjolivement ludique et l'aspiration vers un au-delà du réel se marient.

Quel écrivain français d'aujourd'hui pourrait avoir la même envergure ? Sans doute un Claude Simon dont le chatoyant « Jardin des Plantes » et l'irrésistible petit tramway ont fait nos délices ces dernières années, couronnant une œuvre de constante recherche et de puissant témoignage et l'on n'a sans doute pas fini d'en découvrir les trésors[1]. Julien Gracq peut-être, dont l'oeuvre est d'une sagesse plus posée, mais d'une force stylistique comparable. Il n'est certes pas question ici de formuler des verdicts et des prédictions. L'intention n'est pas d'établir un inventaire, mais

---

[1] Signalons le beau commentaire que Mireille Calle-Gruber donne de l'œuvre simonienne dans son étude récente *Le Grand Temps*, Lille, Éditions du Septentrion, 2004.

de s'introduire dans le flux d'une production littéraire en pleine effervescence. Peut-être celle-ci est-elle moins reconnaissable qu'elle n'a pu l'être jadis : multiforme, polyvoque, elle s'ouvre sur de larges perspectives au-delà des frontières des genres, des langues, des nationalités. Parmi l'immense flot de la création internationale elle se cherche et se perd parfois sans doute, pour le meilleur et pour le pire. Quant aux lecteurs, ils se constituent leur 'niche', leur jardin secret, qui n'est pas nécessairement peuplé de bestsellers et de pamphlets tape-à-l'œil.

Dans ce panorama, on découvrira donc les fruits grappillés lors de nos randonnées entreprises au gré de notre bon plaisir, sans oublier le désir d'enthousiasmer tout lecteur avide de partir avec nous en expédition de reconnaissance ou de surprise. Précisons que nous, l'équipe qui veillait et conversait gaiement autour du berceau de ce livre tout en scrutant l'horizon, se constitue de deux compagnies principales. Tout d'abord, le groupe d'étude de textes d'avant-garde (GAG) qui depuis les années 80 du siècle dernier s'est réuni régulièrement pour fouiner et creuser dans les terriers de la création littéraire en français. Que lazzi, verve et brio ne furent jamais exclus se lit dans la connotation ludique de l'appellation du GAG. Parmi les quelques centaines de livres qui ont passé la revue, nous avons fait une sélection personnelle qui exprime à la fois notre plaisir de lecture et l'intuition d'avoir ainsi découvert certains textes qui 'persistent'. A ce premier groupe de lecteurs se sont joints des amis de partout, qui partagent notre enthousiasme à une certaine distance et qui ont bien voulu parler ici d'une œuvre qui leur tient particulièrement à cœur.

Premier étonnement joyeux : malgré toutes les prophéties négatives les gens continuent à lire, un peu de tout bien sûr, un peu partout, un peu dans le désordre sans doute. Quelle joie de passer d'un grand classique à un poète d'aujourd'hui, de voguer d'un Echenoz à Le Clézio, de passer aussi bien d'un policier à un roman de suspense, de parcourir une bande dessinée après un essai philosophique (sans oublier les reportages sportifs qu'il faut *relire* après avoir biglé l'affaire – c'est le charme de la reprise comme cela vaut pour le récit érotique, ou encore les textes polyformes qui s'éparpillent sur le Grand Réseau de l'Internet – j'en oublie et des meilleurs). C'est que le lecteur est curieux et ne s'en laisse pas imposer par les fabricants de fausse illusion ou de bouquins clonés (pas toujours d'ailleurs). Le fameux horizon d'attente de Jauss est devenu parfaitement élastique, c'est devenu le zapping d'un lectorat éclectique qui prend son butin où bon lui semble.

Ce cadre implique également la réalité d'un immense cirque publicitaire et médiatique (et d'un certain public bichonné ou encore effaré). Les deux tendances majeures d'une production de loukoum imprimé paraissent être le déballage massif et totalitaire de l'intimité en mal d'exhibition et d'autre part, la spectaculaire omniprésence de son partenaire inséparable, le CUL. Les autobiographies de toute orientation rejoignent les parties de 'loft' métropolitaines, les 'garden parties' de Catherine Millet vont à la rencontre des jeunes délurées de Virginie Despentes, les romances dans les îles alternent avec l'horreur surdosée des 'serials'. Quelques articles de ce recueil se penchent sur cette problématique : ainsi le spasmodique Houellebecq et l'écumant Beigbeder se retrouvent sous le scanner, tandis que Christine Angot sera visionnée en tant que phénomène publicitaire et de publication. Et pour les amateurs de frissons on fera une petite excursion en compagnie du néo-gothique Grangé.

De manière plus générale, on peut poser que dans notre ère du 'post', la littérature se diversifie et se réoriente sur son propre passé, retrouvant les strates où son imaginaire en imposa à un lectorat multiple et oubliant en passant les engagements historiques trop souvent piégés. De cette dernière situation Olivier Rolin a donné un portrait drôle et mélancolique à la fois, dont est étudié ici le ton particulier. La tendance générale qui en résulte est bel et bien ce retour du sujet, tant sous la forme de l'individu léchant ses plaies, roulant sa bosse, scrutant mémoire et conscience que sous celle du personnage projeté dans des intrigues de tout acabit, qui narrent des destinées d'exultation et de détresse, des aventures vers les limites de l'humain, tout comme des voyages autour d'une chambre. Sylvie Germain s'engage dans cette voie, oscillant entre un renouveau des mythes et une inspiration gombro-vicienne ; François Bon, pour sa part, parti jadis du fond bétonné des cités, retrouve l'odeur des vieilles tractions et le son des pierres qui roulent ; quant à Antoine Volodine, il nous sert ses curieuses escapades en pays de merveilles époustouflantes et nappées de sa spécifique sauce post-exotique.

Si le goût du bricoleur n'est certes pas absent de ces œuvres, pareil goût se révèle de manière encore plus prononcée dans les recherches et errances des explorateurs postmodernes (quoique ce label fasse sursauter maint apprenti sorcier devant l'incoercible poussée de son désir). Le postmoderne ne veut plus tracer les lois du monde mais leur dérégulation diversifiée ; il reprend galamment l'héritage d'hier pour y poser ses signets et se complaît dans les variantes et les citations ; il promeut l'impersonnalisation des sentiments et des affects, fait un brassage des croyances et des idéologies ; il invite à la participation ludique, au jeu de mille miroirs, à l'ouverture sur les univers virtuels, à l'exploitation des formes et des formules. Benoît Peeters poursuit dans ce sens la grande tradition belge, que l'on pense à Magritte ou à Hergé ; Hélène Cixous jongle en virtuose sur la limite du fictif et du vécu ; Marie Darrieussecq retravaille les sensations, les formes et les narrations pour parler d'une féminité intelligente, raffinée et sensuellement *unheimlich*, avec un brin de chien bien parisien ; Tanguy Viel, lui, apparaît comme un véritable prestidigitateur qui joue avec les conventions littéraires et vogue entre la fascination des images et les séductions de la rhétorique. Et n'oublions pas le grand prêtre des cérémonies formelles, le souriant charmeur des romanesques, le metteur en scène libertin d'un érotisme fétichiste plutôt câlin que sulfureux, Alain Robbe-Grillet de l'Académie Française qui renoue avec Kierkegaard et quelques autres satrapes du désir.

Pourtant, toute cette vaste saga de saltimbanques et d'acrobates, de contorsionnistes de l'alambic et de mimes du Grand Œuvre, d'appariteurs d'alcôves douillets et de lits de Procuste, ne doit pas faire oublier cette autre catégorie d'auteurs dont les pas se dirigent vers les grandes solitudes, ceux qui se délectent dans les froids intenses ou qui parcourent les déserts de pierre (il arrive d'ailleurs que ces voyageurs austères croisent le chemin des romanichels jouisseurs, ce qui ne manque pas de profiter aux uns et aux autres). La rigueur de leur discipline, la déontologie esthétique qu'ils vénèrent, les grands phares qu'ils tentent de conserver en tant que parangons, la fidélité à l'héritage langagier et culturel rendent leur activité éminemment précieuse et fragile, comme la danse des lépidoptères, tenace aussi telle l'architecture des castors. De ces quelques traits, tout un chacun aura reconnu le profil de Pascal Quignard, voix de basse de la grande littérature française, sculpteur de lettres à la manière noire, au regard tourné vers le jadis. Tout comme lui, mais à leur façon, Bergougnioux et Millet portent aussi leurs regards vers le passé, que ce soit en rejoignant la tribu des ancêtres dont ils tentent de sauvegarder le patrimoine ou en confrontant le poids de l'ère des villes à celui de l'espace des 'fadas'. Ces auteurs, qui racontent la nouvelle légende des siècles, réécrivent et transforment une certaine histoire de France et se font les mémoires vives du plateau de Millevaches et du Limousin.

D'autre part, saluons le travail de la mémoire (devoir historique ou deuil personnalisé) qui lentement, précieusement, tisse la toile des noms sur la trame de l'oubli. Autant que Modiano, dans la continuité de l'inoubliable et génial Perec, un auteur comme Henri Raczymow inscrit avec une patience admirable les phrases et les sentences qui font que nous continuons à intégrer les figures douloureuses et tragiques du passé dans notre poursuite du bonheur et de la justice.

Si finalement une notion peut surnager après ce bain de mers diverses, polaires et tropicales, nordiques et méditerranéennes, houle de Bayonne et caresse de la marée thyréenne, c'est probablement celle d'un élargissement de l'horizon. Paris apparaît alors comme une ville limitrophe si l'on part se balader du côté de Port-au-Prince ou dans les rues de Québec. La littérature francophone signe la jeunesse et la prolifération d'une écriture en français qui, tout en reprenant le meilleur de la tradition, s'épanouit suivant de nouvelles pratiques thématiques et langagières. Ainsi dans les livres de Soucy et de Trouillot dans lesquels se mêlent recherche d'identité et épopée de l'enfance, posant de par là même sur le monde une interrrogation et un regard sinon angoissés du moins désemparés. Pareille incursion dans le domaine d'Alice, et sur ses traces, nous permet pourtant de terminer par un bain de jouvence et de mouvance, qui promet un avenir radieux aux pérégrinations gagistes, et qui cherche aussi à vous proposer une chaleureuse invitation aux voyages.

Christine Bosman Delzons   Danièle de Ruyter-Tognotti

Sjef Houppermans

L'esprit fin de siècle dans l'œuvre de Michel Houellebecq et de Frédéric Beigbeder

Sabine van Wesemael

Le mythe de la fin de siècle est né au cours des années 1880-1900. C'est surtout vers la fin d'un siècle, en effet, que prédomine l'impression d'une fin, d'un monde en train de se défaire. Le terme 'fin de siècle', qui connut un succès foudroyant à l'époque, répond donc à un sentiment de vague angoisse devant une ère qui s'achève. Un tel état d'esprit fut alimenté, entre autres, par les œuvres de Wagner et imprégné du pessimisme du philosophe Schopenhauer, dont la doctrine trouvait de plus en plus de résonances. A tout cela il faut ajouter, en ce qui concerne la France du moins, la démoralisation qui suivit la défaite de 1870. Après une période de conquêtes, la France entre par là même dans une ère de décadence. Le roman *Les Hors Nature* de Rachilde, publié en 1897, montre très bien combien la guerre franco-allemande reste vive dans l'imagination.[1] Une sorte d'abattement moral semble prendre possession de la France ; une tonalité de fatigue, de crise, de civilisation vieillissante domine la littérature d'alors. Aussi celle-ci apparaît-elle comme la lente agonie du monde ancien et l'approche d'une fin certaine, que les artistes sont nombreux à décrire comme un prélude d'apocalypse. Presque cent ans plus tard, en 1996, Michel Houellebecq écrit son recueil de poésies, *Le Sens du combat*, qui contient un poème, *Fin de soirée*, dans lequel l'auteur fantasme également la fin du XXe siècle vue comme la fin d'un monde. Il y exprime, symétriquement au pourrissement

---

[1] Voir aussi E. Weber, *Fin de siècle*, Paris, Fayard, 1986, p.19 : « [...] la défaite et l'occupation en 1814-1815, et de nouveau en 1870, laissaient entendre et confirmaient que l'ère conquérante de la France touchait à sa fin pour faire place à l'expérience nouvelle et difficile de la décadence ».

corporel, le sentiment de vivre les ultimes moments d'une civilisation à son déclin :

> [...] Le lobe de mon oreille droite est gonflé de pus et de
> sang. Assis devant un écureuil en plastique rouge symboli-
> sant l'action humanitaire en faveur des aveugles, je pense
> au pourrissement prochain de mon corps. Encore une souf-
> france que je connais mal et qui me reste à découvrir, prati-
> quement dans son intégralité. Je pense également et symé-
> triquement, quoique de manière plus imprécise, au pourris-
> sement et au déclin de l'Europe. [...][2]

Dans son roman *Là-Bas*, Huysmans déclarait que « les queues de
siècle se ressemblent. Toutes vacillent et sont troubles. Alors que
le matérialisme sévit, la magie se lève. Ce phénomène réapparaît,
tous les cent ans »[3]. Huysmans avait-il raison ? Une analyse con-
trastive de l'œuvre de quelques auteurs de la fin du XIXe siècle et
de l'œuvre d'auteurs actuels tels que Houellebecq et Beigbeder,
semble le confirmer. Il en ressort des thèmes communs, comme la
décadence sociologique, la névrose et le culte du morbide et la
perversion sexuelle. Mais il y a bien sûr aussi des différences.

Inutile, sans doute, de présenter Houellebecq. Personne ne
peut plus l'ignorer depuis la polémique dans laquelle il s'est trouvé engagé lors de la parution ses *Particules élémentaires*. C'est en
1991 que commence sa carrière littéraire avec la publication de
Rester vivant, un recueil de textes qui annonce le projet de
l'auteur. En 1994 paraît son premier roman, *Extension du domaine de la lutte*. Houellebecq y raille la société de consommation et raconte la solitude sexuelle, intellectuelle et morale d'un
jeune informaticien perdu dans le monde présenté comme un su-
permarché. Son recueil de poèmes de 1996, *Le Sens du combat*,
obtient le prix de Flore. En 1998 *Interventions*, recueil qui se
compose de textes critiques et de chroniques, et *Les Particules
élémentaires*, son second roman (qui obtint le prix Novembre et

---

[2] Michel Houellebecq, *Poésies*, Paris, J'ai lu, 1999, p.20.
[3] J-K Huysmans, *Là-bas*, Paris, Le Livre de poche, 1988, p.290.

fut traduit en plus de 25 langues), paraissent simultanément. *Les Particules élémentaires* suscite des réactions passionnelles d'une rare véhémence. Quant aux deux derniers romans de l'auteur, *Lanzarote* (2000) et *Plateforme* (2001) ils ont eux aussi donné lieu à une agitation, parfois fabriquée, dans les mois de la rentrée littéraire : beaucoup de lecteurs se sont offusqués de la brutalité pornographique du dernier roman, dans lequel le protagoniste Michel considère le tourisme sexuel comme remède à l'indigence sexuelle et affective du monde occidental.

Beigbeder, ami intime de Houellebecq et grand amateur des romans de celui-ci, nous offre également une critique de la société, qui choque et dérange. Beigbeder a d'ailleurs lui-même des activités littéraires diverses et variées : il est à la fois critique littéraire et concepteur-rédacteur pour des agences de publicité ; il se charge de la chronique mondaine dans plusieurs magazines, en sus de son travail de romancier. Son premier roman, publié en 1990, *Mémoires d'un jeune homme dérangé*, raconte la vie du dandy Marc Maronnier, pour qui la vie est une suite de jeux télévisés et qui ne pense qu'à s'amuser. Ce personnage, qui revient dans plusieurs romans de Beigbeder, est le plus grand fêtard de Paris, buvard invétéré et drogué notoire. En 1994 paraît *Vacances dans le coma* dont l'action se situe entièrement dans une boîte de nuit et en 1997 *L'Amour dure trois ans*, roman dans lequel l'auteur cherche à évacuer son divorce. Mais Beigbeder doit surtout sa notoriété à son roman *99 francs* qui dévoile le monde de la publicité d'aujourd'hui. *99 francs* est un procès à charge contre les publicitaires.

Houellebecq et Beigbeder ne sont d'ailleurs pas les seuls à publier des livres remplis de colère. Pascal Bruckner, par exemple, dans son essai *L'Euphorie perpétuelle* (2000) est lui aussi d'avis que notre époque raconte une étrange fable : celle d'une société vouée à l'hédonisme, dans laquelle tout devient irritation et supplice. De même Virginie Despentes, qui a fréquenté les clubs échangistes avec son ami Houellebecq, peint la décadence de notre société actuelle.

La haine de l'âge actuel

A la fin du XIXe siècle règne donc un sentiment de décadence. On sent l'abattement physique et moral de la société moderne, alors que, sur le plan des réalités concrètes, le dix-neuvième siècle a été un siècle de progrès scientifique et social. Au cours de la décennie 1880-1890, par exemple, apparaissent des inventions qui ouvrent la porte sur l'avenir, telles le téléphone, le télégraphe, l'électricité, la machine à écrire et les transports publics de masse. Or, les fins de siècle dénient justement le credo du siècle progressiste, de la science omnipotente, du bourgeois satisfait et de l'industrialisme victorieux. Les auteurs décadents veulent prendre le siècle à rebours. Leurs personnages détestent ce monde moderne avec tous ses prétendus acquis. Des Esseintes, le héros d'*A rebours* de Huysmans, prétend fuir le monde contemporain qu'il vomit : « Enfin, depuis son départ de Paris, il s'éloignait de plus en plus de la réalité et surtout du monde contemporain qu'il tenait en une croissante horreur [...] ».[4] A Fontenay-aux-Roses Des Esseintes se construit un refuge de raffiné et de décadent. Et il n'est pas le seul fin-de-siècle à choisir la vie érémitique. Monsieur de Bougrelon du roman éponyme de Jean Lorrain, dernier représentant d'une race illustre, vit en exil à Amsterdam. Paul de Fertzen des *Hors Nature* de Rachilde appartient également à la catégorie des esthètes qui vivent dans une retraite solitaire. Le jeune dilettante, désenchanté et dégoûté de la société, devient le personnage favori de nombreux romans. C'est ce que les républicains au pouvoir ont bien compris. Ils ont vu dans le pessimisme une critique directe du régime. La plupart des fins-de-siècle se situent, en effet, dans l'opposition.

L'épuisement physique et moral de la société dans laquelle ils vivent est en effet une idée partagée par tous ceux que l'on nomme 'fin-de-siècle'. « Tout n'est que syphilis », s'écrie Des Esseintes. Aussi de nombreux écrivains professent-ils le détachement esthétique, la retraite solitaire comme solution à ce profond dégoût de l'âge actuel. Mais cette vie d'ermite tourne le plus souvent à l'échec. Des Esseintes sombre de plus en plus dans la

---

[4] J-K Huysmans, *A rebours*, Paris, Folio,1977, p.296.

démence et *Les Hors Nature* de Rachilde se termine par un incendie dévastant la retraite artificielle et raffinée que Paul-Éric de
Fertzen s'était construite. Aucune échappatoire possible donc au
malheur de la condition humaine.

Tous les romans fin-de-siècle se caractérisent, comme il a
déjà été signalé, par une certaine anti-modernité. On n'aime pas le
monde moderne. Ce refus du contemporain se dégage également
des romans de Michel Houellebecq et de Frédéric Beigbeder. On
retrouve chez eux cette idée d'une civilisation parvenue à son
déclin par épuisement. Ainsi le narrateur d'*Extension du domaine
de la lutte* de Houellebecq, cet informaticien désabusé, refuse une
société qu'il vomit : « Je n'aime pas ce monde. Décidément, je ne
l'aime pas. La société dans laquelle je vis me dégoûte ; la publicité m'écœure ; l'informatique me fait vomir »(p.82). Et Octave,
ce publicitaire publiphobe, protagoniste de *99 francs* de Beigbeder, ne cesse de souligner la décrépitude de notre civilisation actuelle :

> Les hommes politiques ne contrôlent plus rien ; c'est
> l'économie qui gouverne. Le marketing est une perversion
> de la démocratie [...]. C'est ainsi qu'on tue l'innovation,
> l'originalité, la création, la rébellion. Tout le reste en dé-
> coule. Nos existences clonées... Notre hébétude somnam-
> bule... L'isolement des êtres... La laideur universelle anes-
> thésiée... Non, ce n'est pas une petite réunion. C'est la fin
> du monde en marche. On ne peut pas à la fois obéir au
> monde et le transformer. Un jour, on étudiera à l'école
> comment la démocratie s'est autodétruite. (p.40)

Houellebecq et Beigbeder partagent donc avec leurs confrères du
XIXe siècle un profond nihilisme. Leur condamnation de la société contemporaine est au moins aussi radicale. La détresse individuelle de leurs protagonistes et la crise collective placent leurs
œuvres dans la logique d'une fin de siècle. On y trouve cette
même critique du progrès, du bourgeois satisfait et de la démo-
cratie. Mais s'y ajoute une virulente critique des prétendus acquis

du XXe siècle : la libération sexuelle, le féminisme et l'individualisme. Michel Houellebecq s'en prend notamment au libéralisme sexuel. Il se présente comme un anti-soixante huitard, convaincu que l'Occident a dégénéré parce que les valeurs traditionnelles se perdent. Prise de position anti-libertaire qui domine par exemple son premier roman *Extension du domaine de la lutte* : « Tout comme le libéralisme économique sans frein, et pour des raisons analogues, le libéralisme sexuel produit des phénomènes de paupérisation absolue », constate le narrateur désabusé (p.100). Houellebecq ne cesse de souligner la décadence sociologique et morale dans laquelle s'enfonce, selon lui, la société française depuis la fin des années 50. L'extension progressive du marché de la séduction, l'éclatement concomitant du couple traditionnel, le décalage économique de l'Europe occidentale, la destruction des valeurs morales judéo-chrétiennes, l'apologie de la jeunesse et de la liberté individuelle ont eu pour conséquence que dans notre société actuelle l'individu n'est plus séparé du marché. Mais cette fois-ci la solution offerte n'est pas la retraite solitaire et élitiste. Bruno et Michel de *Plateforme* sont internés dans un hôpital psychiatrique et le Michel des *Particules élémentaires* fuit en Irlande où il se suicide. Chez Houellebecq pas de réaction idéaliste contre la platitude réaliste. L'auteur se complaît à proclamer une réaction néo-conservatrice et plaide pour des aménagements au libéralisme tant économique que sexuel. Seuls un retour aux normes et aux valeurs traditionnelles (femme au foyer, restauration de la famille et de la religion comme pierres angulaires de la société) et une croyance infinie en l'importance de la science et de la technique pour l'amélioration de l'espèce humaine peuvent sauver notre société expirante.

Beigbeder lui aussi manifeste une volonté de rupture avec le XXe siècle, son immoralisme, son individualisme, son aspect libertaire et antisocial. Tout comme Huysmans, il est antimoderne. Ce à quoi il s'oppose avant tout, c'est le capitalisme vainqueur, la muflerie des bourgeois. Ce qui est honni dans le capitalisme, à travers les notions de production, d'argent, de vulgarité, de bêtise, c'est l'uniformité, c'est la répétition. Ainsi Octave dans *99 francs*, qui écrit un roman pour se faire virer de l'agence de pub où il travaille, s'écrie-t-il :

> Idéalement, en démocratie, on devrait avoir envie d'utiliser le formidable pouvoir de la communication pour faire bouger les mentalités au lieu de les écrabouiller. Cela n'arrive jamais car les personnes qui disposent de ce pouvoir préfèrent ne prendre aucun risque. Les annonceurs veulent du prémâché, prétesté, ils ne veulent pas faire fonctionner votre cerveau, ils veulent vous transformer en moutons, je ne plaisante pas, vous verrez qu'un jour ils vous tatoueront un code-barre sur le poignet (p.39).

C'est à travers les destins d'Octave et de Marc Marronier, tous deux publicitaires et chroniqueurs mondains, et qui se trouvent à la pointe de la société de consommation et à la cime de la société de communication, que Beigbeder lance ses critiques. Comme Houellebecq, il dénonce l'individualisme excessif qui caractériserait notre société actuelle :

> La société dans laquelle nous sommes nés repose sur l'égoïsme. Les sociologues nomment cela l'individualisme alors qu'il y a un mot plus simple : nous vivons dans la société de la solitude. Il n'y a plus de familles, plus de villages, plus de Dieu. Nos aînés nous ont délivrés de toutes ces oppressions et à la place ils ont allumé la télévision. Nous sommes abandonnés à nous-mêmes, incapables de nous intéresser à quoi que ce soit d'autre que notre nombril (*L'Amour dure...,* p.155).

Marc Marronier, quant à lui, est nihiliste. Il écrit des romans ayant pour titres « Voyage au Bout de N'importe quoi », « L'Insoutenable Inutilité de l'Être » et « Les Souffrances du jeune Marronier ». Beigbeder s'est inspiré en ceci de Houellebecq et, tout comme ce dernier, il décrit la triste réalité du monde actuel, c'est-à-dire d'un monde où il n'y a plus que l'argent qui gouverne : « Produisons des millions de tonnes de produits entassés et nous serons heureux ! Gloire à l'expansion ! Surtout ne nous arrêtons pas pour réfléchir ![...] Le capitalisme transforme les gens en yaourts périssables, drogués au Spectacle, c'est-à-dire dressés pour écraser leur prochain », s'exclame Octave (*99 francs*, pp.25 et 241). Jamais de repos pour l'homo consommatus. Nous vivons dans un monde sans idéal, sans utopie, sans Dieu : « La Fin des Idéologies avait engendré une idéologie de la Fin. C'était le culte de la chute. Tout était bien qui finissait mal. Foutaises ! » (*Mémoires...*, p.83). La dernière idéologie qui nous reste dans ce monde laid à vomir est celle de la chirurgie esthétique. Les romans de Beigbeder sont aussi des livres sur l'impossibilité de l'engagement d'aujourd'hui. Tous les personnages, que ce soit Octave, Marronnier, ou Charlie veulent s'échapper mais ils sont tous prisonniers et ne s'échapperont jamais. A la fin de *99 francs*, Octave, qui a voulu se débarrasser de la pub, obtient une promotion. Il est nommé directeur de création. La seule solution, c'est que la machine purement économique de la société de consommation s'arrête : qu'il y ait un désastre écologique majeur ; que l'ONU se mette à avoir du pouvoir et dise stop ; que tout le monde se mette à brûler son téléphone portable, à casser sa télévision, à détruire sa carte de crédit.

Houellebecq et Beigbeder veulent montrer la dégradation de l'être moral dans notre société contemporaine. L'achèvement du siècle se conçoit selon eux comme un lent déclin, comme une corruption progressive du monde. Tout comme les auteurs de la fin du XIXe siècle, ils nous offrent un spectacle de fin de monde. Ils ont en commun le désir de mettre au jour et de réprouver un état de « décadence » de l'univers social. Les maux dénoncés sont le capitalisme vainqueur, le consumérisme, la muflerie du bourgeois, l'individualisme et l'industrialisme triomphant. Le monde est en décadence et proche de son écroulement. Des Esseintes opposait sa culture aux barbares modernes, ceux qu'il appelle les américanisés. Il professait le détachement esthétique. Ce mouvement d'orgueil aristocratique fait presque entièrement défaut à Houellebecq et à Beigbeder. Houellebecq prône le progrès contemporain des sciences nouvelles et plaide pour la création d'une nouvelle espèce. Pourtant, tous les romans évoqués ci-dessus se terminent par un échec. A chaque fois il s'agit d'une course à l'Apocalypse et il n'y a aucun moyen de s'en tirer.

La névrose et le culte du morbide
La névrose est la maladie décadente par excellence. Weber note à ce propos : « Cette insistance sur les nerfs et cette recherche des sources de l'énergie nerveuse allaient de pair avec un sentiment de perte d'enthousiasme, de lassitude, *d'énervement d'esprit* : dégradation générale de l'énergie apparemment confirmée par la théorie de l'entropie, dérivée de la deuxième loi de la thermody-namique » (p.21). Décadentisme et névrose sont inséparables. *Le Chercheur des tares* de Catulle Mendès, *Le Soleil des morts* de Camille Mauclair, A *rebours* de Huysmans constituent des exem-ples de cette littérature "nosographique" qui fleurissait à l'époque : des *Vingt et Un Jours d'un neurasthénique* d'Octave Mirbeau à *Monsieur Phocas* de Jean Lorrain, nombreux sont en effet les textes d'écrivains qui évoquent les phases d'une déchi-rante désagrégation psychique. La folie règne sur les lettres. Ain-si, Arsène Gravache, le héros de *Le Chercheur des tares* de Men-dès finit par être interné dans un hôpital psychiatrique. Et la las-situde mentale et morale a également atteint des Esseintes, qui nous est présenté comme un homme malade. Il souffre de faibles-ses, dégoûts, nausées, constipations, névralgies, hyperesthésie et illusions sensorielles. La névrose entre donc dans les modes et les affections de cette fin de siècle. Or, souvent, la maladie est reven-diquée comme une sorte de mal du siècle, si bien que la névrose est aussi, de quelque façon, désirée. Celui qui souffre d'une né-vrose est un être d'élite, un dégénéré supérieur. Des Esseintes illustre très bien cette théorie dans le premier chapitre dans son analyse des couleurs :

> En négligeant, en effet, le commun des hommes dont les grossières rétines ne perçoivent ni la cadence propre à cha-cune des couleurs, ni le charme mystérieux de leurs dégra-

dations et de leurs nuances ; en négligeant aussi ces yeux
bourgeois, insensibles à la pompe et à la victoire des teintes
vibrantes et fortes ; en ne conservant plus alors que les gens
aux pupilles raffinées, exercées par la littérature et par l'art,
il lui semblait certain que l'œil de celui d'entre eux qui rêve
d'idéal, qui réclame des illusions, sollicite des voiles dans le
coucher, est généralement caressé par le bleu et ses dérivés,
tels que le mauve, le lilas, le gris de perle, pourvu toutefois
qu'ils demeurent attendris et ne dépassent pas la lisière où
ils aliènent leur personnalité et se transforment en de purs
violets, en de francs gris (p.93).

A la fin du XIXe siècle, la névrose est donc un indice d'une valeur artistique et intellectuelle. Comme l'explique Weber, cette
idée est également confirmée par des scientifiques et s'enracine
dans le mouvement romantique : « C'est, en effet, également à
cette époque que des scientifiques, tel l'aliéniste Jacques Joseph
Moreau de Tours, auteur *De l'influence du physique sur le moral*
(1830) et des *Facultés morales* (1836), adoptèrent la conception
romantique du génie comme dérangement des sens » (p.38). La
névrose est donc considérée comme souffrance élitiste.

　　Rien de tel chez Houellebecq et Beigbeder. Leurs personnages sont sans doute également tous très mal dans leur peau.
Bruno dans *Les Particules élémentaires* de Houellebecq finit par
être interné dans un hôpital psychiatrique où ses pulsions sexuelles sont maîtrisées par des médicaments. Le narrateur d'*Extension
du domaine de la lutte* est sujet à de fréquents accès dépressifs :
« Mais rien en vérité ne peut empêcher le retour de plus en plus
fréquent de ces moments où votre absolue solitude, la sensation
de l'universelle vacuité, le pressentiment que votre existence se
rapproche d'un désastre douloureux et définitif se conjuguent
pour vous plonger dans un état de réelle souffrance. Et, cependant, vous n'avez toujours pas envie de mourir » (p.13). Pendant
le week-end cet homme-système déprime gentiment. Après sa
séparation avec Véronique il tente même de se suicider. Michel,
Annabelle et Christiane se suicident d'ailleurs au cours du roman.

Octave, publicitaire désillusionné, erre dans son désespoir et dans la superficialité de sa vie. Il n'écoute que des disques de suicidés (Nirvana, INXS, Mike Brant) et ne lit que des écrivains qui se sont suicidés (Hemingway, Gary, Chamfort, Woolf). Marc Marronnier, qui mâche des malabars jaunes à longueur de journée, a envie de se noyer dans la mer. Il renifle de la cocaïne pour amortir le spleen : « Longtemps, mon seul but dans la vie était de m'autodétruire » (p.63). Ce personnage se considère comme un pur produit de notre société de luxe inutile où tous les milliardaires sont sous Prozac. Tous, Bruno, Octave et Marc sont pris de crises de vomissements incontrôlables. Houellebecq et Beigbeder présentent donc également des héros atteints de maladies nerveuses. Mais, chez eux le lien entre génie et maladie n'est pas posé. Le dérèglement mental ne constitue plus un but à atteindre ; bien au contraire, il perd le statut mythique.

Cette écriture de la névrose est aussi habitée par la pulsion de la mort. Effectivement, l'une des manifestations évidentes de la crise à la fin du XIXe siècle est le goût des choses morbides et l'esthétique des atrocités. C'est ce qu'illustrent bien les titres des ouvrages littéraires publiés pendant cette période : *La Course à la Mort* d'Edouard Rod, *A Mort* de Rachilde, la *Morte* d'Octave Feuillet, les *Morts Bizarres* de Jean Richepin, la *Mort de Tintagiles* de Maeterlinck, *Du Sang, de la Volupté et de la Mort* de Barrès, n'en constituent que quelques exemples. L'Albert du roman éponyme de Louis Dumur se suicide et Paul et Reutler de Fertzen dans *Les Hors Nature* de Rachilde sont tués dans l'incendie qui dévaste leur propriété. Mais *A rebours* est probablement l'œuvre la plus représentative de cet imaginaire morbide fin-de-siècle. Ainsi, la cruauté s'inscrit dans les estampes de Jan Luyken et les gravures de Rodolphe Bresdin avec lesquelles Des Esseintes décore son boudoir. L'atrocité des représentations l'attire énormément :

> La *Comédie de la Mort* de Bresdin, où dans un invraisemblable paysage, hérissé d'arbres, de taillis, de touffes, affectant des formes de démons et de fantômes, couvert

d'oiseaux à têtes de rats, à queues de légumes, sur un terrain semé de vertèbres, de côtes, de crânes, des saules se dressent, noueux et crevassés, surmontés de squelettes agitant, les bras en l'air, un bouquet, entonnant un chant de victoire, tandis qu'un Christ s'enfuit dans un ciel pommelé, qu'un ermite réfléchit, la tête dans ses deux mains, au fond d'une grotte, qu'un misérable meurt, épuisé de privations, exténué de faim, étendu sur le dos, les pieds devant une mare (p.153).

Chez Houellebecq et Beigbeder cette séduction de l'horreur est aussi très manifeste. On peut également discerner chez eux une attraction morbide vers le macabre. Ainsi le narrateur d'*Extension du domaine de la lutte*, cet homme au teint cadavérique, songe-t-il aux garçons bouchers qui se masturbent avec des escalopes et il voudrait trancher à la hache les jambes des danseurs dans cet enfer qu'est pour lui la discothèque de l'Escale. A la fin du roman il rêve qu'il tombe de la cathédrale de Rouen : « Je tombe, je tombe entre les tours. Mon visage qui va se fracasser se recouvre de lignes de sang qui marquent précisément les endroits de la rupture. Mon nez est un trou béant par lequel suppure la matière organique » (142). Les protagonistes des *Particules élémentaires* sont eux aussi dominés par l'agressivité et la pulsion mortelle de la mort. Michel rêve de « poubelles gigantesques, remplies de filtres à café, de raviolis en sauce d'organes sexuels tranchés » (20). Et Bruno, quant à lui, rêve d'animaux. Il se voit en cochon gras sur le chemin de l'abattoir :

Dans la nuit du vendredi au samedi il dormit mal, et fit un rêve pénible. Il se voyait sous les traits d'un jeune porc aux chairs dodues et glabres. Avec ses compagnons porcins il était entraîné dans un tunnel énorme et obscur, aux parois rouillées, en forme de vortex. Le courant aquatique qui l'entraînait était de faible puissance, parfois il parvenait à reposer ses pattes sur le sol ; puis une vague plus forte arrivait, à nouveau il descendait de quelques mètres. De temps en temps il distinguait les chairs blanchâtres d'un de ses compagnons, brutalement aspiré vers le bas. [...] Il prenait progressivement conscience que le tourbillon les entraînait vers des turbines aux hélices énormes et tranchantes. Plus tard sa tête coupée gisait dans une prairie, surplombée de plusieurs mètres par l'embouchure du vortex. Son crâne avait été séparé en deux dans le sens de la hauteur ; pourtant la partie intacte, posée au milieu des herbes, était encore consciente. Il savait que des fourmis allaient progressivement s'introduire dans la matière cervicale à nu afin d'en dévorer les neurones ; il sombrerait alors dans une inconscience définitive (pp.169-170).

Des thèmes déjà familiers se dégagent de cette vision d'un abattoir : violence, sang, pourrissement, dégradation et mutilation, cinq éléments d'un réseau thématique bien connu s'associent l'un à l'autre dans ce passage. Les rêves de Michel et de Bruno soulignent la détresse sanglante et rancunière des héros. Détresse qui les pousse à la fascination animalière du cadavre et à souhaiter l'élimination des autres. Bruno désire tuer le Noir de sa classe, Ben, mais aussi sa grand-mère. Michel voudrait supprimer la race humaine. Mais c'est surtout l'aspect de la chair décomposée qui attire Houellebecq. Avec un réalisme hardi et nauséabond, il décrit des cadavres puants en état de putréfaction. C'est par exemple la vision de la désagrégation du cadavre du canari de Michel : « Des vers géants, aussi gros que l'oiseau, armés de becs, attaquaient son cadavre. Ils arrachaient ses pattes, déchiquetaient ses intestins, crevaient ses globes oculaires » (p.20). C'est encore Michel qui contemple le squelette de sa grand-mère : « Il avait vu le crâne souillé de terre, aux orbites vides, dont pendaient des paquets de cheveux blancs. Il avait vu les vertèbres éparpillées, mélangées à la terre » (p.286). De même, les rêves des héros de Beigbeder se soldent bien souvent par de véritables cauchemars. Ainsi dans *Mémoires d'un jeune homme dérangé*, Marc s'imagine qu'il tue son amante Anne : « Elle faisait la vaisselle et je suis entré dans la cuisine avec mon fusil à la main. Elle m'a souri et m'a dit d'arrêter de jouer avec ça, que c'était dangereux mais je l'ai fait taire d'un coup de crosse sur la tempe. Elle est tombée sur le carrelage, interloquée, ce qui m'a laissé le temps d'armer le flingue et de lui tirer une balle dans le ventre. Elle n'a pas crié longtemps. L'autre balle était pour la tête » (p.147). Marc, frustré, est dominé par une obsession malsaine. Sa vision du monde est nourri par la haine ; aussi voudrait-il tuer des passants innocents dans la rue : « [...] la ruelle était pleine d'inutiles souffreteux qui attendaient mon coup de grâce. Je mimais un fusil avec mes deux mains, visais calmement. Mon doigt ne tremblait pas quand j'appuyais sur la détente. Marc Marronnier, l'horrible serial-killer, le terrifiant mass-murderer, le traumatisant sexual-maniac avait encore frappé » (p.80). Octave, Tamara et Charlie, pour leur part, afin de se venger du capitalisme, tuent sans pitié une retraitée de Floride, actionnaire des fonds de pension, Miss Ward : « Il [Charlie] la rouait de coups, visait les yeux avec ses poings, a cassé sa bouteille de bière sur son nez, a fait sauter son dentier et l'a introduit dans sa chatte [...] » (p.201). Houellebecq et Beigbeder partagent ainsi avec les auteurs fin-de-siècle une esthétique de l'horreur, le goût des atrocités. Leurs romans se présentent également comme une écriture de la névrose habitée par la pulsion de la mort.

Le goût de l'artifice et une perversion liant la sexualité à la violence
Le goût de l'artifice est une caractéristique importante de l'art de la fin du XIXe siècle. Ainsi Des Esseintes définit son existence par le culte de l'art et de l'artifice et par la haine du naturel et de la nature. Face à la nature, le décadent dresse l'artifice. *Les Hors Nature* de Rachilde constitue une démonstration hautaine contre la nature. Comme Des Esseintes, le héros de Rachilde veut oublier son époque en se construisant une retraite artificielle et raffinée. L'artifice est supérieur à la nature, tel semble être également le message d'*A rebours*. Des Esseintes se crée sans cesse un monde imaginaire par des moyens artificiels. Ainsi il essaie de pallier son impuissance sexuelle en prenant un bonbon à essence féminine. C'est en effet surtout dans le domaine de la sexualité que cette haine du naturel devient tout à fait manifeste chez les

auteurs fin-de-siècle.[5] Ils fuient tous les amours normales. Weber
note à ce propos : « Occultistes, satanistes, sadiques, masochistes,
homosexuels, simples dilettantes de l'érotisme, pervers en tout
genre trouvaient que leurs activités satisfaisaient une certaine
nostalgie de la boue tout en témoignant d'une sensibilité raffinée
que ne pouvait combler une sexualité ordinaire » (p.112). Nombreux sont en effet les auteurs qui se délectent à décrire toute
sorte de perversions. Ainsi le sadisme a connu une grande vogue
à la fin du siècle. Pensons à *La Marquise de Sade* de Rachilde
(1886), au *Jardin des Supplices* de Mirbeau (1898-9) et à *La
Vertu Suprême* de Péladan (1900). Un autre thème cher aux sym-
bolistes, que nous retrouvons ici, est celui de l'androgynie. Ainsi
le héros des *Hors Nature*, Paul-Éric de Fretzen, suscite autour de
lui cette fascination propre à l'androgyne. Son cabinet de toilette
est somptueux comme un boudoir de reine, il pousse des cris de
femme et pour le bal de l'Opéra il se travestit en princesse de By-
zance. Huysmans, lui aussi, était fasciné par les hommes-femmes.
Dans la famille de Des Esseintes « l'effémination des mâles était
allée en s'accentuant » (p.5). La première maîtresse évoquée dans
A *rebours*, miss Urania, est désirée à cause d'un possible échange
de sexe. Des Esseintes a l'impression de se féminiser et, réciproquement, l'acrobate se masculinise. En quelque sorte, il préfère la
femme dénaturée. Qui plus est, pour bien des héros de la fin du
siècle le sexe est un mal. Pour *Albert* de Louis Dumur par exemple. Ce personnage vit la sexualité comme un affreux cauchemar :

> Ce frottement d'une chair contre une autre, arrivé à ce degré
> où l'on tient l'objet du désir, naturel, matériel, sous soi, en
> soi, sans plus aucun reste à l'imagination, puisque la viande
> réelle, indéguisée s'écrase entre les bras, ce frottement est

---

[5] Voire également J. Pierrot, *L'Imaginaire décadent*, Paris, PUF, 1977, p.157 :
« Les Décadents découvrent la sexualité, mais c'est en grande partie pour refuser ses formes normales. Car ici intervient un nouvel aspect, dont nous avons
déjà noté la présence, de l'antinaturalisme, qui est le refus de l'amour normal et
de la sexualité dans la mesure même où ils leur paraissent ressortir au domaine
de la nature. L'antinaturalisme entraîne logiquement un antiféminisme, parce
que la Femme symbolise la nature ».

un supplice, le supplice de vouloir plus, on ne sait quoi, d'aller au-delà, quand il n'y a rien, de s'aplatir contre le but, lorsque l'élan est immense et calculé pour le dépasser infiniment.[6]

Rien d'étonnant donc à ce qu'on trouve souvent une représentation funèbre du féminin. *Monsieur de Bougrelon* de Jean Lorrain appartient bien à cette littérature misogyne de son époque, qui ne cesse d'accomplir le meurtre symbolique du féminin. Monsieur de Bougrelon préfère les femmes mortes : « Et les femmes de Botticelli doncques, la grâce de leur nudité fuyante et gracile, le piment de leur maigreur, la *Primavera* surtout ! Tel que vous me voyez, messieurs, je fus épris durant deux ans de cette nymphe à face de goule, car c'est une goule et peut-être pis ! L'ambiguïté de son sexe nous tenait angoissés, fiévreux, exaspérés, monsieur de Mortimer et moi, car nous eûmes toujours, mortes ou vivantes, les mêmes maîtresses ; mais nous préférions les mortes pour l'inanité même de notre passion, trempée, telle une épée, dans la lave et le soufre du désespoir ».[7] La femme est la perdition, l'être impur. Par conséquent, le sexe naturel est une réalité qu'il faut éviter. Or, derrière le refus du sexe se dessine souvent l'angoisse de la castration. Ainsi le chapitre VIII d'*A rebours* raconte le cauchemar de Des Esseintes voué à la castration à cause de l'étreinte d'une femme-fleur :

Il se trouvait, au milieu d'une allée, en plein bois, au crépuscule ; il marchait à côté d'une femme qu'il n'avait jamais ni connue, ni vue ; elle était efflanquée, avec des cheveux filasse, une face de bouledogue, des points de son sur les joues, des dents de travers lancées en avant sous un nez camus. [...] Alors, son sang ne fit qu'un tour et il resta cloué, par l'horreur, sur place. Cette figure ambiguë, sans sexe, était verte et elle ouvrait dans des paupières violettes, des yeux d'un bleu clair et froid, terribles ; des boutons en-

---

[6] *Romans fin-de-siècle*, p.211.
[7] idem, p.119

touraient sa bouche ; des bras extraordinairement maigres, des bras de squelette, nus jusqu'aux coudes, sortaient de manches en haillons, tremblaient de fièvre, et les cuisses décharnées grelottaient dans des bottes à chaudron, trop larges. L'affreux regard s'attachait à Des Esseintes, le pénétrait, le glaçait jusqu'aux moelles ; plus affolée encore, la femme bouledogue se serra contre lui et hurla à la mort, la tête renversée sur son cou roide (p.195).

Des Esseintes révèle donc une tendance à libidiniser la violence, à érotiser la cruauté. C'est pourquoi il lit le marquis de Sade.

Chez Houellebecq et Beigbeder on constate une perversion semblable, qui lie la sexualité à la violence. Ainsi le narrateur d'*Extension du domaine de la lutte* voudrait se mutiler, se faire souffrir. Il aimerait se couper le sexe :

Je me réveille. Il fait froid, devant ces outils tachés de sang, je ressens au détail près les souffrances de la victime. Bientôt, je suis en érection. Il y a des ciseaux sur la table près de mon lit. L'idée s'impose : trancher mon sexe. Je m'imagine la paire de ciseaux à la main, la brève résistance des chairs, et soudain le moignon sanguinolent, l'évanouissement probable. Le moignon, sur la moquette. Collé de sang. Vers onze heures, je me réveille à nouveau. J'ai deux paires de ciseaux, une dans chaque pièce. Je les regroupe et je les place sous quelques livres. C'est un effort de la volonté, probablement insuffisant. L'envie persiste, grandit et se transforme. Cette fois mon projet est de prendre une paire de ciseaux, de les planter dans mes yeux et d'arracher. Plus précisément dans l'œil gauche, à un endroit que je connais bien, là où il apparaît si creux dans l'orbite. Et puis je prends des calmants, et tout s'arrange. Tout s'arrange (pp.142-143).

Le dégoût de soi et le désir de castration et de mutilation vont de pair dans ce passage. Dans bon nombre des poèmes de Houelle-

becq, on rencontre également cette thématique de l'automutilation
volontaire, des images hantées par le pourrissement du corps et la
volonté de s'infliger une mutilation. Une des hantises fondamen-
tales de la vision de Houellebecq est l'appesantissement, la dé-
chéance et la mutilation du corps. Le poème 'Apaisement' de *La
Poursuite du bonheur* en constitue un bon exemple :

> Tout seul au point du jour - solitude sereine
> Un manteau de brouillard descend de la rivière
> La tristesse a fini par dissiper la haine,
> Je ne suis déjà plus du monde de la matière.
>
> Hier mon corps sacrifié rampait sur le dallage
> Et je cherchais des yeux un couteau de cuisine
> Du sang devait couler, mon cœur gonflé de rage
> Secouait péniblement les os de ma poitrine.
>
> L'angoisse bourgeonnait comme un essaim de vers
> Cachés sous l'épiderme, hideux et très voraces ;
> Ils suintaient, se tordaient. J'ai saisi une paire
> De ciseaux. Et puis j'ai regardé mon corps en face.
>
> Tout seul au point du jour - infinie solitude
> La rivière charrie des monceaux de cadavres
> Je plane à la recherche de nouvelles latitudes,
> Un caboteur poussif remonte vers Le Havre.

Le sang, la rage, le pourrissement du corps, les cadavres, voilà
des éléments qui soulignent l'obsession mortelle de l'auteur. Ainsi, Bruno dans *Les Particules élémentaires* est obsédé par la désagrégation de son organe sexuel : « Il bandait en permanence. Il
avait l'impression d'avoir entre les jambes un bout de viande
suintant et putréfié, dévoré par les vers » (p.192). Quant à Michel,
il s'est plus ou moins castré : « sa bite ne lui servait plus qu'à
pisser » (p.28). Chez Houellebecq, la sexualité se révèle également souvent meurtrière. Bruno tue le chat de sa mère après avoir

regardé le sexe de celle-ci : « Le chat m'a regardé à plusieurs reprises pendant que je me branlais, mais il a fermé les yeux avant
que j'éjacule. Je me suis baissé, j'ai ramassé une grosse pierre. Le
crâne du chat a éclaté, un peu de cervelle a giclé autour » (p.91).
Perversion violente également lorsque David di Meola démembre
un bébé sous le regard de sa grand-mère. Il arrache brutalement
« un oeil à la vieille femme avec ses doigts avant de se masturber
dans son orbite saignante » (p.255). Chez Beigbeder la cruauté est
aussi intimement liée au sexe. Ainsi Marc Marronnier se laisse
séduire de temps en temps par des fantaisies sado-masochistes, au
demeurant plutôt anodines : « Je me suis réveillé par une vive
douleur sur le torse. Je suis attaché aux montants du lit et Anne
me fouette avec une ceinture. Elle vise toujours le même endroit.
J'ai le ventre en feu. Ce n'est que quand elle se décide à taper
plus bas que je commence à me débattre. Alors elle me caresse
longuement, ce qui me laisse le temps de me détacher » (p.101).
Mais c'est surtout dans 'la nouvelle la plus dégueulasse de ce
recueil' de *Nouvelles sous ecstasy* que le lien entre la sexualité et
la violence devient tout à fait manifeste. Dans cette nouvelle,
deux amants se font subir les pires supplices pour se prouver
qu'ils s'aiment. Ils mangent des excréments, ils ont des rapports
avec un chien, avec le cadavre d'un proche et avec une personne
séropositive qui ne portait pas de préservatif. A la fin de cette
histoire il devient clair que pour ce couple l'amour sera une éter-
nelle souffrance. Au lieu de tuer sa compagne, l'amant la quitte :
« Non, je ne l'ai pas tuée. C'eût été trop facile. Je voulais qu'elle
souffre toute son existence, pour me certifier son amour absolu à
chaque seconde et jusqu'à ce que mort s'ensuive. C'est pourquoi
je l'ai quittée » (p.78).

On constate d'ailleurs aussi bien chez Houellebecq que
chez Beigbeder une certaine haine de la nature et du naturel. C'est
ainsi que leurs héros ont tous une horreur profonde de la procréation : s'impose donc chez eux le thème de l'anti-procréation,
qu'on trouvait également, entre autres, chez Huysmans. L'enfant
est le fruit de la nature et à ce titre il est rejeté par le décadent.
Octave dans *99 francs* dit qu'il ne veut pas d'enfant parce qu'il en

est un lui-même : « Je suis mon propre fils » (p.70). Marc Marronier estime qu'il est criminel, égoïste et narcissique de donner
naissance à quelqu'un dans notre monde corrompu. Bruno fait
une dépression lorsqu'il apprend qu'Anne est enceinte : « Quand
j'ai appris qu'elle attendait un garçon j'ai eu un choc terrible.
D'emblée c'était le pire, il allait falloir que je vive le pire. J'aurais
dû être heureux ; je n'avais que vingt-huit ans et je me sentais
déjà mort » (p.213). Et Michel dans *Les Particules élémentaires*,
quant à lui, proclame la disparition totale des humains créés par la
procréation naturelle.

De plus, la sexualité dans les textes de Houellebecq et de
Beigbeder prend souvent une forme masturbatoire. Michel tout
comme Des Esseintes nous est présenté comme un être asexué et
il en est de même pour le narrateur et pour Tisserand d'*Extension
du domaine de la lutte*. Pour eux l'abstinence est un choix. Octave, Bruno et Marc se masturbent pour satisfaire leurs désirs
sensuels. L'onanisme est donc une solution très souvent adoptée
par les héros de Houellebecq et de Beigbeder. Chez Houellebecq,
notamment, on constate un mouvement de va-et-vient dans
l'œuvre entre l'exaltation de la sexualité et sa défervescence.
Dans son premier roman, *Extension du domaine de la lutte*, la
réaction face à la femme est l'écœurement et le rejet. Depuis son
divorce d'avec Véronique le narrateur a perdu le goût de pratiquer
l'amour. Il garde pour lui toute sa libido, sans vouloir en transfé-
rer la moindre partie sur un objet quelconque. Il est un masturba-
teur invétéré et autiste. En termes freudiens on peut dire que nous
avons affaire à un adulte demeuré au stade infantile de l'auto-
érotisme. Cette régression dans l'infantile s'explique par le fait
que la femme représente pour lui le mal. Il a horreur de ces créa-
tures mutilées et ressent un mépris écrasant à leur égard. Il les
réduit au trou :

> Je n'éprouvais aucun désir pour Catherine Lechardoy ; je
> n'avais nullement envie de la *troncher*. Elle me regardait en
> souriant, elle buvait du Crémant, elle s'efforçait d'être cou-
> rageuse ; pourtant, je le savais, elle avait tellement besoin

d'être *tronchée*. Ce trou qu'elle avait au bas du ventre devait lui apparaître tellement inutile. Une bite, on peut toujours la sectionner ; mais comment oublier la vacuité du va-
gin ? Sa situation me semblait désespérée, et ma cravate
commençait à me serrer légèrement [...] J'allais vomir dans
les toilettes (pp.46-47).

Le narrateur souscrit à la théorie freudienne du primat du phallus,
la femme voulant un pénis comme l'homme. Le narrateur conçoit
les parties génitales de la femme comme effectivement mutilées.
Castration accomplie, menace de castration, derrière le refus de la
femme se profile l'angoisse de castration. Freud a déclaré à ce
propos dans *La Vie sexuelle* : « L'attitude de rejet, mêlé de beaucoup de mépris de l'homme à l'égard de la femme doit être attribuée au complexe de castration et à l'influence de ce complexe
sur le jugement porté sur la femme ».[8] Nous avons déjà constaté
que le narrateur éprouve des impulsions de contrainte, comme
celle de se trancher le sexe. Dans *Extension du domaine de la
lutte* la sexualité n'est pas le lieu de mystère ou de la fièvre, mais
de la honte et de l'écœurement. Confronté à la femme, le narrateur ressent un désir de souillure : il vomit. Pour le narrateur, la
sexualité est un état d'excitation et de tension qui est ressenti
comme déplaisir. Les vomissures représentent pour lui une sorte
de substitut de la satisfaction sexuelle. Elles constituent le symptôme hystérique de la crainte refoulée de la menace de castration
    Dans *Extension du domaine de la lutte* la libido est donc
ressentie comme déplaisante. Cependant, dans leurs autres romans Houellebecq et Beigbeder n'exhibent pas la féminité
comme un danger mortel ; bien au contraire. Les femmes sont le
plus souvent érotisées à l'extrême et les deux auteurs professent
une apologie de la sensualité et de l'amour libre. Christiane, Annabelle, Valérie et Alice sont toujours disponibles pour satisfaire
le plaisir masculin : « Alice, elle, n'a pas fréquenté ces cercles
pourris. Elle considère le sexe, non comme une obligation, mais
comme un jeu dont il convient de découvrir les règles avant,

---

[8] S. Freud, *La Vie sexuelle*, Paris, PUF, 1969, p.72.

éventuellement, de les modifier. Elle n'a aucun tabou, collectionne des fantasmes, veut tout explorer. Avec elle, j'ai rattrapé trente années de retard », constate Marc dans *L'Amour dure trois ans* (p.103). La femme devient alors un mythe idéaliste : femme-opium, dont la vie sexuelle semble, seule, éclairer la noirceur, l'abject d'un paysage humain générateur de pessimisme. Toutefois, ces femmes sublimes de grandeur d'âme à l'égard de leur compagnon meurent de manière atroce. Annabelle, atteinte d'un cancer généralisé, se suicide. Christiane est retrouvée morte en bas de son escalier à côté de sa chaise roulante et Valérie dans *Plateforme* est tuée lors d'un attentat commis par des extrémistes musulmans. Ces femmes seraient-elles punies de leur liberté sexuelle ?

De l'Apocalypse au carnaval
Les romans fin-de-siècle discutés ci-dessus se présentent tous comme une course vers l'Apocalypse. A la fin Des Esseintes se trouve condamné à vivre, à retourner dans le monde. Arsène Gravache est interné dans un hôpital psychiatrique. Paul-Éric et Reutler de Fretzen sont tués dans un incendie. Monsieur de Bougrelon meurt. Et Albert se suicide. Le roman fin-de-siècle ne propose pas de véritable issue. Il est régi par ce mouvement pendulaire de néantisation du monde et de retour à son propre vide intérieur. L'idée même de lutte, de futur, paraît dérisoire. Les œuvres de Houellebecq et Beigbeder ont elles aussi des accents d'Apocalypse. Octave dénonce avec un pessimisme rarement aussi radical le monde actuel, qu'il considère pourri et dirigé par la publicité. A la fin il est arrêté et mis en prison. Aucune alternative n'est donc offerte au monde moderne. Même les habitants de Ghost Island, l'île féerique qu'Octave s'était imaginée, sombrent dans la dépression. Marc Marronnier, pour sa part, finit par n'attendre plus que le jour de sa mort. Même vivant, il se considère d'ailleurs comme mort : « Je ne souris plus. C'est au-dessus de mes forces. Je suis mort et enterré. Je ne ferai pas d'enfants. Les morts ne se reproduisent pas [...] Je crois que je suis la personne la plus triste que j'aie jamais rencontrée » (p.25). Le narra-

teur d'*Extension du domaine de la lutte* parcourt la vie sans pouvoir y prendre part. Cela ira même de mal en pis, pour se terminer dans le grand ratage complet : « Elle n'aura pas lieu, la fusion sublime ; le but de la vie est manqué. Il est deux heures de l'après-midi », note le narrateur à la fin du livre (p.156). Bruno est interné dans un asile d'aliénés. Michel se suicide après avoir stipulé la fin de la race humaine. Et que dire de Michel de *Plateforme* qui finit par constater que l'écriture de son roman ne le sauvera pas de l'oubli : « On m'oubliera. On m'oubliera vite » (p.370).

Mais lorsque ces perspectives deviennent trop oppressantes, Houellebecq et Beigbeder se mettent à faire les pitres. Dans leur univers règne également, en effet, une drôlerie qui est à peine présente dans les romans de la fin du XIXe siècle. Ainsi les personnages de Houellebecq optent souvent pour le cynisme et l'ironie et s'en font gloire. L'humour et la parodie déforment souvent la réalité suffocante de ses romans. Bruno lit Kafka en se masturbant dans l'autorail et Michel s'inspire du catalogue 3 Suisses pour sa conception rénovatrice de la société :

> Le catalogue 3 Suisses, pour sa part, semblait faire une lecture plus historique du malaise européen. Implicite dès les premières pages, la conscience d'une mutation de civilisation à venir trouvait sa formulation définitive en page 17 ; Michel médita plusieurs heures sur le message contenu dans les deux phrases qui définissaient la thématique de la collection : 'Optimisme, générosité, complicité, harmonie font avancer le monde. DEMAIN SERA FÉMININ (*Les Particules*..., p.153).

A la fin du livre, le disciple de Michel réutilise la phrase "demain sera féminin" pour vanter la nouvelle humanité inventée par le héros. Conclusion qui s'impose : c'est un slogan des 3 Suisses qui fonde la nouvelle humanité – le cynisme atteint ici son comble, d'autant plus que le catalogue sert encore à autre chose :

A titre personnel, il [Michel] se masturbait peu ; les fantasmes qui avaient pu, jeune chercheur, l'assaillir au travers de
connexions Minitel, voire d'authentiques jeunes femmes
[...] s'étaient progressivement éteints. Il gérait maintenant
paisiblement le déclin de sa virilité au travers d'anodines
branlettes, pour lesquelles son catalogue 3 Suisses, occasionnellement complété d'un CD-ROM de charme à 79
francs, s'avérait un support plus que suffisant (p.151).

L'œuvre de Houellebecq est parsemée de propositions anodines
dont la juxtaposition produit un effet absurde qui, jusqu'à un certain degré, entrave le message didactique du texte. C'est par
exemple : « Il [Michel] n'arrivait plus à se souvenir de sa dernière
érection ; il attendait l'orage » (p.26). Beigbeder, quant à lui, excelle à dérouter ses lecteurs en ayant recours à des comparaisons
tout à fait absurdes. C'est par exemple Marc Marronnier qui
constate : « A part une casserole de lait qui déborde, il n'y a pas
grand-chose sur terre de plus sinistre que moi » (p.32). Ou encore
: « Au XXe siècle, l'amour est un téléphone qui ne sonne pas »
(p.110). On remarque donc chez Houellebecq et Beigbeder une
constante recherche du bouffon, du dévaluant, qui fait de leurs
prophéties sinistres un mélange de trivialité et de mythe.

Conclusion
Il semble légitime de rapprocher les deux fins de siècle. Beigbeder et Houellebecq sont jusqu'à un certain degré fascinés par les
mêmes thèmes que les auteurs de la fin du XIXe siècle : la faillite
de l'espoir, la fin des temps et des hommes, le trop plein culturel,
le refus du contemporain, la névrose, l'attrait de la souillure et de
l'abjection, le goût du morbide, l'horreur de la procréation et la
perversion. Des Esseintes, Bruno, Octave, Marc et d'autres personnages ressentent tous un dégoût généralisé de la vie. Ils se
caractérisent par une lassitude morale et mentale. Chez Houellebecq et Beigbeder se cristallisent également ce pessimisme forcené, cette mythologie de la dépréciation existentielle. Leurs personnages, tout comme ceux de leurs confrères de la fin du XIXe

siècle, sont les produits et les victimes d'une civilisation en déroute. Dans *Rester vivant* Houellebecq affirme à ce propos :

> Le monde est une souffrance déployée. A son origine, il y a
> un nœud de souffrance. Toute existence est une expansion
> et un écrasement. Toutes les choses souffrent, jusqu'à ce
> qu'elles soient. Le néant vibre de douleur, jusqu'à parvenir
> à l'être dans un abject paroxysme. [...] Toute société a ses
> points de moindre résistance, ses plaies. Mettez le doigt sur
> la plaie, et appuyez bien fort. Creusez les sujets dont per-
> sonne ne veut entendre parler. L'envers du décor. Insistez
> sur la maladie, l'agonie, la laideur. Parlez de la mort, et de
> l'oubli. De la jalousie, de l'indifférence, de la frustration, de
> l'absence d'amour. Soyez abject, vous serez vrai (pp.9 et
> 26).

Le récit houellebecquien est un récit de la douleur et de l'horreur :
non seulement parce qu'il s'agit là des thèmes dominants de ses
œuvres, mais aussi parce que toute la position narrative semble
commandée par la nécessité de traverser l'abjection. Pour Houellebecq la souffrance est le moteur de la création ; il y trouve une
volupté créatrice. Par là même, l'auteur Michel Houellebecq,
contrairement à ses personnages, rejoint ainsi les théories du dégénéré supérieur des artistes fin-de- siècle : « Développez en vous
un profond ressentiment à l'égard de la vie. Ce ressentiment est
nécessaire à toute création artistique véritable » (*Rester vivant*,
p.11). Il faudra donc être névrosé pour être un véritable artiste.

Mais il y a aussi des différences entre ces deux fins de siècle. Ainsi Houellebecq et Beigbeder ne manifestent pas de prédilection pour la femme dénaturée et les inversions sexuelles :
l'homosexualité, la bisexualité, l'androgynat. Au dédain misogyne pour le corps féminin des auteurs de la fin du XIXe siècle,
ils opposent le mythe de la femme-opium. La seule exception à
cette règle constitue *Extension du domaine de la lutte,* où la
femme est rabaissée. Dans les autres romans, par contre, seul
l'amour pour une femme permet aux protagonistes d'échapper

momentanément au pessimisme noir de notre époque. Mais cela
n'empêche que leur nihilisme soit au moins aussi défaitiste que
celui des auteurs de la fin du XIXe siècle. C'est que chez Houellebecq et Beigbeder la névrose n'est pas un indice d'une valeur
artistique et intellectuelle ; elle n'est pas positivement valorisée.
Ils rompent avec le mythe du dégénéré supérieur. Une seule
échappatoire dans cet univers qui pue : le rire. Plus que leurs confrères de la fin du XIXe siècle, Houellebecq et Beigbeder se situent entre le dégoût et le rire, l'apocalypse et le carnaval.

Bibliographie

F. Beigbeder, *Mémoires d'un jeune homme dérangé*, Paris, La
Table Ronde, 1990.
—, *L'Amour dure trois ans*, Paris, folio, 1997.
—, *99 francs*, Paris, Grasset, 2000.
G. Ducrey, *Romans fin de siècle*, Paris, Robert Laffont 1999.
S. Freud, *La Vie sexuelle*, Paris, PUF, 1969.
M. Houellebecq, *Extension du domaine de la lutte*, Paris, J'ai lu,
1994.
—, *Le Sens du combat*, Paris, Flammarion, 1996.
—, *Rester vivant*, Paris, Flammarion,1997.
—, *Les Particules élémentaires*, Paris, Flammarion,1998.
—, *Lanzarote*, Paris, Flammarion, 2000.
—, *Plateforme*, Paris, Flammarion, 2001.
J-K. Huysmans, A *rebours*, Paris, Gallimard-Folio, 1977.
—, *Là-bas*, Paris, Le Livre de Poche, 1988.
J. Pierrot, *L'imaginaire décadent*, Paris, PUF, 1977.
E. Weber, *Fin de siècle*, Paris, Fayard, 1986.

L'autoreprésentation dans une époque massmédiatisée : le cas Angot

Jeanette den Toonder

Christine Angot fait profession de s'écrire, au plus juste, au plus vrai. Par-delà le récit d'une liaison homosexuelle, elle revient, encore une fois, à son père.[1]

Ce livre semble être le produit sur-mesure pour fan moyen d'Angot, l'énième suite d'autres témoignages, je dis bien 'témoignages' car il me semble que c'est le maître-mot de cette écriture-là.[2]

Le narcissisme est de rigueur, qui ne prétend nullement à la rectitude. La vogue des diaristes de tout poil affectés de nombrilisme contagieux submerge le paysage éditorial, devenu […] la vitrine du 'tout-l'égo'.[3]

Ces quelques critiques résument les reproches repris chaque fois que Christine Angot publie un nouveau livre : elle ne parle que d'elle, de manière obsessive, répétitive, voire narcissique – « elle revient, encore une fois », « l'énième suite »… La vie personnelle la plus intime est présentée comme un article en vitrine, ce qui semble paradoxalement entraîner la perte de toute authenticité : cet étalage dépasserait l'écriture intime, n'offrant aucune ouver-

---

[1] Daniel Martin, « Il faut lire Angot… », *Le Magazine littéraire*, no. 380, octobre 1999, p.82.

[2] Frédéric Vignale, « Coups de gueule, coups de cœur, soyez critiques ! », *Le Matricule des Anges*, 29 octobre 1999.
 Disponible sur www.lmda.net/ecritures/vignalangot.html, consulté le 30 septembre 2003.

[3] Armelle Datin, « Christine Angot. *Quitter la ville* », *Nuit blanche*, no. 82, printemps 2001.

ture vers un lecteur non plus confident mais voyeur. Comme l'a fait remarquer Liesbeth Korthals Altes à propos de *Sujet Angot* : « Avec son apparente exhibition d'intimité, ce texte en fait n'en établit aucune[4] ». Dans l'œuvre angotienne, le voyage intérieur du 'moi' n'entraînerait donc pas l'intimité qui conduirait à une autre forme de révélation, celle des lecteurs à eux-mêmes, puisque ceux-ci se voient jetés « hors de l'intimité » de la position de ce 'moi' (Korthals Altes). Ainsi, le témoignage tournerait en rond, se mordant la queue.

L'auteur, de son côté, conteste ces critiques évoquant la faute classique d'une confusion entre auteur et narrateur qui serait pardonnée à un lecteur naïf, mais dont la presse ne devrait pas se rendre coupable : « Tu me connais ? On se connaît ? Qui t'a dit que je parlais de moi ? On ne se connaît pas. Tu n'as pas entendu parler, dans tes études, de la différence auteur-narrateur, ça ne te dit rien ? » (*Sujet Angot*, p.52). En effet, si ses œuvres s'appuient – implicitement, mais souvent aussi explicitement – sur des faits réels et vérifiables, elles n'en explorent pas moins la limite de la fiction et de la réalité. Tout en affirmant que sa vie se trouve à la base de son écriture, Angot se permet de nier l'évidence, posant ainsi sans cesse la question du rapport de l'écrivain à la réalité : « Je n'ai jamais écrit sur l'inceste. le sujet ne m'intéresse pas » a-t-elle ainsi déclaré en février 2001.

La confusion entre réalité et fiction est encore renforcée par le débat qui se déroule dans les médias entre Angot et ses critiques. Un métaniveau est pour ainsi dire ajouté, ce dont l'auteur se sert, non seulement pour rendre publique son opinion à l'égard de la presse, mais également pour la transformer en une œuvre littéraire. Chaque entretien, chaque article de presse, peuvent ainsi constituer la base d'un nouveau roman. De plus, la venue d'Angot sur les plateaux de télévision accentue les rapports entre sa vie, son écriture et le public. Sa présence dans les médias montre que « le personnage public fait partie intégrante du travail de

---

[4] Liesbeth Korthals Altes, « Ironie, ethos textuel et cadre de lecture : le cas de *Sujet Angot* », à paraître.

l'écrivain » comme le résume Patrice Bouin dans un *Magazine Littéraire*.

Après avoir étudié le rôle de la médiatisation de l'écrivain et de la littérature dans la première partie de cet article, j'insisterai sur la question de l'écriture de soi dans cette époque massmédiatisée. Cette étude sera essentiellement basée sur trois œuvres de Christine Angot, *Sujet Angot* (1998), *Quitter la ville* (2000) et *Pourquoi le Brésil ?* (2002). En outre, pour des raisons d'approfondissement, je me référerai aussi parfois à *L'Inceste* (1999). Par commodité, je me référerai à ces ouvrages en utilisant les abréviations SA, QV, PB et LI.

Les médias et la création de réalité

Dans son étude récente *Littératures intimes*, Sébastien Hubier fait remarquer que les médias « travestissent les fictions en documents vécus, au point que les écrivains doivent s'évertuer à expliquer la part de création intervenue dans leurs ouvrages. Les écrits intimes et/ou personnels apparaissent comme un passage obligé dans une carrière d'écrivain et apparaissent comme une consécration[5] ».

En effet, le lectorat semble davantage s'intéresser autant à la vie personnelle des écrivains qu'aux rapports entre cette vie et leurs œuvres littéraires. Il me semble que cet intérêt est, au moins en partie, suscité par la façon dont les auteurs sont actuellement re-présentés dans la presse et à la télévision. Ces médias mettent de plus en plus l'accent sur la personne de l'auteur, qui, dans les émissions, est invité à divertir le public par des remarques avisées et amusantes et à qui il est demandé d'avoir une présence à la fois forte et séduisante. Ces programmes traitent du produit littéraire en passant par son créateur ce qui incite les éditeurs, de leur côté, à faire pression sur les auteurs pour qu'ils se présentent dans les journaux, les magazines et à la télévision.

Dans certains cas, les romanciers combinent même le métier d'écrivain avec une carrière sur le petit écran, même si cette

---

[5] Sébastien Hubier, *Littératures intimes. Les expressions du moi, de l'autobiographie à l'autofiction*, Paris, Armand Colin, coll. « U », 2003, p.41.

carrière d'animateur est parfois brève. Frédéric Beigbeder par
exemple a animé du 16 septembre à la fin novembre 2002
« L'hypershow » diffusé tous les soirs sur Canal Plus. Cette émission consistait en interviews et entretiens axés sur l'image des
invités, français et étrangers. A travers cette formule Beigbeder
voulait faire comprendre « le processus de création chez un artiste ». Il est a noter que l'animateur lui-même avait publié un
roman qui dénonce le monde falsifié par le pouvoir puissant et
redouté de l'image animée. Le protagoniste de *99 Francs*, qui
rédige des slogans publicitaires, finit par se retourner contre la
publicité[6]. En ayant accepté d'animer cette émission télévisée
quotidienne, l'auteur semblait tenter une réponse « au produit par
le produit[7] ».

   Il n'est d'ailleurs pas le seul écrivain qui, tout en contribuant à l'intérêt accordé à sa personne dans les médias, aborde
frontalement « l'asservissement des individus aux lois du spectacle » (Badré, p.66). Badré cite en exemple des romans de Marie Darrieussecq, Régis Jauffret et Virginie Despentes, comme
autant de preuves des effets souvent destructeurs des lois mar-
chandes régnant dans notre société du spectacle. Ainsi, de jeunes
écrivains développent dans leurs fictions certains aspects de la
théorie debordienne dont les fondements ont été formulés par le
situationniste français dans son ouvrage *La Société du spectacle*[8]. Cette étude, datant des années soixante, bénéficie en ce
début du millénaire d'un regain d'intérêt, notamment auprès de
la jeune génération d'auteurs. La parution de la troisième édition
de son ouvrage en 1992 ainsi que le dossier que *Le Magazine
littéraire* a consacré à ses pensées en 2001, témoignent de
l'intérêt porté à la théorie critique de Debord.

   Pour Guy Debord, la notion de spectacle souligne le règne
des images dans la société capitaliste moderne. Le développe-

---

[6] Paris, Grasset, 2000.
[7] Frédéric Badré, « Debord dans le roman français », *Le Magazine littéraire*,
no. 399, juin 2001, p.66.
[8] Guy Debord, *La Société du spectacle*, Paris, Gallimard Folio, 1992 (1ière éd.
1967). Les références sont à l'édition Folio.

ment rapide de notre société de consommation exige un changement du rôle de la culture – et plus spécifiquement de celui de l'art – qui est « devenue intégralement marchandise » (p.187). Selon lui, la culture est ainsi niée : « La négation réelle de la culture est seule à en conserver le sens. Elle ne peut plus être *culturelle* » (p.200), comme l'a d'ailleurs illustré Michel Houellebecq qui dénonce violemment les conséquences d'une telle dérive. Cet auteur présente en effet le déclin d'un monde empoisonné par les pensées libertaires de la génération de 68, en mettant en scène la consommation sans limite d'une marchandise spécifique : le sexe. La critique véhémente des sociétés actuelles qui caractérise ses romans est accentuée par l'auteur dans de nombreux entretiens. Il démolit la société marchande par ses propres moyens. Pourtant, le débat idéologique, que semblent vouloir déclencher le narrateur houellebecquien et l'auteur prophétique, ne se concrétise pas : ironiquement, « la main du Marché » – terme emprunté à David Rabouin – veille à ce que la distance entre l'écrivain et son public soit respectée. Le plateau sur lequel Houellebecq se trouve, plateau de télévision par exemple, est celui du monologue comme en témoigne le documentaire « The Trouble with Michel » diffusé par la chaîne britannique BBC four. L'image présentée est celle d'un grand fumeur au débit ralenti par l'alcool, exprimant ses idées avec une extrême lenteur, de façon confuse et loin de toute virulence. Une image en contradiction avec l'annonce de l'émission du 14 juin 2002 faite sur le site internet de la chaine de télévision BBC : « Europe's controversial and dangerous writer, who offends people with his razor sharp attacks on modern life and is adored as a genius and a visionary ».

Le sociologue Pierre Bourdieu ne nie pas l'importance de prendre la parole à la télévision, mais il souligne que l'autonomie de plusieurs produits culturels risque d'être minée par l'influence d'un champ journalistique qui, lui-même, est de plus en plus exposé à la dominance commerciale : en invoquant la notion de « champ journalistique », Bourdieu explique que « l'univers du journalisme est un champ mais qui est sous la contrainte du champ économique par l'intermédiaire de l'audimat[9] ». En donnant la parole à l'auteur, le documentaire britannique constitue à mon sens un exemple intéressant de production culturelle où l'œuvre et son créateur sont confondus pour des raisons commerciales. La création d'une image qui plaît au grand public – celle d'un auteur génial et visionnaire – constituerait la meilleure publicité pour ses romans. Pourtant, ce sont les propos écrits de l'écrivain qui transmettent beaucoup mieux cette image que ne le font ses prestations dans les médias, où il apparaît comme une personnalité excentrique mais peu inspirante. L'auteur et essayiste italien Umberto Eco affirme que la préférence pour l'entretien télévisé change profondément le statut de l'information dans la presse et à la télévision. C'est que, en donnant la parole presque exclusivement à l'écrivain – ou bien à l'artiste ou à l'homme politique – l'entretien télévisé renonce en grande partie à l'analyse critique et distanciée présentée antérieurement par les médias et à laquelle, d'après Eco, le public a droit. Les lecteurs et les téléspectateurs s'attendent à ce que les journalistes et les critiques fournissent un commentaire sur les décisions prises ou sur l'œuvre publiée. L'absence de cette dimension analytique réduirait les médias à un moyen de publicité où l'auteur fait valoir son livre et où le critique se contente de plus en plus de résumer l'opinion de l'auteur publiée dans des interviews au lieu de donner une analyse approfondie de son œuvre. Eco souligne que les médias aussi bien que le monde des livres profitent de ce developpement ; le public serait le perdant[10]. On pourrait néanmoins objecter à cette argumentation que la caractérisation de victime passive proposée par Eco sous-estime le rôle du lecteur/spectateur, qui semble ainsi être dépourvu de toute attitude critique envers le jeu médiatique.

La conséquence la plus frappante du rôle grandissant des médias dans le monde culturel est sans aucun doute l'influence directe que celles-ci exercent sur la production littéraire : cette exposition publique provoque en effet un nombre croissant

---

[9] *Sur la télévision*, Paris, Raisons d'agir, 1996, p.62.
[10] Umberto Eco, *Cinque scritti morali*, Milano, Bompiani, 1997.

d'écritures à la première personne que Jacques Lecarme et Éliane Lecarme-Tabone ont tenté de recenser dans *L'Autobiographie*[11]. Ainsi, l'autoportrait, le journal intime, les mémoires, l'autofiction, mais également les témoignages qui ont tout du règlement de compte public font partie d'une tendance à laquelle on peut difficilement échapper. Le sous-genre le plus en vogue est probablement celui des « confessions amoureuses », comme l'histoire d'amour commune que Lorette Nobécourt et Grégoire Bouillier évoquent dans deux livres et la quête de la fusion avec l'autre ainsi que la description des échecs amoureux dans des œuvres récentes publiées par Jean-Marie Rouart et Elisabeth Quin[12]. Dans beaucoup de cas, les écrivains n'étalent ainsi leur vie privée que dans une seule œuvre. Il n'en va pas de même pour ce qui concerne Christine Angot.

Pour Angot, la pratique du genre intime est le contraire d'un incident passager ; sa vie, dans tous ses aspects, est au cœur de son œuvre entière. Rien d'étonnant que les sujets pénibles, voire tabous, que l'auteur traite en détails – l'inceste, sa vie sexuelle, ses crises de couple, la violence psychique et physique dans les relations d'amour – donnent lieu à des réactions véhémentes, aussi bien auprès du public que dans la presse. Notamment son livre *L'Inceste* a provoqué de nombreuses réactions, qui se rapportent aussi bien au contenu qu'au style de l'œuvre :

> Christine Angot a du talent (un regard, des trouvailles, un ton…) mais son monologue-tunnel de plus de deux cents pages, chaotique, informe, malgré certains instants forts, englue bientôt le lecteur dans une logorrhée verbale qui frôle l'insignifiance.[13]

---

[11] J. Lecarme et É. Lecarme-Tabone, *L'Autobiographie*, Paris, Armand Colin, coll. « U », 1997.

[12] Lorette Nobécourt, *Nous*, Paris, Pauvert, 2002 ; Grégoire Bouillier, *Rapport sur moi*, Paris, Allia, 2002 ; Elisabeth Quin, *La peau dure*, Paris, Grasset, 2002 ; Jean-Marie Rouart, *Nous ne savons pas aimer*, Paris, Gallimard, 2002 ; Justine Levi, *Rien de grave*, Julliard 2004.

[13] Suzanne Bernard, « Sexe à tous les étages », *Regards*, no. 51, novembre 1999.

> Quand elle raconte longuement, hystériquement, dans
> *L'Inceste*, cette passion pour une femme, [...], quand elle
> évoque ses coups de fil incessants, sa poursuite jalouse, son
> désir physique et ses dégoûts, on a envie de lui crier
> d'arrêter, de cesser cet exhibitionnisme haletant qui finit par
> ressembler à une ratatouille littéraire trop salée.[14]

D'après plusieurs critiques, Angot ne fait que souligner son exhibitionnisme par sa présence à la télévision : « Le lendemain, vendredi 3, *Bouillon de Culture* permet à Christine Angot d'établir sa
réputation de provocatrice et de romancière tapageuse » (*QV*,
p.40). Dans sa réflexion *Sur la télévision*, Bourdieu note (p.11)
que les artistes, auteurs et savants qui ne se posent pas explicitement la question pourquoi ils participeraient à des télédiffusions,
ne s'y présentent que pour être aperçus. Dans ces cas-là, l'écran
joue exclusivement le rôle du miroir de Narcisse, lieu où des besoins exhibitionnistes-narcissiques peuvent être satisfaits. Dans
cet article j'espère pouvoir montrer que les réflexions d'Angot sur
son rôle dans les médias soulignent au contraire qu'elle est consciente des caractéristiques spécifiques de la télevision.

   Cette opinion est citée par Angot elle-même dans *Quitter la
ville*, livre qui n'est autre que le récit du scandale auquel a donné
lieu la publication de *L'Inceste*, ainsi que son succès, et des réactions de l'auteur face à cette tourmente médiatique. Elle y commente en effet de nombreux articles publiés dans des quotidiens
et des journaux régionaux ainsi que dans des revues littéraires, en
insistant notamment sur les jugements impitoyables des critiques,
des jugements qui se rapportent d'ailleurs le plus souvent à sa
personne, ne traitant que rarement du contenu de ses livres. S'ils
mentionnent, ne serait-ce que brièvement, quelques détails des
romans, Angot est prête à démontrer les inexactitudes de leur
analyse. A plusieurs reprises, l'auteur se contente simplement de
citer, sans commentaire, les passages les plus désapprobateurs. Sa

---

[14] Christiane Ferniot, « Cette fille est dangereuse », *Lire*, no. 278, septembre
1999, p.20.

critique de la presse est ainsi moins explicite dans *Quitter la ville* que dans le livre plus récent *Pourquoi le Brésil ?*, où elle fait re-marquer : « Sur moi, non seulement la presse se trompait, mais elle était vulgaire » (*PB*, p.108). Elle s'y présente comme « victime d'une vengeance collective de la presse » (*PB*, p.130). Cette image de victime est déjà présente dans *Quitter la ville*, où elle réagit de façon véhémente aux accusations du public, expri-mées par exemple dans des lettres qui lui sont adressées. En af-firmant que « toute la société [est] contre moi » (*QV*, p.36), elle considère les lecteurs comme offensifs ; sa caractérisation du pu-blic est donc nettement opposée à celle de dupe proposée par Eco. Bien plus que le lectorat ou l'audimat ce sont les écrivains qui sont les victimes dans l'arène médiatique.

Une des lettres transcrites par Angot, dont le ton est agressif et accusateur, me semble particulièrement intéressante, puis-qu'elle fait allusion au paradoxe qui détermine aussi bien le suc-cès de son œuvre que la répugnance qu'elle peut inspirer : « Pas de philtre entre votre écriture et votre vie, rien que du constat destructeur » (*QV*, p.88). D'une part, comme nous l'avons vu, les documents vécus sont de plus en plus populaires auprès du public. D'autre part, au moment où le 'vécu' se concentre presque exclu-sivement sur des éléments tabous, la plupart du lectorat refuse ces documents, les condamne et exige le retour d'une distinction en-tre le texte et la vie 'réelle'.

Pourtant, cette distinction n'a jamais été entièrement ab-sente de l'œuvre angotienne. La question de l'identité y est sans cesse problématisée et la mention générique « roman », que por-tent tous les livres, donne lieu à des réflexions sur les rapports entre la fiction et la réalité. La « relation d'équivalence identi-taire » dans l'œuvre d'Angot est toujours complexe[15], comme en témoigne par exemple la perspective narrative de l'ex-mari de l'auteur dans *Sujet Angot*, livre sur lequel je reviendrai dans la

---

[15] Johan Faerber, « Le bruissement d'elles, ou le questionnement identitaire dans l'œuvre de Christine Angot », dans : Nathalie Morello et Catherine Rodgers (éd.), *Nouvelles écrivaines : nouvelles voix ?*, Amsterdam, Rodopi, coll. « Faux titre », 2002, pp.47-62 (49).

deuxième partie de cet article. Le statut de *Quitter la ville* diffère de celui du livre antérieur dans la mesure où les références à la réalité y sont vérifiables par le lecteur, et nombreuses : les chiffres de vente, les citations des articles de presse, mais aussi la mention de personnes réelles – des auteurs et journalistes comme Rouaud, Camille Laurens et Josyane Savigneau par exemple (voir *Quitter la ville*, pp.33, 148 et 96) – ainsi que certains passages, surtout vers la fin du livre, mettent en question la construction du « soi angotien » pour reprendre l'expression de Faerber.

En se référant à l'histoire d'Ulysse qui trompe le cyclope en lui faisant croire qu'il s'appelle « Personne », Angot insiste sur l'ambiguïté de ce mot afin de caractériser son propre livre comme « l'histoire de personne ». Elle affirme : « […] ce n'est pas MON histoire. Ce n'est pas une HISTOIRE. Ce n'est pas MON livre. C'est l'histoire de personne, l'autofiction n'est pas possible. C'est personne, c'est une personne » (*QV*, p.158). Cette dénégation de son identité est étroitement liée au changement, à l'adolescence, de son nom de famille. Avant d'être reconnue par son père, elle portait le nom juif de sa mère, Schwartz. La suppression de « la Schwartz Christine » est vécue comme la mort de soi, la perte de tous « les petits bouts de fil » (*QV*, p.185) qui tissaient l'identité du sujet dans son enfance.

De telles problématisations du sujet sont néanmoins très peu considérées dans la réception de l'œuvre où l'idée de l'absence de filtre continue à dominer. Pour expliquer cette attitude tenace, il faut revenir sur les médias, et, notamment, sur le rôle que l'auteur elle-même y joue. Elle a participé plusieurs fois à l'ancien programme de Bernard Pivot et elle apparaît toujours régulièrement à la télévision, comme invitée à Canal Plus ou encore dans des interviews réalisées dans son entourage privé comme ce fut le cas de cette conversation entre Angot et l'acteur Alain Delon publiée le 3 octobre 2002 dans *Paris Match* sous le titre « Aveux intimes ». Ses apparitions se font aussi dans le cadre de lectures publiques qu'elle donne dans de grandes librairies comme la FNAC. Même si elle affirme que « la télé c'est un stress » (*PB*, p.95) et que la lecture publique la fatigue, elle n'y renonce pas. La vie qu'elle écrit dans son œuvre littéraire et la vie dont elle parle à la télévision se mélangent dans une réalité construite. La télévision semble ainsi délaisser le rôle traditionnel de fenêtre sur le monde que l'on attribuait aux médias pour celui de créateur d'une nouvelle réalité.

La relation ambivalente entre Angot et les médias constitue le thème sous-jacent de son roman *Pourquoi le Brésil ?*, où elle met en scène sa liaison amoureuse avec Pierre Louis Rozynès, rédacteur en chef du magazine *Livres Hebdo*, qu'elle présente sous son vrai nom. Malgré sa résolution maintes fois réaffirmée de ne jamais vivre une histoire d'amour avec un journaliste, celle-ci semble inévitable et ce pour plusieurs raisons.

Par besoin d'amour tout d'abord, besoin impératif qui n'a cessé de hanter Christine après l'abus que son père lui a fait subir : un amour qui remplacerait l'amour paternel. L'origine du titre *Pourquoi le Brésil ?* montre que Christine Angot n'a pas 'digéré' la blessure de l'inceste : ces mots sont tirés d'une lettre que son père lui a adressée et que la narratrice a insérée dans le livre. Cette lettre fait preuve d'un amour paternel et d'une affection entre père et fille qui ont disparu avec l'inceste. Le nom du nouvel amant, Pierre Louis, presque identique à celui du père, Pierre, suggère que l'amour de l'amant pourrait remplacer celui du père. Pourtant, cette relation est, elle aussi, une relation de luttes et de violence, marquée par de véritables combats. Elle s'avérera être un échec.

Cette recherche authentique d'amour dans *Pourquoi le Brésil ?*, donnant à nouveau l'impression de lire une histoire vraie dans laquelle la narratrice ne cache rien, où elle ne ment pas, où elle se montre à la fois vulnérable et forte, attire certainement une grande partie du lectorat comme en témoignent les nombreux sites internet où ceux-ci sont invités à réagir en donnant leur avis. Le style et le rythme de sa confession qui favorisent ce 'sentir vrai' ont été déterminants aussi bien pour le succès et les éloges que pour les critiques et les cris d'horreur auquel le livre, comme toute l'œuvre de Christine Angot, a donné lieu. Cependant, cet intérêt du public, qu'il soit ou non acquis à l'œuvre de Angot est peut-être plus trouble qu'il n'y paraît. Dans la partie suivante je me propose d'étudier le lien entre la prétendue authenticité de la confession angotienne et la réception de son œuvre, en insistant sur la relation entre l'auteur et son lectorat.

Soi et l'autre : l'engagement vers l'honnêteté totale
Dans *Pourquoi le Brésil ?*, le vrai se rapporte avant tout aux personnages qui appartiennent au monde réel. Certains d'entre eux sont connus, comme Rozynès, l'homme aimé. L'histoire d'amour entre l'auteur et l'éditeur est une histoire de douleur racontée sans pudeur, absence de pudeur qui doit fonctionner une fois de plus comme révélateur de l'authenticité des faits rapportés : le lecteur devient confident, parfois voyeur. Comme dans ses autres livres, Angot ne craint pas d'écrire les crises, les moments de haine, le sang, les cris et le silence. Dans cette relation amoureuse, la sécurité des premiers jours fait de plus en plus place à l'exaspération et à l'incompréhension. La situation intenable culmine dans une scène de violence où Pierre Louis l'agresse jusqu'à ce qu'elle saigne : « il s'est jeté sur moi, il m'a empoigné les épaules, le cou, il me faisait mal, mais surtout il a planté ses ongles sur mon œil droit, il me faisait horriblement mal […] j'avais l'œil qui saignait » (*PB*, p.201).

Cette révélation qui présente à nouveau la je-narratrice en victime, souligne le caractère scandaleux de la littérature d'Angot. Dans sa littérature comme dans ses prestations télévisuelles, elle hurle sa vie sentimentale.

Il n'y a pas que son histoire d'amour que la narratrice nous livre en confidence. La romancière, qui vient de s'installer à Paris, parle aussi du milieu artistique et du snobisme de certains. Ce milieu s'avère aussi vide que hostile, comme en témoigne un dîner chez Beigbeder qui clôt le livre :

Les dialogues c'était :
-   Moi, je suis dealer en filles de 14 ans.
-   Elles sont où ?

- Tout a changé le jour où les couples ont cessé de téléphoner à leur dealer pour appeler leur baby-sitter.
- J'en connais plein des jeunes parents qui continuent à fréquenter dealer et baby-sitter, quand tu sors il faut assurer les deux (*PB*, p.218).

Cette description, qui se poursuit sur toute une page, veut être le pendant, en littérature, de la télévision-réalité où les auteurs connus entrent pour ainsi dire dans la salle de séjour des téléspectateurs. En faisant appel au voyeurisme et au goût du scandale du lectorat, le roman invite le lecteur à lire l'histoire comme une « chronique bruyante, banale et terrible de la vie d'aujourd'hui, copiée sur le vif [16] ». Ainsi, le ridicule de l'événement est tellement frappant que cette scène vise moins à nourrir le sensationnalisme du public qu'à dénoncer la soi-disant franchise des auteurs qui passent à la télévision et l'illusion qu'ont lecteur et spectateur de connaître la vie intime de ces personnes.

La narratrice tente d'échapper à cette farce qui oscille entre vaudeville et grand-guignol et rentre chez elle. Le bruit des dialogues creux offre un fort contraste avec le silence de la gare de Nancy où la narratrice se rend le lendemain. Elle se rappelle le rendez-vous avec son père dans cette gare, vingt ans auparavant. Le silence exprime son impuissance et souligne une fois de plus l'échec de ses relations. Sa liaison avec Rozynès, incertaine mais prometteuse au tout début : « il y avait quelque chose qui marchait » (*PB*, p.72) se révèle vite une répétition de ses rapports antérieurs ; Christine ne saurait échapper à son passé ni à l'attirance qu'elle ressent pour ce qu'elle appelle des « faibles et des fous » (*PB*, p.154).

Après leur séparation, elle fait appel à la seule relation qui lui reste : celle qu'elle établit avec le lecteur. En écrivant *Pourquoi le Brésil ?*, Angot s'efforce de conserver voire de renforcer ce lien. Même si elle arrive difficilement à écrire, à raconter son histoire – autrement dit : à continuer la relation avec son public –,

---

[16] Daniel Rondeau, « C'est moi, Angot », *L'Express* du 29/08/2002.

elle n'y renonce pas. C'est justement en insistant sur la difficulté
qu'elle éprouve à écrire qu'elle fait appel à ce public :

> Je ne sais plus, je ne peux pas raconter, raconter tout ça, je
> ne sais pas. Je ne sais pas le faire. C'est trop difficile pour
> moi. Ça glisse. C'était ça. Quand j'ai dit ça, quand j'ai dit :
> ça glisse, j'ai l'impression d'avoir tout dit. Je ne vois pas
> comment je peux mieux expliquer ce qui s'est passé ce
> jour-là (*PB*, p.73).

Ecrire que l'on ne peut plus écrire est encore faire acte d'écriture
et renforce même une impression de confidence sur le mode « je
vous livre tout, même mes faiblesses ». De même, insister sur
l'impossibilité de raconter les événements permet de les raconter
plusieurs fois, sous plusieurs angles et de leur donner ainsi un
surplus d'importance et de véracité tout en assurant le lecteur de
sa bonne volonté. Les répétitions, les phrases courtes, le style
haché se font les témoins de l'aveu, de la sincérité des propos, du
désir d'être au plus près de la confession. Ce désir de continuer à
écrire est parallèle à la nécessité de participer à des prestations publiques – « *the show must go on* » (*PB*, p.40) – à des entretiens ou des lectures qui donnent un sens à sa vie :

> Après la lecture les gens qui m'attendaient n'étaient pas
> comme d'habitude, et là j'ai compris pourquoi je faisais ça.
> Pendant aussi je le comprenais, pendant la lecture. Là je le
> saisissais, il n'y avait plus aucun doute, c'était palpable, vi-
> sible, avec un filet à papillons dans la salle on aurait pu
> l'attraper. Je n'avais plus envie de disparaître, tout était re-
> devenu naturel. Par la grâce de la littérature. La soirée était
> tellement bonne, les rapports étaient simples (*PB*, p.42).

Des rapports simples sont possibles, grâce à la littérature, à l'art
qui permet de livrer l'intime. Pourtant, ce style ponctué, direct,
l'écriture angotienne qui ne cesse d'interpeller le lecteur, les
phrases brèves, le style parlé et haché, le rythme haletant et la

voix entraînent en effet le lecteur dans la fatigue, les crises, l'épuisement et le déchirement. Cette écriture est parfois considérée comme étant au plus près de la vie, avec ses violences et sa part physique qui montre que le corps de l'écrivaine y est inscrit et que, simultanément, c'est un contact physique qu'elle cherche avec les lecteurs comme le soulignait Josyane Savigneau dans son article « Christine Angot parle juste ». Savigneau cite l'auteur : « Un écrivain, c'est un corps. Si le corps est inclus dans l'écriture, il faut que les lecteurs, eux aussi, paient de leur personne. [...] Je vais les chercher, physiquement. » Ainsi, le lecteur est inscrit dans les livres d'Angot et il y joue un rôle indispensable qui, à mon avis, est étroitement lié à la notion de l'Autre.

Afin d'expliquer ce rôle du lecteur, j'insisterai brièvement sur *Sujet Angot*, parce que le rôle de l'Autre est au cœur même de la narration de cette autofiction. C'est à travers la perspective de son ex-mari, Claude, que l'auteur fait son autoportrait. L'auteur et theóricien Serge Doubrovsky a suggéré que tout « autoportrait de fait est un hétéroportrait, qui lui revient du lieu de l'Autre[17] ». Si, dans la plupart des écritures sur soi, cet Autre se manifeste en marge du texte, il occupe une place centrale dans *Sujet Angot* : l'hétéroportrait est fait par Claude, qui a toujours été le premier lecteur des manuscrits d'Angot et il a toujours veillé à son style qu'il considère comme unique. Son attitude critique est très nette dans la citation suivante :

> Cruelle et obstinée. Obsesionnelle. Tu fais du Angot mais ce n'est pas toi. Tu fais ce qu'on attend de toi, du Georges Bataille dégoupillé. « Je fais du Angot », c'est ça, non ? Eh bien ça ne marche pas (*SA*, p.37).

Claude, en tant que lecteur, est incorporé dans l'espace de l'écriture de soi. Claude représente la voix critique de l'Autre dont Angot est toujours consciente en écrivant. En se servant

---

[17] Serge Doubrovksy, « Autobiographie/vérité/psychanalyse », dans *Autobiographiques : de Corneille à Sartre*, Paris, PUF (Perspectives critiques), p.73.

d'avertissements et de remarques métatextuelles, elle s'adresse
aux lecteurs afin qu'ils questionnent – avec elle – les mécanismes
de ses œuvres :

> Se poser la question : qui est-ce ? Qui est ce nom ? Je ne
> sais plus trop qui tu es. Qui es-tu ? Qui est-elle celle que
> j'aime ? Qui est Christine Angot ? (*SA*, p.76/77).

> Je ne pouvais plus supporter de n'être connectée qu'à mes
> livres, dans l'esprit des autres. J'étais aussi autre chose,
> mais il fallait que j'écrive. […] Je ne pourrais plus écrire et
> je ne pourrais plus vivre (*PB*, p.215).

Dans l'œuvre angotienne, l'Autre ne se manifeste pas seulement
comme l'autre en soi, mais il se rapporte aussi au lecteur : la
question de savoir « Qui est Christine Angot ? », qui se pose dans
Sujet Angot, ne peut pas être détachée de l'image que les autres se
font de Christine, comme en témoigne la citation prise dans
Pourquoi le Brésil ?. La question qui se trouve à la base de *Sujet
Angot*, « Qui es-tu ? », se veut l'écho de celle sur laquelle se base
toute autobiographie traditionnelle, « qui suis-je ? ». En remplaçant la première personne du sujet autobiographique par la
deuxième personne, Angot affirme d'une part la connaissance de
soi comme un(e) autre, et d'autre part elle sape la sincérité du moi
autobiographique, basée sur la prière adressée aux lecteurs de
croire en ses propos. L'enchaînement de questions dans cette citation renforce l'idée qu'il est impossible de connaître ce 'tu'. Le
lectorat est inclus dans ce questionnement, son attitude critique y
donne même lieu.

    Dans *Pourquoi le Brésil ?*, ce sont les lecteurs – les autres –
qui sont explicitement pris en témoins. Le couple 'je/tu' de *Sujet
Angot* y semble être remplacé par celui de 'je/vous' qui assure
l'interaction entre le lecteur/le spectateur et l'auteur, qui donne de
l'énergie, qui renouvelle les réserves afin que l'écriture puisse
être continuée. Au début du livre, la je-narratrice se plaint d'un

manque d'énergie ; elle est épuisée puisqu'elle n'a pas de quoi se
nourrir.

> J'étais le moteur et le carburant, bientôt il n'y aurait plus de
> carburant, et donc plus de moteur, c'était fini de s'alimenter
> soi-même (*PB*, p.29).

Il n'y a que son public qui puisse l'alimenter, même si son lectorat ne lui veut « pas que du bien » (*PB*, p.32). Elle a l'habitude
d'aller dans des endroits publics, elle voit des artistes « se faire
humilier devant toute la France » (*PB*, p.98), et parfois elle-même
n'arrive pas à parler, elle se sent trop seule pour faire face aux
animateurs et elle perd la bataille sur le plateau. À ces moments-
là, elle assume son rôle de victime : « je sentais que je n'arriverais
pas à sauver l'honneur d'être soi-même » (*PB*, p.99). Cette perte
d'honneur   devant   son   lectorat   reprend   symboliquement
l'humiliation qu'elle a vécue dans la relation incestueuse avec son
père. Comme son incapacité de lutter, sa faiblesse, ne peuvent
être surmontées que dans l'écriture, il n'y a pas de séparation possible entre la vie et l'écriture.

Vivre, pour Angot, c'est nécessairement écrire et, inversement, c'est dans l'écriture que sa vie prend réellement forme. S'il
y a aussi « autre chose » qui identifierait la narratrice de *Pourquoi
le Brésil ?*, cette chose reste innommée et peut-être innommable,
de sorte que le 'je' sera toujours lié à ses livres, dans l'optique des
autres.

Quelle serait cette chose qui reste en dehors des livres ? Et
quel est le rôle des autres que l'auteur prétend souvent considérer
comme insignifiant, mais dont elle se soucie sans cesse, parce
qu'elle craint leur jugement : « les autres, j'arrête d'en parler, je
n'en sais rien, qu'est-ce que j'en sais après tout ? » (*SA*, p.13). La
force du texte angotien réside à mon sens dans l'évocation de
telles réflexions. Elle invite ses lecteurs et ses lectrices à se poser
des questions sur le statut de son texte, tout en les incorporant
dans son œuvre : même si elle ne connaît pas mieux les autres
qu'elle ne se connaît, ils jouent un rôle indispensable dans sa

quête. Le soi angotien ne semble pas dépasser le stade de la construction, dans les livres comme dans la vie réelle. Pourtant, sa
participation réelle est sans réserve et précède tout juste la mise
en écriture, donnant la sensation de la vie à l'état brut. Cette sensation est néanmoins trompeuse, parce que le texte ajoute une
dimension critique qui met en cause le vrai réel. Il en est de même
pour les cadres littéraires, puisque c'est le rôle de la littérature
dans l'ère de la technologie qui est mis en question lorsque Angot
joue avec l'impossibilité de rendre la réalité de soi dans un texte
écrit. La fameuse perte du pouvoir référentiel du langage est exploitée avec verve afin d'arriver à son contraire : l'engagement
vers l'honnêteté totale.

  Cet engagement s'exprime dans un style peu conventionnel,
issu d'une violence profondément enracinée, qui devrait affronter
le malaise de l'individu moderne, celui de sa libération et de son
émancipation « au fil des réseaux, des écrans et des nouvelles
technologies[18] ». En se basant sur l'univers virtuel et médiatique,
Jean Baudrillard souligne que l'être humain d'aujourd'hui est un
individu dans la masse, réduit à une identité nucléaire ; en considérant l'individu et la masse comme « l'extension électronique »
l'un de l'autre, Baudrillard annule la distinction entre les deux,
puisque la structure de la masse est incorporée dans chaque individu, « l'individu fait masse à lui seul » (p.66). Par conséquent,
l'individu a beau chercher l'autre, il ne rencontre que des particules de lui-même. L'autre n'existe pas, parce qu'il est toujours le
même : « nous n'avons plus de destin alternatif que celui d'une
collision avec notre double antagoniste » (p.67). Or, l'individu est
voué à une confrontation infinie avec soi, avec l'égo, « notre vie
individuelle est placée sous le signe moral d'une appropriation de
soi » (p.63). A première vue, les œuvres d'Angot constituent un
exemple par excellence de cette appropriation de soi : Angot ne
parle que d'Angot. Comme nous l'avons vu, l'autre n'offre aucun
moyen pour sortir de cette situation, parce que l'autre est toujours
une création du moi ; la rencontre des autres est une rencontre de
son double antagoniste. Si les œuvres d'Angot suscitent des réac-

---

[18] Jean Baudrillard, *L'Echange impossible*, Paris, Galilée, 1999, p.66.

tions d'ennui auprès des lecteurs, c'est parce qu'elle va jusqu'aux conséquences extrêmes de l'individuation de notre société occidentale : l'identification sans altérité intérieure.

Tout de même, si l'on insiste sur son aspiration à une totale honnêteté, il est indéniable qu'Angot lutte contre ce repli sur elle-même en se présentant dans les médias, en partant en guerre contre les critiques, en provoquant son public. Il semble que seule cette exposition au public puisse rendre sa vie personnelle supportable. A cette fin, il faut qu'elle se livre aux autres – aux lecteurs, aux critiques – et de ce point de vue, l'écriture constitue la dernière étape dans la dépossession de soi. En dévoilant « le plus intime », en révélant « l'indicible, le non-dit, l'horreur violemment cachée » (*SA*, p.121), elle représente la liberté individuelle totale. Comme l'explique Baudrillard, l'individu n'est pas pleinement libre quand il est encore soumis aux « conditions objectives de sa propre vie » (p.77). Il me semble que l'écriture angotienne représente un moyen pour se libérer de ces conditions qui sont essentiellement les chaînes que l'individu crée lui-même.

Dans cette libération, l'écrivain joue un rôle important puisqu'il est capable, à l'aide du langage, de passer au-delà de la liberté et ainsi de fournir l'exemple aux hommes afin de passer « au-delà de leur volonté propre » et d'être « l'événement direct de ce qu'ils sont et de ce qu'ils font » (Baudrillard, p.77). La question finale posée par Angot, même si elle ne la pose que de façon indirecte, concerne précisément ce rôle d'écrivain. Dans un monde où le virtuel semble être placé sur le même plan que le réel, le travail d'écrivain – un travail de création et de libération – semble de plus en plus menacé par une exploitation de l'intime qui ne vise qu'à plaire à un public de masse. Comment l'auteur peut-il réagir à cette médiatisation, quels seront désormais ses rapports avec son public et ses critiques ? En questionnant le statut et le rôle de la littérature dans notre société, Angot s'efforce de rendre dynamiques les rapports entre les uns et les autres. En s'engageant dans les médias modernes, en participant aux télédiffusions tout en étant conscient de ses caractéristiques, l'auteur moderne s'expose consciemment à son public et à ses critiques.

Dans le cas d'Angot, cette exposition prend la forme d'une performance où elle montre à chaque fois son double antagoniste.

A travers l'allégorie du conte, le texte angotien le plus récent, *Peau d'âne*, illustre en effet que l'autre est le même[19]. La protagoniste, présentée à la troisième personne comme Christine Schwartz, est prénommée Peau d'âne puisqu'elle « n'a rien d'autre à se mettre que sa propre peau qui lui colle aux os » (p.20). Elle est méprisée à cause de cette peau d'âne, mais, contrairement à la princesse dans le conte, elle ne peut pas s'en débarrasser afin de montrer sa beauté réelle. Elle est à la fois princesse et âne, elle est l'âne qui sait écrire, qui s'auto-analyse à l'infini, elle est l'âne qui provoque en toute honnêteté.

Bibliographie

Christine Angot, *Sujet Angot*, Paris, Stock, 1998.
—, *L'Inceste*, Paris, Stock, 1999.
—, *Quitter la ville*, Paris, Stock, 2000.
—, *Pourquoi le Brésil ?*, Paris, Stock, 2002.
—, *Peau d'âne*, Paris, Stock, 2003.
Jean Baudrillard, *L'Echange impossible*, Paris, Galilée, 1999.
Pierre Bourdieu, *Sur la télévision*, Paris, Raison d'agir, 1996.
Guy Debord, *La Société du spectacle*, Paris, Gallimard, 1992 (1ière éd. 1967).
Serge Doubrovsky, « Autobiographie/vérité/psychanalyse », dans *Autobiographiques : de Corneille à Sartre*, Paris, PUF, coll. Perspectives critiques, 1988.
Umberto Eco, *Cinque scritti morali*, Milano, Bompiani, 1997.
Johan Faerber, « Le bruissement d'elles, ou le questionnement identitaire dans l'œuvre de Christine Angot », dans Nathalie Morello et Catherine Rodgers (éd.), *Nouvelles écrivaines : nouvelles voix ?*, Amsterdam, Rodopi, coll. Faux titre, 2002, pp.47-62.

---

[19] Christine Angot, *Peau d'âne*, Paris, Stock, 2003. Ce texte est présenté comme la réécriture du Conte de Perrault, imprimé dans le même volume.

Sébastien Hubier, *Littératures intimes. Les expressions du* moi, *de l'autobiographie à l'autofiction*, Paris, Armand Colin, coll. « U », 2003.

Jacques Lecarme et Éliane Lecarme-Tabone, *L'Autobiographie*, Paris, Armand Colin, coll. « U », 1997.

Articles cités

Suzanne Bernard, « Sexe à tous les étages », dans *Regards*, no. 51, 1999. Disponible sur :
http://www.regards.fr/archives/1999/199911/199911cre06.html, consulté le 30 09 03.

Frédéric Badré, « Debord dans le roman français », dans *Le Magazine littéraire*, no.399, 2001, p.66.

Patrice Blouin, « Christine Angot et l'esprit de contradiction », dans *Le Magazine littéraire*, no.392, 2000, p.33.

Armelle Datin, « Christine Angot. *Quitter la ville* », dans *Nuit blanche*, no. 82, printemps 2001.

Christiane Ferniot, « Cette fille est dangereuse », dans *Lire*, septembre 1999, p.20.

Liesbeth Korthals Altes, « Ironie, ethos textuel et cadre de lecture : le cas de *Sujet Angot* », à paraître.

Sylvain Marcelli, « Un mélange incestueux », L'interdit, février 2001. Disponible sur : www.interdits.net/2001fev/angot.htm, consulté le 30 09 03.

Daniel Martin, « Il faut lire Angot... », dans *Le Magazine littéraire*, no.380, 1999, p.82.

Daniel Rondeau, « C'est moi, Angot », *L'Express* du 29/08/2002.

Josyane Savigneau, « Angot parle juste », dans *Le Monde*, le 25 septembre 1998.

Frédéric Vignale, « Coups de gueule, coups de cœur ; soyez critiques ! », dans *Le Matricule des anges*, 29 octobre 1999. Disponible sur : http://www.lmda.net/ecritures/vignalangot.html, consulté le 30 09 03.

Perspectives du roman policier : l'abîme des sens dans *Les Rivières pourpres* de Jean-Christophe Grangé.

Sjef Houppermans

1. *Origines*

Tables, verres, bouteilles, ustensiles de ménage, tabourets dépaillés, tout était renversé, jeté pêle-mêle, brisé, haché menu.

Près de la cheminée, en travers, deux hommes étaient étendus à terre, sur le dos, les bras en croix, immobiles. Un troisième gisait au milieu de la pièce.

A droite, dans le fond, sur les premières marches de l'escalier conduisant à l'étage supérieur, une femme était accroupie. Elle avait relevé son tablier sur sa tête, et poussait des gémissements inarticulés.

En face, dans le cadre d'une porte de communication grande ouverte, un homme se tenait debout, raide et blême, ayant devant lui, comme un rempart, une lourde table de chêne.

Il était d'un certain âge, de taille moyenne, et portait toute sa barbe.

Son costume, qui était celui des déchargeurs de bateaux du quai de la Gare, était en lambeaux et souillé de boue, de vin et de sang.

Celui-là certainement était le meurtrier.

L'expression de son visage était atroce. La folie furieuse flamboyait dans ses yeux, et un ricanement convulsif contractait ses traits. Il avait au cou et à la joue deux blessures qui saignaient abondamment.

Nous trouvons ce passage dans le premier chapitre de *Monsieur Lecoq* d'Emile Gaboriau datant de 1868. Ce livre qui fut d'abord publié en feuilleton dans *le Petit Journal* de Moïse Millaud et qui eut un immense succès, est considéré comme le premier exemple en France du roman policier. Sans aucun doute Gaboriau, journaliste à l'affût du moderne, monté de Saujon en Charente Maritime à Paris, dût son triomphe à une connexion magistrale : il combina le récit du jeune inspecteur brillant et piaffant qu'est Lecoq – dans lequel il projette ses propres aspirations – et une longue saga familiale à haute teneur mélodramatique, comme en témoigne notre citation initiale. L'horreur et l'intelligence se tiennent dans un équilibre précaire qui fait frissonner délicieusement lecteurs et lectrices. C'est ce qu'avait déjà compris d'ailleurs le fondateur du genre, Edgar Allan Poe, en superposant le massacre bestial dans les demeures bourgeoises et le raffinement de son Dupin. Comme l'a bien vu Carlo Ginsburg, le détective est un personnage éminemment *moderne* dans sa lecture des indices et ce n'est que lui qui par sa patiente obstination pourra juguler la dérive meurtrière. L'auteur y trouve son reflet : ainsi d'une manière très significative dans les premiers chapitres de *Monsieur Lecoq* des traces de bottines dans la neige fondante s'effacent noir sur blanc pour resurgir en témoignage capital quelque 500 pages plus loin.

> […] Lecoq, à genoux, étudiait les empreintes avec l'attention d'un chiromancien s'efforçant de lire l'avenir dans la main d'un riche client. [Il conclut…] Ce terrain vague, couvert de neige, est comme une immense page blanche où les gens que nous cherchons ont écrit, non seulement leurs mouvements et leur démarches, mais encore leurs secrètes pensées, les espérances et les angoisses qui les agitaient. [1]

Ce terrain vague, c'est la zone qui s'étend aux portes de Paris, plus particulièrement ici du côté de Tolbiac près de la Rue du Château-des-Rentiers où Léo Malet situe également un de ses

---

[1] Réédition chez Liana Levi, Paris, 1992, pp.29/32.

'mystères' les plus réussis (*Brouillard au Pont de Tolbiac*). C'est
là que la violence sape toute volonté d'ordre et qu'elle s'exhibe
outrageusement comme vérité profonde des familles.

L'histoire du roman policier en France dessine une série
kaléidoscopique de variantes sur cette imbrication de la violence
et de la perspicacité où tantôt l'une, tantôt l'autre des composan-
tes principales a pignon sur rue. La succession de Gaboriau ne
sera d'ailleurs pas assurée immédiatement : la production *littéraire* s'oriente du côté du naturalisme ou bien bifurque vers le
symbolisme, tandis que le livre populaire se sature de mystères et
de sentiments. Verne, entre les deux, se taille son chemin de
voyages et d'aventures. Ce n'est qu'au tournant du siècle que
deux grands auteurs traceront pour de bon les lignes de démarcation de l'histoire du détective à la française. Le premier insiste sur
la formule qui combine le métier de journaliste et la passion de
l'enquête : son nom est Gaston Leroux et il séduit les lecteurs en
leur proposant son très énergique Rouletabille. Dans *Le Mystère
de la chambre jaune* comme dans *Le Parfum de la dame en noir*,
ses deux chefs-d'œuvre, le reporter primesautier se lance en héros
moderne à l'attaque de la masse obscure du crime et de la violence aux risques et périls de sa propre vie s'il le faut. La chambre
hermétiquement close, fascinante par l'immobilité de son mac-
chabée, horrifiante par les signes de la violence qui la constituent,
doit livrer son énigme devant l'insistance de la recherche systématique. Pourtant avec 'la dame en noir' notamment, la fiction
était en quelque sorte rattrapée par son passé : c'est dans son propre roman de famille que s'égare le petit reporter et ce ne sera
plus que par intervention miraculeuse qu'il s'en tirera.

Si de Gaboriau l'on a pu dire « qu'il lança dans le monde le
roman policier sans le comprendre », Maurice Leblanc, quant à
lui, constatait : « Je prends la plume, et Arsène Lupin s'impose à
moi ». Arsène Lupin est une figure foncièrement ambiguë – ambiguïté qui caractérisera nombre de ses successeurs – car le 'gen-
tleman cambrioleur' tout en poursuivant le crime avec brio,
n'hésite nullement à pencher de l'autre côté et à embrasser gou-
lûment la force brutale. Une des conséquences en est que Leblanc

peut à l'occasion opposer directement Arsène Lupin à Sherlock
Holmes. C'est sans doute le côté réactionnaire de l'auteur qui lui
fait prôner l'aristocratique liberté de Lupin vis-à-vis du sens
bourgeois du devoir qui caractérise le héros de Conan Doyle.
Pourtant il faut bien se rendre compte que c'est également *dans
les gènes* du polar que se situe la contamination par violence.

La deuxième grande vague de la littérature policière en
France commence dans les années trente, mais elle trouvera son
apogée après la guerre. Deux grands noms s'imposent dans un
premier moment : Georges Simenon qui propose son commissaire
Jules Maigret et Léo Malet dont le Nestor Burma va séduire des
générations de lecteurs. Jacques Dubois[2] a finement expliqué
comment Maigret par le biais de la compréhension psychologique
a rendu possible la fiction d'un consensus social au-delà de la
barrière des classes. La violence se trouve quadrillée selon la
formule de la misère sociale. Malet, lui, a plutôt été à l'école du
hard boiled américain ; ses maîtres sont Hammett et Chandler.
Son Burma, c'est le 'privé' aux méthodes 'efficaces', mais qui
sera régulièrement aussi la victime. La violence ne se laisse
dompter qu'à peine, il faut avoir un brin de veine. Si l'intrigue et
l'allure des personnages font donc penser au roman d'outre Atlantique, le cadre s'en différencie vigoureusement par sa couleur
locale (*Les Nouvelles Mystères de Paris* sera, avec un clin d'œil
du côté d'Eugène Sue, le titre de la série d'enquêtes qui se passe-
ront successivement dans chacun des 20 arrondissements de Paris) et l'ironie nestorienne met le cynisme yankee à une sauce
typiquement hexagonale.

Si l'humour sert d'antidote chez Malet, il va envahir tout
l'espace romanesque dans l'interminable série des *San Antonio*
dont nous a gratifiés Frédéric Dard : aventures rocambolesques,
gaudriole déchaînée, pittoresque gargantuesque des Bérurier et
autres gros en bouche et forts en ventre ; c'est pourtant avant tout
un immense carnaval de la langue pour le meilleur et pour le pire.
Les *hénormités* du récit et du style rachètent et *enfoncent* un univers de mouvements élémentaires déchaînés. Par contre, le couple

---

[2] Jacques Dubois, *Le Roman policier*, Paris, Nathan, 1992.

Boileau/Narcejac se spécialise plutôt dans le raffinement du suspens, cette autre invention américaine : leur *Sueurs froides* fourni-
ra d'ailleurs à Hitchcock la base de son chef-d'œuvre *Vertigo*. La
force brutale s'y déguise en contexte sophistiqué, mais au cœur
du labyrinthe des masques se tapit le Minotaure du désir effréné.

A partir des années 70 se dessinent en gros deux voies principales pour le roman policier en France : celle qui poursuit la
tradition du 'whodunit' tout en en peaufinant les ingrédients ou
encore en accentuant sa dimension historique, sociale, politique...
Fred Vargas, René Reouven et Daniel Pennac n'ont rien à envier
à P.D. James, à Patricia Highsmith ou à Paul Auster. C'est pourtant avant tout Didier Daeninckx qui impose une forme essentiellement française de ce type de récit : ses enquêtes rejoignent
l'investigation sur les pages noires de son histoire qu'a dû entre-
prendre la France pour se réconcilier avec son passé. *Meurtres
pour mémoire* est à cet égard un titre exemplaire. L'anamnèse y
permet d'exhumer la violence enfouie et de lui assigner sa place,
ce qui ne veut pas dire l'innocenter, mais tenter de la comprendre.
On peut soupçonner néanmoins que le processus ne se déroulera
jamais sans laisser de reste : on ne déterre pas sans se salir les
gants.

L'autre grande orientation est celle du 'roman noir' moderne où l'investigation policière ne joue plus le rôle principal,
mais où ce sont les actes de violence et la lutte entre les forces
opposées du crime et de la répression qui occupent le devant de la
scène. Jean-Patrick Manchette en a été naguère le représentant le
plus important avec des oeuvres aux titres tels que *Nada* et *Que
d'os*. Si le cynisme des acteurs ne donne lieu à aucune 'catharsis'
sinon dans le vide d'après l'extermination totale, si le surdosage
risque de laisser pantelants ou pire tout l'effectif humain, c'est le
versant machinique de l'histoire et de sa mise en forme qui artifi-
cialise et par-là esthétise cet univers du mal absolu. De cette manière d'hyperboliser la violence on trouvera d'ailleurs les plus
beaux exemples dans l'œuvre de René Belletto (*La Machine*). Le
policier touche ici, par ses excès sophistiqués, au genre fantastique et à la manière néogothique.

Quant au paysage policier actuel se caractérise surtout par
la multiplicité de ses orientations et la grande différenciation de
son immense potentiel. Car il faut insister là-dessus : le polar est
plus populaire que jamais : tantôt sous sa forme ultra-légère, de
digestion automatique qu'assure une série comme 'Fleuve noir' et
que prodigue le métro-polar jetable à longueur soigneusement
calculée ; tantôt en jouant avec toutes les possibilités du genre
dont la fameuse 'Série noire' par exemple nous offre maints spé-
cimens, ou en se combinant avec d'autres genres comme la
science fiction, le roman historique ou encore en 'nourrissant' la
littérature de recherche (Echenoz, Carrère, Gailly). Parallèlement
se poursuit l'interaction avec le cinéma qui a toujours été très
intense et surgit le foisonnement textuel du *Poulpe* (série de romans policiers dans lesquels les différents auteurs se succèdent
par variantes et citations virtuellement infinies) que prolongent le
Polarweb et autres sites de la 'Grande Toile' où les archives
s'entassent et où à côté d'une immense rumeur bavarde se balbu-
tie probablement tel scénario futur.

2. *Pourtour*

C'est dans ce contexte qu'est publié en 1998 *Les Rivières pourpres* de Jean-Christophe Grangé dans la série 'spécial suspense'
qui jusque là comportait surtout des titres traduits de l'anglais.
L'éditeur, Albin Michel, commente cette parution par les lignes
suivantes qui figurent sur la manchette du livre : « Pourquoi un
Spécial « Spécial Suspense » ? Parce qu'il s'agit tout simplement
d'un grand et vrai roman par un nouvel auteur étonnant. Par son
imagination, son originalité, son art du récit, Jean-Christophe
GRANGÉ fait pâlir bien des auteurs américains parmi les plus
grands. GRANGÉ, un nom bien français, qui marquera l'univers
du thriller ». Abstraction faite d'une certaine grandiloquence publicitaire on signale le besoin dans ce domaine comme dans
d'autres de se démarquer de l'influence américaine et anglo-
saxonne. Cet aspect-là a certainement beaucoup compté pour le
succès du livre qui est devenu un véritable bestseller en France,
générant également un projet de film dont Matthieu Kassovitz (le

cinéaste de *La Haine*) a commencé le tournage en 1999, film qui est sorti sur les écrans en octobre 2000[3]. Ce ne fut d'ailleurs pas le premier roman publié par Grangé : un an auparavant *Le Vol des cigognes* avait déjà attiré l'attention des média sur cet ancien grand reporter qui combinait dans ce roman son goût des récits de voyage et d'exploration des pays étrangers d'une part et une histoire haute en couleur sur le trafic international des diamants d'autre part. Le court-circuit quenellien dans le titre entre envol et détournement marquait le plaisir de la combinatoire à la fois palpitante et ludique.

Un des points forts des *Rivières pourpres* est sans doute la façon dont le livre combine plusieurs filières traditionnelles du roman policier dont Dubois distingue les quatre grands types suivants (*O.C.*, p.54): le roman d'énigme ; le roman d'investigation ; le roman noir et le roman à suspense. C'est surtout l'imbrication bien dosée des principales caractéristiques de ces différentes 'manières' qui explique selon nous la réussite de Grangé. Pour ce qui concerne la violence qui encore une fois est au coeur et aux bords de la machine infernale du texte (c'est à dire qu'elle inonde l'ensemble) elle profite de cet enchevêtrement des types de récit et les justifie.

Les Rivières pourpres est un roman d'énigme car dès le début du récit un cadavre est découvert à Guernon, ville universitaire fictive, isolée au pied de la montagne du côté de Grenoble. Le corps se présente comme un objet énigmatique, sorte de cryptogramme : enfoui dans une haute niche de la falaise, il est couvert de plaies et de marques de torture ; les yeux ont été arrachés et remplacés par des gouttes d'eau. Il s'agit du jeune bibliothéquaire de l'université, Rémy Caillois, et il nous faudra attendre la toute dernière partie du roman pour apprendre qui l'a tué et surtout aussi pourquoi il a été assassiné. L'énigme est en fait un ter-

---

[3] Le film, avec dans les rôles principaux Jean Reno et Vincent Cassel, a été un grand succès commercial. Toutefois, les fervents lecteurs du livre risquent de ne pas retrouver toutes les finesses de la construction et du style sous l'avalanche spectaculaire de violence que nous sert Kassovitz et la fin a malheureusement perdu sa noirceur désespérée.

rible secret et le meurtre s'avère faire partie d'un projet de vengeance, ce qui d'emblée établit un lien étroit entre énigme et investigation. Le suspense est créé par la progression (savamment distillée) de l'enquête qui mènera inévitablement au constat que les cadavres vont se succéder : un aide de l'hopital universitaire qui sera trouvé dans une crevasse en haute montagne ; un ophtalmogiste d'Annecy et un jeune policier qui avait poussé trop loin son investigation personnelle.

L'aspect de roman noir, d'autre part, est nourri de manières diverses : la cruauté des mutilations, l'horreur d'une vengeance qui a ses racines dans un passé innommable, la dureté de la part des policiers investigateurs. D'ailleurs il faut préciser tout de suite que l'un des principaux atouts du récit réside dans le développement de deux enquêtes progressant simultanément. L'autre volet en est constitué par des événements situés dans un village imaginaire du Lot, Sarzac, où une tombe a été profanée et où des dossiers scolaires ont été dérobés. Le lien, imperceptible d'abord, entre les deux affaires se resserre dans l'alternance de ces groupements de chapitres consacrés à chacun de ces mystères.

Entretemps on a fait connaissance avec la vie quotidienne telle qu'elle se déroule à cette curieuse université où la création d'un certain type de surhomme, combinant une haute intelligence et une superbe condition physique, est devenu l'idéal à atteindre. On devine que dans ce désir touchant aux origines de la vie gît le noeud du secret. Différents personnages jouent leur rôle dans ce contexte : Sophie Caillois, l'épouse de Rémy qui partage son idéalisme dans la recherche d'une race supérieure ; le recteur dépassé par les événements ; le directeur d'une clinique pour aveugles et surtout la superbe Fanny Ferreira. Avec l'autre piste, celle du Lot, on retrouve les traces d'un enfant que sa mère avait voulu cacher à des persécuteurs mais qui aurait finalement péri dans un accident de voiture. On apprend d'autre part que les traces laissées par les profanateurs renvoient la police à Guernon ce qui inaugure la jonction des enquêtes.

Une double découverte finale permet de combler les vides : dans les archives universitaires un lot de doubles prouve que les statistiques concernant les nouveaux-nés avaient été manipulées sur une longue période. D'autre part les empreintes digitales de l'enfant accidenté à Sarzac s'avèrent être identiques à celles du meurtrier qui rôde à Guernon. La solution donne des traits hautement néo-gothiques à l'histoire : le père de Rémy Caillois et le père de la seconde victime, Philippe Sertys, étaient à l'époque les principaux acteurs dans une noire affaire d'échange de bébés dans la clinique universitaire. Pour procurer du sang frais à une population dont la constitution physique de par son isolement s'étiolait, on mettait des bébés provenant de vigoureux montagnards à la place des gringalets issus de ventres d'intellectuelles ; ces derniers furent étranglés avant d'être substitués à ceux qui faisaient l'objet du rapt eugénétique. En provoquant plus tard les occasions de rencontre et de mariage entre vieille élite et nouvel élan (entre autres par leur placement dans la bibliothèque), on réussissait à mettre en piste une génération exceptionnelle. Les fils Caillois et Sertys géraient obsessionnellement l'héritage laissé par leurs pères.

Ce terrible mystère qui a son ancrage dans le cadre de la 'tribu' tourne au secret familial par l'effet particulier qu'il acquiert dans un cas spectaculaire et c'est là que les deux pistes se rejoignent. Fabienne Hérault, l'épouse d'un cristallier, accouche à Guernon de jumelles monozygotiques. L'une des fillettes est échangée et par méprise l'autre grandit auprès de ses parents. Quand la mère, dans sa fonction d'institutrice, est mutée à Guernon, le pot aux roses menace d'être découvert. Les manipulateurs écrasent le père avec leur voiture et poursuivent la mère. Celle-ci se réfugie à Sarzac et brouille l'identité de son enfant : elle le transforme en garçonnet et lui donne comme nom 'Jude Itero'. Comme la menace continue à peser, elle met en scène l'accident de voiture où est mutilé de façon irreconnaissable le corps d'un petit enfant mort qu'elle a exhumé et pourvu d'une phalange de sa propre fille. Une fois adultes, les deux jeu-

nes filles se retrouvent et vont vivre à Guernon en parfaite coha-
bitation, jurant de venger un jour leur père.

Caillois sera la première victime, suivi de Sertys qui entretemps avait entrepris un voyage à Sarzac pour revisiter le
tombeau. L'ophtalmologue avait participé à l'enquête en tant
qu'expert ayant deviné le jeu des 'conspirateurs' tandis que le
jeune policier avait trop voulu précipiter les voies du destin. Par
la force de leur présence s'établit également un lien entre la dimension fantastique de l'entreprise démoniaque poursuivie dans
un espace hautement artificiel et le monde réel qui est envahi par
cette violence primordiale. De Guernon à Grenoble, puis à Annecy l'horreur s'actualise. Le mot 'démons' est d'ailleurs utilisé
à plusieurs reprises pour indiquer les malfaiteurs qui touchent au
domaine de la procréation. Leur tentative pour manipuler
l'avenir de l'humanité est de fait racontée comme un mythe
élémentaire. Dans cette montagne isolée où règnent les éléments
primaires, pierre, torrents, air des pics, soleil impitoyable, se
joue une tragédie absolue, dont la terreur déteint sur le monde
existant à ses limites. Le roman policier prend dans ce contexte
un caractère de fatalité qui l'apparente aux grands récits tragiques.

Le réalisme et la dimension fantastique entrent dans des
combinaisons toujours renouvelées où le *charme* (la fascination)
réside dans la contamination réciproque. Tout ce qui concerne les
techniques de reproduction et de manipulation génétique est en
France un sujet de haute actualité et émeut concurremment tout un
imaginaire fondamental. Cette combinaison de l'archaïque et du
contemporain est encore particulièrement visible du côté des investigateurs, les deux policiers qui mènent l'enquête. D'une part
il y a Karim Abdouf, jeune Beur qui s'est formé dans la 'jungle'
de Nanterre, monde « peuplé d'êtres surviolents » (p.64), expert
en drogues et en criminalité urbaine qu'une administration réti-
cente a renvoyée à la province profonde. Il projette dans l'affaire
toute son énergie de chasseur du mal, s'identifiant de plus en plus
avec celle qu'il voit en enfant persécuté. Placée devant la nécessité de la tuer au bout de leur périple il aura comme ultime ré-

flexion (et c'est la dernière phrase du livre) : « Il ne voyait pas quel genre de soleil pouvait éclairer les ténèbres qui emprisonnaient son coeur ».

La jumelle, d'autre part, aura surtout affaire à l'autre policier, celui qui s'impose comme le maître, le commissaire principal Pierre Niémans. Dans un sens c'est lui le véritable personnage central. Dans la violence élémentaire qu'il tente de juguler à Guernon il retrouve en partie l'éclat de ses propres ombres, le reflet de sa fondamentale noirceur. Toute sa lutte contre le crime et le renversement des lois est un effort continuel de faire taire ses angoisses profondes, symbolisées et concrétisées par les aboiements de chiens tueurs. Dès le début du livre le ton est donné par une scène qui apparemment n'a rien à faire avec la suite, mais qui –dans ce récit d'engendrement et de concaténation – se trouve à la base idéologique et imaginaire de toute la fureur qui va se déchaîner. En même temps le lecteur s'y reconnaît facilement car nous découvrons Niémans – plutôt qualifié d'ailleurs de 'policier' en focalisation externe, par caméra 'dure' – en tant que chef du service d'ordre lors d'un match de foot international entre une équipe anglaise et une équipe espagnole. Or, c'est au sortir du stade que les irrégularités éclatent et se propagent bientôt sauvagement. Niémans est entraîné irrésistiblement par le flux de violence et perd tout contrôle dans la poursuite d'un hooligan qui vient de régler son compte à un anglais d'un club ennemi.

Le lecteur est initié dans l'univers violent du roman par une description comme celle-ci : « Il cogna, cogna, puis s'arrêta soudainement, fixant les traits ensanglantés du hooligan. Des saillies d'os pointaient sous les chairs déchiquetées. Un globe oculaire pendait au bout d'un treillis de fibres » (p.18). Le résultat des coups et blessures poursuivra le commissaire pendant toute son enquête à Guernon : l'anglais comateux finira par mourir et c'est comme un arrêt de mort pour son bourreau. Au bout de la poursuite de Fanny, l'autre jumelle meurtrière, qui était d'ailleurs devenue son amante, le couple périra dans un embrassement sanglant et fatal. Niémans, l'homme qui par son

nom participe au néant de ses peurs, incarne du côté des policiers la même loi du talion, essentielle règle de la vengeance
primitive, qui explique les actions des Erinyes alpestres. « Il
songea à ces accès de violence incontrôlables qui aveuglaient sa
conscience, déchirant le temps et l'espace, au point de lui faire
commettre le pire » (p.21). La justice est bien aveugle dans cette
histoire de yeux crevés et d'une vérité qui frappe de cécité.
Niémans a l'allure d'un Oedipe moderne fuyant son enfer pour
mieux le retrouver. Karim ferait alors plutôt figure d'Oreste, un
Oreste vengeur qui se trompe de cible.

De ce dernier nous avait été montrée également la profonde
intrication dans l'univers de la violence : « des accès de fureur le
transperçaient parfois, stupéfiants et incontrôlables » (p.65).
D'abord on voit comment il se fait seul juge et bourreau dans une
affaire de drogues où avait péri un ancien copain et ensuite lors
d'une descente chez les *skins*, qui a l'air un peu surajoutée au
récit principal, mais qui en fait en trace déjà les contours par la
dureté et la cruauté de l'altercation. Les *fafas* et leurs *birds*, sorte
de faune sauvage, seront cloués au sol, fixés et brûlés par le
moyen de leur drogue favorite, la colle à rustines. Cette violence
est comme la signature de la société contemporaine plongée dans
son primitivisme de haute technicité. C'est ce que soulignent
également les paroles du vieux qui avait procédé à l'autopsie de la
petite victime de l'accident sur l'autoroute et qui commente les
tueries de l'asphalte : « Comme une espèce de guerre souterraine,
tu vois, qui surgirait de temps en temps, avec une violence de
terreur ! » (p.232). Dans le paysage de la montagne Niémans dé-
tecte lui aussi cette violence comme une présence fatale : « Il
avait l'impression de saisir, à travers ces horizons solitaires, une
vérité profonde de notre planète. Une vérité soudain mise à nu,
violente, incorruptible, qui résisterait toujours aux volontés de
l'homme » (p.167). C'est là que se déchaîne le vent furieux
(p.273) qui accompagne une colère immémoriale.

3. *Reflets*

Si le roman propose ainsi un mélange savamment composé d'éléments réalistes et d'un appel à un autre ordre où règne le fantastique et où les lois du *symbolique* cèdent la place au désir déchaîné que nourrit l'*imaginaire*, cela implique également que devient lisible à travers les événements et par l'intermédiaire des personnages une confrontation de la conscience raisonneuse et judiciaire et de l'inconscient mû par d'autres mobiles. Le texte est comme infiltré par un système associatif et répétitif qui fait fonctionner le livre au niveau de cette confrontation fondamentale. Le roman policier tente de par son origine de mettre de l'ordre dans le charivari, de dompter la violence élémentaire, obsessionnellement, car il sait que ses propres forces, ses mobiles les plus essentiels sont inextricablement enfouis dans l'univers de la fureur primitive. C'est pourquoi son système de raisonnement, sa construction narrative, son autonomie fictionnelle comme marque de son triomphe sur le difforme et l'inorganisé prennent une importance énorme. *Les Rivières pourpres* est un roman d'une construction méticuleuse où le narrateur impose l'implacable rigueur de son ordre à une fable *chaotique*. Les reflets et les doubles y obéissent à une profonde ambivalence : d'une part ils forment une explication complète, une image de la nécessité absolue du déroulement de l'histoire ; d'autre part ils en font trop et au coeur de leur insistance s'ouvrent les failles, se creusent les béances, se déchire l'hymen de l'*autre*.

Scrutons dans un premier moment les principaux indices de cet univers de miroirs et de réflexion totale (et totalitaire). L'élément le plus généralisé en est sans doute le redoublement. La base de la double enquête est une histoire de jumelles dont l'une se dédouble encore en Judith Hérault et Jude Itero (nom itératif). Le secret qui aura pour conséquence leur vengeance, réside dans un échange de bébés perpétré par un couple de fanatiques. La vengeance elle même mime avec obsession les modalités du forfait : c'est la loi du talion qui 'exige' que le criminel soit puni par où il a péché. Leur méfait est essentiellement le rapt de l'identité des enfants, et c'est pourquoi leur propre cadavre sera rendu méconnaissable, notamment par la mutilation des yeux et des doigts où résident les indices de l'individualité. En outre la découverte se fera de façon à ce que ce soit d'abord le reflet des corps qu'on aperçoive tour à tour dans l'eau de la rivière, dans la glace, sous un toit en verre.

La découverte des différents cadavres est explicitement entourée de tout un jeu de reflets. Du corps de Caillois il est précisé : « Je l'ai remarqué dans les eaux de la rivière. Grâce à son reflet. Une tache blanche à la surface du lac » (p.43). Le chapitre 24 se termine sur le repérage de Sertys dans la glace : « dans le rempart transparent, véritable miroir d'eaux vives, venait de jaillir la silhouette d'un corps prisonnier des glaces [...] le commissaire comprit aussitôt qu'ils ne contemplaient ici que le reflet de la vérité [...] ses yeux ne pouvaient plus se détacher du véritable corps, incrusté dans la muraille opposée, et dont les contours sanglants se mêlaient à leur propre reflet ». La vision engloutit à ce moment-là le récit et provoque une ellipse significative. Enfin la troisième étape de la vengeance se révèle de manière semblable : « Le long des carrés pigmentés de pluie se détachait le reflet du corps de Chernecé, comme froissé per les reliefs du verre. Bras écartés, pieds joints, dans une posture de crucifixion. Un martyr se reflétant sur un lac de gouache verdâtre ». (p.274) La question clé surgit de ce 'spectacle' : « Qu'avaient donc fait ces hommes pour être réduits à l'état de reflets, pour que leur chair soit privée de toute marque distinctive ? » (p.277).

Ce noir après la foudroyante clarté des glaces se répand de façon contagieuse sur le texte, imposant l'obligation de mimer la violence. Ainsi la police est nécessairement entraîné par le processus, non seulement le jeune inspecteur Joineau (enseveli par antonomie dans une mare souterraine), mais encore le grand maître lui-même. Voyons comment vers la fin Niémans se regarde dans un miroir très spécifique : « Il chancela, fixa son propre visage dans la flaque sombre, lisse comme un vernis, et se demanda tout à coup s'il n'était pas en train de contempler le dernier reflet de la série des meurtres » (p.372).

A ces mortelles réflections s'ajoutent toutes sortes de 'coïncidences' (par exemple la répétition à travers les générations) et de 'correspondances'. A cet égard Karim réagit de façon tout à fait représentative en apprenant la mort de son meilleur copain, assassiné au moment où il reçoit sa carte de policier ; il voit « dans cette coïncidence un signe ». Le livre est plein de ce genre de signes qui emportent le récit dans un torrent furieux.

Le miroir est naturellement un endroit privilégié pour l'exhibition de cette fulgurence des images. Les deux enquêtes ne se reflètent pas seulement comme des images dans un miroir où elles se rejoignent « comme les deux rails de la mort » (p.391), mais les policiers rencontrent également à plusieurs reprises leur reflet dans la glace et ils en sont effrayés. Abdouf y apparaît avec ses *dreadlocks* comme un diable, ou encore comme marqué par le septième sceau : « Sa silhouette était dédoublée par la vitre, dans un reflet mordoré » et l'homme qui l'accompagne remarque : « Et ne prends jamais quelqu'un d'autre pour ton ombre [...] —Pourquoi ? [...] —Parce que je le sais, je le sens : tu marches entre les morts » (p.233). Le reflet mordoré conjugue littéralement ici la brillance et la menace létale.

Cette importance centrale des reflets est également 'théorisée' dans le récit, d'une part par l'ophtalmologue qui expose ses thèses d'iridologie expliquant que les émotions et les affects se reflètent dans l'iris, théorie fort significative dans ce roman d'yeux crevés, de cécité et d'aveuglement. Et d'autre part par Niémans qui lui aussi expose sa doctrine selon des principes similaires : « Chaque élément d'une enquête est un miroir. Et le tueur se cache dans l'un des angles morts » (p.111). Karim avait suivi ses leçons retenant encore que « chaque crime était un noyau atomique et les éléments récurrents étaient ses électrons, oscillant autour de lui et dessinant une vérité subliminale » (p.207). Dans ces enquêtes les indices se multiplient en effet avec une nette tendance à se redoubler. Ce fut d'ailleurs dès le début du livre le premier cri d'attaque qui se dédouble immédiatement : l'inquiétant staccato des supporters, « *ganamos, ganamos* », ouvrant sur l'infinie répétition violente. Les reflets dans la description du décor et des personnages renforcent partout l'ambiance d'inéluctable, fatale et permanente récurrence ce que montre le puissant symbolisme de la phrase suivante : « L'éclat de la lumière venait ricocher sur les cimes du Grand Pic de Belledonne, se réfractant sur les neiges éternelles » (p.131) prédisant l'insoutenable présence de la belle dame meurtrière au regard de Méduse, Fanny, dont les yeux sont décrits ainsi : « Ces iris étaient trop clairs. Ils étaient en verre, en eau vive, coupants comme du givre » (p.48). Véritable sphinx des glaces dans son paysage préféré entourée de la neige « dont les cristaux croustillaient dans une frilosité secrète, intime ». Et le texte précise : « Le policier supposa que cette femme n'était heureuse que dans ces reflets de moire, cette pression plus légère. Il songea à une fée » (p.169).

4. *Doubles*

Il n'est pas étonnant que ces effets de miroitement se reflètent également au niveau du lexique : ainsi de façon ludique quand on apprend que Karim s'est spécialisé dans un art martial nommé 'té', alors que d'autre part il est grand amateur de thé. Glace et glacer font pareillement ricochet en approfondissant l'implication de cette technique : en effet c'est l'irrépressible avalanche de doubles qui glace le sang. Ce lien entre les reflets au niveau des mots et la menace profonde de l'histoire se précise encore quand on aperçoit le saut fatal qui se dessine entre les chiens que craint Niémans et le chien de son pistolet : « Il leva le chien et ferma les yeux » (p.18). On peut cependant relever deux cas où le double fond de la langue détermine tout particulièrement le récit. Le premier cas est fourni par le titre : « Les Rivières Pourpres ». Ces mots apparaissent comme une sorte de cryptogramme dans un carnet de l'un des malfaiteurs et sur une paroi de l'appartement de l'autre, cette fois-ci tracés en lettres de sang. Si dans ce deuxième cas la marque se concrétise avec une horrible précision, il faudra attendre la fin du livre avant d'apprendre que l'expression vise les flux de sang que les conspirateurs veulent maîtriser. Mais aussi bien ce sang giclera sur tout ce qu'il rencontre, s'écoulant en rigoles sous les corps martyrisés, colorant le torrent impétueux qui entraîne les cadavres de Fanny Ferreira et de Pierre Niémans.

On a déjà mentionné la devinette centrale qui livre la clé d'ombre de tout l'édifice fictionnel : le nom de Judith Hérault se transforme en Jude Itero. Précisons-en les échos secrets : « la môme androgyne, fermée à double tour sur sa peur » combine dans un sens les deux sexes – elle est héros, elle est Jude *l'obscure* ; et elle est Judith, celle qui prend la glaive comme un homme pour trancher la tête du tyran. D'ailleurs une partie de son histoire se déroule à Sète (dans le département de l'Hérault) où vit la recluse (« ombre dans l'ombre », p.210) qui a aidé sa mère à la cacher, et le cracheur de feu qui fut son premier adorateur et dont elle transfère le souffle incendiaire. On voit comment la série des doubles forme comme une spirale descendante qui plonge follement dans le gouffre de la violence. La minutieuse enquête policière (qui se sert de la technique de pointe pour ses investigations) se retrouve dans le raffinement d'une construction très précise du livre et dans une écriture subtile et même parfois précieuse à la mode postmoderne. Pourtant cette structure en puzzle que pourrait combler gracieusement et expiatoirement l'ultime morceau, se transforme de bel artefact resplendissant en hideuse charogne, la poupée Olympia se disloque et le feu dévore l'orbite des yeux comme dans *L'Homme au sable* invitant à la chute définitive.

Voilà donc l'autre face des doubles : l'inéluctable redoublement qui provoque les failles funestes de la démence. Les filles fées sont devenues des Vengeresses entraînées par la furie. Karim rêve d'une méthode qui pourra localiser les fêlures déterminant la psychologie criminelle. Un frisson le parcourt : « Il savait que, si cette 'faute' existait, elle courait également dans ses veines. » (p.62) La folie et la schizophrénie montrent leur caractère indomptable parce qu'elles se propagent aussi bien au niveau des victimes coupables qu'à celui des juges persécutrices ou encore au sein de l'appareil répressif. Les doubles dans leur réflexion interminable, dans leur échange perpétuel, dans le doute qu'ils sèment sur la vie ou la mort nous plongent au coeur d'un univers d'*Unheimlich*, d'étrangeté familière, où l'effroi ontologique ré-

side parmi les ombres les plus intimes. Toutes les tentatives de
conjurer l'horreur élémentaire de l'étranglement secret de la vie
par la mort, tous les Totems et Tabous ne pourront empêcher que
la rage sévit dans les ténèbres. Dans un au-delà du principe de
plaisir, plus loin que le désir de rééquilibrer le monde, la répétition obsessionnelle pousse tous les protagonistes de la tragédie à
se jeter dans l'abîme. C'est en effet comme l'issue d'une tragédie
classique qu'est proposé le déroulement de l'histoire, histoire se
concentrant très précisément à l'intérieur de 24 heures, se figeant
dans des tableaux (« faille théâtrale » p.46), constituant un long
rite de purification.

 Finalement tout s'émiette, se fragmente, se pulvérise, retour
à la matière première, aux cendres, aux os «luisant de reflets préhistoriques ». Le tombeau de Jude sera rempli d'une grande
quantité de squelettes de rongeurs et le désir de vengeance aboutit
à l'idée « qu'il fallait éclater leur corps en plusieurs reflets,
comme on casserait une carafe, avec plein d'éclats...» (p.404).
Dans ces dernières pages tous les fragments du récit ont été ra-
massés, collés soigneusement dans la mosaique, mais il n'en demeure pas moins comme un trou noir au centre où un 'bruissement glauque' emporte les protagonistes, Fanny criblée de balles,
Pierre charcuté au cutter, Judith frappée au coeur. Si Karim reste,
c'est qu'il est le « sphinx » (p.404), qui dans cette version ne se
jète pas dans le vide, mais demeure, figé au bord du gouffre, in-
carnant le mystère du sang. Le livre a été décrypté mais la crypte
des pages se renferme sur ses figures centrales. La vérité
(re)construite de l'enquête et de la narration (*homoiosis*) se double *in fine* d'une autre vérité, révélant de manière *aléthique* la
Chose de l'autre côté du miroir.

5. *Images*

D'une certaine manière l'omniprésence des doubles est entérinée
par un emploi très intense d'images rassemblant deux univers,
ouvrant le réel au fantastique, traçant des ouvertures de
l'imaginaire. Dès la page 27 une image (comme dans le tapis)
pointe vers le mot de l'énigme : « Les veines diffuses se dé-

ployaient sous les tempes, tels des fleuves gonflés». Mais d'autres images aussi appuient la thématique principale : « tel un pharaon en route pour le fleuve des morts » (p.333, sur Niémans) ; « mais il s'éleva bientôt au fond de son esprit, lentement, telle une marée noire et vénéneuse, une ultime vérité [...] » (p.276).

Le décor est souvent décrit à l'aide d'images qui l'imprègnent de suspense : « les réverbères qui clouaient encore les ailes brunâtres de la nuit » (p.61, rappelant les effraies qu'on cloue contre les portes pour dompter le démon) ; « l'unique réverbère, une griffe blanche au-dessus de la nuit envoûtant les papillons nocturnes » (p.95, une des nombreuses variantes sur le thème de la lutte entre lumière et ténèbres) ; dans la montagne on trouve « de nouveaux renfoncements, comme les douves noires d'une forteresse interdite » (p.168) et « une longue faille–lézarde de ténèbres qui semblait sourire dans un visage fardé de neiges » (p.169), images accentuant la charge sexuelle de l'équipée, suscitant plus directement encore l'archétype de la 'vagina dentata' dans la phrase suivante : « Au loin, la mer sombre entrouvrait ses mâchoires blanchâtres à coups de vagues mauvaises » (p.216). Le noyau de la violence se situe ainsi 'imaginairement' dans l'intrication inconsciente de la sexualité et de la mort. Cette mort 'déteint' également sur le temps : « Les nuages voyageaient lentement dans le ciel, comme un convoi funéraire parti enterrer le soleil » (p.164). On y entend l'écho des mythes fondateurs ainsi que dans la phrase suivante : « La beauté de la glace qui brillait d'un bleu sombre, tel un bloc de nuit arraché au firmament », décor de genèse dans cette fiction génétique. Ces images renforcent donc d'une part les mailles du filet diégétique, mais elles ouvrent aussi à chaque fois sur leur lieu d'origine, l'horrifique et splendide royaume de l'imagination *primitive*. C'est là que se devine pour Niémans « ce long couloir, sans faille, tapissé de sang, avec, au bout, des chiens hurlant dans les ténèbres ...» (p.40).

Il paraît justifié de se demander si ces images à force d'insister n'en deviennent pas plutôt symptomatiques qu'esthétiquement réussies. On peut bien imaginer que dans un sens c'est le complexe de Pygmalion qui s'y joue : la statue de parfaite harmonie restera impitoyablement de marbre, l'idéal de beauté a le goût de la mort. A certains endroits pourtant, l'auteur tente de s'en détacher par une pointe d'incongruité ironique, comme il le fait en parlant de Karim : « Il était parfois effrayé par ces blocs de fureur qui se détachaient de lui comme des icebergs dans une mer de Béring personnelle » (p.141) ou encore en lançant une comparaison surréaliste : « le ciel, dont les écailles brillaient sous le soleil persistant, comme un immense saumon d'argent » (p.121). Parfois un ton ludique paraît vouloir chasser la menace trop massive : « Avec toutes ses ramifications, Niémans se faisait penser à une sorte de pieuvre dont les tentacules auraient tinté comme un traîneau de Noël » (p.174) ; Karim « brandissait son arme, comme un paysan bravache dardant sa fourche contre un vampire dans un film de série B » (p.284) et par voie de banalisation : « Un cercueil, c'est comme un pull-over : la marque est à l'intérieur » (p.303). Ce genre d'effets ainsi que la surcharge symbolique à d'autres endroits créent une essentielle ambiguïté : d'une part on peut lire dans le livre les lignes d'une tragédie moderne avec ses ouvertures sur l'inconscient ; d'autre part ces éléments mêmes risquent de devenir des pièces dans la construction devinette qui a laissé derrière soi le règne des grands récits fondateurs pour se complaire dans l'aire de jeux postmoderne. Mais n'est-ce pas cette ambiguïté même qui continue à poser ses questions dans ce cadre exemplaire du roman policier ?

6. *Intertexte*

La dimension de l'intertextualité dans le livre paraît aller dans la même direction. Tout d'abord le texte se met largement en abyme par ses longues recherches dans la bibliothèque universitaire (faisant un clin d'oeil à Umberto Eco) et ses investigations dans les archives. En outre des messages écrits qu'il faut déchiffrer jouent un rôle central. Dans cet univers de signes à décrypter souvent une première explication au niveau de la fiction trouvera son prolongement dans un reflet venant de la grande bibliothèque des textes, indiquant que la mimesis est avant tout *systémique*. Il s'agit bien ici de cette thématisation de la lecture et de l'interprétation que Shoshana Felman a étudié chez Sébastien Japrisot (dans *Piège pour Cendrillon*)[4], grand exemple pour Grangé selon ses propres dires. L'ambiguïté du récit (entre tragédie et jeu, entre réponse concluante et renvoi infini) est aussi une façon de piéger le lecteur, posant la question du sujet dans le système de substitution que le meurtre met en mouvement. Felman conclut que le roman policier est par définition le récit du déplacement des énigmes, le récit du déplacement de la tache aveugle de l'interprète. Si ce scénario est plus profondément tragique chez Sophocle, plus subtilement indécis chez Japrisot, le roman de Grangé n'en reste pas moins fondamentalement marqué. De même, on trouve une semblable extension vers les contes en tant que récits élémentaires : Jude comparée à Cendrillon (p.222) ; liée à Pinocchio (p.217) ; décrite comme Petit Poucet (p.399). Le fait qu'on ne trouve que les squelettes des rongeurs dans le tombeau de Sarzac fonctionne comme une sorte d'emblème macabre, mais renvoie également dans un rebond au roman de Manchette, *Que d'os*, signe de la violence infinie. Il arrive aussi que le policier se replie sur lui-même (Crozier à la pipe devient une « caricature de commissaire ») ou qu'il ouvre sur la science fiction (« des trucs de fou … comme dans les bouquins de science-fiction des années soixante », p.368). Quant à la comparaison avec les *serial killers* (p.191) paraît fonctionner comme une sorte d'art poétique : la tradition française dont veut faire partie *Les Rivières pourpres* n'accepte pas cette pure horizontalité du geste tueur ; ici les racines généalogiques expliquent la trame torsadée des assassinats. « La mort, c'est un roman » conclut Karim et nous aimerions ajouter : un roman de famille.

S'il y a d'autres renvois littéraires (à Roger Caillois par exemple, qui a écrit *Le Masque et le Vertige* entre autres ; à Antonio Ferreira, dont l'*Inès de Castro* propose la figure fatidique de

---

[4] Shoshana Felman, « De Sophocle à Japrisot (via Freud) ou Pourquoi le policier ? » in *Littérature*, 49, février 1983, pp.23-42.

Pierre le Justicier), on cherchera ailleurs la résonance profonde du texte, là où se prolonge sa musique génératrice. Les voix qui 'vibrent', le rythme du récit, la procession des victimes, le grondement des montagnes, tous ces éléments parmi d'autres surgissent d'une certaine manière à partir d'une pièce musicale fondatrice. C'est que Fabienne Hérault était une pianiste douée qui accompagnait les heures les plus angoissantes de leur vie, celle de sa fille et la sienne, en jouant la sonate numéro deux pour piano de Chopin. Judith se servira *donc* de cordes de piano ayant la tonalité 'si bémol' pour étrangler ses victimes. Karim en avait déjà le soupçon, car il a repéré cette partition sur le piano de la mère. Regardons-la de plus près pour apprendre que c'est dans cette sonate que Chopin a inséré la célèbre « Marche funèbre » comme troisième mouvement. Le début et la fin de cette marche répètent obsessionnellement deux accords de la basse, tandis qu'au milieu se déploie une mélodie plus douce. La douleur s'y déploie sur plusieurs modalités : la cruelle présence de la mort entourant la douleur mélancolique de la personne qui survit au drame. Si la musique peut donc sembler *programmatique* dans ce sens-là (aspect que souligne bien sûr le roman qui la prend comme 'basse continue' dont il mime les mouvements), d'autre part on a pu dire de ces pages de Chopin qu'elles sont « des plus mystérieuses avec des harmonies dures, modernes, souvent dissonantes »[5]. L'oeil aveugle du texte se perd dans les mystères de la page musicale et le lecteur s'en va sur la pointe des pieds.[6]

---

[5] Cf. Arthur Hedley, *Chopin*, Rotterdam, Ad Donker, 1958 et Laffont-Bompiani, *Dictionnaire des oeuvres*, Laffont (Bouquins), 1980.

[6] *Le Concile de pierre*, tel est le titre du troisième roman que Jean-Christophe Grangé a publié en septembre 2000. C'est encore l'histoire d'un enfant-martyr qui cette fois-ci a ses origines dans une lointaine Mongolie chamanique. La quête du bonheur, davantage que la recherche de la vérité, paraît aboutir cette fois-ci après 400 pages de suspense sanglant. Cette résurgence de l'enfant 'dormait' déjà au sein de la sonate en si bémol *mineur*, opus 35.

En 2002 paraît *L'Empire des Loups*, où l'extrême violence autour d'un trafic de drogues provenant de la Turquie rejoint la manipulation du cerveau du personnage principal ; l'horreur 'surdosée' (avec une mise en scène dans le plus pur goût 'gothique') s'y mesure aux tableaux de Francis Bacon, qui s'insèrent en mise en abyme, et se soigne aux chocolats surfins. La structure

Bibliographie
Jean-Christophe Grangé, *Le Vol des cigognes*, Paris, Albin Michel, 1997.
—, *Les Rivières pourpres*, Paris, Albin Michel, 1998.
—, *Le Concile de pierre,* Paris, Albin Michel, 2000.
—, *L'Empire des loups*, Paris, Albin Michel, 2002.
—, *La Ligne noire*, Paris, Albin Michel, 2004.

Jacques Dubois, *Le Roman policier*, Paris, Nathan, 1992.
Shoshana Felman, « De Sophocle à Japrisot (via Freud) ou Pourquoi le policier ? » in *Littérature*, 49, février 1983.
Émile Gaboriau, *Monsieur Lecoq*, Réédition chez Liana Levi, Paris, 1992 (1868).
Arthur Hedley, *Chopin*, Rotterdam, Ad Donker, 1958.
Laffont-Bompiani, *Dictionnaire des oeuvres*, Laffont, coll. Bouquins, 1980.

---

très organisée du texte tente encore une fois de juguler le désordre fondamental ; le déséquilibre risque pourtant de se creuser ... signe des temps ?
En 2004 enfin paraît *La Ligne noire* où se combinent de nouveau de façon originale les ingrédients traditionnels des textes de Grangé. L'horreur gothique et le goût du voyage d'aventures se chevauchent, mais ce sont surtout la pathologie du crime et la dimension cérémonielle qui s'enchevêtrent de manière complexe. On retrouve surtout, si on compare avec *Les Rivières pourpres*, l'intérêt fondamental du sang comme sens essentiel, mais aussi comme flux démentiel. Avec ses renvois bien dosés à la société et à la culture d'aujourd'hui, avec sa structure minutieusement élaborée (comme les projets des grands criminels), avec ses effets stylistiques léchés (comme les photos de pub dont il est beaucoup question) et ses caractères de personnages sériels, ce roman vise l'effet direct, mais il le fait avec tant de brio et suivant un rythme si efficace qu'on se laisse volontiers entraîner. Et réflexion faite, on se dit que cela ressemble pas mal à notre monde hallucinatoire.

Tigre en papier d'Olivier Rolin : un « imbroglio d'histoires »

Jorden Veldhuijsen

Littérature et histoire.
Un des éléments caractéristiques de la littérature contemporaine est que l'élément narratif y retrouve sa place. Il est de nouveau permis de raconter des histoires. La période du « récit empêché », pendant laquelle les expérimentations avec la forme littéraire dominaient, semble définitivement dépassée. Ce retour au récit permet également aux auteurs d'accorder de nouveau une place à la mémoire. Ainsi plusieurs auteurs essaient, chacun à sa manière, d'intégrer le passé dans leurs romans. Dans certains cas, l'auteur parle surtout de l'Histoire générale, dans d'autres cas l'histoire évoquée est autobiographique ou familiale. Encore plus souvent, on rencontre un mélange de ces différentes approches. Pensons, à titre d'exemple, aux œuvres d'auteurs tels que Claude Simon, Richard Millet ou Jean Rouaud, qui travaillent tous à partir de souvenirs, aussi divers soient-ils.

L'approche à partir de différents types d'histoires constitue également un élément intéressant dans l'œuvre d'Oliver Rolin. Son roman le plus récent, *Tigre en papier*, a beau s'appeler « roman », il est clair que ce livre est, au moins en partie, autobiographique : les souvenirs du narrateur, Martin, sont très proches des souvenirs de Rolin lui-même. En effet, Olivier Rolin, responsable de l'action violente de la Gauche Prolétarienne, a lui-même joué un rôle important dans l'activisme gauchiste des années 60 et 70. Ce n'est qu'après cette période qu'il s'est réorienté vers la littérature. Ce passé activiste se fait sentir dans tous les romans de Rolin. Sa première œuvre, *Phénomène futur*, raconte par exemple l'histoire d'un homme qui « se souvient de quelques autres, d'une femme, et d'événements révolutionnaires à demi légendaires qui les ont liés autrefois »[1]. La révolution évoquée ici dépasse de loin les événements qu'a connus la France dans les années 60 et 70. Dans ce roman, la cruauté et la barbarie sont omniprésentes. Il ne semble pas exclu de penser que Rolin s'est imaginé en l'écrivant quelle aurait pu être la suite de son histoire d'activiste, si les partisans de la GP avaient opté pour un endurcissement de leur lutte. Si *Phénomène futur* est le roman où l'Histoire activiste et révolutionnaire est le plus directement traitée, l'empreinte des années 68 se retrouve également dans ses autres livres. Dans *Tigre en papier*, ce passé occupe de nouveau une place dominante, mais cette fois-ci il est traité d'une façon plus personnelle que dans les autres œuvres de Rolin.

On peut donc affirmer que si les histoires évoquées dans *Tigre en papier* sont en partie des souvenirs de Rolin, elles dépassent cependant le simple récit autobiographique, car *Tigre en papier* est aussi la description d'une époque. Par là, ce roman est une variante posmoderne du roman historique. L'auteur n'a pas l'ambition en effet de raconter une histoire bien ordonnée. Il ne peut qu'évoquer une suite infinie de faits et anecdotes qui dans leur ensemble représentent d'autant mieux l'époque en question. De fait, tous les types d'histoires se mélangent : l'Histoire universelle et les histoires individuelles, les moments décisifs de l'Histoire et les petites histoires anecdotiques : tout cela est mis sur le même plan. « Les supermarchés étaient une nouveauté, le PS un groupuscule, le PC, on disait « le Parti », faisait 20% des voix... Judith, est-ce qu'elle avait encore les longs cheveux que tu aimais ? » (p.10). Les supermarchés, les partis politiques et les aspects physiques de sa petite amie... : dans le processus de remémorisation toute gradation disparaît. Tout devient simplement matière d'histoire(s). C'est ce que la jeune Marie – en tant que représentante de l'efficacité moderne – ne manque pas de reprocher à Martin, son interlocuteur, qui fonctionne comme le narrateur : « Tu ne sais pas raconter une histoire, tu mélanges tout ». A

---

[1] Olivier Rolin, *Phénomène futur*, Paris, Éditions du Seuil, 1987, quatrième page de couverture.

quoi riposte immédiatement Martin : « C'est le contraire, fillette [...] : l'imbroglio fait partie de l'histoire » (p.41).

Pourtant, il serait faux de croire que *Tigre en papier* est un roman uniquement tourné vers le passé. C'est que, à partir de ses rétrospections, Martin commente également le temps présent. Ce genre d'approche semble d'ailleurs caractéristique de beaucoup de romans contemporains : même lorsqu'ils prennent pour sujet le passé, le véritable enjeu en est souvent la discordance existant entre le temps actuel et les périodes antérieures qu'évoque le roman. Cette tendance est très bien résumée par Dominique Viart : « Quelque chose s'est déplacé qui me paraît fondamental : alors que dans la tradition du récit, l'acte narratif et le contenu diégétique avaient pour visée principale une projection du narrataire – et souvent du narrateur lui-même – dans l'époque considérée, le récit contemporain me semble mettre l'accent sur le présent de son énonciation. Le récit qui nous est revenu est un *récit présent*, fût-il un récit de mémoire. Loin d'arracher son public à son temps pour l'immerger dans un autre temps, un autre espace, loin même d'actualiser cet autre espace ou cet autre temps, il met l'accent sur la discordance qui se creuse entre la position du narrateur et la matière de sa narration. »[2]. Pareille stratégie narrative sert également de fondement à *Tigre en papier*. L'évocation du passé est, entre autres, pour Martin un moyen de mettre le doigt sur ce qu'il reproche à la société contemporaine. En effet, Martin se sent mal à l'aise dans cette société exclusivement axée, à l'en croire, sur elle-même : « Aujourd'hui il semble qu'il n'y a plus que du présent, de l'instantané même, le présent est devenu un colossal fourmillement, une innervation prodigieuse, un big bang permanent » (pp.29,30). Pour Martin, au contraire, le passé définit le présent. S'il est entré dans La Cause, c'est sans aucun doute pour se créer une vie héroïque, qui ainsi le rachèterait de ce passé qu'il n'a même pas vécu, mais qui l'a défini dès l'âge le plus jeune : la Deuxième Guerre Mondiale. Il fait partie de cette « génération

---

[2] Dominique Viart, « Mémoires du récit ; questions à la modernité » dans *Écritures Contemporaines 1 ; Mémoires du récit*, Paris/Caen, Lettres Modernes Minard, 1998, p.26.

[...] toute déviée par la proximité de cette énorme masse morte, la guerre mondiale, la défaite, la collaboration » (p.35), « naître juste après Vichy, tu sais, ça donne des envies d'épopée » (p.172). Tout comme la guerre mondiale a marqué sa jeunesse, l'époque de la Cause a marqué d'une empreinte indélébile sa vie actuelle : « La Cause, cette nef des fous, aura été mon seul vrai ancrage » (p.245). Souvenirs autobiographiques, histoire d'une époque et critique de la société actuelle constituent donc les ingrédients majeurs de *Tigre en papier*.

Histoire et forme littéraire.

Les récits que nous sert Rolin ne se limitent cependant pas aux histoires, qu'elle soient individuelles ou universelle : les histoires créées par d'autres œuvres, à leur tour, constituent un autre fonds d'inspiration non négligeable. De fait, Rolin n'a cessé de jouer avec l'intertextualité. Dans ses premiers romans, nombreux sont les clins d'œil à des prédécesseurs littéraires : citations, récits empruntés à d'autres, noms qui rappelaient des personnages littéraires illustres : voilà quelques exemples de jeux littéraires que l'on rencontrait dans *Port Soudan*, *Bar des flots noirs* et *L'Invention du monde*. Toutefois, dans les romans plus récents, ce genre de procédés s'avère de moindre importance. On a l'impression que dans ses premiers romans Rolin subissait fortement l'influence de la littérature avant-gardiste des années 1970, une influence qui a en grande partie disparu dans les œuvres actuelles.

Mais, si le jeu avec des textes littéraires précis devient moins important dans l'œuvre de Rolin[3], la recherche de formes littéraires spécifiques joue toujours un rôle de premier ordre. Dans *Tigre en papier* Rolin utilise tout d'abord la forme du dialogue, lequel, à dire vrai, relève plutôt du monologue : c'est Martin qui a presque continuellement la parole, tandis que Marie ne joue prati-

---

[3] Même s'il reste bien évidemment toujours possible d'établir des parallèles avec d'autres romans. Ainsi l'histoire de *Tigre en papier* – roman d'apprentissage sur fond « révolutionnaire » – ne reste pas sans rappeler *L'Education sentimentale* de Gustave Flaubert.

quement pas d'autre rôle que celui de permettre à son compagnon de continuer à parler. De fait, Martin, pour faire un portrait du père de la jeune fille, Treize, qui est également son ancien ami et compagnon d'armes, se voit entraîné à tenter de reconstituer de grands pans du passé. Mais plus important encore, on reconnaît dans *Tigre en papier* une deuxième forme littéraire qui joue ici un rôle capital : c'est, comme on va le voir, celle du fait divers. En effet, on peut faire un rapprochement entre les histoires que raconte Martin et la forme du fait divers. Pareille association n'est certainement pas arbitraire, vu que Rolin a clairement marqué son intérêt pour ce phénomène en publiant, en 1993, *L'Invention du monde*[4], roman construit à partir de centaines de faits divers réels, que Rolin a puisés dans des journaux du monde entier. *L'Invention du monde* n'est d'ailleurs pas une exception : déjà dans son premier roman, *Phénomène futur*, le narrateur insistait très régulièrement sur des « choses lues dans un journal », le plus souvent des histoires plus ou moins cruelles caractéristiques de la société post-révolutionnaire, ce qui n'est pas sans rappeler le genre du fait divers. Et dans *Méroé* un des thèmes les plus importants est la fascination devant « la puissance de l'échec », surtout illustrée par de nombreux exemples d'un secours qui arrive juste trop tard, thématique qui s'apparente elle aussi au fait divers[5].

Pour mieux comprendre la structure du fait divers, il convient de se référer à l'analyse qu'en a faite Roland Barthes dans ses *Essais critiques*[6]. Même si son article date de 1962, son analyse fait toujours référence dans les études plus récentes du phénomène. Barthes admet d'abord que le fait divers décrit un écart

---

[4] Olivier Rolin, *L'Invention du monde*, Paris, Éditions du Seuil, 1993.

[5] Cf Roland Barthes, *Essais critiques*, « Structure du fait divers », Paris, Éditions du Seuil, 1964, pp.200,2001. Barthes explique que dans certains faits divers « la causalité est retournée en vertu d'un dessin exactement symétrique », rappelant ainsi la figure du comble. Les secours qui arrivent juste trop tard peuvent être classes dans cette meme catégorie : c'est précisément quand le secours arrive que ceux qui l'attendaient n'en ont plus besoin…

[6] Roland Barthes, *Essais critiques*, « Structure du fait divers », Paris, Éditions du Seuil, 1964, pp.194-204.

par rapport à une norme – norme d'ordre moral (crimes) ou bien naturel (catastrophes naturelles). Mais il ne se contente pas de la seule analyse thématique ; il avance que le fait divers consiste en deux termes, la spécificité se trouvant dans la relation plus ou moins conflictuelle qui unit ces deux termes. Barthes distingue en cela deux possibilités. La première concerne la causalité : on a affaire à un effet dont on ne connaît pas la cause (ce qui peut amener à conclure à l'inexplicable), ou bien à une cause autre que celle à laquelle on s'attendait, ou encore à de petites causes entraînant de grandes conséquences. La deuxième relation est celle de coïncidence. Celle-ci consiste dans la répétition d'un même événement ou dans le rapprochement de deux termes qualitativement distants.

Regardons d'abord un passage où le terme même de fait divers apparaît dans *Tigre en papier* : « Alors quand une fille de mineurs avait été retrouvée tuée et violée dans un terrain vague, et qu'un juge un peu toqué, excité par la presse de caniveau, eut inculpé le plus gros pharmacien de l'endroit, Gustave avait senti son heure venue. Le sordide fait divers allait devenir un symbole de la lutte entre les opprimés et leurs oppresseurs » (p.169). C'est précisément ce fait divers qui va mettre à nu les tensions existant au sein de la Cause. L'ouvrier Gustave se laisse tellement emporter par cette histoire sordide qu'il déballe tous les ragots et rumeurs qu'il connaît au sujet de ce pharmacien et de sa maîtresse. Martin et ses amis se sentent obligés de cacher leur gêne – on n'est pas pour rien « à l'école du peuple » – et de feindre un intérêt sincère pour les délibérations de Gustave. Le fait divers en question permet donc de montrer les contradictions entre les deux types d'activistes : les ouvriers et les étudiants. La friction existant entre les éléments du fait divers – rappelons l'analyse de Barthes – reflète en quelque sorte la situation de son public, dont les membres entretiennent entre eux des rapports tout aussi ambivalents.

Plus généralement, on pourrait facilement qualifier de faits divers un grand nombre des entreprises activistes menées par Martin et ses amis. Il n'est pas difficile d'imaginer les titres qu'aurait pu leur donner un journaliste habile. D'ailleurs, la Cause est un sujet en or pour la presse ; il est même explicitement noté qu' « à la Cause on alimentait le plus gros des rubriques » des journaux (p.238). Voyons quelques exemples :

• Martin et ses amis essaient d'enlever le général Chalais. Mais pour commencer ils ne le trouvent pas et leur entreprise échoue piteusement car ils se trouvent bloqués par des manifestants lors de leur retour : s'enfuyant dans une fourgonnette volée, sous un déguisement fort peu professionel, ils n'ont plus la moindre chance de s'en sortir (p.31). On voit déjà comment un journal pourrait titrer l'article : « Ils voulaient arrêter un ennemi du peuple, mais c'est le peuple qui les arrête ».

• Finalement la troupe réussit à enlever le général Chalais. Et c'est alors qu'ils apprennent que Chalais était « un patron peut-être, mais avant ça un combattant antifasciste » (p.200). Ils croyaient donc enlever un ennemi, mais finalement celui-ci s'avère un partisan. Voilà un retournement digne d'un fait divers. Dans ce cadre, il n'est certes pas sans importance que Martin découvre cette information précisément en lisant les journaux.

• Nos amis utilisent les services des frères Dézingue, personnages doués d'une intelligence fort limitée mais d'autant plus de force physique. Treize, un des dirigeants du Mouvement et héros principal de notre histoire, lance les frères dans un concours félin organisé par un Cat Club, événement bourgeois par excellence. Tout va bien jusqu'à ce qu'un des chats décide de se défendre : « Ce fauve de salon antisémite fait mine de se jeter sur le gigantesque Eddy ». C'est trop pour ce dernier qui « porte ses mains à son visage et s'enfuit en poussant un hurlement de nourrisson géant. » (p.222). Voilà certainement de la matière pour un beau fait divers. Treize apprend d'ailleurs effectivement cette nouvelle en lisant *Paris-Normandie*.

    Nous pourrions facilement allonger cette liste. L'important est cependant de se demander pourquoi les événements que raconte Martin rappellent si souvent la structure et la thématique du fait divers. Il semble que l'explication réside dans la conception de l'Histoire qui se fait jour dans ce roman. A première vue, cela pourrait surprendre, car le fait divers est justement considéré comme un élément ahistorique. Barthes le définit comme une information totale, « immanente ». « Il contient en soi tout son savoir : point besoin de connaître rien du monde pour consommer un fait divers ; il ne renvoie formellement à rien d'autre qu'à lui-même » (Barthes, p.195). Même si dans un deuxième temps le fait divers peut porter à une analyse – psychanalytique ou sociale par exemple –, à un premier degré il resterait une donnée fonda-mentalement immanente.

Inutile de dire que ce dernier aspect complique le rattache-ment de *Tigre en papier* au domaine du fait divers. En effet, on pourrait difficilement classer sans autre forme de procès l'histoire activiste des années 60 et 70 dans la rubrique des faits divers ; pas plus qu'une lecture de *Tigre en papier* qui ignorerait le cadre historique ne saurait être convaincante. Par contre, la rencontre entre Histoire et fait divers pourrait justement constituer un des éléments les plus intéressants de *Tigre en papier*. En effet, dans *Tigre en papier* Rolin dissèque en quelque sorte l'Histoire en de nombreuses petites histoires qui, considérées séparément, rappel-lent souvent plutôt le fait divers que le grand événement histori-que. Par là l'auteur effectue un travail plus ou moins contraire au projet qui se trouvait à la base de *L'Invention du monde*. Dans *L'Invention du monde* les petites histoires entraient dans un cadre plus grand, montrant ainsi – de façon ludique il est vrai – les res-semblances qui unissent toutes ces histoires, en dépit de leur di-versité, ce qui finit par créer une certaine unité d'ensemble. Or, dans *Tigre en papier* l'idée d'un récit historique plus ou moins cohérent est justement minée par l'insistance apportée au carac-tère anecdotique et divers de toutes ces petites histoires. Comme l'explique Martin à Marie : « On n'était pas l'Histoire, mais on était des histoires, réelles, imaginaires, entrecroisées, qu'on fabri-quait, un fagot d'histoires. » (p.59). Toutes ces petites histoires semblent surtout être le résultat d'un désir profond d'aventure, qui – loin d'être gratuit – provient du besoin de conférer un sens à sa vie. « Quand même tous cherchaient quelque chose de plus grand qu'eux. La fraternité, la Révolution, l'aventure, quelque chose.

Sinon, ce n'était pas la peine. [...] Tous, on se bricolait des destins comme on pouvait. » (p.176). Ce désir débouche dans la recherche de l'épopée. « Il fallait que la vie soit épique, sinon à quoi bon ? Il fallait côtoyer les gouffres, affronter le mystère. » (p.171). La vraie vie ne ressemble cependant pas toujours aux belles épopées classiques. Aussi, même si leurs héros cherchaient à en faire des exploits épiques, les petites histoires de Martin et ses amis font-elles souvent plutôt penser à des faits divers. « A trop vouloir du drame on écope d'une farce. C'est l'ironie du sort » (p.173). C'est cette ambiguïté qui constitue un des fils conducteurs dans le récit de Martin.

Il faut donc bien constater que les faits divers dans *Tigre en papier* ont surtout un caractère ludique. On les classerait en majorité parmi les « petits faits divers », et non pas parmi les grands récits spectaculaires qui feraient la une des journaux. Ce sont des histoires de malentendus et de développements inattendus. Les faits divers beaucoup plus cruels qui apparaissaient dans *Phénomène futur* ne sont pas de mise ici. Pourtant, les histoires racontées dans *Tigre en papier* ne sont pas uniquement voulues comme des anecdotes ludiques. Un des mérites de Rolin est de réussir à relativer les histoires qu'il raconte (ce qui à l'époque de la Cause était tout à fait impensable), tout en suscitant du respect pour les membres du Mouvement. Dans *Tigre en papier* la trivialité et la Grande Histoire vont donc de pair. Or, le fait divers est un moyen idéal pour rendre cette ambivalence, vu que l'essence du fait divers se trouve justement dans la non-compatibilité des éléments. Ainsi, la forme du fait divers sert à merveille à montrer des héros qui sont en même temps des lâches, des adultes qui sont aussi des grands enfants, des forts qui tout d'un coup se montrent extrêmement faibles... C'est justement ce caractère ambivalent et hétérogène qui constitue un des éléments les plus caractéristiques de l'écriture de Rolin, en particulier dans *Tigre en papier*.

Le traitement des restes.
L'insertion de toutes ces différentes histoires – histoire générale, histoire autobiographique, histoire littéraire – peut être reliée à un

procédé assez constant dans les romans de Rolin, qui est le traitement de « restes ». C'est que dans les romans de Rolin, les restes jouent un rôle capital. Les personnages ont tous une préférence pour ces éléments venus d'un autre temps et qui, à première
vue, ne servent plus à rien. Ces restes sont d'ailleurs de nature fort
diverse. Dans un premier moment, on peut penser à des éléments
concrets. Le narrateur de *Bar des flots noirs*[7] aime par exemple se
retirer dans un vieux paquebot en état de pourriture. Le personnage principal de *Méroé* se rend dans les sites archéologiques du
Soudan. Plus en général, les « ruines » et les « épaves » sont des
termes qui surgissent souvent dans le vocabulaire de Rolin. En
cela, *Tigre en papier* ne fait pas exception : le personnage de Rolge le Belge y est présenté comme « une vieille épave historique »
(p.109), la société elle-même est considérée comme une « grande
épave enlisée » (p.197) et la forme cyclique de la construction-
destruction est nettement inscrite dans le texte : « La ville où le
lieutenant avait fait le jeune coq avait disparu dans les ruines de la
ville où Nessim te guidait, comme ces ruines avaient elles-mêmes
disparu aujourd'hui sous le béton de la reconstruction » (p.88).
Pourtant, contrairement à ce que nous voyons dans certains autres
romans de Rolin, les passages concernant les restes ne sont pas
extrêmement nombreux et ne sont pas exploités dans un cadre
plus vaste.

Il y a pourtant deux exceptions. Pensons tout d'abord aux
documents relatant la mort du lieutenant. Martin se répète sans
cesse les phrases provenant de la « feuille de renseignements » et
du « certificat de cause de décès », comme pour se prouver que
l'incroyable – la mort d'un jeune homme de 30 ans, son père – est
bien réel. En outre, il convient de noter l'importance des anciens
numéros de journaux. Les événements-clés de l'histoire que Martin raconte à la fille de Treize s'y voient confirmés. Ainsi Martin
lui explique : « J'ai gardé quelques canards de ce temps-là [...]
J'ai gardé le numéro de *L'Aurore* du jour où on a cravaté ce Chalais » (p.194). Le personnage le plus représentatif de cet attachement est sans doute Rolge le Belge, homme qui vit parmi les res-

---

[7] Olivier Rolin, *Bar des flots noirs*, Paris, Éditions du Seuil, 1987.

tes, dans sa « baraque [...] bourrée de vieux journaux jusqu'au grenier » (p.120). Dans les deux cas – les documents officiels relatant la mort du père et les journaux – il semble que ces restes fonctionnent surtout comme archives. Ce sont des documents qui permettent d'authentifier ce qu'on raconte et de ranger les éléments épars de sa propre histoire dans le cadre plus large de l'Histoire. C'est d'ailleurs ce qu'exprime effectivement Martin quand Rolge le Belge lui remet l'article du *Monde* concernant la mort de son père : « Cet entrefilet dans *Le Monde* faisait passer la mort du lieutenant de l'état de malheur domestique à celui de *res gesta*, d'événement inscrit dans le Grand Registre, presque d'exploit : tant l'écrit (non l'image) a partie liée avec l'Histoire » (pp.120-121).

Toujours est-il que la présence d'éléments concrets pouvant être considérés comme des restes, est relativement restreinte dans *Tigre en papier*. Cela implique une évolution dans l'œuvre de Rolin qu'il convient d'examiner plus en détail. Il semble en effet qu'on peut distinguer plusieurs tendances dans l'œuvre de Rolin. Dans ses premiers romans – nous pensons surtout à *Bar des flots noirs* et *L'Invention du monde* – l'écriture de Rolin était fondamentalement fragmentée et toutes sortes d'éléments se confondaient pour finir par former un bavardage, un bric-à-brac labyrinthique. Or, parmi ces éléments, beaucoup peuvent être considérés comme des restes : épaves, ruines, articles de journaux, citations empruntées à des œuvres littéraires... Il convient de faire référence ici à un article de Frédéric Briot sur ce sujet[8]. Briot analyse quelques œuvres d'Olivier Rolin, de Gilbert Lascault, de Jacques Roubaud et d'Antoine Volodine – auteurs qu'il qualifie de « romanciers rudologues » – et insiste sur l'importance que prend dans leurs œuvres le « recyclage des restes », phénomène qu'il considère comme « un des arts *contemporains* du roman » (Briot, p.160). Les restes constituent d'ailleurs une catégorie très vaste, ce sont tous les gravats, tous les éléments qui traînent

---

[8] Frédéric Briot, « La littérature et le reste ; Gilbert Lascaut, Olivier Rolin, Jacques Roubaud, Antoine Volodine » dans *Écritures Contemporaines I ; Mémoires du récit*, Paris/Caen, Lettres Modernes Minard, 1998, pp.157-175.

(Briot p.162). Les exemples que cite Briot varient des « détritus, épaves de véhicules, paquebots luxueux en voie de désintégration [...], poubelle domestique » (Briot, p.160) à « l'ensemble de l'écrit (romans, journaux, textes théoriques) » (Briot, p.166). On pourrait facilement avancer que ce n'est pas une nouveauté de la littérature contemporaine d'accorder une place à ce genre d'éléments. La nouveauté résiderait cependant dans la façon dont les auteurs utilisent les restes : « le résidu n'est pas l'*objet*. C'est le processus de sa réutilisation, de sa récupération, de son recyclage en un mot, qui est un moteur de la narration, et pas seulement de l'histoire » (Briot, p.160). Les restes constituent donc un élément constitutif de la narration, ce sont eux qui permettent de déclencher le processus d'écriture. Chez Rolin, cette fonction se voit le plus clairement illustrée dans *L'Invention du monde*, roman constitué à partir de centaines de faits divers. Tous ces éléments issus de journaux du monde entier font partie intégrante du livre dans lequel ils se suivent, alternent, se mêlent, se reflètent... Ainsi l'œuvre littéraire récupère-t-elle ces éléments-rebuts pour leur offrir un emploi nouveau. Cela vaut tout aussi bien pour les restes littéraires. En ce qui concerne le récit-cadre qui englobe tous ces faits divers dans *L'Invention du monde*, Rolin parodie la formule de Jules Verne – faire le tour du monde en quatre vingts jours – en faisant accepter à son protagoniste un pari similaire : accomplir ce même parcours en une journée, en littérature il est vrai... Rolin prend donc des restes, les détourne de leur fonction originale et à partir de là, commence à « bricoler » un nouvel ensemble, fort hétéroclite. « Le plus important n'est pas la reconnaissance de la source, la reconstitution d'un état d'« avant la poubelle », mais le simple soupçon, ludique, que cela vient d'ailleurs, et a servi, ailleurs et en d'autres temps, à d'autres intentions, d'autres fonctions ». On peut donc affirmer que « le but essentiel des récits n'est pas de nous orienter vers une « source », mais de nous perdre, et de nous perdre dans la bibliothèque » (Briot, p.171).

Cette analyse est sans doute convaincante pour les premières œuvres de Rolin. Pour les romans plus récents, elle semble

cependant moins efficace. Certes, l'importance des restes ne di-
minue nullement, mais ces éléments ne jouent plus le même rôle :
ils ont perdu leur rôle de déclencheur de la narration, comme ils le
faisaient dans *L'Invention du monde*. De même a disparu l'idée
d'un détournement de la fonction originale, à savoir d'un recyclage. A première vue cela peut surprendre quand on se rend
compte que *Méroé*, roman plus récent, est justement le roman où
les restes sont les plus concrètement présents, vu que l'histoire
joue en partie sur les ruines des sites archéologiques du Soudan.
Mais ici, les restes remplissent surtout une fonction métaphorique, en reflétant l'état psychologique du protagoniste. Celui-ci
voudrait retrouver les éléments perdus de son passé, en examinant
de près les souvenirs qui lui en restent, jusqu'à avoir recours à un
sosie de sa petite amie de l'époque pour stimuler sa mémoire. Le
lien avec les excavations archéologiques – l'étude des quelques
éléments qui nous restent du passé – n'est que trop évident. Le
narrateur se sent déplacé, exilé ; un état que reflète à merveille
l'histoire du Soudan – reconstituée à partir des fouilles archéologiques –, ce pays justement où les nouvelles vogues arrivaient
toujours en dernier, et où elles restaient en vigueur longtemps
après avoir disparu de leurs lieux d'origine. « Idées, hiéroglyphes,
lettres, architectures, dieux égyptiens, grecs, romains, byzantins,
tout ça se déposait ici, pêle-mêle, comme les épaves que roule la
mer » (*Méroé*, p.25). Sortes d'alluvions, après s'être déposés au
Soudan, ces restes continuaient à y sédimenter. Au lieu de donner
lieu à un jeu littéraire, dans *Méroé* l'importance des restes se fait
donc uniquement sentir au niveau de la trame thématique du roman.

   Reste la question de savoir comment le traitement des restes
dans *Tigre en papier* se rattache à l'emploi qui en est fait dans les
romans précédents. En règle générale, on pourrait dire que la
même tendance s'y poursuit. Seulement, si dans *Méroé* la fouille
des restes devient la métaphore – quelque peu facile – d'une recherche nostalgique d'un passé à jamais révolu, dans *Tigre en
papier* c'est cette recherche en tant que telle qui est surtout soulignée. Martin essaie de raconter son passé, et par là celui de

Treize, à Marie, mais justement il ne se souvient plus très bien de ces histoires. « Ma mémoire n'est plus que dissimulation et déformation » (p.237). Aussi les hésitations, les alternatives, les « tu ne te souviens plus » abondent-ils dans son récit. D'une part, Martin affirme que l'essentiel de sa vie se trouve dans cette époque qu'il essaie de raconter, qu'après cela son histoire personnelle est devenue assez aride : « Nos croyances étaient en ruines, mais c'étaient des ruines très encombrantes, sur lesquelles rien n'avait repoussé, rien n'avait été reconstruit » (p.260). D'autre part, il s'avère que les contours de cette histoire, aussi essentielle soit-elle, sont devenus de plus en plus flous. Ainsi nous est racontée l'histoire d'une époque qui n'est plus et dont les souvenirs ne sont plus très fidèles. On pourrait donc dire que dans *Tigre en papier* l'aspect métaphorique des restes perd du terrain, tandis que s'accentue l'insistance sur le côté imparfait, ruiné de la mémoire du narrateur. En effet, dans *Tigre en papier*, nous retrouvons moins des éléments « concrets » (épaves, ruines etc.) qui puissent être considérés comme des restes. Par contre, les souvenirs de Martin sont des éléments – plus abstraits il est vrai – qui rentrent parfaitement dans la catégorie des restes, en combinant même les deux manières utilisées par Rolin pour les restes. Ce sont à la fois des éléments incomplets, touchés par le temps, et des éléments qui, d'une certaine façon, donnent lieu à un processus créatif : les histoires que raconte Martin à Marie.

Une approche littéraire des histoires.
S'il est vrai que Rolin traite beaucoup d'histoires différentes dans *Tigre en papier*, il est important de souligner qu'il fait en cela avant tout œuvre de romancier. Sans doute, il est évident que *Tigre en papier* s'inspire en partie des souvenirs personnels de Rolin. Pourtant, nous l'avons déjà souligné plus haut, *Tigre en papier* n'est pas un récit autobiographique au sens propre. En effet, à l'histoire personnelle de Rolin se mêlent sans cesse des éléments complètement fictionnels. Même si les souvenirs de Martin coïncident largement avec ceux de Rolin, ils en diffèrent au moins sur un point essentiel : la perte du père. Le père d'Olivier Rolin

fut officier pendant la Guerre et plus tard administrateur de la France au Congo et ensuite au Sénégal[9]. Cette carrière rappelle certainement celle du père de Martin dans *Tigre en papier*, mais le père de Rolin n'a pas trouvé la mort pendant son service. Cette modification pourrait surprendre, vu que ce sont les passages sur la mort du père qui semblent les plus sincères et les plus intimes dans *Tigre en papier*. Il est bien sûr possible que pour cette histoire Rolin se soit inspiré d'autres souvenirs transposés sur l'histoire du père. Pourtant, il ne semble pas exclu non plus que cette histoire ait été ajoutée pour des raisons strictement littéraires. C'est que, dans la construction actuelle, les deux types d'histoire – histoire autobiographique et histoire d'une époque – se voient reliées par une même thématique sous-jacente : celle du deuil. La perte d'une époque et la perte du père (aussi bien pour Martin que pour Marie) se reflètent et se renforcent mutuellement.

Le deuil devient ainsi un élément primaire dans *Tigre en papier*. Sans vouloir affirmer que Martin fait preuve d'un véritable « travail de deuil » au sens freudien, certains éléments du processus de deuil semblent pourtant être bien présents. La conduite de Martin, personnage plongé dans les souvenirs d'une époque révolue, rappelle le manque d'intérêt pour le monde extérieur et le refus de toute activité autre que la mémorisation du défunt, conduite caractéristique pour celui qui est en deuil[10]. Cet élément thématique est en outre renforcé par le « récit-cadre », qui englobe les histoires racontées à Marie par le narrateur : les nombreux tours que les deux personnages accomplissent sur le périphérique à bord de la vieille DS appelée – bien évidemment – Remember. Ce faisant, ils encerclent de nombreuses fois la ville où autrefois eurent lieu tant d'actions menées par la Cause.

---

[9] Pour en savoir plus sur l'histoire d'Olivier Rolin, voir Thierry Guichard, « Olivier Rolin: le temps des perdants magnifiques » dans *Le Matricule des Anges*, numéro 9, octobre-novembre 1994, à consulter sur http://www.lelibraire.com/dossiers/AR0901.html.
[10] Sigmund Freud, « Deuil et mélancolie » dans *Oeuvres Complètes*, Paris, P.U.F.

L'insistance répétitive sur les souvenirs, la position isolée choisie par Martin, permettent de voir en celui-ci un personnage en train de faire le deuil d'une époque. Martin préfère se retirer dans la vieille DS, élément appartenant également à un autre temps, se constituant en quelque sorte un refuge dans lequel il peut se consacrer à ses souvenirs.

Il est donc clair que les exigences du roman prennent le dessus sur le simple désir de présenter des souvenirs « vrais ». Cette approche littéraire des histoires caractérise également le traitement de l'Histoire de cette époque. Car s'il est vrai que Rolin nous dépeint une période du passé, il le fait, là aussi avant tout, en tant que romancier et non pas comme historien. En effet, l'historien aurait comme objectif principal d'arriver à une présentation cohérente de l'Histoire. Certes, parmi les historiens actuels, l'influence des théories postmodernes se fait également sentir. Mais, même si on reconnaît que l'historien ne peut plus présenter son analyse comme vérité unique, il aspirera malgré tout à parvenir à un cadre cohérent où placer les éléments divers qu'il traite, ce qui n'est aucunement une nécessité pour le romancier. Par là même, la littérature s'avère justement plus apte à faire ressortir l'ambivalence de l'Histoire. Pour Rolin, c'est justement là un des objectifs qu'il s'est fixés en écrivant *Tigre en papier*. Dans une des nombreuses interviews parues à propos de *Tigre en papier*, Rolin a insisté sur cet élément : dans ce livre il a voulu « montrer à quel point étaient inextricables le ridicule et le sublime, la générosité et un certain crétinisme idéologique : bref, tout le clair-obscur des choses historiques, et spécialement des choses révolutionnaires »[11]. Cette mise en relief de l'inextricable, le refus de faire un choix simpliste, semblent constituer un fil conducteur dans *Tigre en papier*. On est ici en présence d'un roman où des éléments normalement contradictoires ne s'opposent plus l'un à l'autre, mais où les deux options sont toujours possibles à la fois. C'est pourquoi *Tigre en papier* pourrait fort bien être caractérisé comme un roman sur l'ambivalence. L'héroïsme

---

[11] Entretien avec Olivier Carrérot pour *Ombres Blanches*, à consulter sur http://www.ombres-blanches.fr

et la lâcheté, l'Histoire et le fait divers, la réussite et l'échec, le tragique et le comique s'y côtoient. Le résultat n'en est plus un récit classique, mais un ensemble d'histoires inextricables, ce qui est bien une caractéristique de l'approche littéraire contemporaine.

Bibliographie

Œuvres d'Olivier Rolin.
—, *Phénomène futur*, Paris, Seuil, 1983.
—, *Bar des flots noirs*, Paris, Seuil, 1987.
—, *En Russie*, Paris, Quai Voltaire, 1987.
—, *L'Invention du monde*, Paris, Seuil, 1993.
—, *Port-Soudan*, Paris, Seuil, 1994.
—, *Mon galurin gris*, Paris, Seuil, 1997.
—, *Méroé*, Paris, Seuil, 1998.
—, *Paysages originels*, Paris, Seuil, 1999.
—, *La Langue*, Lagrasse, Verdier, 2000
—, *Tigre en papier*, Paris, Seuil, 2002

Ouvrages de référence.
Roland Barthes, « Structure du fait divers », dans *Essais critiques*, Paris, Seuil, 1964.
Frédéric Briot, « La littérature et le reste ; Gilbert Lascaut, Olivier Rolin, Jacques Roubaud, Antoine Volodine » dans *Écritures Contemporaines I ; Mémoires du récit*, Paris/Caen, Lettres Modernes Minard, 1998.
Olivier Carrérot, Entretien avec Olivier Rolin dans *Ombres Blanches*, à consulter sur http://www.ombres-blanches.fr
Sigmund Freud, Sigmund Freud, « Deuil et mélancolie » dans *Oeuvres Complètes*, Paris, P.U.F.
Thierry Guichard, « Olivier Rolin : le temps des perdants magnifiques » dans *Le Matricule des Anges*, numéro 9, octobre-novembre 1994, à consulter sur
http://www.lelibraire.com/dossiers/AR0901.html.

Dominique Viart, « Mémoires du récit ; questions à la modernité » dans *Écritures Contemporaines I ; Mémoires du récit*, Paris/Caen, Lettres Modernes Minard, 1998.

Immensités de Sylvie Germain : l'évolution spirituelle de Prokop Poupa et la pensée de Levinas

Mariska Koopman-Thurlings

Depuis ses débuts en 1985, où son premier roman *Le Livre des Nuits* fut honoré de plusieurs prix littéraires, Sylvie Germain crée à un rythme régulier. Dans cette belle œuvre déjà abondante où la fiction et l'essai se côtoient, son roman *Immensités,* plus qu'aucun autre texte, nous offre sous la forme d'une fiction captivante, une réflexion profonde sur l'existence humaine, la culpabilité et le besoin d'absolu. Le style relativement dépouillé d'*Immensités*, la focalisation sur un seul personnage, ainsi que le choix du cadre urbain praguois, contribuent à donner une impression de sobriété qui est en contraste avec ses grands romans précédents, tels que *Le Livre des Nuits, Nuits d'Ambre,* et *Jours de Colère* lesquels se situent dans la France profonde où superstition et rites païens font concurrence au christianisme, et dont le style évoque cette « odeur du feu de bois, des champignons d'automne ou du poil mouillé des bêtes » dont rêvait Michel Tournier (1972 : 195).

Dans *Immensités* (1993), Sylvie Germain met en scène un dissident tchèque, Prokop Poupa, ancien professeur de lettres, qui en est réduit à nettoyer des immeubles. Fidèle à ses convictions, Prokop s'adapte avec philosophie à sa nouvelle vie. Il aurait mené une existence somnolente si certains événements ne l'avaient fait sortir de sa torpeur pour lui inspirer une inquiétude d'ordre méta-physique. Ces expériences sont telles que Prokop éprouve à plu-sieurs reprises la sensation de l'Infini, devant lequel il reste sans réponse. Cependant, l'intuition de ces « immensités » cachées derrière le monde visible déclenche dans son esprit des réflexions sur sa place dans l'univers, et le fait passer de l'état d'indifférence, dans lequel il se trouvait d'abord, à des préoccupations d'ordre métaphysique ; une prise de conscience qui a tout d'une conversion.

Les éléments constitutifs de son itinéraire initiatique sont tels que l'influence de la pensée d'Emmanuel Levinas s'y laisse reconnaître facilement. Aussi une lecture d'*Immensités* à l'éclairage levinassien nous paraît-elle utile pour une meilleure compréhension de ce roman.

Établir un lien entre la philosophie de Levinas et l'œuvre fictionnelle de Sylvie Germain se justifie à notre avis. L'auteur n'a-t-elle pas dit dans un entretien avec Michèle Magill (1999 : 337) : « Mes études de philosophie ont aussi forcément laissé des empreintes, la pensée d'Emmanuel Lévinas m'a particulièrement éblouie ». Dans un autre entretien, antérieur de quelques années, avec Waltraud Schwarze (1992 : 239), Sylvie Germain avait déjà exprimé de façon explicite sa dette envers Levinas :

> Ein Philosoph, der mich stark beeinflußt hat, ist der fran-zözische jüdische Philosoph Emmanuel Lévinas – und ich betone sein Judentum, es ist außerordentlich wichtig für sein philosophischen Denken. Im Zentrum von Lévinas' Philosophie steht das menschliche Gesicht, Gesicht allu-mfassend verstanden als Ausdruck des anderen, als Mani-festation seiner Andersartigkeit … Alles, was von ihm aus-geht, sein Appell an meine ethische Verantwortung, auch an mein Erbarmen, löst im allgemeinen Gewalttätigkeit in uns aus. Und meine beiden ersten Romane – im Grunde alles, was ich seitdem geschrieben habe – zeugen von dieser nie nachlassenden Faszination, die das « Gesicht » auf mich ausübt.[1]

---

[1] Un philosophe qui m'a fortement influencée, c'est le philosophe juif français Emmanuel Lévinas – et je souligne sa judéité, qui est extrêmement importante pour sa pensée philosophique. Au centre de la philosophie de Lévinas se trouve le visage humain, le visage considéré dans sa totalité comme expression de l'autre, comme manifestation de son altérité… Tout ce qui émane de lui, son appel à ma responsabilité éthique, et aussi à ma compassion, déclenche en général en nous la violence. Or, mes deux premiers romans – et finalement tout

Avant de montrer à quel point la pensée de Levinas est présente dans *Immensités* – et notamment avec la notion de visage, qui tient le rôle de catalyseur dans la fable – nous voulons rappeler au lecteur les grandes lignes de l'histoire :

> Prokop Poupa, victime du communisme et haïssant les compromis, assume patiemment son sort. Seul après deux divorces, il habite un petit appartement au cinquième étage d'un vieil immeuble, où il reçoit de temps en temps ses deux enfants, fruits de ses mariages consécutifs. Dans cet univers rétréci au maximum, Prokop se replie sur lui-même dans les toilettes, qu'il a encore diminuées de moitié par un rideau, pour lire et méditer. Lorsque ses amis veulent choisir un laraire afin d'expulser tous les mauvais esprits, Prokop propose les toilettes, lieu « démocratique » par excellence. C'est ainsi qu'il invite le dieu lare dans sa maison. Depuis ce jour les choses ne sont plus comme avant. Prokop ressent une germination en son for intérieur, mais il ne sait pas encore ce qui va éclore. Si la lecture de textes littéraires lui donne une intuition de l'Infini, celle-ci ne produit pas encore de transcendance. Grâce au cadeau de son fils Olbram, qui lui offre la lune lorsqu'il va émigrer en Angleterre avec sa mère, Prokop peut enfin porter un regard extérieur sur sa propre existence et parcourir un itinéraire initiatique qui le mènera à travers différentes rencontres vers la reconnaissance de sa propre culpabilité. En effet, cet homme calme et philosophique a fait le malheur de sa première épouse et de leur fille en les quittant pour la mère d'Olbram. Mais ni la reconnaissance de sa culpabilité, ni les expériences métaphysiques nocturnes ne lui inspirent définitivement la foi. Ce sera grâce à la musique qu'une sorte de conversion pourra enfin s'effectuer.

---

ce que j'ai écrit depuis – témoignent de cette fascination incessante que le « visage » exerce sur moi (traduit par nous).

L'évolution spirituelle de Prokop Poupa connaît différentes éta-pes, qui coïncident *grosso modo* avec les cinq parties distinguées par l'auteur (*La Fleur du temps qui passe* ; *Le Don de la lune* ; *Le Bel Ailleurs ici présent* ; *Les Pas qui dansent aux enfers* et *Rien*)[2]. Dans un premier temps, Prokop fait l'expérience de ce que Levi-nas a appelé le *il y a*, un « être » (Sein) anonyme, l' « être » de l'Infini (cf. *De l'Existence à l'Existant*). Voyons de plus près cette notion, qui sera la première étape dans l'évolution de Prokop Poupa.

La Première Etape : le 'Il y a'
Le *il y a* est une notion par laquelle Levinas désigne l'être ano-nyme, l'être (das Sein) auquel n'a pas encore été donné un sens. Il définit le *il y a* comme « l'être en général », l'être qui se caracté-rise par un « refus de prendre une forme personnelle » (1978 : 94). Le *il y a* est une notion complexe: il n'est pas uniquement négatif, même si Levinas le qualifie d' « inhumaine neutralité » (1978, préface). En effet, le *il y a* n'est pas vide: « cette univer-selle absence est, à son tour, une présence, une présence absolu-ment inévitable ». A travers l'ensemble de son œuvre Levinas insiste sur le fait que le *il y a* n'est pas le néant, mais revient « au silence des espaces infinis » (1961 : 165). Dans *Éthique et Infini*, le philosophe décrit le *il y a* en ces termes :

> Quelque chose qui ressemble à ce que l'on entend quand on approche un coquillage vide de l'oreille, comme si le vide était plein, comme si le silence était un bruit. Quelque chose qu'on peut ressentir aussi quand on pense que même s'il n'y avait rien, le fait qu' « il y a » n'est pas niable. Non qu'il ait ceci ou cela ; mais la scène même de l'être est ouverte : il y a. Dans le vide absolu, qu'on peut imaginer, d'avant la création – il y a. (p.46)

---

[2] Ces cinq parties auxquelles Sylvie Germain a conféré des titres nous les dési-gnerons dans la suite par le terme de chapitre.

Cependant, comme il l'explique dans *De l'existence à l'existant*, le *il y a* peut aussi devenir une menace. Dans ce cas c'est un « être » nocturne qui inspire de l'horreur à celui qui en fait l'expérience. Le sujet, dépersonnalisé, incapable de prendre son destin en main, se sent dépouillé de « sa subjectivité », de « son pouvoir d'existence privée » (1978 : 100). Il est évident que les expériences traumatisantes de la Deuxième Guerre Mondiale sont à l'origine de ces réflexions de Levinas, qui a passé quelques années dans un camp de concentration. Mais le *il y a* ne manifeste pas uniquement sa présence dans des cas extrêmes, l'homme peut aussi en faire l'expérience dans des états tels que la paresse et l'insomnie. C'est sous cette forme que nous le retrouvons dans *Immensités*, comme nous le verrons plus tard.

Le *il y a* sera surmonté grâce à un processus que Levinas appelle *hypostase* ('placer sous', 'substitution'). L' « être » (Sein) pris en charge par un être humain devient « étant », il perd son caractère anonyme parce qu'il est investi d'une signification. C'est alors que peut naître le 'Désir de l'Infini', notion importante dans la philosophie de Levinas. Pour que ce désir puisse naître, la relation à Autrui – qui s'établit à partir du visage – est essentielle. Dans la relation interhumaine, dont la dissymétrie est une condition *sine qua non* – « jamais ma relation à l'égard du prochain n'est la réciproque de celle qui va de lui à moi » (1978, préface) – nous sortons de nous-mêmes et nous faisons l'expérience de la notion de l'éthique. Comme Levinas l'a expliqué dans *Totalité et Infini*, celle-ci est essentiellement une éthique du Bien : la relation à Autrui signifie le mouvement vers le Bien, entrevu à travers le visage de l'autre. Situé en dehors de l'être (Sein), tout en prenant pied dans l'être, le Bien est une chose vers laquelle on aspire. Il incarne, dit Levinas, le Bonheur, le Désir de l'Infini, Dieu.

Cette démarche vers le Bien, vers Dieu, inspiré par le Désir de l'Infini, nous la retrouvons dans les étapes successives de l'évolution spirituelle du protagoniste d'*Immensités*. Pour que Prokop puisse s'affirmer lui-même comme sujet et trouver sa place dans l'univers, autrement dit, pour qu'il se détache de l'*il y a* et que l'*être* se transforme pour lui en *étant*, il doit faire l'expérience d'*Autrui*. Cela se réalise à travers une série de rencontres où le *visage* occupe une place centrale et à travers lequel Prokop fait l'expérience de l'Infini, voire de Dieu.

Le premier chapitre, *La Fleur du temps qui passe,* reflète cette évolution de 'l'existence à l'existant'. L'attitude que Prokop a adoptée pour ne pas souffrir des contrecoups de l'existence avait réduit sa vie au minimum, à un tel degré qu'il vit au seuil de l'*il y a*. Il n'a presque plus d'existence propre :

> [...] Prokop Poupa était un homme assez isolé ; il vivotait relégué dans la marge que le destin lui avait tracée et qui allait petit à petit en se rétrécissant. C'est pourquoi il lui avait bien fallu concentrer toute son attention sur le très peu dont il avait encore la jouissance, et apprendre à déceler dans cette peau de chagrin de menus charmes, d'infimes beautés, des espaces insoupçonnés. Il était devenu expert dans l'art du je-ne-sais-quoi et de la ténuité. (pp.16-17)

Derrière ces menus plaisirs continue à régner le *il y a*. Le principal plaisir du héros consiste à contempler une tache d'humidité dans les toilettes, « que Prokop qualifiait de sculpture vivante » (p.25). La méditation provoquée par ce « nénuphar de plâtre », est une méditation 'vide', non verbale, lors de laquelle le héros se laisse envahir par le *il y a*.

Cependant, cet état ne dure pas. En effet, à cette médiation vide s'ajoute bientôt un autre type de méditation, inspirée par des œuvres littéraires. Ce sont des mots, des phrases, des expressions, la beauté d'un style qui le font partir dans « d'interminables songes » (p.39). Ils lui donnent la sensation d'une transgression, le sentiment de toucher à une réalité autre, celle qui se cache derrière le monde des apparences. Ce sentiment est d'abord d'ordre tellurique, puis d'ordre métaphysique, et se trouve en relation avec les œuvres qu'il lit. C'est ainsi que dans un premier temps, la lecture du poème épique du *Kalevala*, le relie à la terre. A travers les mots, les échos du mugissement de la terre, des cris des bêtes

et des hommes primitifs parviennent jusqu'à lui, le mettant en
contact avec le fond des âges:

> Viens-t'en me joindre au chant des runes, au beau chant
> mage et enchanteur ; viens-t'en me joindre à la fête des
> mots luisants de pluie, de sang, de boue, poudroyants de
> lumière, à la ronde des mots rugueux comme l'écorce et la
> roche, soyeux et tendres comme les fruits ; viens-t'en me
> joindre à la chasse des mots qui courent dans la lande, qui
> hantent les forêts, qui nagent dans la mer, qui brillent sous
> la glace, qui traversent le ciel en bancs de nuages couleur
> d'acier, d'oiseaux sauvages aux cris râpeux qui chantent
> dans les arbres ; viens-t'en me joindre aux noces des mots
> avec l'espace entier du ciel et de la terre.
> Les runes, – incantations gravées dans la pierre et le bois,
> paroles creusées dans la matière brute. […] Voix de la terre
> des origines où se dressa un peuple d'hommes pareils à une
> horde d'arbres en marche à contre-vent d'une tempête.
> Splendeur sonore du fond des âges. (pp.42-43)

Grâce à la littérature donc, l'homme est relié à l'univers. Les
mots d'un texte littéraire, lorsqu'ils nous touchent, constituent
des échos des temps révolus, établissent un lien avec les temps
d'antan, nous révèlent les mystères de la vie, voire peuvent devenir une expérience religieuse. Si le texte du *Kalevala* attachait
Prokop à la terre, dans la mesure où il faisait de lui un chaînon
dans le grand courant historique, l'autre texte littéraire – un
poème du poète Bedřich Bridel et pendant religieux du texte
mythique – établit le contact avec l'Infini cosmique. Nous parle-
rons plus tard de cet épisode qui fait partie de la deuxième étape
de son évolution.

   Dans le déplacement du pôle tellurique vers le pôle cosmique, deux événements vont se révéler d'une influence capitale, à savoir le choix du laraire et le départ d'Olbram: il appa-
raîtra que ces événements sont nécessaires pour éveiller le 'Désir de l'Infini'. C'est l'installation du dieu Lare dans les toilettes

qui crée les conditions requises pour assurer le changement des méditations telluriques et mythiques en méditations cosmiques et religieuses. Cependant, la transgression ne sera possible qu'à partir du moment où Propok se trouve expulsé de l'univers tellurique, transfert qui a lieu grâce au cadeau qu'Olbram offre à son père. En effet, celui-ci, pour compenser le désespoir de son père de le voir partir en Angleterre, ne lui offre rien moins que la lune. Et grâce à ce cadeau, la vie de Prokop change foncièrement : non seulement tout ce qui l'entoure reçoit par là un nouvel éclairage, mais Prokop porte alors sur lui-même un tout autre regard, un regard venu de l'extérieur, comme s'il se voyait de loin, à partir de la lune pour ainsi dire.

Toutefois, malgré l'importance de ces événements, qui occupent l'ensemble du deuxième chapitre, *Le Don de la lune,* et qui annoncent une nouvelle phase dans l'évolution du protagoniste, ceux-ci ne constituent que des conditions préalables. Aucune transgression véritable n'a lieu à ce moment-là, laquelle se produira seulement lors d'une prochaine étape de son itinéraire initiatique: lors des 'rencontres' avec différents protagonistes, au cours desquelles le visage joue un rôle important, en même temps que les mots, comme le passage suivant le note en passant:

> Livres et gens, *mots et visages*[3], passants furtifs et textes feuilletés, regards et gestes surpris à la dérobée, – tous ces petits faits anodins, si étrangers les uns aux autres à première vue, s'entremêlèrent pour composer une atmosphère plus transparente, un climat favorable au déploiement de la rêverie et de l'imaginaire. (pp.85-86)

C'est dans le chapitre au titre révélateur, *Le Bel Ailleurs ici présent,* que Prokop quitte son état végétatif et qu'il fait, grâce au visage de l'autre, l'expérience de l'Infini.

---

[3] nous soulignons

La Deuxième Etape : Le visage

Dans la philosophie de Levinas, l'accent se déplace de ce qu'il appelle « les Philosophies de la totalité » (1982: 79-81) – les grands systèmes ontologiques et les spéculations sur l'existence du monde – vers l'existence individuelle et le rapport avec autrui :

> Un monde sensé est un monde où il y a Autrui par lequel le monde de ma jouissance devient thème ayant une signification. Les choses acquièrent une signification rationnelle et non seulement de simple usage, parce qu'un Autre est associé à mes relations avec elles. En désignant une chose, je la désigne à autrui. L'acte de désigner, modifie ma relation de jouissance et de possédant avec les choses, place les choses dans la perspective d'autrui. (1961 : 184)

Le rapport avec autrui s'établit par le visage : par le visage, l'Autre se manifeste à moi tout en restant « infiniment étranger » (1961: 168). En effet, c'est dans et à cause de son altérité que l'Autre invite à la parole, et que le discours pourra naître. En même temps, le visage de l'Autre nous fait sortir de nous-mêmes, c'est lui qui, dit Levinas, rend la transcendance possible, et nous donne le sentiment de l'Infini. Dans la relation avec Autrui, Levinas éprouve un dépassement identique à celui que nous éprouvons en évoquant l'infini : « L'idée de l'infini, l'infiniment plus contenu dans le moins, se produit concrètement sous les espèces d'une relation avec le visage. » (1961 : 170). Et il ajoute dans *Éthique et Infini* : « Dans l'accès au visage, il y a certainement aussi un accès à l'idée de Dieu. » (p.97)

Nous pouvons voir une illustration de ces idées dans l'épisode de la vieille femme, la troisième des cinq rencontres que fait Prokop Poupa, et qui se trouve de par sa position même au centre de son itinéraire initiatique. L'épisode relate comment Prokop aide une vieille femme à récupérer un miroir dans une poubelle. Or, c'est précisément en se regardant longuement dans le miroir, que la vieille entre en contact avec l'Infini :

Elle resta un moment immobile, le visage incliné vers le miroir, rayonnante de joie. Ce n'était pas sa propre image qui
l'enchantait ainsi, il y avait même certainement fort longtemps qu'elle n'accordait plus la moindre attention à sa face
toute plissée, tavelée et parsemée de poils follets. Elle se regardait sans se voir ; son regard s'enfonçait bien plus profond que dans son simple reflet, ou du moins ailleurs. Et cet
ailleurs n'était pas non plus de l'ordre des souvenirs. C'était
un ailleurs inscrit là, dans le visible et dans l'instant présent.
Un bel ailleurs affleurant le visible et irradiant une joie enfantine. (pp.108-109)

L'épisode est une variation assez originale sur la pensée de Levinas, car nous assistons à une expérience du visage au deuxième
degré: Prokop regarde la femme qui se regarde dans le miroir,
laquelle se voit comme si elle regardait l'Autre. A travers le visage perçu dans le miroir, elle découvre le véritable sens du visage. Et Prokop, à force de regarder la femme se voyant, fait, à
son tour, une expérience de l'Infini, la vieille femme devenant en
quelque sorte transparente pour lui. Il a l'impression de voir son
« corps immatériel », le corps tel qu'il peut être perçu après la
mort. Cette sensation, subitement, place Prokop devant la question de l'existence de Dieu, et reprend par ricochet sa première
confrontation avec la quête métaphysique, celle qu'il a connue au
moment où il a pu contempler son propre « corps grotesque ».
C'est d'ailleurs cette expérience qui ouvre la série des rencontres
réunies dans le chapitre *Le Bel Ailleurs ici présent* : assis sur la
lunette des w.-c., avec son gros ventre et le pantalon tirebouchon-
né sur les chevilles, Prokop se voit tout à coup comme s'il était
détaché de lui-même, comme s'il se voyait de loin. Cette expérience du corps grotesque, une carnavalisation de sa situation à
laquelle le texte insiste à plusieurs reprises, est essentielle. En
effet, pour que Prokop puisse réaliser sa métamorphose, accomplir la transcendance qui s'impose à lui, transformer son existence
de l'*il y a* en un 'Désir de l'Infini', il faut qu'il descende au plus

profond de lui-même. En cela la métaphore des toilettes, qui fonctionne dans le discours qu'il tient à ses amis comme une mise en abyme de sa propre histoire, est significative. Il faut qu'il aille le plus bas possible afin de pouvoir remonter vers le Très-Haut. La confrontation subite avec sa propre imperfection trouve son écho et sa signification dans un poème de Bedřich Bridel, qui rejaillit du fond de sa mémoire. Le poète s'y adresse en effet à Dieu, tout en s'humiliant excessivement : « Je suis laideur, Tu es beauté». Prokop est surtout frappé par le concept de « corps obscène » ; il est associé pour lui à l'image de l'homme qui ne s'occupe que de son corps matériel, le corps où « l'âme a étouffé » (p.90). Le dernier vers du poème : « J'offre ce rien dans les ténèbres» (p.92), le place devant d'immenses difficultés: à qui faire ce don ? « À cet inconnu nommé Dieu ? À ce grand incertain ? » (p.93).

Entre ce premier questionnement sur la présence de Dieu et le deuxième, inspiré par la rencontre avec la vieille femme, se situe un épisode qui pousse Prokop à penser à son salut, un événement dont le sens profond ne s'éclairera que plus tard. Il s'agit de la 'deuxième rencontre', épisode également carnavalesque et d'un humour évident pour le lecteur, où le 'visage de l'autre' s'avère être les fesses d'une figurine du train électrique de son ami Aloïs Pipal, personnage emprunté au roman *Trains étroitement surveillés* de Hrabal :

> [...] pour illustrer ce livre Aloïs avait bien sûr choisi la scène où la charmante télégraphiste Zdenicka montre ses fesses nues, copieusement décorées de tampons administratifs que lui a appliqués le sous-chef de gare Hubicka. Une petite poupée déculottée exhibait donc son gracieux derrière oblitéré au milieu du quai. (p.99)

En « fixant d'un oeil effaré les fesses de Zdenička », Prokop se voit... comme dans un miroir ! En effet, non seulement cette expérience, qui est pour lui d'une portée tout à fait sérieuse, « fut à nouveau une plongée au fond d'un gouffre », mais encore il lui semblait « toucher, du bout de son regard tactile, l'inconsistance de son être » (p.103). Prokop semble se rendre compte qu'il n'est pas le 'juste' pour lequel on pourrait le prendre si on le juge uniquement d'après ses convictions politiques. Le fait que tout à coup le problème du salut se pose à lui, suggère qu'il y a mené une autre vie, comparable à celle du personnage Zdenička, une vie marquée du sceau de la faute. Or, nous saurons plus tard que Prokop a abandonné sa première femme pour Marie, la mère d'Olbram, qui d'ailleurs l'a quitté à son tour. L'épisode est donc moins lubrique qu'on ne pourrait le penser, mais s'inscrit dans l'évolution spirituelle de Prokop, dans laquelle le motif du péché (originel) joue un rôle prépondérant.

La métamorphose qui est en train de s'accomplir en Prokop apparaît nettement dans l'épisode de la 'quatrième rencontre': la visite de Baba. Cette voisine, qui habite au rez-de-chaussée, monte chaque printemps jusqu'à l'appartement de Prokop pour parler avec les oiseaux. Un jour Baba explique à ce dernier ce que lui disent les oiseaux: selon elle, ils lui raconteraient leur faim, leur luttes, mais aussi leur joie de l'existence. Il est écrit dans les Évangiles, avait dit Baba, que les oiseaux n'ont à se soucier de rien, mais « [les] p'tits oiseaux du Bon Dieu se sentent assez floués par ledit Bon Dieu qui s'est montré bien négligent à leur égard» (p.119). Baba révèle alors à Prokop qu'elle leur pose toujours la même question. Ces paroles qui avaient jusque là plutôt amusé Prokop, maintenant, en l'écoutant dialoguer avec les oiseaux, font subitement comprendre à ce dernier que la question posée par Baba tourne autour de la pitié de Dieu, « [ou] du moins de sa justice et de la douteuse bonté de sa Création » (p.121). Sourd d'abord à ce genre de questions, Prokop s'ouvre alors au problème de l'incompatibilité de la bonté divine et du Mal qui existe dans le monde, notamment la souffrance d'êtres innocents.

La dernière rencontre provoque de nouveau la sensation de l'Infini : ce sont les photos de son ami Jonáš qui font naître ce sentiment. L'expérience est de fait double, car tantôt l'Infini est vue comme une donnée positife, tantôt il est négatif, en fonction des photos que Prokop contemple. Ce sont les photos artistiques à partir de la nature qui lui inspirent un sentiment positif concernant l'Infini :

> Plus exactement, c'était le vent monté d'un arrière-pays qui soufflait tout bas dans ces étendues mélancoliques, c'était une lumière ourdie en un ailleurs insituable qui luisait en transparence de ces ciels. Une très fine brume d'invisible venait rompre en douceur le lien qui unit la beauté et la matière, la matière et la forme. Tous ces lieux semblaient des visions spectrales, aux contours tremblés, aux assises incertaines. Comme la petite vieille au miroir rencontrée un jour de gel ; l'immatériel se faisait perceptible. (p.131)

Mais l'Infini devient inquiétant devant les photos qui représentent des paysages artificiels, faits à partir de déchets et de carton. En effet, dans ces paysages lunaires, apocalyptiques, se dressent des figures sacrées et funèbres:

> [...] stèles charbonneuses aux allures d'*orants encapuchonnés*[4], de *pénitents drapés de ténèbres*, de *pleurantes* pétrifiées dans leurs larmes de suie. Et le ciel de carton contre lequel se profilaient ces silhouettes aussi *hiératiques* que solitaires était d'un noir intense éclaboussé de nuées blanchâtres qui moutonnaient comme la fumée d'un immense incendie éclaté dans le lointain. (p.132)

Cet Infini, qui peut être considéré comme une variante de l'*il y a* dans son aspect négatif, tant cet être (Sein) est désolateur, est habité par des figures funèbres qui pleurent sur leurs propres péchés et sur ceux d'autrui. Incapable de conférer un sens à ces images, Prokop, pour l'instant, en reste là. Son évolution spirituelle sera momentanément suspendue par la Révolution de novembre 1989, mais il ne manquera pas de revenir sur les grandes

---

[4] nous soulignons

questions du silence de Dieu et de la culpabilité humaine. En effet, la liberté politique enfin reconquise, celle-ci peut, et doit, se transformer en une autre liberté, la liberté intérieure. Aussi les événements de novembre 1989 sur lesquels se clôt le troisième chapitre, loin d'être un épisode accessoire, constituent-ils une étape importante dans l'évolution spirituelle de Prokop. Celui-ci dispose maintenant de tous les éléments nécessaires pour accomplir son Désir de l'Infini.

La Troisième Etape : La culpabilité

Si pourtant rien ne s'accomplit encore, c'est que Prokop se trouve dans un *no-man's land* spirituel, qu'il pourra quitter seulement grâce à une nouvelle série d'expériences : celles-ci lui permettront de reconnaître sa propre culpabilité, ce qui constitue une étape importante sur la voie du salut, si salut il y a. Or, lors de cette troisième étape, qui couvre le chapitre *Les pas qui dansent aux enfers*, Sylvie Germain s'écarte quelque peu de la philosophie de Levinas : elle est ici, en effet, surtout préoccupée par le problème du silence de Dieu et les questions concernant la pitié et l'humilité.

Dans cette nouvelle période de sa vie, où Prokop, réintégré dans la vie active, jouit de la liberté politique, le manuscrit apporté par son voisin, monsieur Slavík, tout en établissant un lien avec le passé, va lui inspirer un nouvel élan vers l'Infini. Il s'agit en fait d'un document autobiographique dans lequel Slavík parle de son chien, un être « élu », touché par « la lumière des Anges » (p.166), visible au « sourire » qui s'étalait sur son museau. Cette illumination est comparable à celle de la vieille femme et peut être considérée comme une nouvelle illustration du *visage* levinassien :

Chien avait le sourire de ceux qui voient en transparence du monde et du temps, de ceux qui sentent, par tous leurs sens, que la vraie vie n'est pleinement ici que lorsque le silence de l'infini vient palpiter au ras de l'instant présent, que le mystère de l'invisible vient cogner doucement contre les plus simples choses … (pp.164-65).

Si ce passage est amusant pour le lecteur, il ne l'est nullement pour le protagoniste. En effet, bouleversé par le manuscrit de Slavík, Prokop – grâce à l'influence du dieu Lare – croit avec Slavík que les esprits peuvent se loger partout et que Chien a bien pu être touché par un ange. Cependant, le héros ne réussit pas encore à échapper au désert qu'il sent en lui. Ce sera finalement au cours de trois nuits consécutives qu'il aura la révélation de tout ce qui a germé en son for intérieur. Pendant ces trois nuits, Prokop semble faire des rêves bizarres, mais en vérité il s'agit d'expériences extracorporelles. Lorsque, pendant son vol, il sent la présence en bas dans la cour, sous les arbrisseaux d'un 'être déchu', il est soudainement envahi par le sentiment des péchés de l'homme, depuis le péché originel d'Adam, jusqu'aux péchés de Caïn, de Ponce Pilate, de Judas, et de tous ceux qui errent éternellement dans les ténèbres, sans espoir de salut. Prokop, dans cette expérience nocturne, ne se rend en fait pas compte que cet homme pourrait être son double. Qu'il soit lui-même aussi coupable que cet être, c'est ce que la suite nous révèle, lorsqu'une tentative de suicide de sa fille Olinka le confronte avec son ex-femme, Magda, qu'il avait quittée pour Marie. Comme il ne lui avait plus accordé aucune pensée, il n'a jamais soupçonné que sa désertion ait pu détruire sa vie. C'est alors que prend toute sa portée la visite à Kuks, quelques semaines plus tôt, où Prokop s'était attardé longuement devant la statue de la "Pénitente" de Mathias Bernard Braun : « Sainte Marie-Madeleine gisait aux pieds de Prokop, et lui offrait à méditer le mystère du pardon. » (p.183). Mais au lieu de penser à Marie, l'infidèle, ce qui serait logique, il pense à sa soeur, qui s'est suicidée lorsqu'elle a compris que son mari la trompait. Que ses pensées se tournent vers sa soeur montre que Prokop, chrétiennement parlant, avait encore du chemin à faire. En effet, il est plus facile pour lui de pardonner à sa soeur de s'être suicidée, que de pardonner à Marie de l'avoir quitté.

Les allusions à la culpabilité de Prokop trouvent leur apo-théose dans la scène où le héros, en train de travailler à une tra-duction dans son appartement, entend monter de la petite église qui se trouve dans la cour, les sons de *La Passion selon Saint Jean* de Bach : cette musique, en effet, évoque pour lui la cadence des pas des déchus, de ceux qui ont pendant leur vie renié l'amour, la pitié, la miséricorde et la charité. Leur rejet de l'amour et de la tendresse a été si radical que la bonté du Christ ne peut plus les toucher. Ils restent d'éternels intouchables. L'enfer réside alors dans leur détresse de se savoir aimés par le Christ sans que celui-ci puisse les sauver. Aussi ne peuvent-ils qu'avoir horreur d'eux-mêmes. Prokop aurait voulu prêter sa voix à la foule des déchus pour crier « Seigneur, prends pitié », mais il comprend que Dieu est le premier à avoir pitié et qu'Il ne peut plus rien pour les damnés.

Or, après cette expérience, qui a l'apparence d'une véritable conversion, on s'attendrait à une nouvelle phase dans la vie du héros : ayant pleinement assumé son « être », culpabilité incluse, Prokop devrait mener désormais une vie dominée par la foi. Mais c'est le contraire qui se produit. Au lieu de l'apothéose attendue, le héros éprouve alors un doute fondamental qui fait resurgir le néant. Il fait de nouveau l'expérience de l'*il y a,* avant de trouver une solution dans la résignation. Aussi le dernier chapitre porte-t-il pour titre : *Rien.* Un nihilisme total suit inopinément ces expé-riences où il touchait à l'Infini sans avoir pu par ailleurs franchir le seuil:

La foi qui lui était venue par de si longs et tortueux che-mins d'un coup lui tombait du cœur, sans crier gare, comme une peau morte. Et derrière ne se gravait même pas une cicatrice, ainsi qu'en laissent les amours perdues ; il se formait un cal. Le nom Dieu, les mots grâce, éternité, salut et damnation se réduisaient aux piètres dimensions de leurs vocables. Nul écho, nul émoi. (p.237)

Dieu qui auparavant était absent, est désormais inexistant. Et le
vide que Prokop ressent à ce moment-là en lui le bouleverse, il
le considère comme une disgrâce ; une disgrâce à laquelle, contrairement à la disgrâce politique du début du livre, il ne veut
pas se soumettre. Aussi l'évolution spirituelle de Prokop n'en
reste-t-elle pas là. Un soir d'automne, il voit son ami Viktor
jouant du saxo dans un tram, non pas pour de l'argent, mais uniquement pour le plaisir de faire de la musique, comme un don
offert à l'humanité. C'est alors que Prokop sent renaître en lui
les sentiments religieux qu'il croyait perdus :

> Si Dieu existait, et bien qu'Il soit, mais alors qu'Il entende
> ce chant de l'homme qui glorifie la terre, qui exalte son
> amour de l'ici-bas d'où il se sait bientôt exclu. Que Dieu
> écoute ce cri de l'homme qui, lui, ignore si Dieu l'entend.
> (p.250)

Cependant, ces réflexions, en soi pas tout à fait conforme à la foi
orthodoxe, sont immédiatement suivies par un doute profond :
« si même Il est ! ». C'est ainsi que dans le stade final de cet itinéraire initiatique, nous retrouvons la pensée de Levinas, qui dans la
préface à la deuxième édition *De l'existence à l'existant* affir-
mait :

> Mais quand la Connaissance, devenant Philosophie, veut
> *donner satisfaction* au Désir de l'Infini, comme on donne
> une réponse à une question dans le processus de la connais-
> sance, la Question ressurgit. Elle ressurgit toujours en philo-
> sophie de derrière les réponses. La question a le dernier
> mot, révélant ainsi sa naissance oubliée dans le Désir de
> l'Infini.

En fin de compte, l'évolution spirituelle de Prokop aboutit finalement à la résignation : peu importe si Dieu entend les cris des
hommes, peu importe même s'Il est. Or, parvenu à ce stade, le
héros sent tout à coup un calme total, il ne se pose plus de ques-

tions, il n'attend plus de réponses. Son itinéraire initiatique se termine sur une attitude d'humilité et l'acceptation de sa disgrâce. Il accepte l'idée que Dieu soit une illusion mais il est heureux d'avoir au moins cette belle illusion. Et il finit par faire sien le dernier vers du poème de Bridel, ce vers qui lui avait paru d'abord incompréhensible: « Il ne savait plus rien, sinon qu'il n'était rien. Il s'offrait comme tel, dans les ténèbres. » (p.256)

L'influence de la pensée de Levinas est indéniable dans *Immensités*. Si le titre du roman évoque déjà l'Infini de Levinas, la fable elle-même s'en trouve également imprégnée. Menant une vie végétative à la suite des déceptions que le sort lui avait infligées, le héros vit au seuil de l'*il y a*. Mais, grâce au don de la lune et à l'installation du dieu Lare dans son logis, Prokop devient capable de reconnaître l'Infini dans le visage de l'Autre, faisant ainsi l'expérience du Désir de l'Infini déjà éveillé par la lecture et la méditation. Cependant, si certaines thèses de la philosophie de Levinas jouent un rôle important dans l'évolution spirituelle de Prokop, *Immensités* n'est pas pour autant conçu comme une illustration fictionnelle des idées de Levinas. Si celles-ci constituent un tremplin pour aborder les grandes questions de la culpabilité et du péché originel, Sylvie Germain développe cependant d'autres motifs dans son roman, tels que la force des mots et la grande question du silence de Dieu. En effet, son itinéraire initiatique mène le héros vers la découverte de la pitié chrétienne et la reconnaissance de la culpabilité personnelle, voire du 'péché originel' : le 'péché originel' qui dans le cas de Prokop consiste à avoir abandonné sa première femme et sa fille. 'Assumer son être' signifie donc pour Sylvie Germain prendre conscience de la pitié, de la culpabilité et de l'humilité.

L'évolution spirituelle de Prokop, qui a tout d'une conversion, reste pourtant au seuil même de la transgression religieuse. Elle reflète au fond le doute fondamental de l'homme moderne, qui ne peut plus se livrer corps et âme à la croyance en Dieu. Le héros ne cesse de se heurter au problème immense du « silence de Dieu », au paradoxe de la Bonté divine et du Mal qui existe dans le monde. Cependant, les expériences mystiques de Prokop sont autant de preuves de sa foi : il fait l'expérience de sa propre nullité et de l'immensité de l'Infini ; il est confronté à la souffrance des innocents et à la grande question qui en découle ; il fait l'expérience de la douleur des déchus, seuls responsables de leur sort, auquel même Dieu ne peut rien. Le Mal qui existe dans le monde, celui que l'homme cause à l'autre, relève de sa seule responsabilité, il ne peut pas en demander des comptes à Dieu. La conversion de Prokop, finalement, est une conversion toute moderne : elle est celle d'une résignation totale, une attitude entièrement humble, qui consiste à dire: je ne suis rien, je crois en Vous, j'accepte la responsabilité du Mal qui existe dans le monde et je ne demande pas de preuves. Si à l'heure de la mort, tout s'avère illusion, je ne regretterai pas d'avoir vécu dans la croyance en Dieu.

Bibliographie

Sylvie Germain, *Immensités*, Paris, Gallimard-Folio, 1993.

Emmanuel Levinas, *De l'existence à l'existant*, Paris, Vrin, 1978.

Emmanuel Levinas, *Totalité et Infini*, La Haye, eds. Martinus Nijhoff, 1961.

Emmanuel Levinas, *Ethique et Infini, dialogues avec Philippe Nemo*, Paris, Fayard 1982.

Magill, Michèle, Entretiens avec Sylvie Germain, *The French Review*, vol. 73, no 2, december 1999, p.337.

Schwarze, Waltraud, « Gespräch mit Sylvie Germain », *Sinn und Form*, vol. 44, no 2, 1992.

Tournier, Michel, *Le Vent Paraclet*, Paris, Gallimard-Folio, 1972.

François Bon :
écrire les fractures du monde

Dominique Viart

François Bon publie son premier livre, *Sortie d'usine* (1982) à un moment décisif de l'histoire littéraire récente. Après deux décennies vouées aux explorations textuelles et aux expérimentations formalistes, la littérature revient à sa vocation transitive. Elle se donne à nouveau des objets et entreprend de dire le monde, tel qu'il est devenu. Mais elle ne peut le faire sans tenir compte des véhémentes critiques portées par le structuralisme contre les illusions de la représentation, les impasses du réalisme et de ses multiples avatars. Il faudra désormais composer avec le soupçon, dont l'exercice touche aussi bien les divers modes d'expression que les grands discours idéologiques devenus caducs. Aussi est-ce à un véritable défi que s'affronte quiconque veut, au début des années 80, conduire la littérature à se saisir d'enjeux existentiels et sociaux.

L'œuvre de François Bon, qui compte aujourd'hui une vingtaine d'ouvrages s'est attachée à une telle entreprise selon diverses voies, depuis le recours au roman, mais un roman revisité de l'intérieur, informé des renouvellements les plus exigeants de la littérature jusqu'à des formes d'écriture nouvelles empruntant à la pure description, à l'atelier d'écriture ou au théâtre. Ce trajet conduit l'écrivain à combiner plusieurs approches du réel. Les unes, paradoxales, vont chercher du côté de la littérature des équivalents des violences subies plutôt que de vouloir les présenter telles quelles, dans l'illusion d'une *mimesis* parfaite. Les autres glissent nettement du réel tel qu'il se voit au réel tel qu'il se vit, puis au réel tel qu'il se dit, dans ces monologues chahutés qu'écrivent avec souffrance les déracinés de ce monde et que des acteurs viennent crier sur la scène théâtrale.

Les enjeux de l'écriture

Sortie d'usine marque ainsi une tentative particulièrement nova-
trice. La phrase, elle-même mutilée, exhibe des brisures à la sem-
blance de celles des corps et des consciences. Le roman produit
un effort d'écriture où se mesure l'impossible de l'expression,
laissant dans le mutisme l'écho ineffable d'une émotion : « Un cri
encore, plus long, feulant. Un cri ne trompe pas, malgré l'ivresse
ici des bruits, de tous leurs cris. Feulant comme. » (*Sortie d'usine*,
p.29). Publié peu de temps après, *Limite* (1985) replonge aux
gouffres simultanés du chômage et du suicide, fait retour à l'usine
et aux mutilations qu'elle impose à ses ouvriers, à peine libérés
par d'autres enfermements, consentis, dans le football ou la musique rock. *Le Crime de Buzon* (1986) donne de même à lire la prison, telle qu'on y reste après en être sorti. *Décor ciment* (1988)
poursuit le tableau : François Bon, invité par le Conseil de Seine
Saint-Denis à s'installer dans une cité-dortoir, en livre une image
sans complaisance, arrachée de l'intérieur, aux prises avec la folie, la drogue, le meurtre... mais victime surtout de la saleté, de
l'insignifiance violente, du vide insoutenable des existences an-
nulées.

   Les publications suivantes du romancier, *Calvaire des
chiens* (1990) et *Un fait divers* (1994) poussent encore plus loin le
travail d'écriture commencé avec les quatre textes antérieurs. Le
premier de ces deux livres présente les repérages d'une équipe de
cinéma franco-allemande dans un hameau des Cévennes, livré
aux chiens errants, avec, en arrière fond, des images de Berlin
avant la chute du mur. Le second, dont une version cinématographique est proposée par Fabrice Cazeneuve au printemps 1998, se
construit autour du meurtre absurde que commet un jeune marginal. À chaque fois, c'est bien cette matière brute du réel le plus
violent qui est mise en scène. Mais les livres soulignent surtout ce
que cette matière brute déplace en chacun – protagonistes des
événements, membres des institutions qui auront à en juger : avo-
cats, policiers... – ou de celles qui prétendent les représenter :
metteur en scène, acteurs...

Publiés aux éditions Verdier, les récits – *L'Enterrement, Temps machine, Prison, C'était toute une vie, Mécanique, Temps machine* – pour être plus proches de l'existence de l'auteur, ne démentent pas cette volonté de dire les images anonymes de notre temps, la « maladie secrète » qui travaille le corps social et l'individu qui s'y perd. « J'habite pour toujours un bâtiment qui va crouler, /un bâtiment travaillé par une maladie secrète. » : le romancier cite Baudelaire en exergue de *Temps machine*. Ce pourrait tout aussi bien être l'exergue de son œuvre. Baudelaire, on se souvient, introduit la Ville dans la poésie : « C'est surtout de la fréquentation des villes énormes, c'est du croisement de leurs innombrables rapports que naît cet idéal obsédant » (*Le Spleen de Paris*). François Bon interroge l'écriture de la ville : « avec l'idée, depuis bientôt dix ans, que tout ça prendrait place ensemble dans une sorte de dessin de la ville aujourd'hui, avec ses circulations, ses niveaux […] J'essaie de fermer les yeux, m'en remettre à l'arbitraire d'une ville et son obscurité, son unité elle-même disparate. Une ville qui déjà commence à être active pour moi, dont mes rêves en tout cas connaissent les parcours, et faite de toutes les sensations accumulées à chaque ville traversée. Où le non-appropriable, ce qui d'une ville quelconque n'est pas déchiffrable ne peut être connu que par une constellation d'éléments sans racine commune, pourrait coïncider avec la part obscure de la structure mentale qu'on trimbale chacun en propre »[1].

L'œuvre hérite de la violence sourde des *Illuminations* de Rimbaud, et des Villes, où vivent « ces millions de gens qui n'ont pas besoin de se connaître », où règne « la Mort sans pleurs, notre active fille et servante ». Il s'agit d'innover dans la langue pour dire la douleur grise des mondes sans lumière, et la « grimace enragée » qu'il en vient. Aucun « réalisme poétique », cette parole hybride qui défigure le réel pour le rendre habitable, mais une poétique de la langue qui sans vouloir imiter dit le réel dans son intensité même. Tel est l'impératif esthétique de François Bon,

[1] François Bon, « Côté cuisines », entretien avec Sonia Nowoselsky-Müller, in *L'Infini,* n°19, été 1987, désormais noté *l'Infini*.

avec « la réalité comme contrainte, obstacle, brasser du bête et s'en tenir là, là où il n'y a rien de soi, même pas les ombres de Beckett. Et retrouver le rêve, le plus intime du rêve, mais dans ce brassage du monde concret, d'une usine qui se fiche bien de l'art, et de la fragilité, de la bonté, de la lumière qu'il y a dans Beckett, comme une ultime survivance. Un peu comme de l'intérieur de cette phrase de Proust : « peindre le réel jusqu'à retrouver les couleurs du rêve ». Vivre ça jusqu'au bout ».

À propos de Rabelais, auquel il consacre un essai *La Folie Rabelais* et quatre préfaces, François Bon donne une des clefs de cette écriture du réel : « Il faut éprouver l'inqualifiable sentiment : qu'à de certains endroits, ce n'est pas le monde vrai qu'on re-garde, mais l'idée qu'un livre nous en a donnée. À ce prix, on peut peut-être parler d'un réalisme de Rabelais : s'il remplace le monde vrai par la force d'un livre ». François Bon procède ainsi de l'image et s'invente une langue seule capable d'en dire les émotions brisées.

L'image primitive
Dès *Sortie d'usine* s'impose la présence insistante de l'image. De fait, la littérature contemporaine procède volontiers d'une image fondatrice. Sans en revenir à *La Recherche* et à Combray sorti d'une tasse de thé, il suffit de se souvenir de William Faulkner, qui répétait volontiers que *Le Bruit et la fureur* venait d'une « image mentale ». François Bon est aussi proche de Claude Si-mon : pour l'auteur de *La Route des Flandres*, en effet, l'image originelle est réelle, imprimée dans la mémoire de l'auteur qui l'interroge sans relâche. L'écriture romanesque change donc de lieu et de nécessité. Le réel est fondateur, ou plus exactement la trace aussi profonde que troublante qu'il installe dans la mémoire. François Bon souligne le lien originel du roman et de ces « images ». Il en radicalise même l'expérience, réduisant le livre à l'image qui l'a suscité : «*Sortie d'Usine*, je me rappelle, c'était un type blessé au poignet, une main serrée sur sa blessure et cette nuque d'ouvrier, une sensation courbée, vue de dos, juste une nuque » et *le Crime de Buzon*, un jeune type aperçu dans un train,

coincé entre deux gendarmes et qui rentrait la tête dans les épaules.

L'image, ainsi donnée au début de l'écriture ne sera pas investie de développements, là est la radicalisation. Elle demeure, dans son état brut et fondamental : « Au départ non pas de personnages, mais seulement des images, que je n'arrive pas à rejoindre. Liées seulement par une hantise, une peur. [...] Le seul passage possible pour moi, au bout d'années sans déboucher, aurait été justement de m'imposer la plus stricte obéissance à ces éclats de réalité, ne plus travailler qu'avec ces images qu'on trouve comme ça, ces bouts de phrase qu'on entend dans la rue, la stricte obéissance à la pauvreté même de tout cela. Et puis dans le livre les inscrire à travers leur manque même, leur impuissance ». Comme l'*arte povera* : François Bon propose une littérature faite de ces riens tourmentés que les peintres et les plasticiens ont cherchés dans les rebuts du réel. Art pauvre, mais aussi art *du* pauvre, dans la visée qui est la sienne : cité des périphéries ouvrières, usine, monde du « foot corpo » ou du chômage, lieux sans rémission où de sourdes fatigues s'emparent de chacun. L'écrivain s'impose « d'aller jusqu'au bout de cette soumission à la réalité, jusque dans les formes bêtes, abruptes, qu'elle prend ».

Mais ces rebuts-là sont des images humaines. Une pâte qui se travaille différemment des scories et déchets d'une civilisation consumériste. L'art de François Bon force à regarder l'image exhibée, celle justement que l'on préfère ne pas voir, et sa charge d'angoisse. Une sorte d'idéal de cette saisie de l'image serait d'en fixer simplement la réalité dans le livre ou sur la pellicule. C'est l'ambition ultime d'un personnage de *Calvaire des Chiens*, cinéaste, attentif aux gestes des gens. Prolongeant à sa façon les tentatives cinématographiques de metteurs en scène comme Chantal Ackermann, un tel propos souligne combien la matière est donnée par la réalité, et que le projet de l' « art », aujourd'hui conscient des impasses de la *mimesis*, est de trouver le mode d'expression de ce réel qui se dérobe à l'imitation.

Trouver une langue

Le mot d'ordre de Rimbaud est plus que jamais d'actualité. C'est à partir de la langue étrangère qu'on peut envisager la sienne explique l'un des personnages de *Calvaire des chiens*, roman où la confrontation avec l'Allemagne et l'Allemand redouble la séparation qui s'établit, à l'intérieur d'une même langue, entre deux individus qui ne parlent pas d'un même lieu. « L'impression d'être dans sa propre langue là où elle est poussée à l'impossibilité d'en traduire une autre » (*Calvaire des Chiens*, p.153) : ce pourrait être la situation de l'écrivain qui parle, avec ses mots, des mots de l'Autre. « Voler son langage à un homme, au nom même du langage, par là commencent tous les meurtres légaux » écrivait Roland Barthes. Comment dès lors donner voix à ceux qui n'en ont pas ? François Bon se refuse à être « porte-parole » des causes sans voix. Il s'interdit le discours, point de vue suprême qui voudrait expliquer les choses, qui de *l'auteur* voudrait imposer *l'autorité*. Significativement, ses romans se passent de narrateur « omniscient », et même, le plus souvent, de narrateur incarné dans un personnage majeur. De *Limite* à *Fait Divers* ou à *Prison*, c'est la polyphonie des voix qui impose sa présence. Et si *L'Enterrement* retrouve un narrateur central, comme *Sortie d'usine* avait son personnage focal, c'est sans doute la marque d'une proximité biographique particulière qui détourne l'auteur de trop artificielles délégations.

Il s'agit de « trouver une langue », pour faire parler « ces voix hors de moi », comme les appelle François Bon, « avec lesquelles la communication est interdite ». Les faire parler, mais sans les annexer. S'agit-il dès lors d'en reproduire le ton et le timbre, d'en conserver les mots et les modes ? Non, ce ne serait que surface reproduite, mise à distance de voyeur, reportage dans la France profonde du malheur dérisoire. Si François Bon fait parler ces voix avec leur langue, – dans *L'Enterrement*, les tournures locales, patoisantes ou familières abondent –, s'il aime, comme il dit, « que ça racle, que ça brasse », il leur invente surtout une langue plus étonnante, différente, seule à même de faire sourdre leur différence intime. Les « voix » de François Bon, celles de ces personnages qu'on dit déclassés et qui forment peut-être la majorité de nos contemporains, résonnent de rythmes et d'images nourries de littérature. « Ce n'est pas ainsi qu'on parle dans la cité, ce n'est pas le langage de la prison, ni celui de la drogue ou du rock », diront les puristes du réalisme, dont on sait bien qu'ils fréquentent chaque jour ces univers étranges... en lisant tout au plus les rapports des sociologues de terrain. François Bon trahit-il ce qu'il prétend exprimer ? Avant de conclure hâtivement à quelque préciosité de son effort, il faut en interroger l'enjeu. Qu'est-ce donc que ce lyrisme de la brisure qui semble, dans la parole des personnages, venir de leur plus intime « absence au monde » ? Car le monde leur est absent, leur fait défaut. Le monde leur manque, rejetés qu'ils sont dans la non-existence d'un quotidien tronqué de vie, dans un lieu hors de tout lieu, prison, hameau abandonné, dalle de la cité H.L.M.

La recherche d'une « autre langue » permet de toucher au plus intime du réel. Non pas en reproduisant quelque parole spontanée, surgie des flux de conscience ou de l'inconscient, comme l'a tenté le monologue intérieur, mais en allant jusqu'au bout de la déraison et de son lyrisme brisé. La parole que François Bon distribue à ces figures résonne de rythmes bibliques, d'élans prophétiques, de visions apocalyptiques, toujours tronqués, toujours repris, dans une sorte de flot torrentueux. Elle charrie les images fortes de Rimbaud et la phrase de Rabelais, les hallucinations de Cervantès et les violences de Céline. Si factice qu'elle puisse apparaître au lecteur, cette phrase n'est pas pure fabrication sans racine. Elle porte une mémoire de la parole. Les brisures du monde contemporain, les rugosités régionales et les déformations patoisantes n'y sont pas les scories d'un mélange hétérogène. Car la plus littéraire des langues n'est jamais que l'état plus ancien, plus enfoui, d'un parler plus juste. « Découvrir que cette phrase ancienne qui paraît si loin de nous n'était autre que le parler familial, le patois que j'entendais quotidiennement » dit François Bon de sa rencontre avec l'œuvre rabelaisienne.

Qu'il n'y ait pas de fossé entre deux états de la langue si éloignés l'un de l'autre, est une découverte que l'on fait à lire

François Bon. Le patois vendéen et ses expressions populaires ne sont pas plus familiers au lecteur moyen que la phrase de Rabelais ou le verset biblique. Comme l'œil soudain confronté à une autre lumière ou à une distance nouvelle, il doit « accommoder » son oreille intérieure. De fait cette matière particulière de la langue déplace le regard. Le monde ne se présente plus de la même façon. Ce ne sont plus les mêmes mots ni les mêmes rythmes qui recouvrent les choses, et celles-ci en paraissent tout soudain plus nues et plus étranges d'être autrement vêtues. L'uniforme de ce langage convenu qui finit par les masquer à nos yeux ne les masque plus si aisément. Et l'on se met à *voir* la vie devant laquelle on passe sans regard.

Ecrire avec

Montrer le réel, ce n'est pas désigner les choses, ni les décrire, mais bien plutôt les faire apparaître sous un angle neuf, dans une perspective inédite. Comme dans Shakespeare, c'est de la folie et de sa langue inouïe que sourd la vérité plus nue. Cette « inadéquation » du mot à la chose, pour qui s'est accoutumé à un « ordre du monde », fait brusquement resurgir le monde dans son désordre. L'image n'est donc pas seule à l'origine du procès d'écriture, pas plus que la phrase seule ne se souvient des paroles anciennes. Lorsqu'il (res)suscite les rythmes des auteurs dont l'écriture l'a marqué, François Bon sollicite avec eux la mémoire de leurs œuvres, et le sens qu'elles n'en finissent pas de porter. Si l'image est originelle, le romancier la déclare fécondée, ou, plus justement fécondante, d'un gisement ancien, demeuré muet jusqu'à la rencontre. Ainsi du *Crime de Buzon* né de cette image d'un type coincé entre deux flics qui réveille la lecture de Dostoïevski : « Cette image oui, et puis quelque chose de plus intérieur, qui y surgissait comme d'y avoir trouvé sa vérité dans le monde et remontait à la lecture autrefois de *Crime et Châtiment* ».

Les romans de Bon ne cessent de faire remonter des confins d'une mémoire enfouie les livres majeurs qui scandent notre rapport au monde. Il n'est pas de texte qui ne s'écrive dans l'ombre de quelque parole irradiante : « Combien d'années avant l'usine,

et par quel hasard, avait-il lu *Le Château* sans rien y reconnaître
d'une vérité de l'expérience à venir ? Comme si cela seulement
l'avait plus tard sauvé de l'enfermement dans cette réalité close,
tout en se réservant de ne dévoiler ce sauvetage que si longtemps
après, obscur venant au jour dans son obscurité préservée, dans
l'usine devenue métaphore » (*Sortie d'usine*, p.165). Le réel le
plus dérisoire ou le plus désespéré se nourrit de cette culture qu'à
tort on lui soupçonne si étrangère. Si dans *L'Enterrement*, c'est
bien le narrateur qui clôt son séjour par une réminiscence
d'Apollinaire, « A la fin tu es las de ce monde ancien », dans *Le
Crime de Buzon*, c'est un personnage qui se nourrit de Cervantès.
Semblablement, dans *Calvaire des Chiens*, chacun des personnages centraux promène son livre, comme un bréviaire où ressour-
cer sa compréhension du monde, depuis le scénariste, Barbin
« qui [sort] de son cartable une édition de poche d'Agrippa
d'Aubigné » jusqu'à Andréas, l'équipier du cinéaste, qui ne quitte
pas son édition d'Hoffmann. Dans *Décor ciment*, le drogué apostrophe le monde en puisant ses mots dans Rimbaud, et c'est avec
des réminiscences de la Bible que le vieux marin revit son passé.
Pas plus qu'on ne se défait de soi, on ne peut se défaire du livre
qui nous a fait. Et encore ne faudrait-il pas croire qu'il s'agit-là
d'un placage artificiel, le narrateur ne percevant le monde qu'à
travers le prisme déformant d'une culture qui, au mieux lui offre
une grille de lecture, au pire, le sépare des choses.

Mutilation et absence
Ce détour nécessaire par la langue qui a parlé nos désespérances
dans l'éternité des livres rend, à la langue blessée des gens de peu,
sa force véritable, cette force lisible encore sous ce qui nous en
vient émoussé. Loin du *pittoresque* qui tue le sens, elle conquiert
en un sens renouvelé d'être entendue au plus *juste*. Le narrateur
de l'*Enterrement* en fait l'expérience dans l'approche d'un monde
d'enfance oublié, retrouvé à la « faveur » d'une conduite au cimetière : « Ils disaient sépulture : aujourd'hui c'est sépulture au
fils Untel, sans article. [...] je retrouvais en un matin toute cette
langue (implacable communauté qu'est sur soi le patois d'enfance

et la déformation de syntaxe qu'il induit [...]) » (*L'Enterrement*, p.78). Ce qui se mesure ici, c'est l'effort de la langue populaire à traduire sa souffrance quotidienne et à se l'incorporer à la fois, comme pour en purger le réel en le dissolvant dans le lieu commun, la parole commune. Le lieu commun n'est pas seulement cet état de la langue où la douleur se résorbe dans sa réduction vide et son partage avec la parole de la communauté, c'est aussi l'incapacité à trouver les mots qui diraient la souffrance propre.

Lorsqu'il n'invente pas une parole inédite cherchant à donner la mesure de l'ineffable, François Bon souligne ce manque qui se creuse dans la langue. Les « voix » mises en scène au fil des romans ne communiquent pas. Elles sont la manifestation de ce qui voudrait se dire et n'y parvient pas. Il y a les personnages qui n'accèdent pas à la parole et ceux qui en sont comme amputés. Aucune voix ne dit vraiment l'être qui la porte. Les personnages de Bon sont dits par les autres. Aliénation taciturne : sur moi pèse mon silence, je ne suis que ce qu'en pensent les autres. Mais que pensent-ils ? Pirandello et Gombrowicz ont dénoncé avec la force qu'on sait cette inadéquation de l'être et de son image. Prisonnier de la *forme*, l'auteur de *Ferdydurke* n'a pas cessé de la combattre, refusant sans répit de se figer en être social. Et l'on se souvient de Laudisi face à son miroir dans *Chacun sa vérité*.

La galerie de personnages privés d'une part d'eux-mêmes que brosse François Bon dessine une vaste cour sans miracles. L'ouvrier de *Sortie d'usine*, rendu sourd par le bruit quotidien, n'en est que le premier avatar. Brocq, borgne, Buzon, muet pendant neuf ans, sa sœur qui l'est demeurée depuis sa naissance, Marineau affligé d'un goitre et Bossut, d'un bec-de-lièvre dans *L'Enterrement*, les aliénés du *Calvaire des chiens*, Louis Lambert, aveugle dans *Décor ciment*, le bras coupé de l'ouvrier de *Sortie d'usine* et la « gueule brûlée » d'un ouvrier de *Limite*... en donnent une mesure qui n'est pas seulement symbolique. Il ne faut pas négliger la dénonciation sociale manifestée par une telle entreprise littéraire. Le romancier s'en est lui-même expliqué dans les colonnes de la revue *Révolution*, se référant volontiers à

Adorno, et il n'est pas indifférent que la presse proche du Parti communiste ait été la première attentive à son œuvre.

Enfermement spatial et crispation du temps (chaque roman se joue dans l'espace de quelques jours, voire, avec l'*Enterrement*, quelques heures) sont les métonymies d'une réclusion plus profonde, d'une prison intérieure. Non qu'il s'agisse ici de proposer une lecture métaphysique de François Bon, ce serait trahir l'ambition de son écriture : mais bien de montrer à quel point les réclusions sociales détruisent la respiration intérieure des êtres : « la prison […] on l'avait déjà en soi » (*Crime de Buzon*, 26). La langue mutilée construit la plus infranchissable des barrières : « c'est de l'intérieur même de la langue qu'on parle la sienne sans plus rien entendre des autres » est-il écrit, entre de bien significatives parenthèses, dans *Décor ciment*.

Basculement de civilisation

Une inflexion dans le cours de cette œuvre se produit avec *Temps machine*, second récit paru aux éditions Verdier, qui renoue à la fois avec l'usine et avec l'inspiration autobiographique. On pourrait lire ce livre comme un récit archéologique, qui met à jour un en-deçà de l'écriture, révèle au lecteur cette gestation souterraine dont *Sortie d'usine* fut le produit initial. Deux trajets s'y nouent : celui de François Bon, « gadz'arts » devenu intérimaire, et celui de ses ascendants, entraînés par le mouvement d'une mutation historique profonde qui a fait basculer notre société des métiers d'autrefois à ceux de l'ère industrielle. Et, de fait, c'est bien d'une mutation qu'il s'agit. Non pas tant celle du technicien devenu écrivain, mais plutôt celle d'un monde qui voit s'achever une époque : l'âge de l'usine triomphante, du métal à produire et domestiquer, l'âge de la *machine* et de son *temps*. C'est dire que la part autobiographique de ce texte n'a pas sa fin en elle-même : comme le texte le répète de façon anaphorique, elle vaut pour *témoignage* sur une période en agonie, qui sans doute fut aliénante et cruelle, mais laisse plus démunis encore ceux qui, au prix de leur corps et parfois de leur vie, se sont tout de même reconnus en elle.

Aussi la tentation autobiographique s'efface-t-elle au profit d'une histoire plus ample – celle de l'état d'un monde à la fin d'un âge – dont l'histoire personnelle n'est qu'une scansion parmi d'autres, comme en témoigne la profusion de noms propres convoqués dans ce récit, jusqu'à l'hommage final qui leur est rendu. Au-delà du trajet personnel : Bombay, Vitry, Moscou, Prague..., il s'agit de rappeler la forme et l'usage de « chaque outil du monde disparu des machines » (p.49), de dire les usines dont les bâtiments sont ou seront rasés, abandonnés aux friches industrielles et « la vexation que c'est pour qui a assisté déjà dans son propre pays à la mise à mort de tout cela » (p.72). *L'Enterrement* rappelait la disparition de l'univers rural et de sa culture, livrés, en Vendée comme ailleurs, à l'extension pernicieuse de ces faux idéaux que sont l'accession à la propriété en lotissement, les supermarchés et autres centres commerciaux. *Temps machine* ne répond pas à un autre projet que celui de rendre compte d'un univers au moment de son basculement ultime. François Bon met en évidence la ruine sociale que marque le passage vers ce que Daniel Bell a nommé l'ère « post-industrielle »[2].

Onze ans après *Sortie d'usine*, le regard sur le monde industriel que propose François Bon a changé. Il n'a rien perdu certes de sa dimension critique : l'auteur, lecteur attentif d'Adorno, sait reconnaître et dire la sclérose de l'existence que l'usine impose, la vie mutilante et ritualisée où le territoire de survie se restreint toujours un peu plus, jusque dans les espaces dits de loisir ou de formation. L'expérience de la maladie, rançon d'une exploitation à outrance des possibilités humaines ; celle du danger et des conditions de risque extrême faites aux ouvriers *a fortiori* intérimaires ; l'idéologie qui sous-tend ces pratiques et ces conditionnements, tout cela apparaît on ne peut plus nettement dans le texte comme dans les lieux, objets et écoles auxquels il s'attarde. Mais une valorisation, encore latente dans *Limite*, s'est affirmée : c'est qu'il y a aussi une certaine fierté de l'ouvrier envers son métier. Le texte n'hésite pas à faire la part à la beauté plastique du travail industriel et à la grandeur du geste

---

[2] Daniel Bell, *Vers la société post-industrielle*, (1973), 1976.

de l'ouvrier : « Il y a de la beauté à ces situations étranges, que l'effort physique poussé jusqu'à la fatigue extrême rend plus intimement proches, là-haut à quinze mètres dans le tunnel de tôle étanche et surchauffé, où nos disques à air comprimé détachaient des étincelles violentes, des gerbes d'éclats » (p.44). La conscience de ce dont l'homme est capable produit ainsi plusieurs développements qui lui rendent justice. « Le grand poème lyrique qu'était tout ceci, poème en acte et son équivalent de création d'images » (p.78), François Bon n'hésite pas à l'écrire, rendant ainsi justice à cette littérature du travail à laquelle on a parfois reproché ces élans.

Ce n'est donc pas seulement la fin d'une forme d'exploitation que signe l'ouverture de l'ère post-industrielle, mais aussi la caducité d'un savoir-faire, la disparition des formes d'excellence ouvrière, et la mort de toute possibilité de reconnaissance de soi, de légitime fierté. Le dépassement de l'homme par l'homme que postule la maîtrise des éléments naturels et leur transformation industrielle, en quoi se fonde un certain humanisme, est en passe de se perdre jusque dans la mémoire des hommes eux-mêmes : « Qui saura donc la richesse que c'était là, conceptions, calculs, une incroyable performance d'hommes, puisque eux-mêmes y tournaient le dos ? Qui saura que c'était là une fin de monde ? ». La transmission des savoirs d'une génération à l'autre, avec l'admiration que cela suppose, en est violemment affectée. Chaque époque doit constituer son propre savoir elle-même, l'accélération des innovations rend caduc le savoir de la génération précédente qui fait *ipso facto* figure d'inadaptée, de dépassée et devient elle-même caduque, sans reconnaissance possible. L'ancien n'est plus le sage ni le modèle, il n'est plus l'aune de la référence mais son envers, et perd tout statut. Privé de cette transmission des compétences, le lien se fait plus ténu d'une génération à l'autre. L'école même diffuse des savoirs périmés : « tout était donc trop tard, ils ne le savaient pas » (p.72).

Plus encore, l'usine et l'exploitation de l'homme par l'homme qui la caractérise ont cependant ceci de positif qu'elles offrent à l'homme exploité la possibilité d'une résistance dans

laquelle il trouve en retour sa dignité. Au sein même de ce qui le
condamne et l'humilie, l'homme gagne son identité par le combat
qu'il mène contre son avilissement. Le nouvel exergue choisi par
François Bon laisse à Rilke le soin de souligner cette ultime dés-
appropriation : « chaque mutation du monde accable ainsi ses
déshérités : ne leur appartient plus ce qui était et pas encore ce qui
est ». Les déshérités d'un monde ne sont pas seulement ceux qui
n'ont rien reçu en héritage, mais aussi, et surtout ceux pour qui la
dépossession est la plus radicale : dépouillés même de leur souffrance, ils perdent avec elle le peu d'identité qu'ils étaient parve-
nus à fonder en elle. Certes le monde industriel broyait et défor-
mait les hommes, mais c'était un monde contre lequel il était possible de se battre. L'individu pouvait légitimer son existence par
sa révolte, y conquérir sa dimension sociale dans le sentiment
d'appartenir à une communauté. Loin d'adhérer à une exploitation en s'y asservissant il fondait alors son identité dans la double
grandeur de son travail et de son combat au travail, « ce réquisitoire qui seul [lui] permettait de dire "je tiens" ».

    Dès lors que l'usine ferme, il n'y a plus rien à quoi
s'opposer, plus de lieu où déployer d'un même élan sa compé-
tence et sa résistance : le monde est en ruines, comme celui auquel Musset confronte les *enfants du siècle* précédent. « D'un
monde emporté vivant dans l'abîme, et nous accrochés au rebord,
qu'il avait requis et modelés pour lui. La résistance même où il
nous fallait se dresser pour tenir contribuant à nous figer debout
dans sa perte trop vite advenue » (p.93). Le monde s'égare dans la
mollesse des idéologies défuntes, et François Bon dénonce cet
égarement : « l'horreur qu'était cette acceptation nous semble
moindre que le culte inverse d'un confort qui fait loi » (p.94).
« L'abandon fait par la chose commune de cette résistance » signe
le déni de toute identité, le morcellement du corps social, voire la
désocialisation de ces « survivants d'un immense désastre collectif » que Pierre Bourdieu et son équipe ont si fortement exhibée
dans *La Misère du monde*. « Avec les usines, c'est leur raison
d'être qui a disparu » souligne Bourdieu en montrant que cette

disparition « a laissé un immense vide, et pas seulement dans le paysage »[3].

Ce « désert » dont parle le sociologue ne peut trouver expression plus forte que dans le pénultième paragraphe de *Temps machine* qui évoque ces ouvriers perdus pour le siècle, « les lotissements de pavillons où ils vieillissent comme des surfaces périmées de la terre, ses banlieues comme des taches stériles sur la croûte vivante du monde, et ceux qui restent dans la journée circulant dans les escaliers des immeubles de béton en bordure des villes et le néant de leurs jours comme le néant d'aspirations limitées à ce qui peut advenir au fond des entrepôts ou des guichets où on vous colle, comme les livrées du temps de la fin des rois absolus, l'uniforme de l'empire d'argent qui vous rémunère ».

Le refus des discours
Les romans de François Bon font ainsi place à des êtres en déshérence. Loin de tenir des discours cohérents, les personnages qu'il met en scène et auxquels il accorde volontiers la parole se trouvent confrontés à la difficulté de parler en même temps qu'à la nécessité impérieuse de le faire. Ce défaut de parole, ce défaut *de la* parole qui les habite n'est pas sans signification. Il désigne sans relâche un envers de tous les discours, la part absente de leur ambition totalisante, l'exclusion d'un monde où, du reste, le langage est devenu plus souvent masque que révélation. Une posture politique y apparaît : celle d'une parole qui met en crise les versions autorisées du discours. C'est que François Bon écrit alors que les discours défaillent. Les « méta-récits » ont perdu de leur séduction. Jean-François Lyotard présente notre monde comme un univers fragmenté où triomphent les discours locaux et les vérités partielles, partiales, parcellaires. Les téléologies de l'histoire se sont brisées avec les errements qu'elles ont produits et les murs qu'elles contribuèrent à bâtir. Un passage de *Décor ciment* dit avec humour noir une telle déréliction à propos d'un simple d'esprit :

---

[3] Pierre Bourdieu *et alii*, *La Misère du monde*, Seuil, 1993, p.14.

> On l'appelle comme ça parce que, "Karl Marx", c'est tout ce qu'il sait dire. La cité Karl-Marx, jumelle de la nôtre, l'autoroute et la voie ferrée nous en séparent et chacune a son tabac, son libre-service, son coiffeur et sa pharmacie : on n'a donc rien à faire avec, sauf quand ils viennent dans nos parkings incendier nos voitures. Lui, le fou, n'importe quoi qu'on lui demande, montre quelque chose loin dans son dos et ça peut bien tomber n'importe où, comme si cela lui était une identité suffisante et assez de raison : "Karlemasque, karlemasque !" (*Décor ciment*, p.41).

Est-il besoin, derrière l'humour apparent de ce paragraphe de mettre en relief les significations trop évidentes de cette folie-là ? Karl Marx, qui « tient lieu d'identité suffisante » est rejeté loin derrière le dos, et surtout devient le surnom d'un idiot, seul à trouver encore dans cette formule la panacée des réponses. Dégradé en Karlmasque, Karl Marx se fait le masque trop fallacieux et déjà délité des espérances idéologiques.

Le réel cependant ne s'est pas dissous avec ces critiques et ce serait une erreur de croire que la littérature aujourd'hui n'a plus d'autre ressource que de se réfugier dans l'imaginaire. Bien au contraire. Mais comment parler aujourd'hui du réel sans recourir à la médiation des idéologies ? François Bon entre de plain-pied dans ce déni des discours. Culturellement formé dans et par l'ultime illusion des lendemains enchanteurs, il dit le deuil d'un monde emporté par le siècle. *Temps Machine*[4] fait justice des aliénations du monde du travail, et de sa division si difficile à dépasser. Derrière ces brisures d'être, il voit comme Pierre Bourdieu[5] ce qui s'y manifestait de sentiment d'identité, d'orgueil du travail, même répétitif et sans ampleur, de la pièce bien façonnée comme contribution à une mécanique d'ensemble où se marque la précision du geste de l'homme. Mais l'Histoire a démis l'homme de son geste, l'a relégué au banc inerte des pré-retraites et autres mises à l'écart. Discours et culture du travail ont aujourd'hui fait

---

[4] François Bon, *Temps machine*, Verdier, 1992.
[5] Pierre Bourdieu, *La Misère du monde*, Seuil, 1993.

faillite et s'accroissent, aux périphéries du monde vivant, les banlieues en dérive. Plus encore, dans la conscience même de son identité, l'homme voit s'installer une image obscure faite de désirs désancrés et de frustrations non reconnues qu'il faudrait traduire. Mais comment ?

C'est tout le travail fait auprès de délinquants, de marginaux, de sans-abris, mais aussi d'élèves ou de professeurs, dans des ateliers d'écriture qui l'aide à avancer sur ce terrain. *C'était toute une vie*, *Prison* en sont issus, non que l'écrivain s'empare de la parole d'autrui, mais l'intensité même de ces fractures, il lui appartient de les porter à connaissance par le détour de ce que sur lui, elles ont fait bouger. La réalité vécue se donne dès lors dans le truchement des paroles incertaines et fêlées, maladroites, qui la portent. Dans ses fautes de langues, ces incorrections et ces barbarismes, François Bon ne voit pas des injures faites à la grammaire, mais bien l'inentendu de ces cris, les failles intimes les plus profondes. Lesquelles ne disent pas seulement la fracture des êtres mais aussi le dérèglement social. La nécessité de faire entendre ces voix le pousse à publier parfois les textes en l'état (*Sang gris* ; *La Douceur dans l'abîme*), parfois à les pousser sur le devant de la scène théâtrale, qui devient caisse de résonance, espace du cri, ou, comme il le dit lui -même « dispositif noir ». La force de ces voix l'a poussé à renoncer au moins temporairement au roman, en tout cas au détour de l'imaginaire gratuit. *Parking* et *Impatience* sont les livres de cette importante réorientation de l'œuvre : le lieu où elle s'explique sans doute le plus.

Une autre voie est celle de l'observation pure, proche de l'inventaire à la Perec, notamment dans *Paysage fer* où les carnets recueillent la matière des paysages industriels défaits que le regard capte derrière la vitre du train Paris-Nancy, chaque semaine. Mémoire d'un monde sans emploi, de réussites industrielles désormais caduques, et des vies qui s'effondrent avec elles, les objets aperçus racontent silencieusement la fin de l'ère industrielle et renouent avec l'expérience plus personnelle de *Temps machine*. À chaque fois c'est une disponibilité particulière à ce qui nous

entoure sans que nous ne le regardions, qu'il s'agisse des pou-
trelles abandonnées ou des sans-abris de nos villes. Il a pu paraître
étonnant de voir un tel écrivain consacrer récemment une impo-
sante biographie aux Rolling Stones. C'était compter sans cette
disponibilité justement qui lui permet de saisir le plus intime de
chacun aussi dans ses rêves, ses échappées radicales. La fascination pour un groupe de rock auquel des générations d'adolescents
se sont identifiées dit aussi, justement, ces espaces de liberté où
s'inventent les énergies nécessaires à la survie.

Le projet de François Bon vise donc à dire le réel, mais avec la
conscience de son absence au texte qui le dit, le déforme et
l'éloigne au moment de le saisir. Aussi le roman parle-t-il du
monde et des gens en des discours qui n'en sont pas, qui ne peuvent se constituer comme discours, sitôt sclérosés, sitôt démentis
par le devenir historique de toute entreprise discursive. Écrire
avec l'absence, avec le deuil, avec la conscience de l'écriture impossible, mais avec la conscience aussi de sa nécessité quand le
réel saute au visage : traversées de banlieues, mendiants des rues,
folies ordinaires des marges, angoisse des villes, harmonisations
loties des campagnes. François Bon cherche les voies de cette
parole autre entre les rages de la littérature et avance, entre autres
tentatives, celles d'une parodie retournée, d'une sagesse invertie,
puisées aux grands modèles de nos folies passées.

Il dresse ainsi le constat des abandons et des oublis aux
premiers desquels l'oubli de vivre, mécanisation de l'homme amputé de ses sensations, rendu sourd, indifférent au monde par
l'agression trop forte. Attentif aux bribes de phases les plus insi-
gnifiantes, mais dans lesquelles se rassemble la part la plus indicible de nos égarements, capable d'innover dans la langue en la
référant à la fois au plus primitif et au plus littéraire de notre culture pour traduire des images dont la banalité dit aussi bien ce
qu'il y a de plus dérisoire et de plus dramatique dans l'existence,
François Bon exhibe la réalité dans son surgissement même. Il
choisit d'assumer complètement le paradoxe de l'écriture,
s'installant dans le littéraire pour produire le réel. Dans ses livres

se fondent en un même creuset essentiel, tout ce que la littérature a le mieux réussi à mettre en mots et tout ce (tous ceux) dont elle n'a jamais su parler. Ses textes dérangent par ce qu'ils nous forcent à regarder sans la protection rassurante des « commentaires éclairés » ni des esthétismes glacés, sans la grandiloquence des lyrismes ni la sécheresse des constats. À cette entreprise, une seule exigence, que, pour ma part, je crois tenue : « Le livre, et c'est sa force la plus pure […], doit imposer son abîme ».

Bibliographie

Œuvres de François Bon :

— aux éditions de Minuit
Sortie d'usine, 1982.
Limite, 1985.
Le Crime de Buzon, 1986.
Décor ciment, 1988.
Calvaire des chiens, 1990.
La Folie Rabelais, 1990.
Un fait divers, 1994.
Parking, 1996.
Impatience, 1998.

— Aux éditions Verdier :
L'Enterrement, 1992.
Temps machine, 1992.
C'était toute une vie, 1995.
Prison, 1998.
Paysage fer, 2000.
Mécanique, 2001.
Quatre avec le mort, 2002.

— Chez d'autres éditeurs
Dans la ville invisible, Gallimard, 1995.
30, rue de la Poste, Seuil, 1996.

Dehors est la ville, essai sur Edward Hopper, Flohic, 1998.
Autoroute, Seuil, 1999.
Qui se déchire, Théâtre ouvert, 1999.
Bruit, Théâtre ouvert, 2000.
Pour Koltès, Les Solitaires intempestifs, 2000.
Tous les mots sont adultes, Fayard, 2000.
Rolling Stones, une biographie, Fayard, 2002.

Le polytexte Volodine[1]

Richard Saint-Gelais

Cela, pour nous lecteurs, a commencé par un roman où un être non terrestre qui aurait semé dévastation et terreur voit, après sa capture, ses rêves espionnés par ses geôliers ; où les biographes de ce personnage inquiétant sont mystérieusement (et atrocement) assassinés ; où de curieux monastères accueillent des moines qui sont peut-être aussi des cloportes. Cela s'est poursuivi, notamment, par l'histoire d'une terroriste allemande qui, fuyant à Lisbonne avec un policier devenu son amant, rédige un livre qui « puera les identités truquées et le terrorisme » – un livre qui rongera de l'intérieur celui que nous lisons et qui, s'il paraît d'abord bien enclos, constitue un labyrinthe tel que le roman lui-même se perdra dans son abyme. Cela s'est poursuivi, aussi, étape décisive, par un essai sur une forme de littérature – le post-exotisme – indissociablement liée au monde carcéral où vivent et meurent ses auteurs, tous combattants, tous vaincus, tous hétéronymes, qui égarent leurs tortionnaires à coups de textes relevant de genres inédits, shaggas, romances, narrats, entrevoûtes. Poursuivi, encore, par un recueil de ces narrats, où il est question de shamanes immortelles s'apprêtant à fusiller leur fils (qui a réinstauré le capitalisme), mais aussi d'expéditions nautiques (quoique pédestres) jusqu'au quartier voisin qui est déjà, pour ses explorateurs un peu effrayés, un autre monde. Bienvenue en Volodinie.

---

[1] Je remercie Isabelle Doucet, Sjef Houppermans et Mariloue Ste-Marie pour l'aide et les suggestions qu'il et elles m'ont apportées lors de la préparation de ce texte, dont la réalisation a par ailleurs été facilitée par le CRSH (Conseil de recherche en sciences humaines du Canada).

Si ces bribes de résumés donnent une idée (bien partielle) du foisonnement qui caractérise l'œuvre d'Antoine Volodine[1], mosaïque en expansion tenace depuis 1985, ils ne parviennent guère, en revanche, à cerner l'impression d'unité – unité para-doxale, parcourue de vives contradictions travaillées de livre en livre – qui s'en dégage. « [P]lus qu'en une banale consécution de volumes échelonnés au hasard des parutions successives, l'œuvre [de Volodine] tend à se constituer en monde (fictionnel) possible et pluriel », écrit avec justesse Frank Wagner[2]. De cela, les indi-ces ne manquent pas : personnages apparemment récurrents (*Le Port intérieur* et *Nuit blanche en Balkhyrie* recèlent chacun un dénommé Breughel ; Khrili Gompo circule de *Vue sur l'ossuaire* à *Des anges mineurs* en passant par *Le Post-exotisme en dix le-çons*, etc.), lieux partagés (la rue du Kanal, théâtre d'une pour-suite meurtrière dans *Jorian Murgrave*, réapparaît, plus ou moins désertée et méconnaissable, dans *Des anges mineurs*), et surtout cet univers littéraire qui s'est d'abord (dans *Lisbonne, dernière marge*) appelé « littérature des poubelles » et maintenant « post-exotisme », court-circuitant la critique en l'engouffrant dans l'univers fictionnel. L'œuvre de Volodine, à n'en pas douter, est un polytexte : une structure d'interconnexion généralisée et non hiérarchisable, un ensemble rendu instable par l'hétérogénéité et la complexité des pièces constitutives (chaque texte est déjà un labyrinthe), mais où aussi, réciproquement, le fonctionnement propre (et dans une certaine mesure autonome) de chaque livre est toujours susceptible d'être parasité par quelque autre, antérieur ou ultérieur. L'œuvre de Volodine est de celles où la lecture de cha-que texte n'est jamais tout à fait assurée d'être terminée à sa der-nière page, où il est toujours possible qu'elle se poursuive, ou se reprenne, en les pages d'autres livres.

---

[1] Signalons qu'ils renvoient respectivement à *Biographie comparée de Jorian Murgrave*, à *Lisbonne, dernière marge*, au *Post-exotisme en dix leçons, leçon onze* et à *Des anges mineurs*.

[2] Frank Wagner, « Leçon 12 : anatomie d'une révolution post-exotique », *Etu-des littéraires*, vol. 32, n. 3 / vol. 33, n.1 (aut. 2000-hiver 2001), p.187.

C'est donc à une expérience *textuelle* de la dépossession, constamment reprise, constamment différente aussi, que nous convie Volodine. Ne voir cette dépossession qu'à hauteur thématique, par exemple dans l'échec et l'incarcération des révolutionnaires qui peuplent ses romans, voilà qui serait faire de son écriture le simple véhicule d'un message qui se distinguerait seulement par sa teneur troublante. Ce serait, aussi, recouvrir sous un nappé intertextuel au bout du compte rassurant – même s'il parle de douleur, de répression et de mort – les innombrables discontinuités, les innombrables aspérités, les innombrables conflits de cette écriture où tout se joue jusqu'à se perdre. J'en dirai autant de la tentation – qui est forte – de parler du « monde » d'Antoine Volodine. Wagner qualifie judicieusement ce monde de « possible et pluriel » ; et en effet, ce monde fictif surplombant les romans (et les nouvelles pour l'instant éparses) n'est jamais qu'un postulat, repris de texte en texte, dans un mouvement non pas continu mais saccadé.

Mais lisons d'un peu plus près.

Le polytexte, chez Volodine, se trame à travers deux opérations majeures : la reprise fictionnelle (ambivalente) et la capture énonciative (précaire). Il n'est pas rare que les deux fonctionnent de concert. *Reprise fictionnelle* : des personnages, des textes reviennent, mais rien n'assure qu'il s'agisse des mêmes[3]. Le processus, si l'on excepte la récurrence (para)textuelle de Infernus Iohannes[4], débute avec *Le Post-exotisme en dix leçons*, mais dès son

---

[3] Voir par exemple l'entretien avec Jean-Didier Wagneur, au cours duquel Volodine nie l'identité des « Breughel » respectifs du *Port intérieur* et de *Nuit blanche en Balkhyrie* (« Let's Take that From the Beginning Again... », *SubStance*, vol. 32, n. 2 (2003), p.34) ; qu'il soit obligé de le faire montre toutefois que cela ne saute pas forcément aux yeux.

[4] Signataire des épigraphes de *Biographie comparée de Jorian Murgrave* (« attribué à Infernus Ioannes »), de *Rituel du mépris* (« I. Iohann ») et de *Des enfers fabuleux* (« Iohan I. »). Dans *Lisbonne, dernière marge*, « Infernus Johannes » deviendra l'un des hétéronymes d'Élise Dellwo (voir p.132). Il est aussi question de lui dans « Un monstre », où la voix du narrateur semble se

amorce il intègre rétrospectivement les textes qui précèdent. Si on accepte de nommer « transfictionnalité » le phénomène par lequel deux textes ou davantage partagent des données fictives, force est de conclure que Volodine pratique une transfictionnalité para-doxale, génératrice d'identités instables, aux liens trop nets pour que l'on revienne au principe de la clôture du texte, et trop ambi-gus (ou contradictoires) pour qu'on puisse les intégrer en un tout homogène[5]. *Capture énonciative* : elle consiste, sous sa forme la plus fréquente, à verser en fiction, à titre de production post-exotique due (ou attribuée) à tel auteur incarcéré, un opus anté-rieur (ou ultérieur) de Volodine lui-même – non sans modifier au passage quelque donnée paratextuelle, signature, appellation gé-nérique, date de publication, ou bien tout cela à la fois. *Le Post-exotisme en dix leçons* est, là encore, une pièce centrale du dispo-sitif. Le livre inclut en effet, en plus du véritable « Du même au-teur », ce qu'il faut bien appeler un « Du même auteur interne » (pages 86-108) qui inclut, disséminés à travers des centaines de titres (pour l'instant) imaginaires (*Meurtre en base quatre, Recti-ficatif au programme insurrectionnel Numéro 3, Signal d'alarme pour dromadaires malentendants*, etc.), non seulement ceux des dix livres précédents de Volodine (en les réattribuant à des écri-vains fictifs, de Iakoub Khadjbakiro à Jean Khorassan[6]), mais aussi, par anticipation, *Des anges mineurs* (attribué à Maria Cle-menti, daté de 1977 et non de 1999 – et sous-titré « romance » plutôt que « narrats »). On notera par contre que le dernier livre à

---

confondre avec la sienne – ou peut-être celles de Wolfgang Wolf ou de Max Schlumm, nouveaux aiguillages vers d'autres fictions.

[5] Voir à ce sujet les observations de Jean-Christophe Valtat dans « Antoine Volodine – Pour une littérature minée », *Prétexte*, numéro 16, <http://perso.club-internet.fr/pretexterevue/critique/articles_fr/articles/volodine _pour-une-litterature-minee.htm> (consulté le 2 février 2004). Sur la « caducité de la clôture textuelle » chez Volodine, voir Frank Wagner, *art. cit.*, p.187-188. Sur la transfictionnalité en général, voir ma « Fiction à travers l'intertexte : Pour une théorie de la transfictionnalité », dans Alexandre Gefen et René Audet (dir.), *Frontières de la fiction*, Québec / Bordeaux, Nota bene / Presses Univer-sitaires de Bordeaux (coll. « Fabula »), 2001, p.43-75.

[6] Voir les entrées 44, 54, 57, 86, 91, 130, 182, 217 et 226.

ce jour de Volodine, *Dondog*, ne figure pas dans cette liste ; cela, certes, ne suffit pas à l'exclure du système polytextuel post-exotique, mais contribue à la déstabilisation interne que ce dernier, inlassablement, s'inflige.

La réédition récente des quatre romans « de science-fiction »[7] est devenue l'occasion d'une manœuvre semblable, minuscule dans son dispositif mais extrême dans ses effets : l'avant-propos (inédit) s'y donne comme une Shagga à sept mains[8] dont le commentaire, hypertrophié, serait constitué... des quatre romans. Voilà donc le lecteur prié de placer ces derniers en position seconde (chronologiquement, et textuellement) par rapport à un avant-propos bien évidemment ultérieur (et qui ne dissimule d'ailleurs guère cette postériorité ; voir les lignes de Khadjbakiro). Capture encore une fois, mais précaire encore une fois.

Ces exemples suggèrent ce qu'est devenu, sans doute provisoirement (car d'autres étonnements sont sans doute à prévoir), le polytexte Volodine : un dispositif constamment recommencé, où chaque nouveau texte agit sur un autre ou sur l'ensemble, un ensemble en constante renégociation, dont les fils conducteurs sont écrits et récrits. Un ensemble, aussi, qui ne cesse pas de se décrire – et, se décrivant, de multiplier les pistes délibérément fausses. Ces « clinamens », comme les qualifie Frank Wagner[9], me semblent produire deux effets opposés. D'une part, leur imperfection favorise, de par la souplesse qu'elle suggère, l'intégration des

[7] Dans la collection «des heures durant...» chez Denoël.

[8] « Une Shagga se décompose toujours en deux masses textuelles distinctes : d'une part, une série de *sept séquences* rigoureusement identiques en longueur et en tonalité ; et d'autre part, un commentaire, dont le style et les dimensions sont libres » (*Le Post-exotisme en dix leçons*, pp.28-29). Voir aussi la troisième partie de *Lisbonne, dernière marge* (p.93-121), qui contredit cependant *Le Post-exotisme* sur certains points « historiques » (fictifs). Pour des exemples, voir la sixième partie de *Lisbonne, dernière marge* ainsi que « Shagga » (paru dans *Chaoid*, numéro 2, 2000).

[9] Voir Wagner, *art. cit.*, p.192, qui analyse un autre exemple d'adéquation imparfaite « du métatexte pseudo-poéticien et des catégories qu'il prétend définir ».

zones « périphériques » du polytexte, par exemple *Lisbonne, der-*
nière marge (où l'appellation « littérature des poubelles », on l'a
vu, pourrait faire concurrence à l'ultérieur « post-exotisme ») ou
encore les romans d'où sont absents les acteurs du post-exotisme
(*Le Nom des singes* et *Le Port intérieur*). D'autre part, ces
« ratés » (manifestement construits) du système autodescriptif
suggèrent une lecture ironique qui ne prendra pas trop au sérieux
cette théorisation interne à l'œuvre – ou plutôt, justement, la con-
sidérera comme théorisation interne, *fictive comme tout le reste*.
C'est dire que le « surplomb » du *Post-exotisme en dix leçons,*
leçon onze par rapport au reste de l'œuvre est parfaitement imaginaire et qu'il faut moins y entendre la vérité sur les autres livres
qu'une fictionnalisation, parmi d'autres possibles, du polytexte[10].
Si ce dernier se réabsorbe sans cesse, c'est qu'il déploie, ou tente
de déployer, une *fiction sans reste ni dehors*. Les diverses insta-
bilités intertextuelles (incertitudes onomastiques, concurrence
entre versions, etc.) ne semblent pas mener à une auto-
contestation de la fiction comme celle à laquelle le Nouveau Roman (notamment avec Pinget et Robbe-Grillet) travaillait activement. Chez Volodine, les variations et contradictions sont en effet
toujours susceptibles d'être réappropriées par la fiction elle-
même, en tant qu'esquive des auteurs post-exotiques ou, plus
précisément, comme protection face à des lectures
« policières »[11]. On retrouve ici le dispositif de capture énoncia-

---

[10] On pourrait aussi mentionner, autre exemple de surplomb instable, le cas de
« Un étrange soupir de John Untermensch », texte où Volodine décrit avec
précision, mais toujours de l'intérieur de l'univers fictif post-exotique, les contraintes formelles qui sous-tendent *Des anges mineurs*. Cette glose du dou-
zième livre de Volodine (attribué cette fois à Yasar Tarchalski) prend soin de le
distinguer du romance homonyme de Maria Clementi, « expliquant » ainsi,
mais en partie seulement, l'« incohérence » du « Du même auteur » interne du
Post-exotisme en dix leçons. On aura compris que le polytexte de Volodine est
à double, voire à triple, etc., fond.
[11] Tel est du moins le point d'équilibre provisoire aujourd'hui atteint par le
polytexte. Il n'en a pas toujours été ainsi ; par exemple, la compilation des
écrits se rapportant à l'énigmatique personnage éponyme qui compose *Biogra-*
phie comparée de Jorian Murgrave a peut-être été réalisée par les « brigades de
surveillance ». Mais, si la fiction qui recouvre la (dé)construction textuelle

tive signalé plus tôt : la fiction, ici, ne se réduit jamais à la trame événementielle (parfois, mais pas toujours, congrue de toute façon), elle inclut toujours son énonciation, aussi improbable soit-elle : mais c'est qu'en même temps Volodine s'acharne à placer ses écrivains fictifs en situation mortelle : les biographes de Jorian Murgrave sont assassinés, Will Sheidmann composerait les 49 narrats qui composent *Des anges mineurs* tandis que les vieillardes le tiennent en joue, etc. On pourrait songer à Shéhérazade (surtout dans ce dernier cas, où il s'agit de différer la mort par la parole, par un récit aussi dédaléen que les *Mille et Une Nuits*) – mais à condition d'ajouter que le post-exotisme construit une leçon topologique aberrante qui veut que le dehors soit dedans, que la seule sortie du monde oppressif se trouve dans les prisons (ou les camps), que l'enfermement généralisé du monde rencontre là sa limite, au-delà de laquelle les tortionnaires-lecteurs s'égareront sans retour[12]. Difficile de dire si les écrivains post-exotiques sont détenus pour avoir écrit leurs livres-pièges ou s'ils les conçoivent parce qu'ils sont en prison ; c'est sans doute l'un et l'autre, inextricablement.

Bien entendu, toutes ces incarcérations disent aussi, disent peut-être d'abord, l'insupportable enfermement de l'imaginaire (politique aussi bien qu'esthétique) entre les pages, tandis qu'à l'extérieur le monde – le nôtre tout aussi bien – est « inhabitable ». L'idée que les livres, en comparaison, soient « quelque chose d'un peu habitable »[13] pourra surprendre, mais ce n'est assurément pas au confort que pense Volodine. Il est net en

---

varie, le principe de prise en charge de l'écriture en tant que donnée de la fiction, lui, est déjà bien en place.

[12] Principe déjà annoncé dans *Biographie comparée de Jorian Murgrave*, p.158 (p.187 pour la réédition) : « À nouveau il faudra creuser une galerie dans ces heures interminables de la veille – jusqu'à émerger enfin dans le sommeil. À moins que ce ne soit l'inverse. L'autre jour justement Fishbeck disait : cherche donc où est l'endroit et où est l'envers. [...] Va donc savoir, disait Fishbeck, si la sphère doit être contemplée depuis son intérieur ou depuis son extérieur. »

[13] « De la pétrification considérée comme un système de défense », entretien avec Pierre Ouellet et Karine Drolet, *Spirale*, numéro 176 (janvier-février 2001) p.20.

tout cas que l'allure à peu près systématiquement labyrinthique de ces livres, y compris les (apparemment) plus simples d'entre eux[14], les rapproche singulièrement du fonctionnement général de l'œuvre, qu'ils reproduisent en plus petit. Certains adoptent en effet une forme ouvertement polytextuelle, non seulement parce qu'ils sont composés d'une marqueterie de textes, mais en raison surtout des relations inextricables qu'ils tressent entre ces derniers. Ces textes sont des bibliothèques – des bibliothèques impossibles, à l'architecture escherienne, où le lecteur se perd. *Lisbonne, dernière marge* est de ceux-là[15]. *Des anges mineurs* paraît offrir une architecture moins redoutable : 49 « narrats », assumés par différents énonciateurs, concernant des personnages et situations fort diversifiés, dans un monde qui est peut-être chaque fois le même, un monde d'après la victoire puis la défaite de la révolution, presque vidé de ses habitants, chaque narrat étant consacré à l'un, ou à quelques-uns, de ces derniers humains. Mais est-ce bien aussi simple ? L'attribution de bon nombre de narrats se fait par une formule à la fois récurrente et affectée de menues variations (« Quand je dis je, c'est ici surtout en assumant l'identité de Sorghov Morumnidian » (p.91), « Quand je dis on, on aura compris que je parle de Yasar Dondog, c'est-à-dire de moi et de nul autre » (p.106), etc.). On pourra se dire – et quand je dis on, je pense aussi à l'improbable lecteur qui m'a suivi jusqu'ici – que cette manière de refrain contredit l'altérité énonciative supposée de chacun des textes. À moins que l'effet de collectivité post-exotique ne joue ici encore...[16] À cela s'ajoute qu'au moins deux narrats, les numéros 22 et 40, tentent sans détour une capture

---

[14] Je songe en particulier à *Alto Solo*, à première vue transparente allégorie de la montée des fascismes après la chute du communisme, mais qui recèle d'assez redoutables pièges narratifs que j'ai tenté d'analyser dans « Faction Antoine Volodine », *Tangence*, numéro 52, septembre 1996, p.89-104.

[15] Voir Frank Wagner, *art. cit.*, et mon « Faction Antoine Volodine ».

[16] Il est aussi à noter que *Des anges mineurs* obéit à un système de rimes concentriques (le dernier narrat répond au premier, l'avant-dernier au deuxième, et ainsi de suite) qui peut soit invalider l'attribution des textes à des narrateurs différents, soit suggérer l'intervention de ce que Volodine appelle parfois un « méta-narrateur » (cf. l'entretien dans *SubStance*, *op.cit.*, p.21)

énonciative de l'ensemble du livre, la première fois placé sous la responsabilité de Will Sheidmann[17], la seconde fois sous celle d'un « je » quasi-auctoriel qui se dissocie de Scheidmann[18]. Seule la fiction communautaire du post-exotisme empêche ici d'évoquer une ricardolienne « guerre des récits »[19].

On aurait tort de croire que ces dispositifs dérangeants étaient absents des romans parus à l'origine chez Denoël dans la collection « Présence du futur ». « Écrire en français une littérature étrangère » : cette formule que Volodine emploie volontiers pour décrire son entreprise[20] s'applique déjà à ses textes publiés sous une bannière de science-fiction. Certes, cette dernière se prête-t-elle exemplairement à la mise en place d'« univers peu terrestres »[21]. Mais, déjà, le goût volodinien pour la récursivité se manifeste : l'étrangeté, dès *Biographie comparée de Jorian Murgrave*, n'est pas celle seule de l'objet décrit (nous ne saurons à

---

[17] « Et c'étaient aussi vingt et une histoires que Will Scheidmann avait imaginées et ruminées face à la mort » (p.95). Rappelons que nous lisons alors le *vingt-deuxième* narrat. Suivront une autre occurrence de la ritournelle attributive (« et en disant Will Scheidmann, je pense à moi, bien sûr », p.96) et, quelques lignes plus bas, un passage du « il » au « je » qui « confirme » son énonciation du présent narrat – et par extension du reste du recueil.

[18] « Maintenant, écoutez-moi bien. Je ne plaisante plus. Il ne s'agit pas de déterminer si ce que je raconte est vraisemblable ou non, habilement évoqué ou non, surréaliste ou pas, s'inscrivant ou non dans la tradition post-exotique [...] » (p.187). On voit que tout est mis en œuvre pour que ce coup d'écriture balaie les hésitations du lecteur. Et pourtant, ce narrat sera suivi d'un récit hétérodiégétique (narrat 41), d'un récit homodiégétique à narrateur anonyme (narrat 42) et d'un autre explicitement attribué à Maria Clementi, encore que d'une manière plutôt savoureuse : « [...] j'ai rêvé cette nuit que je m'appelais Will Scheidmann, alors que mon nom est Clementi, Maria Clementi » (p.200). Faut-il rappeler que, dans *Le Post-exotisme en dix leçons*, *Des anges mineurs* est précisément attribué à Maria Clementi (p.86) ?

[19] Jean Ricardou, *Le Nouveau roman*, Paris, Seuil (coll. « Points »), 1990, p.114-118.

[20] Voir notamment « Écrire en français une littérature étrangère », *Chaoid*, numéro 6, à l'adresse <http://www.chaoid.com/numero06/ecrire.html> (consulté le 11 décembre 2002).

[21] Je reprends ici l'expression employée par Volodine lors d'un entretien avec Pascale Casanova sur France-Culture le 2 février 2004.

peu près rien des différentes formes de vie extra-terrestre et en apprendrons encore moins sur Szeczka qui est *peut-être* la planète d'où provient Murgrave[22]) mais atteint aussi – et surtout – le sujet, la perspective, qui instillent un effet d'étrangeté diffus mais tenace. La narration n'est plus ici un relais obligeant entre le lecteur et l'univers imaginaire ; soit parce que le point de vue est celui *du non-humain*, Ilhel-dô par exemple dans « "Un cloporte d'automne" », soit, plus généralement, parce que l'architecture même du livre fait du portrait de Jorian Murgrave un kaléidoscope fracassé[23].

La série des « biographies » enchâssées dans ce roman s'offre en effet comme une suite discontinue sur le plan spatio-temporel (pour autant que les cadres passablement oniriques permettent quelque localisation), diégétique (les « intrigues » sont indépendantes) et même onomastique (Murgrave n'est nommé que dans « Kostychev »[24]). Au point qu'il n'est pas déraisonnable de penser que ce « roman » a été composé à partir de récits brefs d'abord écrits de manière autonome, et que Volodine aurait réuni en leur supposant un (protéiforme et insaisissable) protagoniste commun – un peu, le rapprochement dut-il surprendre, comme dans *La Femme de trente ans*, à cette (cruciale) différence près que le mécanisme d'articulation, plutôt que d'être comme chez Balzac dissimulé (tant bien que mal), est ici mis en évidence, et même mis en scène. De là la structure en quelque sorte « boccacienne » de ce roman fracturé, lié par le « récit » enchâs-

---

[22] Voir les différentes allusions qui parsèment la section intitulée « Kostychev ».

[23] On ne saurait pour autant opposer, selon une dichotomie facile, la radicalité de Volodine à un conformisme qui aurait caractérisé un genre auquel il n'aurait jamais vraiment appartenu. Les choses, en science-fiction française des années 1980, étaient un peu moins simples. Qui voudrait s'en convaincre n'aura qu'à lire les textes publiés alors par Jacques Barbéri ou Serge Brussolo.

[24] Et encore, seulement à titre d'identité que les gardiens voudraient faire avouer à celui qui se nomme plutôt Stevän. Les protagonistes de « Le non-rire », « Au loin une poutre », « L'année des Octobres », « "Un cloporte d'automne" » et « Chaïm, certes, mais aussi Gazza, Massoura, Oural », eux, sont respectivement un « je » anonyme, Borshoïed, Thü, Ilhel-dô et Chaïm.

sant des recherches des biographes, de leurs camarades et des ambiguës « brigades de surveillance ». De là, aussi, les incessantes mutations de l'apparence et du nom du protagoniste, signalées d'ailleurs dans l'un des textes du niveau enchâssant[25] :

> Une analyse cursive de la totalité de ces documents, rassemblés de la Mongolie au Brésil par Dojna Khatoun et Hakatia Toréguéné, apporte un élément d'indéniable constante : Jorian Murgrave y est très rarement nommé en tant que tel ; la plupart des personnages rencontrés au fil des pages, bien qu'aisément identifiables, agissent sous des noms d'emprunt, quand ce n'est pas simplement sous un numéro codé ou une initiale peu loquace. Ici, on parle de Myriel Moïsche ; là, de Thü ; un peu plus loin, on lit des renseignements sur un certain Bloom, sur Borshoïed, sur Stevän, sur Gogley : toutes créatures dont les contours se confondent aisément avec ceux de Murgrave. Compliquer les pistes, s'abriter et se mouvoir dans les ténèbres, apparaître à contre-jour, semblent être la base des comportements de Jorian Murgrave ; ses biographes, peut-être trop convaincus intérieurement d'avoir désembrouillé l'écheveau sur lequel ils travaillaient, reprirent malheureusement pour leur exposé toutes ces techniques de camouflage.[26]

L'« astuce » – qui peut rappeler certains arts martiaux – consiste évidemment à utiliser l'hétérogénéité et la discontinuité contre elles-mêmes, à les exhiber pour mieux en neutraliser les effets centrifuges. Mais elle évoque par anticipation cette lecture tortionnaire qui deviendra l'un des dispositifs majeurs de la constellation post-exotique[27]. C'est à l'issue d'une violence faite aux

---

[25] Je désigne par là les textes où sont commentés les récits consacrés à « Murgrave » et qui racontent les péripéties entourant ses biographies, leurs auteurs, leurs lecteurs et leurs censeurs.

[26] *Biographie comparée de Jorian Murgrave*, *op. cit.*, p.37 (rééd. en coll. « des heures durant... », p.50).

[27] Volodine s'en explique de manière particulièrement détaillée dans l'entretien publié dans le numéro 21/22 de la revue *Prétexte*

textes que Murgrave deviendra leur fil conducteur, de la même manière, à hauteur de fiction, que c'est à travers une série d'interrogatoires et de tortures que les geôliers essaient de faire avouer à Stevän sa «véritable» identité. Dans cette perspective l'assassinat systématique des biographes, attribué à Murgrave (mais le lecteur n'est pas forcément dupe de cette fiction intérieure à la fiction), peut *aussi* se lire comme une tentative (de la part des brigades de surveillance ?) de faire disparaître des témoins gênants qui pourraient contredire la version officielle.

On voit que le texte devient sa propre fiction, une fiction cruelle – ce n'est pas par hasard que le livre commence par la description conjointe d'un livre et de traces probables de violence[28] –, intimement déchirée par une guerre entre dissimulation et interprétation, mensonge et interrogatoire. Aussi le lecteur serait-il fort mal avisé de prendre les divers textes qui composent le niveau enchâssant pour une vérité du livre sur lui-même. Ce n'est d'ailleurs pas un *récit* enchâssant qui s'offre à ce niveau, mais, encore une fois, une séquence discontinue, rétive à l'unification, de lettres privées ou publiques, de gloses retorses, d'oraisons funèbres fatales pour leurs auteurs. Ce qui devait cimenter les épars récits enchâssés est lui-même fracturé. Sans compter qu'on ne trouvera là, sous couvert de commentaire, qu'une autre fiction, pas forcément plus fiable que celles des récits enchâssés. Qu'on relise par exemple la liste des noms d'emprunt de Murgrave dans la citation précédente : on y verra des noms qui n'apparaissent nulle part ailleurs dans le livre (Myriel Moïsche, Bloom, Gogley) et, réciproquement, des noms absents qui ne devraient pas l'être (Ilhel-dô, Chaïm). C'est dire que ces « documents rassemblés de la Mongolie au Brésil par Dojna Khatoun et Hakatia Toréguéné » ne correspondent pas au livre que nous lisons ; que c'est d'un

---

(<http://perso.wanadoo.fr/mondalire/volodine%20entretien.htm>, consulté le 6 janvier 2004).

[28] « Le livre traînait dans les déjections et le sang : il fallut, pour l'ouvrir, décoller au racloir la paille qui avait durci et coagulé le long des pages » (*Biographie comparée de Jorian Murgrave*, respectivement pages 9 et 17 pour l'édition « Présence du futur » et « des heures durant... »).

autre recueil, parfaitement virtuel, qu'il s'agissait en fait. Un auteur porté sur la sérialité aurait profité du dispositif pour titiller la curiosité du lecteur. Mais personne n'ira s'imaginer de « nouvelles aventures de Jorian Murgrave »... D'abord parce que chez Volodine la transfictionnalité est constamment truquée ; ensuite parce que le dossier de Dojna et Hakatia n'est pas plus complet que celui dont nous disposons : ce n'est pas la promesse d'une exhaustivité, même virtuelle, mais une autre version, sans plus[29].

Cette buée de texte, ce dossier légèrement différent que nous ne lirons jamais, rappelle qu'une bonne partie de l'entreprise de Volodine consiste à refuser tout privilège au réel et à écrire un (poly)texte qui se donne son propre extérieur. Mais ce n'est jamais que sur une mince pellicule extra-textuelle que la fiction post-exotique parvient à s'établir : quelques pans de paratexte, plusieurs réponses aux entrevues, qui prolongent la fiction[30] et s'ingénient ainsi à « annuler la réalité »[31]. Ils ne parviendraient vraisemblablement qu'à engager une partie perdue d'avance avec

---

[29] Le dernier mot, peut-être provisoire, de cet épisode se trouve dans *Un Navire de nulle part*. Si, en effet, à ma connaissance, nul Myriel Moïsche et nul Gogley ne figurent dans les autres livres de Volodine, en revanche on y découvre un dénommé Bloom – que rien, il est vrai, ne permet d'identifier comme l'un des avatars de Jorian Murgrave, si ce n'est peut-être le fait qu'il trouve dans sa mémoire « des images qu'il ne reconnaissait pas » (p.49 / p.291 selon les éditions), détail qui peut faire songer aux altérations de la mémoire dont Murgrave aurait fait l'objet. Ce fil mince n'est peut-être qu'un clin d'œil secret pour lecteurs patients, ou une piste plus importante en attente de décodage adéquat, ou une coïncidence pauvre de sens.

[30] Par exemple celle-ci : « je suis en train d'écrire, en collaboration avec Yasar Tarchalski, Ellen Dawkes et quelques autres, un essai sur la question [du post-exotisme] » (entretien dans *Prétexte*, *op. cit.*). Il s'agit bien évidemment du *Post-exotisme en dix leçons, leçon onze*. Mais on pourrait multiplier les exemples semblables.

[31] La formule est tirée de l'entretien dans *Spirale* : « les "auteurs", ceux qui prennent la parole dans mes livres, ne font pas le deuil de la révolution, mais ruminent sur l'échec en voulant annuler la réalité par la fiction, annuler la tristesse de l'échec par la création d'une monde imaginaire habitable, de plus en plus habitable au fil des livres, puisqu'on peut le visiter, le réexplorer, l'approfondir » (*op. cit.*, p.20).

cette dernière si ce n'était de la complicité de plusieurs lecteurs qui, d'une manière ou d'une autre, entrent dans le jeu, et le relaient. Car il est difficile de se maintenir *à l'extérieur* de l'œuvre de Volodine. En effet, si la tentation mimétique guette toute critique fascinée par son objet, celle des écrits de Volodine semble éprouver de singulières difficultés à ne pas y succomber[32]. L'un, le plus décisif sans doute, des dispositifs responsables de cet effet est la mise en abyme répétée du rapport texte-lecture sous les traits – particulièrement intimidants – de l'interrogatoire de police ; on conçoit dès lors que certains lecteurs essaient de se sortir de cette mauvaise passe en adhérant au système axiologique construit par le texte, encore que le caractère en partie insaisissable et fuyant de ce système ne leur facilite en rien la tâche. Si « lire signifie aussi qu'il faut choisir son camp »[33], ce camp, s'agissant de textes de Volodine, loge au cœur de débats et de tensions peu anodins. Lire signifie ainsi, et c'est cela que je voudrais souligner, s'insérer, fût-ce à son corps défendant, dans une fiction que les livres ne parviennent pas à contenir. Car l'embarras du lecteur volodinien est tout uniment idéologique *et* ontologique ; le lecteur se trouve sommé, à peine implicitement, de prendre position *face à* et *dans* la fiction qui se déploie de livre en livre et au-delà. C'est en cela, aussi, que l'œuvre de Volodine est profondément politique : non par ses seules leçons, mais aussi par son dispositif qui refuse au lecteur toute tranquillité, sans retour.

---

[32] Voir notamment le début de l'entretien avec Jean-Didier Wagneur dans *SubStance*, p.12. Ce mimétisme n'est pas qu'affaire de style puisque plusieurs études vont jusqu'à abandonner (une partie de) leur extériorité critique par rapport à l'œuvre en prolongeant *extra muros* la fiction volodinienne. Je songe en particulier à l'article de Pascale Casanova dans le numéro de *SubStance* précédemment cité (« A Fragmentary History of Trashcan Literature », pp.44-50) et surtout à « Numéro 246, Ici on énuclée », romance signée Yasar Tarchalski (alias, vraisemblablement, de Sylvain Nicolino) et publiée dans la revue électronique *La Femelle du Requin*, à l'adresse :
http://lafemelledurequin.free.fr/intervenants/nicolino/enuclee/droitenuclee.htm
(site consulté le 6 janvier 2004).
[33] Entretien avec Jean-Didier Wagneur, *op. cit.*, p.9.

Bibliographie

Œuvres mentionnées d'Antoine Volodine
—, *Biographie comparée de Jorian Murgrave*, Paris, Denoël (coll. « Présence du futur »), 1985.
—, *Rituel du mépris*, Paris, Denoël (coll. « Présence du futur »), 1986.
—, *Des enfers fabuleux*, Paris, Denoël (coll. « Présence du futur »), 1988.
—, *Lisbonne, dernière marge*, Paris, Minuit, 1990.
—, *Alto solo*, Paris, Minuit, 1991.
—, *Le Nom des singes*, Paris, Minuit, 1994.
—, *Le Port intérieur*, Paris, Minuit, 1995.
—, *Nuit blanche en Balkhyrie*, Paris, Gallimard, 1997
—, *Vue sur l'ossuaire*, Paris, Gallimard, 1998.
—, *Le Post-exotisme en dix leçons, leçon onze*, Paris, Gallimard, 1998.
—, *Des anges mineurs*, Paris, Seuil (coll. « Fiction & Cie »), 1999.
—, « Un étrange soupir de John Untermensch », *Formules*, nº 3 (1999-2000), p.141-148.
—, « Shagga », *Chaoid*, nº 2 (hiver 2000), p.18-21.
—, *Dondog*, Paris, Seuil (coll. « Fiction & Cie »), 2002.
—, « Un monstre », dans Pierre Bottura et Oliver Rohe (dir.), *Le cadavre bouge encore, précis de réanimation littéraire*, Paris, Léo Scheer, 2002, p.285-289.
—, *Biographie comparée de Jorian Murgrave / Un navire de nulle part / Rituel du mépris / Des enfers fabuleux*, Paris, Denoël (coll. « Des heures durant... »), 2003.

Sélection des articles cités

Pierre Ouellet et Karine Drolet, « De la pérification considérée comme un système de défense », entretien, *Spirale*, no 176 (janvier-février 2001).

Jean Ricardou, *Le Nouveau Roman*, Paris, Seuil, coll. Points, 1990.

Richard Saint-Gelais, « Faction Antoine Volodine », *Tangence*, no 52 (septembre 1996).

—, « Fiction à travers l'intertexte : pour une théorie de la trans-fictionnalité », dans Alexandre Gefen et René Audet (eds.), *Frontières de la fiction*, Québec/Bordeaux, Nota Bene, Université de Bordeaux, coll. Fabula, 2001

Jean-Christophe Valtat, « Antoine Volodine – Pour une littérature minée, *Prétexte*, no 16 (2 février 2004).

Jean-Didier Wagneur, « Leçon 12 : anatomie d'une révolution post-exotique », *Études Littéraires*, vol 32, no 3 / vol 33, no1 (aut. 2000-hiver 2001).

—, « Let's Take that from the Beginning Again ... », *Substance*, vol 32, no 2, 2003.

Mr Peeters, I presume?
Portrait d'un pervers polymorphe de l'écriture

Jan Baetens

La théorie de l'auteur complet

En quatrième de couverture de *Prague. Un Mariage blanc*[1], un récit photographique qui se déroule dans la ville du même nom, Benoît Peeters se présente au lecteur comme « un pervers polymorphe de l'écriture ». Cette autodéfinition est d'une grande exactitude, jusque dans l'humour dont la formule est imbibée. Car Benoît Peeters n'est pas seulement un auteur qui combine bien des rôles et des fonctions (il est romancier, scénariste, essayiste, critique, théoricien, biographe, réalisateur de cinéma, organisateur d'expositions, inventeur de mondes parallèles, comédien, animateur, directeur de collection, éditeur ; seule la poésie semble, provisoirement, manquer à l'appel), et ce dans les médias les plus variés (littérature, cinéma, télévision, roman-photo, bande dessinée). Il est aussi et surtout un auteur qui joue avec tous ces rôles et toutes ces fonctions : l'humour, l'ironie, le pastiche, voire la mystification font indissolublement partie de sa démarche d'artiste et d'écrivain.

En même temps, l'autodéfinition citée laisse aussi dans l'ombre certains pans de cette activité débordante. Elle reste plutôt muette, sans doute parce que la chose va tellement de soi, sur le caractère essentiellement *collectif* de l'écriture peetersienne, qui suppose souvent un travail à quatre mains. Par ailleurs, l'effort de synthèse de cette autodéfinition passe aussi sous silence, non sans ironie du reste, l'aspect non moins réel de la *dis-*

---

[1] Paris, éd. Autrement, 1987 (en collaboration avec Marie-Françoise Plissart)

persion des textes. Car Benoît Peeters s'accommode d'un certain
cloisonnement au niveau de la réception de son œuvre (d'où les
innombrables anecdotes sur les lecteurs qui croient dur comme fer
que le Benoît Peeters d'*Omnibus*[2], une biographie imaginaire de
Claude Simon, n'est pas le même que celui du *Monde d'Hergé*[3],
une introduction très grand public à l'œuvre de Georges Remi).

Toutefois, ces deux aspects supplémentaires de l'écriture
polymorphe de Peeters, l'écriture en collaboration, d'un côté, et
l'acceptation ou la prise en compte de la dispersion, de l'autre, ne
sont guère des propriétés qui découlent naturellement d'une vie
d'auteur aussi débordante. L'écrivain s'en saisit au contraire fort
activement pour en faire les outils d'une véritable stratégie, voire
de sa vie toute entière (car la distinction entre vie et œuvre devient ici, sinon gratuite, du moins légèrement creuse). Ainsi, Benoît Peeters s'est appuyé sur sa pratique de l'écriture en collaboration pour repenser la notion d' « auteur ». De même, la réception éclatée de son œuvre enclenche une série de démarches qui,
loin de l'atténuer, semblent exaspérer le jeu du même et de
l'autre.

S'agissant du premier point, la notion d'auteur en régime
d'écriture collective, Benoît Peeters a mis en avant le concept
d' « auteur complet », qui reprend de façon créatrice « la théorie
de l'auteur » introduite dans les années 50 par les critiques des
Cahiers du cinéma[4]. Selon cette théorie, il existerait une différence entre les films dominés par les scénarios littéraires où
l'apport du réalisateur et de l'image passe au second plan (c'était
l'époque de la tristement célèbre « qualité française »), et les
films unifiés par la présence d'un metteur en scène capable de
laisser son empreinte sur l'ensemble de l'œuvre, même dans une
pratique aussi complexe que le cinéma où le cinéaste est toujours

---

[2] Paris, Minuit, 1976. Le livre a été republié en 2001 aux Impressions Nouvelles, Paris-Bruxelles, avec une importante préface où l'auteur fait le point sur ses
années d'apprentissage. Ce texte, « Vingt-cinq ans après », est la meilleure
introduction au paysage littéraires des années 70 que je connaisse.
[3] Paris-Tournai, Casterman, 1983.
[4] Voir *La Politique des auteurs*, ouvr. collectif, Paris, éd. Champ libre, 1972.

entouré de nombreux collaborateurs (c'était le cinéma d'auteurs comme Hitchcock ou Ford, qu'on ne prenait guère au sérieux dans les années d'après-guerre). Forgeant le concept d' « auteur complet »[5], qui désigne tout auteur cumulant les divers aspects d'un processus créatif (par exemple le scénario et le dessin, dans le cas d'un roman graphique), il en propose d'emblée une approche élargie qui permet de l'utiliser dans des situations apparemment plus classiques. En effet, l'auteur complet de Benoît Peeters n'est pas uniquement l'auteur qui efface la division du travail à l'intérieur d'une pratique unique ou unifiée, mais aussi l'auteur qui, tout en collaborant, intègre le point de vue de l'autre à sa propre manière de travailler (c'est le cas du scénariste qui pense visuellement, ou du dessinateur qui participe à l'élaboration du scénario à travers sa recherche graphique). Cette précision importe, car elle contribue à mettre en place de nouvelles formes de collaboration qui échappent aussi bien à l'ancienne division du travail (où les décisions finales sont toujours prises par une seule personne) qu'à la nouvelle théorie de l'auteur (qui ressemble à s'y méprendre à la théorie romantique du génie). Une telle conception de l'auteur complet, on s'en doute bien, correspond parfaitement à ce que cherche et accomplit Benoît Peeters lui-même. Elle est tout sauf une tentative de neutraliser les différences au profit de quelque point de vue olympien.

Le deuxième point, celui de la dispersion du lectorat, n'engendre pas moins des stratégies inédites, car tout se passe comme si elle poussait Benoît Peeters à multiplier à dessein les pièges. Au décentrement des genres se joint par exemple un éparpillement éditorial si radical qu'on peut vraiment douter qu'il puisse exister un jour une bibliographie *complète* des œuvres « du même auteur ». Difficulté qui, logiquement, s'est vue incorporée à l'œuvre avec dans un roman de facture satirique.[6] Corollairement à cette multiplication, Benoît Peeters s'amuse non moins à miner la force d'attraction des éléments susceptibles d'unifier sa

---

[5] Voir *Case, planche, récit*, Paris-Tournai, Casterman, 1998 (nouvelle édition).
[6] Benoît Peeters & Christian Rullier, *L'Irrésistible biographie critique et polissonne de Carl-Emmanuel Derain (...)*, Paris, Aubépine, 1987.

pratique : il adopte un nom de plume légèrement différent, réduit à son seul nom de famille, pour signer la plus célèbre de ses séries (l'ensemble des *Cités obscures*, fait en collaboration avec François Schuiten et co-signé par le nom double de Schuiten-Peeters) ; il constate aussi que dans l'état actuel du marché il est impossible de rassembler vraiment l'ensemble de ses œuvres (c'est surtout le cas des romans, dont on voit bien qu'ils se rattachent à l'œuvre par des liens thématiques et de nombreux soucis formels, mais sans qu'on voie toujours avec netteté quelle en est la place exacte) ; il se pense enfin comme un véritable auteur multimédia (au sens fort du terme, qui ne se limite pas au seul domaine numérique et qu'illustrent, par exemple, les pratiques de Pasolini ou de Benjamin). Bref, ici encore, l'auteur complet refuse de se livrer autrement que par fragments, avec tout ce que cette démarche implique de perte et de critique par rapport au statut traditionnel de l'écrivain.

L'œuvre de Benoît Peeters se construit donc autour d'une série de tensions et de dissymétries plus ou moins secrètes qu'il serait évidemment possible de résumer par des termes comme : goût du paradoxe, amour du pluriel, ou encore propension au jeu. Ce tableau général, il importe toutefois de l'interroger de façon plus précise. Dans cet article, on aimerait aborder les clivages constitutifs de cette œuvre en suivant trois axes privilégiés. D'abord les relations entre les médias et les idées : comment Benoît Peeters pense-t-il le rapport entre la *matérialité des supports* et *l'idéalité des intrigues* ? Ensuite, les liens entre le classique et le moderne : comment un auteur qui aime par-dessus tout Alain Robbe-Grillet, Claude Simon ou Jacques Borel, peut-il écrire une prose aussi transparente ? Enfin, la différence entre l'œuvre et les œuvres : peut-on dire que Benoît Peeters est un auteur sans œuvre ? Dans un second temps de l'analyse, on s'efforcera d'illustrer certaines observations à l'aide d'un texte tout à fait singulier, tant chez Benoît Peeters lui-même que dans la production romanesque récente en général : *Le Transpatagonien*.

La détermination réciproque de l'œuvre et des médias

Fasciné par le récit sous toutes ses formes, Benoît Peeters a exploré les structures narratives les plus variées. Il l'a fait dans un grand nombre de médias (les uns textuels ou visuels, les autres mixtes ou multimédia, comme les expositions sur les *Cités obscures* qu'il a transformées en parcours interactifs) et à des niveaux très différents. Le récit peetersien, en effet, ne se réduit nullement au résultat final, par exemple celui d'une narration publiée sous forme de nouvelle ou de roman. Il est aussi et toujours un récit « en acte », qui s'étend de la conception d'une première idée, si embryonnaire soit-elle, à la réalisation finie dans tel ou tel média singulier, en passant par toutes les étapes intermédiaires du scénario (cette « structure qui tend vers une autre structure », selon l'expression de Pasolini que Benoît Peeters a toujours reprise à son compte[7]) et par les mille et une formes d'échange et de dialogue entre les phases du projet narratif.

Dans la pratique de Benoît Peeters, tous genres confondus, la diversité du récit se manifeste de manière très voyante. C'est ainsi que *La Bibliothèque de Villers*, son roman le plus connu qui pousse le roman policier à énigme à ses ultimes limites et même au-delà, se caractérise par un style presque scénaristique. Certains passages semblent encore très proches de l'avant-texte scénaristique, que camoufle à peine un « remplissage » ultérieur. Ce type d'écriture, que l'on peut juger caractéristique de toute la démarche narrative de l'auteur, n'est pas signe de sécheresse, ni de hâte ou d'abstraction, mais résulte d'un véritable parti pris artistique, celui de montrer le récit « au travail ».

Pareille mise au jour est certes réalisable par plusieurs moyens (inutile de rappeler ici tous les romans mettant en scène un personnage de romancier aux prises avec son matériau). Cependant, la solution préférée de Benoît Peeters est autre : elle consiste à projeter le scénario dans le résultat final, et vice versa bien sûr. L'influence de Borges est ici indéniable, qui a fait de l'écriture scénaristique une écriture proprement littéraire, par

---

[7] Voir « Autour du scénario », numéro spécial de la *Revue de l'Université de Bruxelles* dirigé par Benoît Peeters (1986-1).

exemple dans les livres « feints » de *Fictions*. Abstraction faite
des surprises stylistiques qu'une telle exhibition de l' « avant-
texte » scénaristique permet d'obtenir, ce mélange de registres,
cette coïncidence du fini et de l'inachevé aide l'écrivain, et partant, dans un geste typiquement moderne dont Benoît Peeters ne
s'est jamais départi, le lecteur invité à lui emboîter le pas, à résoudre un problème tout à fait capital : le rapport entre l'idée initiale et le média destiné à l'incorporer. Le problème et la solution
se présentent en des termes presque dialectiques, avec d'un côté
une opposition très forte entre deux thèses antagonistes et d'autre
part un dépassement synthétique (il est vrai très ouvert).

Commençons par les termes de l'opposition. La manière
d'écrire et de raconter de Benoît Peeters, avec enchevêtrement
d'éléments scénaristiques et d'éléments finis, suggère que le scénario, qui demeure tendanciellement en un état prédéfinitif, pourrait toujours se réaliser ou s'écrire autrement, par exemple dans
un autre style ou dans un autre média. Une telle prédisposition du
scénario à l'altérité, on le comprend, implique une certaine autonomie, pour ne pas dire une autonomie certaine de l'idée par rapport à sa matérialisation. Inversement, et c'est ici que la thèse se
heurte à l'antithèse, la lecture des œuvres de Benoît Peeters montre également que le média choisi rétroagit sur le scénario, qui
change ainsi de statut : d'abord parce qu'il se rapproche de sa
matérialisation (dans le cas de *La Bibliothèque de Villers*, il est
clair que l'idée scénaristique de base, soit une variation très originale sur le thème du roman policier à énigme, n'a pris consistance
qu'à partir du moment où elle s'est conformée aux particularités
matérielles du média verbal et de l'objet-livre) ; ensuite parce que
le scénario cesse d'être ainsi un simple état de l'œuvre, coincé
entre l'idée de départ et la réalisation finie, pour devenir un véritable parcours, une trajectoire, une multitude d'étapes qui se prolongent jusqu'à l'intérieur de l'état final de l'œuvre publiée (à la
limite, *La Bibliothèque de Villers* est autant scénario de roman
que roman proprement dit). Une telle métamorphose de ce qu'est
un scénario démontre qu'il y a aussi comme une inféodation de
l'idée à la matérialisation de cette idée.

Quelle est maintenant la solution dialectique que Benoît Peeters trouve à ce conflit, c'est-à-dire à cette définition contradictoire des rapports de domination entre l'idéel et le matériel ? Elle est au moins double. Pour commencer il y a la conviction que le récit lui-même n'est jamais complètement achevé. Il reste toujours *transposable à d'autres médias*, quels que soient les changements radicaux qu'une telle transposition implique (si *La Bibliothèque de Villers* est un scénario, ce n'est en aucune façon un scénario qu'on pourrait par exemple filmer *tel quel*, tant sont étroites les correspondances entre certains aspects de son « idée de base » et certaines singularités formelles de son support).[8] Cette possibilité toujours ouverte d'une adaptation créatrice est une première façon d'excéder le clivage entre domination de l'idéel et domination du matériel. A cela s'ajoute que le récit peetersien est aussi, et par définition, un récit *dont le dernier mot n'est jamais la fin*, qu'il est donc un récit susceptible d'être continué au-delà de son épilogue, qui sert avant tout de tremplin à de nouvelles péripéties. L'élaboration d'œuvres en séries est évidemment l'indice le plus franc de cette ouverture, mais l'on se tromperait à limiter cette poétique de la continuation aux seuls textes qui génèrent effectivement de vraies séries. Toute intervention de Benoît Peeters lance virtuellement une série. Davantage : il semble que la capacité d'une idée à donner lieu aux effets multiplicateurs de la série joue un rôle capital dans sa mise en œuvre, comme si les idées et les scénarios moins aptes aux futurs avatars étaient éliminés d'entrée de jeu. Adaptation et continuation, les deux figures clé du dépassement de la tension entre idéel et matériel, ne sont du reste aucunement incompatibles entre elles, comme le montre le goût ferme de Benoît Peeters pour les continuations transmédiatiques, une bande dessinée occasionnant une exposition qui sert à son tour de canevas à un roman, et ainsi de suite.

---

[8] Il en va de même pour les bandes dessinées de Schuiten-Peeters, dont les auteurs ont commenté la dimension « transmédiatique » dans *L'Aventure des images*, Paris, Autrement, 1995.

Cette écriture en réseau[9] est la réponse que trouve la pratique de Benoît Peeters aux défis théoriques de l'articulation du récit et de son support.

Ecrire classique pour devenir moderne

Le rapport complexe des versants idéel et matériel dans l'œuvre de Benoît Peeters se retrouve aussi, de façon plus insistante encore, dans le style de l'écrivain. La limpidité de sa prose et les vertus classiques de sa phrase souple et vive, nerveuse et élégante, refusent tout effet « branché ». Alors que presque tous les romanciers français contemporains s'efforcent de flatter le public en écrivant de plus en plus « comme parlent les gens » singeant le style « sympa » épinglé par Renaud Camus[10], Benoît Peeters s'en tient rigoureusement au registre classique, mais sans afféterie ni préciosité aucunes. Ses phrases coulent de source, subtil mélange d'équilibre et de surprise, avec un sens du rythme infaillible. Toutefois, ce qui rend cette prose si remarquable, c'est surtout le fait qu'elle soit celle de... Benoît Peeters lui-même, c'est-à-dire d'un auteur qui n'a jamais caché ce qu'il doit à l'esthétique moderniste et matérialiste de, par exemple, Raymond Roussel, Roland Barthes, Claude Simon, Alain Robbe-Grillet, Georges Perec ou Jean Ricardou, dont il continue à réclamer l'héritage intellectuel. Or, quelles que soient les affinités électives entre la pensée du « texte » et de la « productivité du signifiant », de la mise en cause du binôme « expression/représentation » ou encore de la métamorphose de l'auteur en « scripteur » (pour résumer cavalièrement la pensée 68 en matière de littérature), Benoît Peeters ne s'écarte guère d'un parti pris de clarté, de modération, de transparence, bref de classicisme stylistique. Sauf dans ses pastiches, parodies et mystifications, il s'en tient à un registre qui est bien aux antipodes de celui de ses auteurs préférés.

Comment expliquer ce paradoxe ? Il ne me paraît guère sensé de parler ici de postmodernisme, de métissage de styles, de

---

[9] Je prends ici le terme de « réseau » dans un sens qui n'est pas tout à fait celui utilisé dans mon étude *Le Réseau Peeters*, Amsterdam, Rodopi, 1993.
[10] Voir surtout les divers tomes de son *Journal*.

modèles, de convictions. L'œuvre de Benoît Peeters, justement, n'est pas postmoderne du tout, sa défense de la modernité n'a rien d'ambigu ni de circonstanciel et les facilités du mélange à tout crin lui sont tout à fait étrangères. Ce qui joue est tout à fait autre chose. A travers son intérêt pour le récit sous toutes ses formes, Benoît Peeters a découvert en effet que la modernité en écriture ne passe pas nécessairement, quoi qu'en ait pensé la doxa des années 60 et 70, par la destruction du récit, mais qu'il existe une façon moderne de raconter, d'écrire, de penser à l'intérieur du récit classique même, comme par exemple chez Dumas, Hitchcock ou Hergé. L'exemple de ce dernier est évidemment capital, non seulement parce que Benoît Peeters peut être considéré comme le meilleur tintinophile de sa génération, mais aussi en raison de l'influence que le style d'Hergé a eu sur sa propre pensée et sa propre pratique du récit et du texte. En étudiant les aventures de Tintin, Benoît Peeters s'est rendu compte de deux grandes leçons : d'abord, que la fameuse « ligne claire » est beaucoup plus qu'une simple affaire de graphisme ou de dessin, qu'elle est aussi et surtout affaire de récit ; ensuite, que la « clarté » en question n'est pas synonyme de réduction, de simplification, de figement du trait et de la narration, mais au contraire condition et garantie de vivacité, de rythme, de dynamisme. Un trait moins « clair » aurait permis sans doute des effets plus directs, plus immédiats, mais à courte distance seulement, aux dépens des nécessités supérieures de la structure d'ensemble. Un dessin « expressionniste », un déroulement narratif à « surprises » permanentes, une phrase « baroque », un lexique « étonnant », tout cela ne manque certes pas d'attrait pour l'écrivain désireux de *tenir* son public, mais les effets de pareils stylèmes sont loin d'être unanimement positifs. Un dessin confus peut être une entrave aux plaisirs du récit, la recherche de la surprise suppose presque toujours la mise entre parenthèses des subtilités du suspense, mots et phrases bizarres interdisent souvent d'amener le lecteur à des structures d'un ordre moins anecdotique ou conventionnel. Chez Benoît Peeters, le classicisme de la phrase et du style fonctionne avant tout, non pas comme un filet, une colle, un mur, mais comme un tremplin. En cela, Benoît Peeters est un écrivain à contraintes pur sang. Vue du dehors, la transparence de son style semble faire de lui un écrivain traditionnel. Rattachée à une stratégie d'ensemble, celle de l'exploration du récit sous toutes ses formes, cette même transparence lui permet de devenir un écrivain éminemment moderne.

Le choix d'un lexique et d'une syntaxe classiques a d'autres avantages encore. Premièrement, et de façon tout à fait pragmatique, il facilite le passage d'un média à l'autre. Quand l'auteur a envie de travailler son matériau en d'autres contextes et d'autres circonstances, il le fera plus librement s'il n'est pas gêné par le poids excessif de particularismes stylistiques. La liberté ainsi gagnée lui ouvrira les voies d'une exploration des spécificités de chaque média, lesquelles ne se confondent en rien avec les mirages d'un excès de style. En second lieu, de manière cette fois-ci plus théorique, le classicisme de la phrase est nécessaire à Benoît Peeters pour rendre crédibles ses fréquentes incursions dans les univers parfois peu réalistes de ses fictions. *Les Cités obscures*, par exemple, qui croisent des éléments de science-fiction avec la reconstruction très libre d'un passé en partie authentique et vérifiable, ne sauraient fonctionner sans le classicisme du dessin, qui confère d'emblée à l'image un caractère vraisemblable. Tout comme Magritte se sert d'un style hyperréaliste pour imposer la représentation de sujets « impossibles », Benoît Peeters prend appui sur une prose classique pour excéder les limites du récit traditionnel. Troisièmement, enfin, le maintien d'une telle prose à travers les genres et les contextes les plus variés entraîne une mise à plat des différences et hiérarchies reçues dans le champ littéraire, où l'on n'a pas l'habitude de voir traités avec le même sérieux un roman-photo et un roman tout court. La persistance du style classique offre ainsi l'occasion d'innover sur le plan de la sociologie de la littérature. En effet, malgré son amour du récit, ou justement à cause de cela, Benoît Peeters est probablement l'écrivain français qui s'arrache le mieux au poids du genre dominant, le roman : il en écrit peu et ceux qu'il écrit se situent bien davantage aux marges du genre que les textes romanesques de nombreux contemporains qui, à force de multiplier les inventions microstylistiques, oublient de s'attaquer aux limites de la narration elle-même. Toutefois, le goût du récit fait que le romanesque s'insinue partout, jusque dans les endroits les plus inattendus. Cette présence du romanesque, qui est un roman à la fois en retrait et sur le point d'arriver, est peut-être une façon de pratiquer le roman en contre-bande.

Un écrivain sans œuvre ?
Benoît Peeters est un auteur prolixe, dont la bibliographie (au sens large du terme, qui comprend aussi de nombreuses productions audiovisuelles ou multimédia) ne cesse de croître vertigineusement d'année en année. Son œuvre, toutefois, reste méconnue, tant à cause de sa diversité, que ne compense pas la posture traditionnelle de l'auteur dont le « nom » coiffe hiérarchiquement les œuvres qui le reflètent, qu'à cause de sa prédilection pour les genres soi-disant mineurs. Pour le public littéraire, qui se prend volontiers pour le public cultivé tout court, une telle situation entraîne un nouveau paradoxe : celui de l'écrivain sans œuvre. Benoît Peeters, en effet, est connu de tout le monde comme écrivain, mais connaissance n'est pas toujours reconnaissance, dans la mesure où le lecteur moyen rechigne à qualifier de véritable écrivain un auteur dont il ne connaît que le travail collectif ou en collaboration.

Pourtant la figure de l'écrivain sans œuvre n'est pas négative en soi. Le soupçon que la modernité a fait peser sur le langage et partant sur l'emploi non critique du langage, s'est traduit par plusieurs attitudes favorables à l'absence de l'œuvre : ou bien on fait un éloge appuyé des auteurs qui ont substitué à l'œuvre une réflexion sur l'œuvre et qui ont reporté en conséquence le passage à l'acte d'écrire ; ou bien on exprime son admiration des auteurs ayant carrément renoncé à écrire au nom d'une exigence littéraire et humaine impossible à maintenir en toute sa pureté dans l'artefact social et conventionnel qu'est le langage. On connaît les figures tutélaires de ces deux attitudes : Paul Valéry est sans conteste celui qui a le mieux illustré la démarche réflexive de l'œuvre, une partie essentielle de son travail littéraire s'étant réalisée dans les *Cahiers* ; Arthur Rimbaud, quant à lui, demeure l'exemple mythique de tous ceux qui ont décidé de se taire, non pas « au lieu » d'écrire, mais comme une forme supérieure, ou réputée telle, de l'écriture.[11]

Auteur d'une remarquable biographie de Paul Valéry[12], Benoît Peeters est manifestement attiré par le premier modèle, le second étant presque totalement absent de son œuvre comme de sa réflexion. Toutefois, l'orientation de cette démarche est chez lui tout à fait différente. Il serait en effet absurde de penser que l'écriture de Benoît Peeters se détourne de la réalisation effective de l'œuvre au profit d'une attitude de retrait, de suspicion, voire de refus. Ce qui caractérise son intérêt pour l'inachèvement de l'œuvre est en revanche la proximité de la « non-oeuvre » avec sa propre manière d'écrire, fondamentalement tournée vers l'incomplétude ou, plus exactement, vers la continuation et la métamorphose. Si l'œuvre de Benoît Peeters rencontre tangentiellement la démarche d'un Paul Valéry, la raison n'en est pas quelque goût partagé du non-fini, de la recherche de variantes toujours plus fines ou retorses au service d'un texte indéfiniment dans les limbes, mais le désir de n'en rester jamais à cet épisode, à cette péripétie ou à ce point final-là. Valéry est aussi le modèle même de l'écrivain de circonstance, qui, après *La Jeune Parque*, n'écrit plus que sur demande ou sur commande : le plaisir de l'écriture en collaboration est peut-être l'équivalent peetersien d'une telle pratique oblique de l'écriture. L'inachèvement statutaire de l'œuvre de Benoît Peeters n'est pas stratégie de négation mais moyen d'intensification. Il crée les conditions d'un dépassement continuel de l'œuvre par elle-même, que ce soit à l'intérieur d'un média (l'œuvre de Benoît Peeters se pense radicalement au pluriel, son mode premier est la série) ou à

---

[11] Il n'est pas possible de ne pas mentionner ici le travail de Jean-Benoît Puech, fasciné comme Benoît Peeters par l'absence d'œuvre. Son approche de ce thème est certes très différent, mais la hantise de la non-œuvre est identique.
[12] *Paul Valéry, une vie d'écrivain*, Paris-Bruxelles, Les Impressions Nouvelles, 1989.

l'intersection de plusieurs médias (la série peetersienne est de type multimédia, d'abord par la combinaison de plusieurs médias au sein d'un texte, ensuite par sa propension à se poursuivre ailleurs, par adaptation ou par continuation dans un autre média). Cet inachèvement, en d'autres termes, n'est pas non-œuvre, mais *œuvre ouverte*.

Le Transpatagonien : *les envers de la mise en abyme*
Le Transpatagonien est, dans l'œuvre de Benoît Peeters, un texte moins connu. La première version du livre, mi-bande dessinée, mi-roman illustré[13], est toujours restée en marge d'une grande entreprise comme celle des *Cités obscures*. La récente réédition du volume, qui le dépouille de tous ses aspects visuels, fait ressortir encore davantage la singularité de ces pages, à cheval sur le fantastique et le réalisme, qui est une sorte de hapax dans toute l'œuvre.

En même temps *Le Transpatagonien* est aussi un parfait modèle réduit de la manière de travailler de Benoît Peeters. S'agissant tout d'abord de la position de l'auteur, le texte propose une variation très originale. Car outre qu'il s'agit d'un livre en collaboration, les divers partenaires associés se sont retrouvés autour d'un projet qui les oblige à penser leur fonction autrement. Le dessinateur de bande dessinée, Patrick Deubelbeiss, devient illustrateur ; le cinéaste, Raoul Ruiz, devient non pas scénariste mais véritable co-écrivain ; Benoît Peeters lui-même dissout son propre rôle jusqu'à le rendre méconnaissable (a-t-il composé et surveillé le plan d'ensemble ? est-il le responsable final du volume ? ne fait-il que prêter son nom et son prestige à un projet fort distinct de ses travaux habituels ?). Typiquement, le rôle des co-auteurs n'est pas précisé... Des remarques analogues pourraient se formuler au sujet des médias engagés, dont la combinaison n'est guère conventionnelle, même si elle est structuralement logique : la combinaison de récits illustrés et de fragments de bande dessinée prolonge au niveau du livre le mélange de textes et d'images

---

[13] Benoît Peeters/Raoul Ruiz (textes) et Patrick Deubelbeiss (dessins), *Le Transpatagonien*, Paris-Tournai, Casterman, 1987.

dans la bande dessinée (le média dominant lors de la première édition du texte, publié dans un format et une collection de bandes dessinées). Enfin, texte et image sont « actualisés » par deux genres, le roman et la bande dessinée, dont l'emploi est ici tout sauf canonique. Surtout dans le cas du versant romanesque, l'écart par rapport aux normes implicites du genre est considérable. D'un bout à l'autre, *Le Transpatagonien* vire en effet au fantastique, sous-genre peu goûté du public français, même dans le domaine a priori plus exotique de la bande dessinée. Ce qui frappe encore davantage, c'est le sacrifice de la forme romanesque traditionnelle, remplacé par la structure gigogne du récit à tiroirs où divers narrateurs et récits prennent le relais sans que les auteurs du livre cherchent à gommer l'hétérogénéité du matériau.

Il y a donc de bonnes raisons pour estimer que ce livre à auteurs, médias, genres, tons et formes multiples apparaît comme une mise en abyme de l'œuvre entière, à cette différence près (mais on pourrait à juste titre penser que c'est là encore une caractéristique du travail de Benoît Peeters) que ce n'est pas la connaissance de l'ensemble qui permet de reconnaître la partie qui le condense, mais l'intelligence de la partie qui aide à se faire une idée du tout.

Cette description du *Transpatagonien* serait toutefois incomplète si en même temps on n'insistait pas sur la présence d'un mécanisme inverse d'unification, pour ironique et paradoxale qu'elle demeure. Ici encore, Benoît Peeters se sert de la figure de la mise en abyme, mais dans une variante plus retorse encore. D'une part, de manière peut-être encore superficielle, les aventures racontées et mises en dessin dans le livre même sont brusquement ramenées, tout à la fin du volume, à l'état de rêves par la venue d'un récit-cadre exhibant le réveil du dormeur. A l'instar de *Little Nemo in Slumberland*, les dernières cases du *Transpatagonien* montrent un petit garçon tombant de son lit et grondé par sa mère. L'effet de surprise, qui aurait pu banaliser l'ouvrage tout entier (« ah ! ce n'était donc qu'un rêve ! ») reste très vif et n'entame nullement l'appréciation de ce que l'on vient de lire. Contrairement à ce qui se passe chez McCay, le récit-cadre n'était pas présent dès le début. Le lecteur qui découvre une planche de *Little Nemo* a en effet déjà été prévenu, ne fût-ce que par le titre, de l'aspect onirique du récit, et il reçoit la fin de chaque livraison comme un retour à la normale. Dans *Le Transpatagonien* par contre, le décalage entre rêve et réalité ne perce qu'à la fin, si bien que ce n'est pas uniquement le rêveur qui est rappelé durement à la réalité, mais aussi le lecteur, surpris également par l'opposition énigmatique entre le côté adulte de certains rêves et l'âge du jeune dormeur (mais n'oublions pas que, pour Freud, le « pervers polymorphe » est avant tout... l'enfant !). La figure particulièrement acariâtre et antipathique de la mère, qui ne console pas le petit garçon mais le réprimande pour l'avoir réveillée, est une belle trouvaille, qui s'accorde parfaitement à la perplexité du lecteur même. De plus, *Le Transpatagonien* introduit aussi un rapport entre les niveaux diégétiques incomparables du rêve et de la réalité qui est totalement absent chez McCay. Dans *Le Transpatagonien*, les personnages dont rêve le petit garçon évoluent non seulement dans le train avec lequel il a sans doute joué juste avant de se coucher, mais ils le *voient* aussi littéralement depuis le compartiment qui sert de cadre à leurs récits. Alors qu'ils parcourent sans cesse le même circuit dans la chambre du garçon, ils finissent par remarquer qu'ils repassent à intervalles réguliers devant le même montage qui ressemble à... un garçon qui dort. La mise en abyme se double ainsi d'une métalepse, qui court-circuite niveaux narratifs et niveaux de réalité. Quand les personnages du rêve remarquent enfin celui qui les rêve, celui-ci tombera de son lit provoquant pêle-mêle accident ferroviaire et fin des récits.

La version romanesque « pure »[14], c'est-à-dire purement textuelle, du *Transpatagonien* conserve admirablement ces structures complexes, quand bien même elle ne semble être que la moitié verbale de l'œuvre, mécaniquement amputée de ses images (illustrations et bandes dessinées). La facilité avec laquelle Benoît Peeters transforme une bande dessinée en un roman, puis l'efficacité exceptionnelle de chacune des variantes, montrent assez que les relations entre auteurs, médias et genres, qu'il est

---

[14] Paris-Bruxelles, Les Impressions Nouvelles, 2002.

toujours possible de disjoindre et de conjoindre à loisir, ne sont pas anecdotiques ou simplistes du tout. Si tel était le cas, la publication du *Transpatagonien* sous forme de roman aurait condamné la version bande dessinée à rester l'avatar illustré, finalement un rien superflu, d'une œuvre essentiellement verbale. Tous les lecteurs des deux ouvrages savent qu'il n'en est rien et que chaque volume émerge comme une œuvre indépendante. La possibilité même de ce genre de manipulations révèle que Benoît Peeters pense son travail d'écrivain de manière *modulaire*, chaque pièce pouvant toujours entrer dans de nouvelles combinaisons ou figurer seule dans de nouveaux contextes et de nouvelles configurations.

Retour à la case départ : Omnibus

La lecture de Benoît Peeters est associée à cette intense activité narrative, qui est une double invite à l'invention permanente. Sur place, d'abord, quand il est demandé au lecteur de jouer en temps réel, de rivaliser avec le narrateur souvent confronté à une énigme. Ailleurs et autrement, ensuite, quand le lecteur se sent interpellé à poursuivre le récit à sa façon, à partir des possibilités suggérées par les métamorphoses infinies de l'œuvre même.

En parlant de ces transformations (notamment dans la postface à la nouvelle édition, assez radicalement revue, des *Murailles de Samaris*), Benoît Peeters évoque souvent le « repentir » de l'écrivain. Contrairement à bien d'autres de ses livres, *Omnibus* n'a guère fait l'objet de pareille sollicitude : ce premier roman d'un très jeune homme (Benoît Peeters est né en 1956) s'est certes enrichi d'une superbe préface (« Vingt-cinq ans après »), mais à quelques détails près le texte n'a pas bougé depuis sa parution. *Omnibus*, on le sait, est un roman *prémonitoire* : Benoît Peeters y accorde, dix ans avant les faits, le prix Nobel à Claude Simon et en profite pour récrire à sa façon et la vie et l'œuvre du grand auteur puisqu'on y trouve à la fois une série de pastiches extrêmement réussis et force spéculations savoureuses sur la genèse des grands romans de Simon. Le rôle qu'aurait joué le secrétaire de Simon, présenté dans *Omnibus* comme un ivrogne abominable, incapable d'écrire lui-même une page qui vaille, est évoqué en détails, ce qui est aussi une occasion d'inclure dans ce court roman l'essentiel de l'Ecole du Nouveau Roman : le secrétaire s'appelle Pastissou (nom aux allusions multiples, de l'alcool à l'exercice du pastiche, en passant évidemment par Jean Ricardou, dont on a souvent dit qu'il avait 'fait' Claude Simon par des articles et un colloque ayant fait date dans l'histoire du mouvement), l'histoire du maître et du serviteur vient tout droit de l'univers de Pinget, les descriptions d'Omnibus se rappellent de Robbe-Grillet comme d'Ollier.

Cependant, pour prémonitoire qu'il soit au niveau de la fiction, *Omnibus* semble marqué dès ses premières lignes par une sorte de *nostalgie* formelle. Le brio absolu avec lequel Benoît Peeters s'approprie les règles de l'écriture contemporaine (n'oublions pas qu'en 1976, Simon venait à peine de publier ses romans les plus expérimentaux tel *Triptyque*, gentiment parodié dans *Omnibus* sous la forme d'un roman perdu de l'auteur, *Le Tiercé*) ne doit pas masquer la distance que l'auteur prend tout de suite par rapport au Nouveau Roman en particulier et par rapport à la 'modernité' en général (la véritable révolution d'Omnibus se trouve peut-être là : dans l'effort de chercher un après-Nouveau Roman qui ne soit ni un excès moderniste, ni un repli réactionnaire). Or, pour le lecteur attentif de l'œuvre de Peeters, tout se passe un peu comme si un secret repentir travaillait chacune de ces métamorphoses : le regret d'une sorte de paradis perdu, celui du grand renouveau romanesque des années 50 et 60, dont les signes d'essoufflement étaient en train de devenir très clairs au moment de la rédaction d'*Omnibus*. Le premier roman de Benoît Peeters est à la fois un texte précoce et un texte de vieillesse, un texte terriblement drôle (s'il est un roman contemporain à provoquer sans arrêt le rire fou, c'est bien celui-là) et profondément triste : au seuil d'une carrière, tout semble avoir été dit, tout semble avoir été fait, et aucune alternative valable ne semble se pointer à l'horizon. La grande tristesse d'*Omnibus* se voit dans le fait que rien n'y est méchant, alors que le constat d'échec est sans ambiguïté : l'écriture romanesque se trouve dans une impasse, mais on n'a pas *vraiment* envie de chercher ailleurs. Le recours au pastiche ne sert pas seulement, contrairement à son usage habituel, à se libérer de l'emprise d'un style à l'aide d'une surcharge. L'excès, ici, est aussi une déclaration d'amour que la suite de l'œuvre de Benoît Peeters ne démentira jamais : s'il reste relativement discret, après *Omnibus*, sur l'apport de Simon, Peeters ne laissera passer aucune occasion de rendre hommage à des auteurs comme Jean Ricardou, dont les efforts de théorisation ne susciteront pas chez Benoît Peeters le mélange de commisération et de morgue qui caractérisera d'autres écrivains de sa génération, plus pressés que lui d'oublier les grandes utopies du 'scripturalisme'. L'estime est plus grande encore à l'égard de Robbe-Grillet, dont Benoît Peeters se montrera le plus fin et le plus subtil des confidents.

Mais de là à retoucher, récrire, voire repenser *Omnibus*, qui hante l'œuvre de Benoît Peeters comme le souvenir d'un futur qui n'a jamais eu lieu, il y a un pas que l'auteur n'a jamais pu ni sans doute voulu franchir. *Omnibus* reste un texte hors catégorie, c'est presque un corps étranger dans la production de l'auteur qui a pris par la suite de tout autres directions. En même temps, il en représente aussi une manière de *surmoi* littéraire, trop prégnant pour ne pas engendrer une veine comique, trop aimé pour s'accommoder d'un véritable refoulement ou d'une critique trop unilatérale. Un texte du regret, mais au-delà de tout repentir.

Bibliographie sélective

roman
—, *Omnibus*, Paris-Bruxelles, Les Impressions Nouvelles, 2001 (1ère édition : Paris, Minuit, 1976).
—, *La Bibliothèque de Villers*, Paris-Bruxelles, Les Impressions Nouvelles, 1991 (1ère édition : Paris, Laffont, 1979).

—, *Le Transpatagonien* (en collaboration avec Raoul Ruiz), Paris-Bruxelles, Les Impressions Nouvelles, 2002 (1ère édition : Paris-Tournai, Casterman, 1987).

roman-photo
—, *Fugues* (en collaboration avec Marie-Françoise Plissart), Paris, Minuit, 1983
—, *Droit de regards* (en collaboration avec Marie-Françoise Plissart), Paris, Minuit, 1985.
—, *Prague. Un mariage blanc* (en collaboration avec Marie-Françoise Plissart), Paris, Autrement, 1987

bandes dessinées
—, *Les Cités obscures*, série développée avec François Schuiten. Une dizaine de volumes ont paru depuis 1983 aux éditions Casterman, Paris-Tournai.

théorie et critique
—, *Paul Valéry, une vie d'écrivain*, Paris-Bruxelles, Les Impressions Nouvelles, 1989.
—, *Hitchcock. Le travail du film*, Paris-Bruxelles, Les Impressions Nouvelles, 1990.
—, *Le Story-board* (en collaboration avec Thierry Groensteen), Liège, Yellow Now, 1992.
—, *Töpffer. L'invention de la bande dessinée*, Paris, Hermann, 1994.
—, *Case, planche, récit*, Paris-Tournai, Casterman, 1988 (édition revue et complétée)
—, *Entretiens avec Robbe-Grillet* (double DVD), Paris-Bruxelles, Les Impressions Nouvelles, 2001.

cinéma
—, *Le Dernier plan* (long-métrage), 1999.

Hélène Cixous et le livre indécidable: *Manhattan*

Christa Stevens

L'Œuvre : le livre de la vie vivante

« La vie est un livre, mais qui n'est pas encore écrit, qui est en train de s'écrire » (p.166). En ces termes Hélène Cixous, dans son recueil d'essais *L'Amour du loup et autres remords* (2003), se définit comme un auteur qui vit sa vie comme on lit un livre. Plus précisément, elle déclare sentir en elle quelqu'un qui est toujours en train de lire le livre de la vie, c'est-à-dire d' « écrire de le lire », car elle tient toujours un carnet de notes et un stylo à portée de main. « De temps à autre quelque chose vient de se passer qui est tellement plus vivant que le vivant que j'ai envie de le noter » (p.166). Un moment d'illumination, « un mot-à-secret de la langue française », créent de « l'inoubliable » et appellent à être notés.

Cet acte de mémoire se trouve excellemment mis en scène dans les deux dernières fictions de Cixous, *Benjamin à Montaigne* (2001) et *Manhattan* (2002). Dans la première la narratrice-je enregistre en secret, sur magnétophone, les conversations entre deux octogénaires juives allemandes, sa mère et sa tante, dont les propos appartiennent à une langue et à une époque presque disparues. La narratrice du deuxième livre évoque, dès les premières pages, un « carnet carré caché dans la poche de gauche de ma chemise » (p.10) qui la préoccupe pendant sa promenade à la plage. Descriptions de l'appel du livre de la vie, ces deux scènes appartiennent aussi à la part d'auto-réflexivité et d'autoconscience de l'écriture cixousienne où l'énonciatrice-narratrice, « auteur » de ce livre, décrit ses préparations à l'écriture, célèbre l'appel du nouveau livre, saisit un « mot-à-secret », se fait scriptrice à l'écoute du texte. Avec ces scènes d'écriture, on est déjà dans le livre, dans le livre en train de s'écrire, et c'est ce caractère performatif du livre cixousien, sa manière de constituer sa propre recherche, son propre événement, qui fait que ces écrits, tout en étant des fictions, restent au plus près du vivant, du livre de la vie.

Procédé omniprésent dans les textes de Cixous, cette mise en évidence de la prénatalité et de la facture du livre a trouvé, ces dernières années, un corollaire important dans l'édition cixousienne elle-même. Dans *Rêve je te dis* (2003) l'écrivain livre une cinquantaine de ses rêves que, depuis des années, elle note dès son réveil et utilise comme matériau de ses textes. Dans *L'Amour du loup*, le recueil d'essais déjà mentionné, elle donne des éléments de son autobibliographie et commente le processus créateur. Un autre exemple constitue *The Writing Notebooks of Hélène Cixous*[1], qui rassemble des pages du manuscrit, des carnets et des notes brèves d'une fiction récente, *Le Jour où je n'étais pas là* (2000). A la base de ces activités éditoriales se trouve un événement capital dans la vie d'un auteur : Hélène Cixous a récemment fait don à la Bibliothèque Nationale de France de l'ensemble de ses manuscrits ainsi que de ses carnets de notes, de ses transcriptions de rêves, des bandes audio-visuelles de ses séminaires, etc., qui sont autant d'éléments d'une œuvre qui ne se limite ni à un seul genre, ni aux limites des genres.

Auteur d'une Œuvre, Hélène Cixous ne l'est pas uniquement grâce à cette consécration institutionnelle ni d'ailleurs par sa fécondité exceptionnelle[2]. La figure même d'Œuvre se construit presque explicitement d'un livre à l'autre, dans la continuité des thèmes et motifs, dans le caractère autofictionnel d'une écriture nourrie « de la chair et du sang de mon entourage »[3], dans la fidélité aux racines, celles aussi bien algériennes que familiales – « mon écriture est née en Algérie d'un pays perdu, de père mort et

---

[1] Edité et traduit par Susan Sellers, Londres et New York, Continuum Press, 2004.
[2] Ses nombreux articles, essais et pièces de théâtre non-publiés à part, sa production compte aujourd'hui 57 livres, ce qui suppose un rythme d'écriture d'un livre et demi par an.
[3] « Hélène Cixous: 'La langue est le seul refuge' », *La Quinzaine littéraire*, 1 octobre 2000, p.10.

de mère étrangère »[4] –, jusque dans l'émergence, dans les fictions les plus récentes, d'une énonciatrice-narratrice qui est l'auteur d'une Œuvre.

Ancrés dans le réel vivant, fécondés par l'histoire singulière et familiale de l'auteur, ces écrits soulignent pourtant leur fictionnalité. Dans *OR, les lettres de mon père* (1997), les « lettres bien vivantes de mon père très mort » (p.34) qui servent de base au récit s'avèrent à la fin du livre restées non-lues, ce qui renvoie l'histoire du père qui vient d'être racontée au domaine de la fiction. *Les Rêveries de la femme sauvage* (2000) est certes le livre du pays natal toujours resté en germe dans l'œuvre cixousienne, mais reconstitue avant tout « une configuration de souvenirs et de fantasmes conscients et inconscients »[5]. *Benjamin à Montaigne*, à son tour, trouble les repères autobiographiques autrement, car la narratrice s'y dote d'une sœur – que l'auteur n'a pas – et d'une mère qui porte un nom différent de la mère réelle.

Aussi la part autobiographique de ces livres se trouve-t-elle ailleurs : dans le combat qui, selon Cixous, se déroule entre l'auteur et le livre, où l'un et l'autre veut écrire *son* livre, où l'un traque l'autre, se sauve de l'autre. *OR,* par exemple, est « le livre que je ne voulais pas écrire » (*L'amour* p.160), mais qui s'est nourri de ses dénégations et de ses questionnements mêmes : « j'aime les livres qui s'écrivent malgré moi […] qui brisent les tables de la loi et désavouent l'auteur » (p.160). *Les Rêveries*, de son côté, est le livre que Cixous s'est sentie « ordonnée » (p.158) d'écrire, sur ordre « venu de l'Algérie » (p.158) alors même qu'elle « n'a jamais voulu écrire sur l'Algérie » (*Rêveries* p.167). *Benjamin à Montaigne* est selon l'énonciatrice « une expédition entêtée, ambitieuse […] afin de parvenir au Secret » (*Benjamin* p.61), entreprise rendue impossible cependant dès le sous-titre, « Il ne faut pas le dire ». *Le Jour où je n'étais pas là* (2000), le

---

[4] « De la scène de l'Inconscient à la scène de l'Histoire », dans Françoise van Rossum-Guyon et Myriam Díaz-Diocaretz, *Hélène Cixous, chemins d'une écriture*, Amsterdam-Atlanta, Rodopi et St. Denis, Presses Universitaires de Vincennes, 1990, p.16.
[5] Feuille de l'éditeur accompagnant *Les Rêveries de la femme sauvage*.

livre où Cixous brise le silence sur son fils trisomique, mort très jeune, est le « livre nié », le livre qu'elle n'a pas « vu venir. Seulement des attaques et des souffrances, comme des messages, des lettres de menace » (*L'Amour*, p.163).

Dans leurs façons différentes d'être ou de ne pas être le livre rêvé, souhaité, projeté par l'auteur, les fictions d'Hélène Cixous mettent en évidence leur sujet commun, leur personnage principal, sinon unique, qui est le livre lui-même, « le livre personnage du livre » (*L'Amour*, p.145). Soutenu par la figure de l'Œuvre, ce Livre est, d'une certaine manière, toujours le même, dont chaque livre constitue un moment, un essai, c'est-à-dire un *c'est*[6] vivant, porteur d'inoubliable. Au-delà de ces réalisations temporaires, ponctuelles, le spectre du Livre reste pourtant présent : « L'écrirai-je jamais ? » (p.109).

Manhattan, sa dernière fiction en date, constitue une étape marquante dans cet entretien infini avec Le Livre, et pas pour la seule raison que la narratrice – l'auteur – s'y propose de raconter enfin « Le Récit » (p.29) qu'elle avoue avoir fui pendant plus de trente ans et à cause duquel elle a « écrit à la place » (p.57), a décrit « des cercles autour de tes cercles, des détours autour de tes détours, chaque année, chaque cahier, c'est l'essai » (p.71). Ce genre de déclarations rend *Manhattan* moins « fictivement autobiographique », dans les termes de Derrida[7], que les fictions précédentes, et il a raison de rester hésitant quant au statut autobiographique et « véridique », dans le sens de vérifiable dans le réel, de ce livre. Dans la « prière d'insérer » qui accompagne *Manhattan*, l'auteur – mais est-ce l'auteur ? – nous enjoint de faire pareillement quand elle nous informe, par exemple, que telle scène,

---

[6] D'*esse* (latin: être) comme Hélène Cixous le dit justement à propos de Montaigne, dans « Du mot à la vie: un dialogue entre Jacques Derrida et Hélène Cixous », *Magazine littéraire* 430 (*Jacques Derrida, la philosophie en déconstruction*), avril 2004, p.26.

[7] Dans *Genèses, généalogies, genres et le génie. Les secrets de l'archive*, Paris, Galilée, 2003, p.18. Ce texte est la transcription de la conférence prononcée par le philosophe à l'ouverture du colloque qui s'est tenu à l'honneur d'Hélène Cixous à la BNF en mai 2003.

qui a pour cadre un lieu historique, réel, « se produit *en réalité* »[8] dans ce lieu même. Les italiques qui « suspendent [...] la *réalité* de ce qui est dit avoir lieu *en réalité* »[9] expriment son doute quant à la réalité de cette réalité à l'instant même où elle l'évoque, ce qui implique que, pour elle, dans sa construction du Récit vrai, les frontières entre la fiction et la mémoire, entre le fantasme et la réalité, se distinguent difficilement voire se recoupent[10].

Ce problème de la référentialité est d'autant plus prégnant que, selon une autre remarque dans la « prière d'insérer », un des personnages de *Manhattan* est « *La Littérature* », plus précisément la littérature « en tant que Toute-puissance-autre »[11], qui est une référence aux « 'puissances-autres' auxquelles Proust et ses habitants internes ont dû donner ce nom vague, énigmatique et donc effrayant et parfaitement nécessaire lors des ravages causés par le passage d'Albertine Ouragan » (p.14). Par cette littérature « Toute-puissance-autre », l'auteur se réfère en premier lieu au cas de « folittérature » (p.38) dont traite *Manhattan* et sur lequel on reviendra ci-dessous. En deuxième lieu elle évoque le rôle joué dans ce livre par un auteur – Kafka – et par un de ses textes – une des lettres écrites à Milena – qui, dans la reconstruction du Récit, brouillent également les frontières entre la mémoire et la fabulation, la réalité et la littérature – de la même manière que pour ce qui regarde la réalité à laquelle le Récit est dit se rapporter, les événements de la vie réelle se distinguaient mal des faits racontés dans certains textes littéraires. C'est ce caractère foncièrement indécidable d'un livre, ou du Livre, cixousien, où en outre se joue le destin – ou le secret – de l'œuvre entière d'Hélène Cixous, qui sera considéré ici à partir de quelques exemples.

Manhattan *et la préhistoire de l'œuvre*
Manhattan ne déçoit en rien les attentes du lecteur familier de l'œuvre cixousienne. Le texte commence par le récit des prépara-

---

[8] « Prière d'insérer » à *Manhattan*, p.2 (italiques de l'auteur).
[9] Jacques Derrida, *Genèses, op.cit.*, p.27.
[10] Ibid., p.18-19.
[11] « Prière d'insérer », p.3 (italiques de l'auteur).

tifs à l'écriture, différée à cause d'une promenade à la plage alors
que, depuis longtemps, l'énonciatrice s'était persuadée de commencer son Récit ce jour-là : « je fais toujours ce que je ne voulais pas faire pensais-je » (p.9). Reprise dans « je fais ce que je ne
voulais pas faire et c'est moi quand même donc une autre qui me
fais cela […] » (p.11), cette phrase met en question le caractère,
unique, stable et autoconscient du sujet écrivant, et fonctionne
comme une mise en crise, procédé fréquent chez Cixous, de la
notion d'auteur, d'*auctor*, maître de son texte. L'autorité de ce
dernier se trouve en effet transférée à une écriture disséminante,
qui s'écoute écrire et relance ses propres inscriptions. De leur
côté, les repères autobiographiques habituels – le frère médecin,
le père mort, la vieille mère, le je-auteur, les origines juives et
algériennes – se trouvent mis en place, tandis qu'un certain nombre de références et de motifs mettent ce texte clairement dans la
lignée des fictions précédentes : le Clos-Salembier et Fips le chien
font leur première apparition dans *Les Rêveries*, la
« bannissance » (p.122) reprend le motif de « l'arrivance » de
« Mon Algériance », le sacrifice – « ça crie : fils » – se réfère à *Le
Jour* mais rappelle aussi *Portrait du soleil* par exemple, tandis
que la tuberculose et les maladies pulmonaires évoquent *OR* mais
aussi *Portrait du soleil*, *Portrait de Dora*, *Jours de l'an*, etc.

La nouveauté de ce « livre de New York » (p.10) est qu'il
relate une histoire d'amour vécue par la narratrice – l'auteur –
lors d'un séjour d'études dans des bibliothèques américaines au
cours duquel elle tomba sous l'emprise de la personnalité feinte
de son amant, au risque de se perdre. Celui-ci, grand amoureux de
la littérature comme l'était la narratrice elle-même, poussait son
admiration pour Kafka jusqu'à l'imitation, sans que son amie ne
s'en rende compte : « l'imitateur 'fait' Kafka, se fait Kafka, se
suicide Kafka, intégralement, jusqu'aux crachements de sang,
jusqu'à l'agonie »[12].

Cette histoire ne figure dans aucune autre fiction de Cixous,
et ne fait pas partie non plus de l'intratexte cixousien, sinon de
manière diffuse, fragmentaire, grâce à certains signifiants, certai-

---

[12] « Prière d'insérer », p.3.

nes références littéraires, certains noms. Ainsi le nom de l'amant, Gregor, se retrouve en écho dans celui, omniprésent dans l'œuvre de l'auteur, de Georges, le nom du père de Cixous; les références à Kafka évoquent les nombreux K/cas/Kafka dans l'œuvre cixousienne[13], tandis que sa maladie pulmonaire en évoque les nombreuses histoires de toux, de tb et de tuberculose[14].

Si par ces renvois « l'affaire Gregor » (p.84) se montre inscrit dès le début dans l'œuvre de Cixous, elle s'en trouve aussi explicitement exclue. Les faits sur lesquels repose *Manhattan* se déroulent en 1964 et sont donc postérieurs aux événements que l'auteur, jusqu'à *Manhattan*, a toujours mis à l'origine de son écriture : la mort du père en 1948, la perte du pays natal en 1955, la mort du premier fils en 1961. Pourtant, dans ce nouveau texte, la narratrice répare ce décalage apparent, car elle y note à ce sujet :

Pourquoi se présente-t-il – tjs – accompagné
de ses 2 figures
mon fils = le mongolien
et K = le malade. (p.58)

Ce K malade évoquerait, par le « *travail de sape du poumon dans ma vie* », le « *poumon miné* » de son « *père miné* » (p.58), mort comme Kafka de la tuberculose.

Ce rapprochement se trouve néanmoins invalidé par une remarque de l'auteur dans la « prière d'insérer », où elle déclare que « tout se passe dans l'avant-œuvre »[15]. Encore s'agit-il de savoir comment appréhender cet « avant-œuvre », dont la « prière d'insérer » elle-même, en tant qu'un genre de hors-d'œuvre, constituerait un premier exemple. Quand on regarde la date qui sert de référence, 1964, les événements rapportés dans *Manhattan*

---

[13] Citons à titre d'exemple deux titres de Cixous, *Un K. incompréhensible: Pierre Goldman* (Paris, Christian Bourgois, 1975) et *Limonade tout était si infini* (Paris, Des femmes, 1982), phrase tirée des carnets de Kafka.
[14] De *Portrait du soleil* et *Portrait de Dora* à *Jours de l'an* et *OR*.
[15] P.3.

ont en effet lieu avant la date où Cixous publie son premier texte, *Le Prénom de Dieu*, en 1967. Ce qui se passe dans *Manhattan* serait alors, dans les termes de Derrida, non seulement extérieur mais antérieur « à toute la littérature, à tout l'œuvre littéraire signé Hélène Cixous »[16]. Cette antériorité s'expliquerait aussi par la référence à l'Histoire comme ère de l'apparition de l'écriture, *Manhattan* portant comme sous-titre « Lettres de la préhistoire ». Mais quelles seraient alors ces « lettres » venues d'un temps d'avant l'écriture ? Sont-elles des messages destinés à l'Histoire qui commence par le premier texte de Cixous, par le début de son œuvre ? Dans ce cas, les événements de *Manhattan* censés constituer la préhistoire – l'avant-œuvre – de cette œuvre seraient en quelque sorte antérieurs aux événements mêmes que l'auteur a toujours considérés comme constituant les racines de son œuvre. *Manhattan* relaterait alors les éléments de la protohistoire de cette œuvre, avec une scène primitive qui serait plus primordiale, plus primaire que celles représentées par ces racines.

Ces « lettres de la préhistoire » qui ne participent pas encore à l'ère de l'écriture, de l'œuvre proprement dite, se donnent aussi à lire comme des signifiants, c'est-à-dire comme des mots, des sons, des souffles. Ces signifiants pourraient compter parmi ces « puissances-autres », relevant à la fois de l'écrit (La Littérature), de l'inscrit (l'œuvre en question) et du pré-dit (l'avant-œuvre). En l'occurrence la lettre G : celle qu'il lui était encore impossible de prononcer, en 1964, ainsi que le mentionne la narratrice de *Manhattan* – « le mot *j'ai* et tous les autres mots-anges en *j'ai*, *gé*, *jet*, *gel* » (p.121) et celle qui figure dans l'association anagrammatique entre Georges (nom du fils et du père) et Gregor, le nom de l'amant new-yorkais. On sait combien ces « appels magiques » (p.121) de l'avant-œuvre, tout en en étant séparés, ont fait œuvre chez Cixous, d'abord notamment dans *Portrait du soleil*[17], où le G rayonne avec son corollaire *or*, puis surtout dans les livres des années 90, où ils se font entendre dès le titre (*L'Ange au secret*,

[16] Derrida, *Genèses, op.cit.*, p.19.
[17] Voir Christa Stevens, *L'Ecriture solaire d'Hélène Cixous. Travail du texte et histoires du sujet dans* Portrait du soleil, Amsterdam/Atlanta, Rodopi, 1999.

OR, Le Jour où je n'étais pas là…). Mais la force avec laquelle la littérature, et plus précisément le voeu littéraire, continue à exercer sa puissance sur l'œuvre de Cixous, se lit peut-être dans le nom du fils Georges, qui ne fait son apparition que dans un texte de 2000, s'appelait autrement en 1994, dans le générique d' « Albums et légendes »[18]. Chez Cixous la lettre G mène la littérature, la sienne et celle des autres; mais cette lettre mène-t-elle aussi la réalité à laquelle les livres de cet auteur sont dits se rapporter ?

Cette impossibilité de trancher entre l'avant-œuvre et l'œuvre cixousienne, comme entre l'histoire, la préhistoire et la protohistoire de cette même œuvre, rejoint la difficulté de distinguer la fiction de la réalité à laquelle le Récit est dit se rapporter. Ce doute et cette indécidabilité ne s'opèrent pas seulement, comme on l'a déjà vu, à travers une mise en évidence, ambiguïsante, de la référentialité des événements racontés, mais encore, inversement, par une « littérarisation » de ces événements, les personnages, tout en étant des êtres de chair et d'os, vivant leur vie comme on lit un livre :

> Tout se passe dans l'avant-œuvre, saison préhistorique où les personnages [« je » et Gregor] épris des grands auteurs morts se voient déjà en rêve devenus livres, volumes, s'approchent de l'« Œuvre » rêvée à pas de loups, à pas de fous […][19]

Ce fragment se rapporte en premier lieu à l'histoire que Le Récit de *Manhattan* est supposé raconter : le cas de «*folie littérature* et plus exactement dans l'étreinte d'un seul [mot] : folittérature » (p.38) que représente Gregor, jeune homme à « l'esprit copié dans les œuvres les plus ensorcelantes de la Bibliothèque »[20]. Dans sa « prière d'insérer », l'auteur le qualifie d'être « réellement fabu-

[18] Dans Mireille Calle-Gruber et Hélène Cixous, *Hélène Cixous, photos de racines*, Paris, des femmes, 1994, p.209.
[19] « Prière d'insérer », p.3.
[20] « Prière d'insérer », p.2.

leux », qualification dont le terme « réellement » se rapporte
d'une manière également ambivalente à la « réalité » et où le caractère « fabuleux » de Gregor, se donnant tantôt à entendre
comme incroyable, extra-ordinaire, plus que réel donc justement
très réel, tantôt comme fictif ou imaginaire. Gregor le
« fabuleux » étant alors un être « fait de parole, comme toute fable »[21], l'indécidable se poursuit, hésitant entre un Gregor qui
n'existe que par la fable, la parole, le mot écrit, comme c'est le
cas pour tout personnage littéraire, et un Gregor – le personnage
ou la personne « en réalité » – qui se fait à la fin connaître comme
« un mourant provisoire et bricolé, un assemblage-montage fabuleux de citations et de références empruntées à la littérature
mondiale classique et extrêmement moderne » (p.85).

Cette « folittérature » de Gregor ne se limite d'ailleurs pas
à sa maladie d'imitation, elle s'étend aussi à ses ambitions
d'écrivain :

> C'était lui le jeune écrivain dont le premier livre allait
> déjà paraître chez A. Knopf en décembre 1964 à New
> York qui changerait le cours de la littérature américaine.
> Laissons de côté Faulkner. Depuis Poe. Depuis Melville.
> On allait retrouver le grand thème-fantôme de la hantise
> sans lequel il n'y a pas de littérature. (p.87)

La référence à l'éditeur new-yorkais Knopf et la date soulignent,
de nouveau, la part référentielle, autobiographique de *Manhattan*.
Mais l'évocation du thème de la « hantise », « sans lequel il n'y a
pas de littérature », souligne en revanche la fictionnalité du récit
ou, plus précisément, la part liée au fantasme du travail de la re-
mémoration et de la reconstruction de la « réalité ». C'est que
cette « hantise » reprend aussi un motif qui, dans *Manhattan*, est
antérieur à la narration du Récit de Gregor. Il appartient plus précisément au métadiscours de la narratrice et apparaît dans le récit
de la promenade à la plage, avant-œuvre au Récit, où
l'énonciatrice se découvre « hantée », poursuivie « par le fils »

---

[21] Derrida, *Genèses, op.cit.,* p.25.

(p.30-31). Par ce « fils »-fil, le récit de Gregor, reposant à la fois sur des événements « réels », fantasmatiques et littéraires (se référant par exemple à l'intratexte cixousien lui-même), s'intègre de nouveau dans l'œuvre de l'auteur.

En 1964, l'énonciatrice-je, l'autre « personnage » de *Manhattan*, n'est pas encore un auteur, et n'a pas le désir d'en devenir un : « je ne voulais pas du tout écrire j'étais une lectrice passionnée des livres que j'aurais eu besoin d'écrire étant écrits » (p.87). Si elle est attirée par la « folittérature » de Gregor, c'est parce qu'elle aime par-dessus tout la littérature, parce qu'elle ne sait pas encore que Gregor est un jeune homme feint, un personnage littéraire, et parce qu'elle n'a encore jamais lu Kafka. D'autre part elle vient de perdre un fils appelé Georges (« Ai-je pu imaginer apercevoir dans ce frêle déplumé [Gregor malade] une illusion spectrale de la forme adulte de mon fils s'il avait vécu », p.103) alors qu'elle avait déjà perdu un autre Georges, son père. Ainsi la littérature et la mort se conjuguent : « ce qui faisait d'un jeune homme le capitaine pour moi c'est que d'une part j'étais la fille d'un capitaine-mort d'autre part mon imagination était touchée par le caractère anormalement littéraire de la personne qui tenait le rôle de mourant » (p.85). Ou encore : « J'ai été obligée dis-je par la conjonction de mon hypersensibilité inconsciente à la mort précoce d'un être mâle et de ma passion violente pour les habitants littéraires » (p.86). Ici aussi, La Littérature semble pré-dire la réalité : d'un côté par la concordance des lettres, de l'autre par le rôle joué par une personne entièrement faite de littérature auprès d'une autre qui ne s'en aperçoit guère alors même qu'elle reconnaît cette part « du monde qui a toujours eu sur moi l'empire absolu : *la littérature* » (p.15).

Les bords du livre

La longue promenade à la plage au début de *Manhattan* pendant laquelle l'énonciatrice fuit son Récit, sa décision ferme de faire son Récit « *à tout prix* depuis les sept derniers mois que vienne ce jour, que j'attendais depuis des dizaines d'années » (p.11-12), ses abandons momentanés, puis ses soupirs – « je n'écrirai pas ce livre » (p.57) – émancipés en titre de chapitre, nous enjoignent à nous demander où commence le livre de Manhattan, quand commence le Récit tant attendu.

Tout au long de *Manhattan* l'énonciatrice tient un important métadiscours sur la genèse de son livre. Elle commente ses peines d'écriture et les difficultés de la mémorisation, liées à l'effroyable de l'histoire qu'elle veut raconter – « maintenant je peux déjà me le dire. Mais je ne peux pas encore l'écrire » (p.44). Aux problèmes de la mémoire s'ajoutent encore les effets du temps, qui lui font craindre que même les choses les plus réelles, « légitime[s] et vérifiée[s] de mes propres yeux » (p.41) en 1964, ne sont aujourd'hui peut-être que des fictions, « les personnes avenues rues lieux aussi peut-être, à commencer par G. » (p.41). Les conversations avec sa mère et avec son frère qui contiennent souvent des interprétations différentes de l'affaire Gregor sont également insérées dans le livre, de même que les conversations imaginaires entre l'auteur et le Livre-personnage de livre : «*Prends-moi dit le livre. Prends l'abandon. Empare-toi du plus effrayant* » (p.72).

Le temps de la narration dans *Manhattan* est celui de l'énonciation qui parfois est datée : « aujourd'hui 6 avril 2001 » (p.39); « je prélève (7 avril 2001) » (p.53). Chaque détail du Récit livré est donné à *ce* moment même et porte donc la marque de la mémoire et de l'écriture de cet instant. Un décalage important s'instaure entre ce temps de l'écriture, qui recoupe le livre de *Manhattan*, et le temps du Récit, le livre projeté de New York. L'énonciation en porte les traces : à la page 57 l'énonciatrice-narratrice abandonne son récit provisoirement alors qu'elle en est aux premières pages seulement : « j'arrête […] un tel épuisement me saisit dès les premières pages » (p.57). Mais ces premières pages sont-elles en fait les premières pages du Récit ? La question se justifie d'autant plus que, dans l'alinéa suivant, on lit : « à l'instant même où je viens (le 6 avril toujours) d'écrire ces quelques lignes […] » (p.57). Cette déclaration fait trembler le niveau temporel de l'énonciation, cet « instant même » n'étant pas le même selon qu'il se rapporte aux « premières pages », qui sont les pages du Récit, ou à « ces quelques lignes », qui sont des lignes dans *Manhattan*.

D'autres exemples de décalage entre le temps de *Manhattan* et le temps du récit new-yorkais se trouvent dans les nombreux « retours » (p.57, p.66) ou détours dans le fil de la narration, qui se manifeste de plus en plus comme la recherche d'une possible narration. Un autre exemple constitue encore le dernier chapitre, intitulé « Après la fin » (p.233). Dans ce chapitre à valeur d'épilogue, le livre de *Manhattan* se poursuit alors que celui de l'aventure new-yorkaise s'estompe, se muant en une histoire de « Vroum Vroum » (p.234) où « les événements se sont retirés sans passé hors de toute histoire » (p.238) et s'avèrent devenus pure fiction. Ce processus de fictionnalisation se poursuit jusque dans les dernières phrases de *Manhattan* même. Ici, l'énonciatrice constate la disparition du seul point d'ancrage dans la réalité de l'histoire qu'elle a vécue : « Quand j'ai voulu retrouver le King's Crown Hotel / l'immeuble avait totalement disparu » (p.239). Coïncidant avec la fin du texte, ce retirement de la réalité pourtant ne constitue pas une fin : « A sa place devrait commencer Le Récit » (p.239), conclusion qui signe la primauté de la fiction, de la mémoire et du fantasme, sur la réalité.

Aussi le Récit en tant que récit n'existe-t-il pas dans *Manhattan*; il s'y présente seulement sous forme d'essais nombreux, dans un étoilement d'éléments remémorés, lus ou imaginés. S'il arrive à l'énonciatrice de donner des indications très précises sur son Récit – « Là devrait commencer mon Récit » (p.98); « les trois premiers mots appartiennent au Récit » (p.161) –, les contours de celui-ci restent flous et sa progression, sinon sa présence effective, indéterminée. Si le Récit dans *Manhattan* a (son) lieu, il se trouve dans la démesure de la mémoire et des lectures du sujet écrivant, actualisée et condensée dans une série de scènes et de signifiants précis, mais toujours marqués d'indécidabilité.

« J'aurais voulu finir d'écrire Le Livre ». Mais au lieu de cela, « je peins la démence de l'Imitation américaine que je note depuis des dizaines d'années » (p.145). *Manhattan* présente non seulement des dizaines de ces notes, mais encore consacre des

paragraphes entiers aux archives du Récit embryonnaire, telle
cette « chemise jaune » dans laquelle gisent « d'innombrables
mues du Récit datant d'époques plus ou moins anciennes » (p.51).
Ces notes, preuves, par le biais du vœu d'écriture maintenue durant des années, de la « réalité » du Récit, introduisent dans le
récit de *Manhattan* de nouvelles bordures. Une première s'ouvre
explicitement à la préhistoire du livre, à son avant-œuvre, qui
s'avère maintenant datée plus récemment, ainsi que l'indiquent
les dates mises sur les notes : 1994, 1995, 1997, 1999, 2000. Une
autre ouvre l'écriture linéaire à la notation brève, inachevée, ouverture qui à son tour recoupe celle de l'écrit au dit, car les notes
relèvent plutôt du dit – c'est-à-dire de ce qu'il est possible de dire
– que de l'écrit, qui reste lié à l'impossible, aux limites du dicible,
du « racontable » : « *Raconter l'histoire de Gregor très simplement. Mais dire que je ne l'ai pas vécue ainsi, mais dans l'orage,
neiges, brasiers d'enfer, rideaux douteux. Mais dire que je ne l'ai
pas perdue – cette histoire. Elle est devenue racontable* » (p.55).

Les notes prises au cours des années sont comme un palimpseste sur lequel le récit de *Manhattan* est supposé se greffer.
Mais en réalité les oublis, les rêves notés, les ratures et autres surprises que contiennent ces notes ajoutent un autre trait
d'incertitude, de doute au récit en train de se faire. Si ces notes ne
font pas déraper, se détourner ou se relancer la suite narrative,
elles creusent en son sein un surplus d'informations, de rappro-
chements, de signifiants qui, quoiqu'ils ne soient pas élaborés par
la narratrice-énonciatrice, retentissent tout au long du livre. Ainsi
par exemple « la liste des incipits obstinés et en vain » (p.53) que
l'énonciatrice reconstitue à partir des feuillets trouvés dans la
chemise jaune. Leur « vanité » s'explique par le fait que, d'un
côté, ils ne constituent pas de véritables incipits, mais seulement
des bribes de phrase, des ébauches d'une pensée et, d'autre part,
qu'aucun d'entre eux n'a été gardé dans *Manhattan*, qui obéit à
son propre temps d'écriture, daté 2001. Mais leur présence dans
le livre même implique que, chez Cixous, l'opération littéraire
n'exclut pas l'avant-texte du texte et présuppose ce dehors, le
restant de sa préhistoire, qu'elle inclut en son dedans.

Datés de 1994 à 1999, ces incipits contiennent des éléments narratifs et textuels dont les occurrences se retrouvent mis en relief ailleurs dans *Manhattan* – notamment les motifs « obstinés » de la lettre et de la vue (et de la perte de la vue). D'autres, notamment le rêve daté 30 novembre.1995, assurent le lien qui existe entre l'histoire de Gregor et celle de Georges, le fils mort, qui revient avec la même obstination dans une autre note, sans date celle-ci, où la scriptrice évoque « *l'arrivée-départ de Georges mon fils le mort, un événement extraordinaire qui a précipité mon histoire hors de ses gonds…* » (p.55). Une autre note encore fonctionne comme un indice métadiscursif qui explique la difficulté de saisir le Récit de Gregor : « *Chaque fois qu'il revient sur cette histoire de folie; chaque fois elle essaie de lui conter la meilleure version la plus juste. Mais le temps passe et l'histoire change naturellement avec le temps elle ne peut être la même… chaque fois on découvre une autre rationalité d'autres indices d'autres rameaux de mots* » (p.55).

Le chapitre intitulé « De plus en plus de cahiers » (p.107) commence par une scène où l'énonciatrice se peint comme l'auteur – ou plutôt « l'écriteur » (p.108) – de ce livre qui, à ce moment-là, existe seulement sous forme de feuilles, de notes et de cahiers se trouvant dans une « dis/superposition sur mon bureau » (p.107). Sa description des crises d' « écritement » (p.108) dans laquelle elle se trouve – « mes mouvements convulsifs, tantôt d'abordage, tantôt de renvoi nerveux »; « l'état de panique »; « j'écris par fuites », etc. (p.107) – est comme une mise en abyme de l'histoire de *Manhattan*, où Le Livre de New York est à chercher, pour l'auteur comme pour le lecteur, comme on cherche par exemple une note perdue dans un tas de papiers, ou comme on se fie au secours qu'offre un nouveau stylo (et donc une nouvelle trace), tout en acceptant le risque d'« [enterrer] ce que j'essaie d'exhumer » (p.108). Le désordre du bureau reflète à la fois la structure narrative de *Manhattan* et le projet de livre de l'auteur : « ce qui paraît fou est au contraire l'effet d'une lutte contre la folie, une tentative pour desserrer l'étau » (p.110).

Comme la liste des incipits, « la multipication folle des cahiers » (p.110) dont chaque exemplaire signifie un nouveau départ (« chaque fois que je prends un nouveau cahier je crois que
c'est celui qui va prendre le pouvoir » p.110), l'importance des
feuilles volantes numérotées « 1,2,3 (jamais plus) » (p.110) montrent que l'auteur-écriteur croit au(x) commencement(s) : « je
crois au commencement d'entre les commencements » (p.110).
Cette déclaration confirme l'idée que le début de *Manhattan*, la
promenade à la plage, ne constitue pas nécessairement le commencement du Récit, bien que, en tant qu'incipit étiré, il le con-
tienne. En tout cas, lors de sa promenade la narratrice le reconnaît
dans un vieux chiffon, « mais pitoyable comme le corps mort
laissé par un enfant décédé [comparaison qui est une des premières références à Georges l'enfant mort], c'est la dépouille de mon
Récit, celui que j'ai appelé *Le Récit*, voilà ce qu'il en reste »
(p.29). Le Livre new-yorkais fait ainsi son apparition dans *Manhattan*, avant même que sa propre narration ne soit entreprise :
comme un objet entier, capitalisé, érigé en titre, mis en spectacle,
mais en même temps en tant que reste, « dépouille », ou encore
« ruine » (p.107). Sa réduction imminente à l'état de poussière, de
cendre, n'implique pas pour autant sa disparition pure et simple.
Au contraire, il se poursuivra dans l'éparpillement, dans la dissé-
mination – notons aussi que cette « dépouille » est en réalité un
chiffon, c'est-à-dire une texture, un texte, fait de plis et de replis.
Ainsi est le Récit-dépouille, tel que défini par l'auteur dans la
toute première ligne de la « prière d'insérer » : « ceci n'est pas un
objet mort, mais une explosion souterraine dont les conséquences
séismiques, personnelles et littéraires, continuent à se faire sentir
de nos jours ».

   La confiance exprimée par l'auteur relative aux commencements du livre soutient l'idée du caractère performatif de
l'écriture cixousienne, où chaque chapitre, chaque paragraphe,
etc. constitue la recherche du Récit tout en le comprenant déjà
en soi. L'étoilement des motifs et des signifiants, la reprise de
certaines phrases souvent au début des chapitres même, des
ébauches narratives qui se relayent, sont autant de portes au Ré-

cit, autant de commencements où le Récit est célébré dans son possible avènement. Mais, comme nous le rappelle Derrida, la loi de la Toute-puissance de la Littérature est telle que jamais il ne nous sera permis de décider si ce récit, et l'événement du Livre, ne renvoie déjà à un autre, projette déjà un autre, toujours à venir.

Bibliographie

Hélène Cixous, *Portrait du soleil*, Paris, Denoël, 1973 (rééd. Des femmes, 1998).

—, *Un K. incompréhensible : Pierre Goldman*, Paris, Christian Bourgois, 1975.

—, *Portrait de Dora*, dans *Théâtre*, Paris, Des femmes, 1976.

—, *Limonade tout était si infini*, Paris, Des femmes, 1982.

—, « De la scène de l'Inconscient à la scène de l'Histoire », dans Françoise van Rossum-Guyon et Myriam Díaz-Diocaretz, *Hélène Cixous, chemins d'une écriture*, Amsterdam/Atlanta, Rodopi et St. Denis, Presses Universitaires de Vincennes, 1990, p.15-34.

—, *Jours de l'an*, Paris, Des femmes, 1990.

—, *L'Ange au secret*, Paris, Des femmes, 1991.

—, (avec Mireille Calle-Gruber) *Hélène Cixous, photos de racines*, Paris, Des femmes, 1994.

—, *OR, les lettres de mon père*, Paris, Des femmes, 1997.

—, *Les Rêveries de la femme sauvage*, Paris, Galilée, 2000.

—, *Le Jour où je n'étais pas là*, Paris, Galilée, 2000.

—, « Hélène Cixous : 'La langue est le seul refuge' », dans *La Quinzaine littéraire*, 1 octobre 2000, p.10-11.

—, *Benjamin à Montaigne*, Paris, Galilée, 2001.

Manhattan, Paris, Galilée, 2002.

—, *Rêve je te dis*, Paris, Galilée, 2003.

—, *L'Amour du loup et autres remords*, Paris, Galilée, 2003.

—, « Du mot à la vie : un dialogue entre Jacques Derrida et Hélène Cixous », *Magazine littéraire* 430 (*Jacques Derrida, la philosophie en déconstruction*), avril 2004, p.22-29.

—, *The Writing Notebooks of Hélène Cixous* (édité et traduit par Susan Sellers), Londres et New York, Continuum Press, 2004

Jacques Derrida, *Genèses, généalogies, genres et le génie. Les secrets de l'archive*, Paris, Galilée, 2003.

Christa Stevens, *L'écriture solaire d'Hélène Cixous. Travail du texte et histoires du sujet dans* Portrait du soleil, Amsterdam/Atlanta, Rodopi, 1999.

Le bien et *Le Mal de mer*
de Marie Darrieussecq

Fieke Schoots

Ecrire c'est être entre deux mondes,
là où rien n'est certain mais où tout est possible,
où circulent les fluides, les sensations[1]

Avant même d'ouvrir *Le Mal de mer*, le troisième roman de Marie Darrieussecq, le lecteur est averti par les deux substantifs du titre que la mer n'y fait pas bonne figure. D'entrée de jeu, la mer est associée à la nausée, au mal au cœur ; la mer lieu de souffrance voire même auteur de délits, source de mal tant il est vrai que chez Marie Darrieussecq la mer peut être meurtrière. Même une lecture bienveillante du titre, par analogie avec le mal du pays, l'associe aussi à la souffrance, de par son absence même : la mer nous manque, il est temps d'aller la retrouver. La chanson de Björk citée en exergue, nuance pourtant cette image néfaste. La nuit, il fait bon se retirer dans l'océan, on y est chez soi. Cette dualité est symptomatique de la mer dans *Le Mal de mer*. Lieu privilégié dans l'œuvre de Marie Darrieussecq, la mer prend toutes les valeurs et connotations que depuis toujours la littérature lui a léguées.

'Chef de file des impertinents'
Marie Darrieussecq est l'auteur de cinq romans, de récits de circonstances, d'une thèse et d'articles consacrés entre autres à l'autobiographie contemporaine. Elle a fait une entrée exceptionnelle sur la scène littéraire française et internationale avec son premier roman *Truismes* (1996). Histoire kafkaïenne d'une femme qui se transforme en truie, c'est surtout son obscénité

---

[1] *Naissance des fantômes*, quatrième page de couverture.

moins dégoûtante que comique qui choqua le public et contribua à son succès commercial. Le roman de Darrieussecq tombait à point pour confirmer une tendance signalée alors par la critique : celle d'une littérature violente, érotique voire pornographique, écrite par des femmes[2]. On notait ainsi la réunion de ces traits dans les œuvres brutales d'écrivains comme Virginie Despentes et Alina Reyes ou plus sophistiquées comme celles de Marie Darrieussecq, de Lorette Nobécourt, de Claire Legendre ou de Julie Wolkenstein. Darrieussecq a même été qualifiée de 'chef de file des impertinents' par Jean-Louis Ezine[3].

Or, le roman suivant sortait du cadre esquissé, mais n'en fut pas moins objet de rumeurs critiques, cette fois causées par l'accusation de 'singerie' que fit une autre jeune femme-écrivain, Marie Ndiaye[4]. *Naissance des fantômes* (1998) reprend l'histoire classique du mari qui part chercher du pain et ne revient pas. Mais ici l'épouse ne saura jamais ce qui s'est passé. Est-il mort, va-t-il revenir? Le récit raconte surtout les réflexions, les fantasmes, les sentiments et les sensations de la femme qui attend dans son appartement. Seule la mer apporte un peu de consolation : « Que la mer soit si grande, si incompréhensiblement grande, c'était apaisant. On pouvait accepter ça, de ne pas comprendre la mer » (p.153). Aussitôt, le mari se présente à elle en tant qu''énergie nébuleuse'. Marie Ndiaye estimait reconnaître dans *Naissance des fantômes* l'anecdote de la disparition d'un mari, l'appel à la

---

[2] « La rentrée 1997 a été placée sous le signe de la violence et du sordide, ce qui n'exclut ni l'ironie ni l'humour » Monique Perrot-Lanaud, « Les nouvelles plumes au féminin », in *Lettres*, no. 31, 04/1998, à consulter sur http://www.france.diplomatie.fr/label_france/FRANCE/LETTRES/femmes/fe mmes.html (consulté le 23 février 2004). Cf. également Régine Desforges, « Les petites-filles d'O », in *Le Nouvel Observateur*, le 19 août 1999, p.66 ; Didier Jacob, « Les nouveaux barbares », in *Le Nouvel Observateur*, le 26 août 1999, pp.45-57.
[3] Jean-Louis Ezine, « Darrieussecq a du vague à l'âme », in *Le Nouvel Observateur*, le 25 mars 1999, p.66.
[4] Pour les détails de cette accusation, voir Colette Sarrey-Strack, *Fictions contemporaines au féminin : Marie Darrieussecq, Marie Ndiaye, Marie Nimier, Marie Redonnet*, Paris : L'Harmattan, 2002.

magie ainsi que quelques situations de ses romans *Un temps de saison* (1994) et *La Sorcière* (1996). En réponse, Darrieussecq s'exprima sur toutes les sources littéraires qui l'ont inspirée. Sans nous prononcer sur cette accusation, nous pouvons constater que ses romans suivants sont d'un ton légèrement différent. Les voix narratrices se multiplient et la magie apparaît moins à travers un surréalisme délibéré que par la puissance des sensations. Une certaine continuité est néanmoins assurée dans la mesure où *Naissance des fantômes* ouvre une série où la mer se fera le témoin d'une période décisive dans la vie des personnages.

Le Mal de mer (1999) est suivi par *Bref séjour chez les vivants* (2001). Ici, la mer, peu évoquée dans le récit, a décidé de la vie d'une famille. Les monologues intérieurs d'une mère et de ses trois filles racontent, en alternance, leur survie au sein d'une famille traumatisée. L'accident qui a provoqué ce choc sera peu à peu révélé. A l'âge de sept ans, la sœur aînée a perdu de vue son petit frère de trois ans au bord de la mer. Il est retrouvé mort noyé des semaines après. Les flux de paroles des quatre femmes témoignent de leurs sentiments de culpabilité, de l'horreur et de l'impossibilité d'en parler entre elles. Lors de la scène finale et tragique du roman, l'eau tue de nouveau.

Le texte suivant, carnet de notes qui raconte la vie de l'auteur après la naissance de son fils, s'appelle *Le Bébé*. Si l'attendrissement, la stupéfaction, l'émerveillement, bref la complète gamme d'émotions par laquelle passe la jeune mère est décrite de façon franche et divertissante, le texte est surtout intéressant parce qu'il nous montre comment l'écrivain est affectée par cet événement. Ainsi, elle s'étonne de sa (re)découverte inattendue d'un vieux vocabulaire de clichés, elle s'indigne de l'impossibilité de se mettre à l'écriture, elle s'étonne de l'absence des bébés dans la littérature et elle relit ses auteurs préférés sous un jour nouveau. La nécessité d'écrire s'avère aussi incontournable que l'amour maternel. Le récit est donc autant une étude scientifique de l'objet impersonnel qu'est 'le bébé' qu'une réflexion intime sur sa vie nouvelle.

En 2003 paraît *White*, histoire d'amour dans la blancheur de l'Antarctique. Engagée sur le "projet White", la construction d'une base européenne au pôle Sud, toute une équipe s'enferme dans un huis clos comme il y en a peu sur terre. Parmi eux, Peter, responsable du chauffage, et une seule femme, Edmée, en charge de la communication. Ils n'ont pour tout divertissement que les hologrammes futuristes des proches que la magicienne Edmée fait sortir lors des séances radio. Dehors, abstraction faite de la neige, il n'y a rien, sinon les spectres des illustres prédécesseurs, Scott, Amundsen, Shackleton. Et ceux des lecteurs qui, complices du narrateur, suivent le couple dans leur rapprochement. La mer y fait fonction de mémoire globale, puisque les glaciologues creusent la glace à la recherche de l'eau des origines.

A part les romans mentionnés ici, le travail fictif de Darrieussecq comprend quelques nouvelles publiées entre autres dans *L'infini* et *Elle*. Si nous ne nous référons pas à ces récits dont les titres figureront dans la bibliographie, il est intéressant de nous arrêter un instant sur deux publications que Darrieussecq a écrit en tant que spécialiste de la littérature. Sa thèse de doctorat porte sur l'autobiographie contemporaine. Elle étudie le moment de crise individuelle dans les œuvres de Doubrovsky, de Guibert, de Leiris et de Perec tel qu'il s'annonce par le champ lexical et les structures d'emboîtement qui caractérisent le gouffre. Elle qualifie d'ironie tragique ce discours rhétorique plein de jeux de mots[5]. D'autre part, un auteur féminin qui a attiré l'attention de Darrieussecq est Marie Redonnet. Dans un recueil sur 'les mémoires du récit' dans la série *Ecritures contemporaines*, elle a fait paraître une étude approfondie de son œuvre et notamment sur ses romans ultérieurs[6]. Darrieussecq souligne l'importance des lieux par rapport aux souvenirs et

---

[5] *Moments critiques dans l'autobiographie contemporaine : l'ironie tragique et l'autofiction chez Serge Doubrovsky, Hervé Guibert, Michel Leiris et Georges Perec*, thèse de doctorat sous la direction de Francis Marmande, s.l : s.n., 1997. Cf. le résumé de sa thèse à consulter dans Sudoc, le système universitaire de documentation sur http://www.sudoc.abes.fr/ (consulté le 10 mai 2004).
[6] « Marie Redonnet et l'écriture de la mémoire », in Dominique Viart (éd.), *Mémoires du récit*, Paris : Lettres Modernes Minard, 1998.

caractérise la mer de « grand lieu de l'oubli chez Redonnet » (p.192). On aura l'occasion d'y revenir.

Sans vouloir répondre à la question de savoir comment le docteur ès lettres a intégré son travail professionnel à son oeuvre romanesque, ou vice versa, il nous semble légitime de signaler quelques similitudes entre ces études critiques et les romans de Marie Darrieussecq. Ainsi, ses romans étudient – comme c'est souvent le cas, admettons-le d'emblée – également le moment et les suites d'une crise plus ou moins personnelle. Crise qui chez Darrieussecq ne se raconte pas mais qui se fait lire surtout au niveau sémantique et syntaxique. Dans *Le Mal de mer*, c'est l'instant où sans prévenir personne, une femme décide de prendre congé de sa vie conjugale en partant avec sa fille vers la côte atlantique Et tout comme chez Redonnet, ce lieu n'est pas sans importance, *Le Mal de mer* étant, comme le remarque Tiphaine Samoyault, « moins un texte sur la mer qu'un texte de la mémoire de la mer »[7].

La mer est un gouffre
Si d'autres romans de Darrieussecq s'attachent à ceux qui sont confrontés au 'départ' d'un bien-aimé, c'est la femme qui part que nous suivons ici. Nous la rencontrons avec sa fille au bord de l'océan, où elles s'installent dans une ville non précisée mais qui rappelle Biarritz. Les circonstances qui ont poussé la mère à plier bagage ne sont pas précisées. Dans une autre ville, la grand-mère fait des efforts désespérés pour se souvenir de ce qui sortait de l'ordinaire la dernière après-midi pendant laquelle elle a gardé sa petite-fille chez elle. Elle reste pourtant interdite devant son gendre, personnage par ailleurs très absent du récit. En effet, pas plus que l'instructeur de natation et futur amant, ce mari et père n'a droit à la parole. Ce sont d'autres personnages masculins qui vont compléter le récit du séjour au bord de la mer de leur point de vue : le détective privé auquel le mari fait aussitôt appel, l'agent immobilier et le vendeur de glaces.

---

[7] « Mer Cannibale », in *Les Inrockuptibles*, 17 mars 1999, pp.58-59.

La fille, qui n'a aucune idée de l'endroit où sa mère l'emmène ni pourquoi, n'a encore jamais vu la mer. Les vacances en famille se passaient toujours en montagne, le mari jugeant que « c'était plus sain, plus calme, moins touristique » (p.94). C'est le seul indice donné d'une incompatibilité d'humeurs entre les époux, mais un indice à ne pas négliger étant donné la fascination qu'exerce la mer sur cette femme ainsi que sur sa propre mère. Cette dernière, qui partira faire une thalassothérapie dans la station balnéaire où se sont réfugiées sa fille et petite-fille, essayait de montrer à la petite le 'fantôme de la mer' lors de leurs promenades dans la forêt. La toute première perception de la mer par la jeune fille n'en est pas moins troublante :

> C'est une bouche, à demi ouverte, qui respire mais les yeux, le nez, le menton, ne sont plus là. C'est une bouche plus grande que toutes les bouches imaginables (p.9).

Voici les premières phrases du récit. Dès l'abord, le lecteur entre dans l'univers animé de Darrieussecq, où règnent les sensations et où l'on sent, entend, goûte plus qu'on ne décrit. La première impression de la mer est celle d'un être vivant, impression qui ne fait que se confirmer au cours du récit. Ainsi, le détective a l'expérience qu'« on le goûte, on tente une ingestion, enfin on le vomit par le ressac » (p.88). Et lors de sa première baignade dans la mer, la fille perçoit l'eau comme « un grand œil vert collé contre son œil » (p.112).

Il faut d'ailleurs remarquer que tout l'univers diégétique a tendance à s'animer chez Darrieussecq, quoique dans *Le Mal de mer* le procédé de l'anamorphose soit moins poussé que dans *Truismes*. La fille, par exemple, se transforme en langouste, « des arrondis de carapace lui ont poussé » et pour enfiler son pull, sa mère doit « écarter les pattes » et « replier les antennes » (p.61). Dans l'œil-mer, elle devient un « poisson plat », « l'extrême bout de ce cil qui bat » (p.112). Point culminant de l'anamorphose, la voix narratrice s'introduit dans la peau du requin pèlerin – célèbre pour son 'équipement sensoriel très sophistiqué'(p.117) – égaré et jeté sur la plage, avant que celui-ci ne meure. Voici comment la première rencontre avec la mer se poursuit :

> Le bruit est énorme, le souffle, mais c'est surtout qu'on ne
> s'y attend pas [...] et d'un coup l'espace explose, on a levé
> la tête et le haut de la dune s'est fendu dans la profondeur,
> quelque chose comme deux bras immenses qui s'ouvrent ;
> mais ce n'est pas exactement ça, ce n'est pas accueillant,
> c'est plutôt qu'on n'a pas le choix, comme du haut d'un
> immeuble ou d'un monument on tomberait en l'absence de
> garde-fou (p.9).

Si la mère retrouve la mer avec la plus grande aisance, la fille,
déjà désorientée par le voyage à destination inconnue, est complètement bouleversée par la mer. Elle recule devant l'attraction
de cette chose animée, dévoratrice, aux contours vagues. Son visage est aussitôt marquée par cette imprécision pour avoir dû,
comme sa mère le croit, « accueillir l'étendue de la mer dans [ses]
yeux » (p.11).

      La mer est sans bords définis. A plusieurs reprises la mer et
la terre se disputent la place, la mer 'déborde' sur la ville (p.57),
la ligne des montagnes se prolonge loin sur la mer (p.102).
Comme le note Darrieussecq dans *Précisions sur les vagues* (le
texte qu'offrait l'éditeur pour tout achat du *Mal de mer*), la question est de savoir si c'est la mer qui arrive sur la côte ou la côte
qui arrive sur la mer. L'air lui-même semble être envahi par les
flots marins :

> L'air se retire à chaque inspiration de la mer ; puis revient ;
> avant que l'eau ne gonfle à nouveau, prenant toute la place ;
> si bien que respirer n'est possible qu'à petites goulées, entre
> deux mouvements énormes de la mer, entre deux secousses
> du ciel : en hoquetant, joues ruisselantes, un goût d'huître et
> d'algue dans la bouche (p.29).

La mer est inquiétante par ce pouvoir de s'étendre à l'infini, hors
des limites de notre imagination, ouvrant le gouffre « de

l'extension indéfinie », comme le remarque Antoine Compagnon
à propos de la 'mauvaise mer' chez Baudelaire[8].

L'écriture creuse
Dans *Précisions sur les vagues*, Darrieussecq relie la 'jointure'
entre le solide et le liquide au vide, à l'absence de la matière, en
évoquant les 'spots' des surfeurs :

> ces endroits du monde où le vide se manifeste en tubes
> d'eau ; où l'absence de la matière est visible dans la mer,
> par la forme en creux que celle-ci adopte. Les *spots* sont
> littéralement des taches à la surface du monde, des trous,
> des absences, où se constate le jeu de la charnière.

L'analogie s'impose entre ces spots et le récit qui est construit sur
les notions de 'jointure' et de 'creux'. Tout d'abord, les mots
'jointure' et 'creux', leurs synonymes et dérivés (joindre, creuser)
reviennent très souvent dans le texte. De plus, la jointure se retrouve dans la syntaxe où viennent s'aligner, s'accumulant, subordonnées, verbes, substantifs, adjectifs. Elle se manifeste aussi
dans le flux ininterrompu de la narration qui passe d'un point de
vue à l'autre, sans avertir le lecteur du changement survenu, imi-
tant ainsi le va et vient des vagues.

Le 'creux' s'annonce par exemple par la « trace en creux,
le négatif de ce qui est tombé » (p.43) sur la falaise, le creux
dans la poitrine de la fille (p.45), la ville qui est creuse comme
un coquillage (p.47). Certains 'creux' sont figurés : le trou de
mémoire de la fille quant au numéro de téléphone de son père,
l'impossibilité de la grand-mère de décrire les images 'collées'
sur sa rétine. Rodgers signale comment « les corps s'évaporent

---

[8]   Antoine Compagnon, *Baudelaire devant l'innombrable*, Presses de
l'Université de Paris-Sorbonne, 2003, p.102. A l'opposé de la tradition critique,
Compagnon n'accentue pas la bonté de la mer chez Baudelaire mais sa mé-
chanceté : « Dans la mer comme métaphore de l'immensité et de l'infini, il fait
bon s'abîmer » (p.102) ; « Sur la mauvaise mer, le regard se perd dans un horizon sans bornes. La mauvaise mer est plane. Son gouffre est celui de
l'extension indéfinie » (p.106).

toujours, surtout celui de la mère »[9], et cela vaut également pour la fille (p.63). Et il y a bien sûr le creux littéral de la mer où l'on risque de s'effondrer :

> [...] personne ne reste dans le creux, personne ne peut survivre dans le creux ; dans ce vide que les vagues s'épuisent à combler, dans lequel l'eau culbute, enfle, puis disparaît ; où l'air claque, où le sable explose, où rien ne s'apaise, ni ne se colmate (p.111).

La mer est une bouche 'cannibale' qui aspire le nageur dès ses premiers pas dans le sable, elle est un gouffre, où l'on risque de disparaître (p.113). La narration elle-même, finalement, est rythmée par les 'absences'. Le flux ininterrompu des mots passe sous silence l'essentiel, ce qui ne peut être dit : les raisons de la 'fuite', du choix du refuge, de la séparation à venir[10].

Les mots imitent les vagues qui par leur forme en creux rendent visible l'absence de la matière. Ainsi, le récit fait résonner le silence. L'écriture creuse ouvre l''entre deux mondes' que Darrieussecq évoque dans le passage cité en exergue. On peut dire avec Rodgers que « C'est de l'écriture même que naît le fantastique »[11]. Or, Tiphaine Samoyault souligne à juste titre combien la mer, lieu privilégié de l'indécis, constitue une étape essentielle dans l'écriture de Marie Darrieussecq :

> Marie Darrieussecq [...] fait de la lisière indéfinissable de la mer le lieu exact du fantastique, du surgissement visionnaire de l'étrangeté, du déplacement incessant d'un monde dans

---

[9] « "Entrevoir l'absence des bords du monde" dans les romans de Marie Darrieussecq », in : N. Morello, C. Rodgers (dir.), *Nouvelles écrivaines : nouvelles voix*, Amsterdam, Rodopi, 2002, pp.83-103, p.100.

[10] Cf. Darrieussecq à propos de Redonnet : « Il y a dans tous les récits de Redonnet une sorte de point focal, abismal, en creux dans chacun des textes, qui est peut-être un souvenir perdu, ou simplement du blanc, un non-dit, un indicible, quelque chose de refoulé qui troue violemment la trame trop serrée de ses petites mécaniques fatales » (*op. cit.*, 191).

[11] Loc. cit., p.99.

l'autre, de l'observation du réel dans la vision : la mer, ce
n'est pas l'infini, c'est ce qui toujours s'achève et recom-
mence, la vie même, et sa douleur (p.59).

Dans l'univers sensoriel du *Mal de mer* rien n'est certain et tout
est possible, à l'image de la mer qui est à chaque fois autre, par-ci
omniprésente, par-là absente, par-ci effrayante, par-là apaisante.

Le ventre de la mer
A l'immensité de la mer, la mère oppose des endroits bien clos :
la voiture, la tente, le studio. Il semble que, en délimitant rigoureusement l'espace, la mère tente de consoler sa fille :

> Il faudrait la prendre sur les genoux, l'entourer, lui pro-
> mettre, la serrer si fort qu'elle comprendrait avec soulage-
> ment où commence et s'arrête cette petite portion d'espace
> où il s'agit de se tenir (p.63).

Au moment où la mère pensait avoir perdu sa fille cette volonté
d'offrir sécurité et réconfort, est exacerbé et se mû en véritable
souhait de réincorporation :

> Elle l'a attrapée, ce corps petit, fragile, prêt à fondre dans
> l'air nocturne, à se dissoudre sous la poussée de la forêt ;
> l'avaler, la reprendre ; la faire rentrer dans le bas de son
> ventre, loger ses bras dans ses bras, son ventre dans son
> ventre, sa tête sous son crâne (p.63).

Bien plus que le seul désir de retourner à l'état d'avant la naissance de sa fille, la mère exprime ici le désir d'être à nouveau
unie à cette enfant qui lui « ressemble en miniature »
(p.48), pour se confondre à elle et ne faire qu'une. Comment donc
ne pas lire la suite du récit comme une lente préparation à
l'exécution symbolique de ce désir, comment ne pas interpréter
les 'premières vagues' de la fille comme un retour dans 'le bas du
ventre' de la mère? Ainsi, et paradoxalement, la mer n'est pas

uniquement gouffre où l'on se perd, mais aussi lieu où il est permis de se sentir sain et sauf.

En lui faisant prendre des leçons de natation, la mère prépare sa fille à se rapprocher de la mer mais aussi à retrouver un état proche de l'état du fœtus :

> Quand elle n'a plus d'air à souffler, elle relève la tête, et c'est comme une mémoire qui lui revient [...] L'eau est un grand repos, une main tendue sous le corps. On n'a plus à se garder du sol, à le tenir à distance, à se souvenir des muscles et tenir droite la colonne ; on n'a plus à veiller (p.60).

La soirée avant les 'premières vagues', la mère va retrouver Patrick dans un bar. Elle laisse sa fille toute seule dans l'immeuble. Celle-ci se réveille, va au balcon et « se sent grande d'être ici, seule au bord de la mer ; de se tenir ici, à l'exacte jointure de la terre et de l'eau » (p.76). La mer a fini par se faire connaître, elle ne fait plus peur. La fille s'endort de nouveau, mais se réveille à nouveau à cause d'un cauchemar sur son père. Comme sa mère n'est pas là pour la consoler, elle cherche refuge chez l'agent immobilier à l'étage supérieur.

Dehors, la mère constate également le pouvoir apaisant de la mer : « avec le bruit de la mer [...] il semble que rien ne puisse arriver, que personne ne soit laissé tout à fait seul ici » (p.81). Après avoir quitté Patrick dans une boîte, elle se risque au bord de la mer. Là, coincée entre la mer et un mur, elle est trempée par l'eau levée, par la marée et par la tempête qui se déchaîne tout à coup. Quand plus tard elle revient de chez Patrick, la mer et le temps se sont calmés, « elle marchera, lentement, longeant à pas rêveurs la grande absence de la mer » (p.86).

Ces événements préparent la scène des 'premières vagues' du lendemain. La fille a perdu ses repères : le lien avec sa mère se défait, dans son rêve le monde familier chez elle est insolite. La mer, par contre, a perdu son inquiétante imprécision. La fille est 'grande', elle va apprendre à se débrouiller seule, à assumer une nouvelle identité, tel l'air neuf de la roche qui se détache de la falaise. La plongée dans la mer, pendant laquelle la fille est accompagnée par celui qui est devenu l'amant de sa mère, symbolise bien un retour dans le sein maternel[12]. Mais ce retour ne peut qu'être passager. La fille sera expulsée de nouveau, rejetée sur la plage comme le requin. Et cette nouvelle naissance la dotera d'une nouvelle identité.

La mère fait table rase de son passé au bord de la mer. Sous l'influence de la tempête impromptue, la mer la lave des souvenirs comme des exigences de sa vie antérieure. Chez Patrick, elle « n'a aucune excuse, un mari, un père, tout est là, il faut le suivre » (p.86). La mère est 'vacante', comme la mer : « couvrant le fond, les épaves, les villes mortes, et demeurant, assise et amnésique ; un miroir bleu et lisse, si bleu et si lisse qu'il est difficile de croire à une profondeur » (p.51). Cette superficialité est pourtant trompeuse car « à dix brasses du bord, on se balancerait au-dessus du vide » (p.51). Avant de se baigner dans la mer, la fille regarde sa mère, couchée sur son transatlantique. Elle ne voit aucune ombre sauf « le creux de ses seins » qui la rend « entre toutes, visible, inquiétante et reconnaissable » (pp.90-91). Le petit rectangle représente tout ce que la fille ne sait pas de sa mère : ses souvenirs, ses mobiles, ses projets d'avenir. Si familière et pourtant si étrange, c'est par les mêmes adjectifs opposés que la mère et la mer se caractérisent. Elles symbolisent toutes les deux la 'mort du passé' et la naissance d'une nouvelle vie. Gouffre et germe, mortelle et féconde, la mer est le lieu par excellence où prendre congé de son passé pour tout recommencer. Il n'est donc pas étonnant que la mer soit associée à la mémoire.

La mémoire au féminin
Les personnages féminins ont tous un rapport différent avec la mémoire. La grand-mère, qui fait des exercices de mnémotechnie depuis longtemps, est associée à la mémoire (presque) par-

---

[12] Voir pour le rapprochement psychanalytique de mer et mère : Sandor Ferenczi, *Thalassa : psychanalyse des origines de la vie sexuelle*, Paris, Payot, 2002.

faite. Devant son gendre, elle relate tous les détails de la dernière après-midi passée avec sa petite-fille. Spectatrice fervente
des programmes scientifiques à la télé, elle a toujours été fière
de léguer son savoir « participant, s'obstinant après les morts,
donnant encore la vie à la petite, puisque par ce legs sans limite
elle ne cessait de lui appartenir » (p.95). Victime d'une crise
pendant la thalassothérapie, ses souvenirs l'abandonnent et finissent par 'couler' (p.105). La mère par contre cherche justement 'l'amnésie' dans les bras de son amant (p.86), par la dénégation de sa langue maternelle. Lors du passage à Paris, en route
pour l'Australie, elle préfère parler anglais. Aucun souvenir de
sa vie antérieure ne vient éclairer les raisons de son départ. Au
contraire : elle est « presque étonnée de trouver [son ancienne
adresse] intacte dans sa mémoire » (p.124). La fille, elle, voudrait bien se rappeler : le numéro de téléphone du foyer,
l'aménagement de l'appartement. Ce n'est que dans l'eau
qu'elle trouve quelque repos, ainsi que dans la piscine : « elle
lâche le bord, nage dans l'oubli de l'eau, la tête engloutie, le
corps mouvant et dénoué » (p.60).

Dans les œuvres de Marie Redonnet, Darrieussecq a notamment étudié « l'obsession de la mémoire perdue et de la
mémoire vraie » (p.185). Dans ce contexte, elle fait d'ailleurs un
parallèle avec l'un des auteurs de sa thèse, Georges Perec :

> On sait que Perec a fait du « blanc rorqual » dans *La Dis-
> parition*, un des signes de l'abîme, du gouffre, de
> l'anéantissement. De la même façon, dans une postmoder-
> nité romanesque extraordinairement maîtrisée, Redonnet
> ouvre dans ses textes le gouffre melvillien de la mer
> comme une fin possible à toutes les mémoires (p.193).

Silsie par exemple, dans le roman du même titre, va vers le centre de la mer pour retrouver 'son souvenir unique à elle' (p.184).
Mais se demande Darrieussecq, cette aventure, n'est-elle
pas « précisément, l'aller simple de la mort et de l'oubli »
(p.184). Or, dans l'œuvre de Marie Redonnet, l'eau, et plus spé-

cifiquement la mer, est plus d'une fois dévoratrice d'hommes et
de souvenirs. Dans *Forever Valley*, tout un village disparaît sous
l'eau du barrage. Dans *Rose Mélie Rose*, Yem ne revient jamais
de son voyage au bout du chenal. Mélie meurt au bord de la mer
après avoir donné naissance à une fille nommée Rose. La suite
des noms dans le titre suggère bien l'éternel retour du destin :
les personnages de Redonnet vont inéluctablement à leur perte,
mais non sans augmenter et transmettre leur savoir d'une génération à l'autre (le livre de légendes dans *Rose Mélie Rose*).

Sans négliger les différences très importantes quant au
style, à l'exubérance du langage de Darrieussecq face à la narration dénudée de Marie Redonnet, on peut cependant constater
une familiarité thématique qui relie mer et mémoire. Chez Darrieussecq, pourtant, du moins dans ce roman-ci, les personnages
ne sont pas perdus. Ainsi, par exemple, la fille « a peur, le temps
d'un vertige, d'avoir trouvé le passage vers le fond de la
mer » (p.113), mais Patrick la retient. Le désastre est plus inté-
riorisé chez Darrieusecq et la mer est plus le témoin d'une crise,
d'un passage, que d'un lieu où l'on se perd à jamais.

La mer est très souvent liée à la mémoire, pour la mère et
sa fille mais pas seulement. La fille tente de se remémorer
l'instant exact où la mer s'est étendue devant elle pour la toute
première fois, exercice presque aussi difficile que de décider de
la ligne de démarcation entre le sable et l'eau mais il est également question de la langouste, rendue oublieuse par la faim,
prise au piège du poulpe (p.82). Ou encore des anémones que
l'on ne peut observer que si « quelque chose […] s'oublie »
(p.91). Le détective se demande aussi s'il est capable de se souvenir de la mer comme il se souvient d'autres lieux, « en garder
un moment immobile et saisi, un moment jamais vu, jamais vécu, mais qui n'est pas le résumé des autres » (p.109). Si la mer
elle-même se prête difficilement aux souvenirs, faute d'une description valable, elle peut également 'combler des oublis'
(p.112).

Il va de soi que pour la fille, la mer sera à jamais liée au
souvenir de la mère. Lieu de l'oubli chez Redonnet où les per-

sonnages se perdent, elle devient chez Darrieussecq le lieu associé à jamais aux souvenirs de la crise personnelle. En témoigne
également la suite du passage de *Naissance des fantômes* déjà
cité :

> On pouvait se raconter des histoires et s'y laisser bercer, se
> dire que la mer était une mémoire, que chaque molécule
> d'eau de mer dans la mer était une parcelle de mémoire
> perdue, mais retrouvée là, regroupée entre des rives, navi-
> gable et aussi vaste qu'on pouvait l'espérer (p.153).

Pour la fille, la mer a été le témoin de la séparation d'avec sa
mère, elle garantit la fidélité au passé. Retourner à la mer, ce
sera retrouver l'amour maternel. Or, la mer a été 'absente' au
moment où la mère revenait de chez Patrick, passage symbolique d'une vie à une autre. Et il n'est sûrement pas sans importance que la grand-mère, dotée d'une mémoire parfaite mais
paralysée dans cette affaire au sens littéral et figuré, sera obligée
de quitter la ville sans même avoir vu la mer et sans avoir trouvé
ses fille et petite-fille.

L'écriture des vagues
La confrontation entre la mer et la terre est emblématique de la
façon dont deux univers se rencontrent dans *Le Mal de mer* :
celui des mots qui décrivent les actes des personnages et leurs
pensées, et celui des silences, de ce qui ne se dit pas. L'intérêt
du roman réside du jeu de la charnière entre eux. Ainsi, le récit
d'une fugue qui prépare une séparation sans doute douloureuse
se double de l'histoire de l'initiation d'une fille qui passe du
'ventre' maternel aux lois paternelles. L'évolution de la fille
peut être mesurée à son rapport à la mer. La mer est indécise
tant que la fille risque de coïncider avec sa mère. Au moment où
la « jointure de la terre et de l'eau » est « exacte », la fille est
prête à se détacher de sa mère. Or, cette histoire se déroule dans
l' « entre deux mondes » auquel vise l'écriture creuse de Darrieussecq. C'est le domaine de l'indécis, comme en témoigne la

mer qui est à la fois familière et étrange, bon et mauvais, germe et gouffre, mémoire et oubli. Si *Le Mal de mer* prend une place à part dans l'œuvre de Marie Darrieussecq parce qu'il n'y a ni spectres, ni revenants, le fantastique n'y est pas absent. Plus que de l'anamorphose, il dépend de l'indécision introduite par la mer.

La mer ne fait pas uniquement mal, elle fait également du bien, nous venons de le voir. A quoi renvoie donc le mal de mer du titre? La seule personne souffrante dans ce récit, la grand-mère, n'a pas la naupathie. Aussi l'expression « mal de mer » fait-elle allusion à un malaise moins physique, celle de la mélancolie ou de la nostalgie que provoque le manque de la mer. C'est sûrement ce sentiment-ci qui a poussé la mère à choisir cette ville balnéaire en tant que refuge et lieu futur des adieux. Mais par l'homonymie souvent exploitée, le titre renvoie également à la douleur future de la fille qui est sous-entendue dans le récit entier. La fille ne remarque-t-elle pas à propos de sa mère que « elle est si belle, que trop la regarder fait comme un point dans la poitrine » (p.90).

Étrange écriture qui est là pour ne pas dire ce qu'elle a à dire, pour contourner justement cette absence pour ne la rendre que plus visible. Les différentes manières de décrire la mer sont évoquées au sein du récit :

> Mais il est difficile de vraiment voir la vague. Faut-il isoler un point dans l'effondrement de l'eau, le repérer, suivre une goutte, une blancheur, un trait plus vif…et reprendre plus haut, vite, un autre point, sans cesse, de vague en vague ? ou bien : tenter d'appréhender l'ensemble, l'écume qui croule, se disloque, fuit en fils désunis, étendant sans cesse sa trame sur une prise énorme, mouvante et disparue (p.113).

C'est sur l'écriture elle-même que l'auteur semble se prononcer ici. Et il semble que son récit combine les deux méthodes décrites : chaque personnage éclaire l'histoire de son point de vue, mais la voix narratrice tisse une trame qui assure la continuité. Et comme la mer déborde sur la terre, il y aura un mouvement entre les faits et les sensations, entre le réalisme et le fantastique, entre la présence et l'absence, un va-et-vient proche des vagues, sur lequel le lecteur éprouve le vrai mal de mer.

Bibliographie

Oeuvres de Marie Darrieussecq
—, *Truismes*, Paris, P.O.L, 1996.
—, « Quand je me sens très fatiguée le soir », in : *L'infini*, 1997, no. 58, pp.26-28.
—, *Naissance des fantômes*, Paris, P.O.L., 1998.
—, "Isabel", in : *L'infini*, no. 62, 1998, pp.16-19.
—, *Le Mal de mer*, Paris, P.O.L., 1999.
—, *Précisions sur les vagues*, Paris, P.O.L., 1999.
—, *Il était une fois la plage*, Paris : Plume, 2000.
—, *Bref séjour chez les vivants*, Paris, P.O.L., 2001.
—, *Le Bébé*, Paris, P.O.L., 2002.
—, *White*, Paris, P.O.L., 2003.
—, *Claire dans la foret, suivi de Penthésilée, premier combat,* Paris, Des femmes, 2004

Oeuvres critiques
—, « La notion de leurre chez Hervé Guibert : décryptage d'un roman-leurre *L'Incognito* », *Nottingham French Studies*, vol. 34, no. 1, 1995, pp.82-88.
—, « L'autofiction, un genre pas sérieux », *Poétique*, no. 107, 1996, p.369.
—, « De l'autobiographie à l'autofiction : *Mes parents*, roman? », *Revue des Lettres Modernes*, no. 1326-1334, 1997, pp.115-321.
—, *Moments critiques dans l'autobiographie contemporaine : l'ironie tragique et l'autofiction chez Serge Doubrovsky, Hervé Guibert, Michel Leiris et Georges Perec*, thèse de doctorat sous la direction de Francis Marmande, s.l : s.n., 1997.

—, *Dans la maison de Louise*, Bordeaux , Musée d'art contemporain, 1998.

—, « Le fantôme de la Dame du lac », *Cahiers du cinéma* no. 525, 1998, pp.64-66.

—, « Marie Redonnet et l'écriture de la mémoire », dans Dominique Viart (éd.), *Mémoires du récit*, Paris, Lettres Modernes Minard, 1998.

—, « Les autoportraits de Rembrandt », *Beaux arts magazine*, no. 181, 1999, pp.56-63.

—, « Lamarche-Vadel immanquablement », *L'Infini*, no. 70, 2000, pp.57-64.

Etudes sur Marie Darrieussecq
Régine Desforges, « Les petites-filles d'O », *Le Nouvel Observateur*, le 19 août 1999.

Didier Jacob, « Les nouveaux barbares », *Le Nouvel Observateur*, le 26 août 1999.

Jean-Louis Ezine, « Darrieussecq a du vague à l'âme », *Le Nouvel Observateur*, le 25 mars 1999.

Monique Perrot-Lanaud, « Les nouvelles plumes au féminin », in *Lettres*, no. 31, 04/1998, à consulter sur
http://www.france.diplomatie.fr/label_france/FRANCE/LETTRES/femmes/femmes.html (consulté le 23 février 2004).

Catherine Rodgers, « Entrevoir l'absence des bords du monde dans les romans de Marie Darrieussecq », dans N. Morello, C. Rodgers (dir.), *Nouvelles écrivaines : nouvelles voix*, Amsterdam : Rodopi, 2002.

Tiphaine Samoyault, « Mer Cannibale », *Les Inrockuptibles*, 17 mars 1999.

Colette Sarrey-Strack, *Fictions contemporaines au féminin : Marie Darrieussecq, Marie Ndiaye, Marie Nimier, Marie Redonnet*, Paris, L'Harmattan, 2002.

Autres Textes
Antoine Compagnon, *Baudelaire devant l'innombrable*, Presses de l'Université de Paris-Sorbonne, 2003.

Sandor Ferenczi, *Thalassa : psychanalyse des origines de la vie sexuelle*, Paris, Payot, 2002.
Marie Ndiaye, *Un temps de saison*, Paris : Minuit, 1994.
—, *La sorcière*, Paris, Minuit, 1996.
Marie Redonnet, *Forever Valley,* Minuit, 1987.
—, *Rose Mélie Rose*, Minuit, 1987.
—, *Silsie*, Gallimard, 1990.

« C'est à moi que tu parles ? »

(Allocutaires et auditeur dans *Le Black Note* de Tanguy Viel)

Frank Wagner

Préambule : en marge ?

Le poncif de « l'écrivain inclassable », forgé par le critique exa-gérément épris du support de son activité d'écriture, résiste diffi-cilement à l'examen – « l'amour est aveugle », dit-on. En effet, quelque frappante que puisse paraître la singularité d'une œuvre, pas plus que les philosophes les écrivains ne poussent au hasard, comme des champignons après l'averse. Ils sont toujours peu ou prou conditionnés par leur inscription dans un contexte sociocul-turel historiquement déterminé, et subissent ainsi *nolens volens* l'influence de ce que d'aucuns nomment la « noosphère ».

Malgré la dimension profondément originale de son œuvre, Tanguy Viel ne fait pas exception à la règle. Né en 1973, il ap-partient *de facto* à une génération d'auteurs qui écrivent non seu-lement après le « Nouveau Roman » (Alain Robbe-Grillet, Claude Simon, Robert Pinget, Nathalie Sarraute, Marguerite Duras…), mais aussi après la *relève* – au sens derridien du terme – de cette mouvance (Jean Echenoz, Jean-Philippe Toussaint, Christian Gailly, François Bon, Antoine Volodine…). Dans cette perspec-tive, on pourrait donc éprouver la tentation de le rapprocher de jeunes écrivains comme Eric Laurrent, Laurent Mauvignier ou Marie Ndiaye, qui de surcroît publient comme lui aux éditions de Minuit.

Le repérage d'une origine éditoriale commune ne suffit certes pas à définir l'appartenance à une même famille esthéti-que, mais on sait l'importance que ce critère peut revêtir pour le créateur de taxinomies – non sans pertinence parfois. Que l'on songe au « Nouveau Roman » ou au « minimalisme », qui se sont eux aussi développés depuis la désormais célèbre maison d'édition créée par Vercors, et ont ainsi bénéficié d'une visibilité accrue aux yeux du public comme de la critique.

Cependant, c'est surtout à partir de l'examen des caractéristiques de l'œuvre proprement dite que le diagnostic de parenté esthétique peut être établi avec le plus de rigueur. Sur ce plan, les trois romans à ce jour publiés par Tanguy Viel[1] peuvent paraître emblématiques d'un certain postmodernisme littéraire[2]. Par rapport à la déstructuration de l'intrigue prônée et mise en œuvre par les « nouveaux romanciers » et plus encore par les membres du groupe Tel Quel, on y constate une notable renarrativisation des formes romanesques, en particulier dans *L'Absolue perfection du crime*. Toutefois, il n'y a pas là banal (et régressif) *retour* mais bien plutôt *détours* du récit : l'apparente accessibilité de ces textes ne se développe jamais au détriment de leur exigence formelle ni de la pertinence des interrogations théoriques qui les soustendent. On voit donc que si postmodernisme il y a, il s'agit d'une revisitation expérimentaliste du projet moderniste, qui ne vise en rien à le répudier mais au contraire à favoriser sa relance sur de nouvelles bases mieux accordées à l'*épistémè* actuelle.

Participerait également de l'esthétique postmoderniste ainsi définie le recyclage ludique de codes antérieurs, c'est-à-dire la dimension *architextuelle* de la fiction, omniprésente dans l'œuvre de Tanguy Viel – base sur laquelle on pourrait esquisser un parallèle avec l'œuvre de Jean Echenoz, spécialiste du détournement des structures et contenus hypogénériques (policier, espionnage, fantastique…). De plus, comme celles d'Echenoz, Toussaint, Gailly, Laurrent, *etc.*, l'œuvre de Viel intègre généralement en son sein son propre commentaire (explicite ou implicite), de sorte qu'elle présente une dimension *métatextuelle* fortement marquée.

---

[1] *Le Black Note*, 1998 ; *Cinéma*, 1999 ; *L'Absolue perfection du crime*, 2001 ; tous trois publiés aux éditions de Minuit.
[2] Sur ce point, voir Marc Gontard, « Postmodernisme et littérature », *Oeuvres & Critiques*, XXIII, 1, 1998, pp.28-48.

Mais, à la différence de ce qui avait cours dans les créations des « nouveaux romanciers », l'intégration de ces commentaires autoréflexifs au roman ne vise pas tant à proclamer sa fictionnalité qu'à enclencher une interrogation épistémologique à la fois plus vaste et – me semble-t-il – plus nuancée portant sur la notion de représentation : « comment le langage, tout en se renvoyant à lui-même, peut-il mettre en relief le monde ? »[3]. La passion que Tanguy Viel déclare éprouver pour cette problématique[4] permet de projeter un éclairage significatif sur la place dévolue dans ses romans à la confrontation du langage à d'autres systèmes sémiotiques, en particulier au cinématographique – que cela aboutisse à une réappropriation littéraire des codes du film noir (*L'Absolue perfection du crime*), ou à une création proprement transsémiotique (*Cinéma* : réécriture du dernier film de Mankiewicz : *Sleuth/Le Limier*). Cette interrogation « en acte » (car se développant du sein de récits de fiction) sur les capacités représentatives du *medium* langagier et plus généralement des artefacts culturels dote l'œuvre de Tanguy Viel d'une forte dimension *métafictionnelle* – également présente outre-Atlantique chez des écrivains comme John Hawkes ou Robert Coover.

Cependant, si toute œuvre littéraire est dans une certaine mesure façonnée par son inscription dans le contexte de sa production et de sa réception première, on ne saurait pour autant se borner à la prise en compte de ce seul ancrage, car la contextualisation risque parfois de « détextualiser » l'œuvre en en effaçant les spécificités marquantes – la vouant par là même au rôle de banal symptôme d'une évolution socioculturelle, qui seule importerait réellement. Aussi convient-il à présent, sans pour autant faire de Tanguy Viel un aérolithe brutalement chu de nulle part au milieu du paysage littéraire contemporain, de rendre justice à la dimension singulière de son œuvre.

Dans ce dessein, j'ai choisi de me livrer à une étude du *Black Note*, le premier des trois romans publiés à ce jour. Sans

---

[3] Tanguy Viel, *Les Inrockuptibles*, 24 mars 1999, p.98 (propos recueillis par Nelly Kapriélian).
[4] *Ibidem.*

trop anticiper sur les analyses qui vont suivre, précisons que ce texte, dont la narration est comme d'habitude chez Tanguy Viel conduite en relation homodiégétique, semble notamment remarquable par la façon dont il nous livre accès à un *univers mental* spécifique en déployant une *voix* : voix torturée par un trop-plein d'affects, ce qui lui confère sa singularité. Mais cette voix est indissociable d'un dispositif énonciatif extrêmement ingénieux, aussi séduisant sur le plan des effets de sens internes à la fiction que stimulant sur le plan intellectuel en raison de ses implications théoriques – en particulier de la réflexion sur la lecture qui est ainsi esquissée « en creux ». Conséquemment, l'étude à venir consistera en un va-et-vient permanent entre critique du roman et théorie de la réception : une façon comme une autre, après avoir évoqué les liens du texte et du contexte, de mettre en lumière le rôle de cette « instance » sans laquelle la littérature demeurerait lettre morte : le lecteur.

La place du lecteur

« Trouver à qui parler » : prise au pied de la lettre, et ainsi dépouillée de ses connotations agressives, la formule pourrait désigner l'un des enjeux majeurs du récit littéraire dans son rapport aux lecteurs. En effet, la spécificité de cette communication paradoxale tient à son caractère *différé*, puisque contrairement à ce qui se passe dans le cas de la conversation quotidienne, les « interlocuteurs » que sont l'auteur et le lecteur ne se trouvent pas en situation de co-présence. Cet éloignement dans l'espace et dans le temps, que viennent encore accentuer les phénomènes de progressive dépragmatisation du texte, prive donc (au moins en partie) l'émetteur et le récepteur de cette condition nécessaire à la réussite de la communication qu'est le partage d'un cadre commun de référence, et *a fortiori* leur interdit de l'édifier progressivement par spécifications successives et corrections rétroactives, dans le cadre d'échanges authentiques. Dans ces conditions, pour limiter autant que faire se peut les malentendus inhérents à la communication littéraire, il peut être tentant pour l'auteur de ménager au sein du texte un emplacement privilégié que le lecteur

est supposé investir. L'aménagement rigoureux d'un cadre énonciatif approprié tendrait donc ainsi à endiguer les « bruits » parasites provenant de l'incompressible écart entre « interlocuteurs »
– du moins à les maintenir en deçà du seuil à partir duquel ils
risqueraient de menacer la lisibilité.

On pourrait penser qu'une des méthodes les plus éprouvées
dont disposent les auteurs soucieux de pré-orienter l'activité de
leurs récepteurs consisterait à représenter au sein même de
l'univers du récit une figure de lecteur adéquate, manière
d'*analogon* intradiégétique offert à l'identification. Or, à y regarder de plus près, les choses sont loin d'être aussi simples. Dans un
article bien connu des poéticiens et des théoriciens de la lecture,
« Réflexions sur le narrataire (Quidam et Quilibet) »[5], Franc
Schuerewegen a démontré de façon très convaincante que
l'analyse de ces phénomènes impliquait de faire la part de
l'oblique et de l'indirect. Prenant appui sur la pragmatique de
l'énonciation, il en est arrivé à la conclusion que « le lecteur *du*
texte n'est pas le lecteur *dans* le texte [...] [et que] c'est le décalage entre ces deux instances, plutôt que le désir d'identification,
qui commande l'acte de lecture »[6]. Datant de 1987, ces réflexions
ont depuis lors été avantageusement complétées et nuancées par
divers théoriciens de la lecture, en particulier par Vincent Jouve,
qui établit une distinction fructueuse entre « narrataire-
personnage », « narrataire invoqué » et « narrataire effacé ».[7]

Cela précisé, mon propos étant ici moins théorique que critique – même si ces deux pôles des études littéraires sont difficilement dissociables –, je souhaiterais reprendre à mon compte
certaines des hypothèses de Franc Schuerewegen, afin de procé-
der à une analyse empirique du *Black Note*, roman de Tanguy
Viel dont la scène énonciative est à plus d'un titre remarquable.
L'étude qui suit sera donc en grande partie fondée sur une appli-

---

[5] Franc Schuerewegen, « Réflexions sur le narrataire (Quidam et Quilibet) »,
Poétique, n° 70, avril 1987, pp.247-254.
[6] *Ibidem*, p.254.
[7] Vincent Jouve, *La Lecture*, Paris, Hachette, 1993, coll. « Contours littéraires », pp.26-29.

cation au récit littéraire de la distinction établie par Oswald Ducrot entre « allocutaire » et « auditeur »[8], le premier terme devant
être entendu, en régime romanesque, comme le destinataire inscrit
(« narrataire invoqué »), le second comme le lecteur réel, qui tient
le livre entre ses mains, le déchiffre et réagit à ses sollicitations.

Certes, compte tenu des irréductibles différences structu-
relles précédemment signalées, ce recours aux outils forgés pour
l'analyse de la communication orale peut sembler problématique,
dès lors qu'on entend les mettre à contribution pour l'analyse
d'un roman. En effet l'« allocutaire » du roman n'est pas représenté en situation d'audition mais de lecture, ce qui introduit tout
de même une différence notable. Du moins est-ce *généralement* le
cas, car il ne faut pas perdre de vue que certains récits littéraires
tendent à occulter leur dimension constitutivement écrite pour se
rapprocher mimétiquement de la situation où un conteur s'adresse
à un auditoire. Tel est par exemple le cas d'Alexandre Dumas qui
élit fréquemment pour modèle énonciatif la situation de
« contage », au risque d'attirer ainsi paradoxalement l'attention
d'une frange de son lectorat sur la nature proprement littéraire du
médium utilisé. Or, aux antipodes de l'esthétique dumasienne, au
cours du XXème siècle se sont multipliés les romans construits
sur un simulacre d'oralité, le plus souvent sous les aspects de fictions en narration homodiégétique. Il faudrait donc établir une
distinction supplémentaire entre le « conteur » de nombre de romans du XIXème siècle et le « parleur » de bien des récits con-

---

[8] « Oswald Ducrot propose de distinguer ce qu'il appelle « allocutaire » et
« auditeur » de l'énoncé. Par « allocutaire », il faut comprendre la personne à
qui le locuteur *déclare* s'adresser, c'est-à-dire le destinataire que se donne, en
l'instituant tel, celui qui parle ; par « auditeur », Ducrot désigne le destinataire
imprévu ou indésirable, celle ou celui qui se trouvent entendre ou, « en un sens
plus restrictif du terme », écouter un énoncé qui ne leur est pas destiné. »
(Franc Schuerewegen, article cité, p.251). Les citations d'Oswald Ducrot pro-
viennent de son article « Enonciation » dans le « Supplément » de
l'*Encyclopaedia universalis*, « Admi-Lodge », 1980, p.259. Du même Oswald
Ducrot, Franc Schuerewegen mentionne également *Le Dire et le Dit*, Paris,
Minuit, 1984, en particulier le chapitre « Esquisse d'une théorie polyphonique
de l'énonciation ».

temporains. C'est indéniablement à cette lignée d'intarissables « bavards » qu'appartient le narrateur du *Black Note*, même si, nous le verrons, certaines particularités de son discours incitent à relativiser cette affiliation.

Avant d'en arriver là, il importe de préciser que, pour qui s'intéresse à la place qu'occupe le lecteur d'un récit de fiction, les textes conduits en narration homodiégétique[9] posent d'intéressants problèmes d'interprétation. Prétendre déterminer le lieu qu'investit le récepteur dans ces récits particuliers suppose tout d'abord d'effectuer un bref détour par l'anthropologie de la fiction, afin d'identifier le « vecteur d'immersion fictionnelle » imposé par le texte. J'emprunte cette notion à Jean-Marie Schaeffer, qui écrit :

> Les vecteurs d'immersion sont les feintises ludiques, les amorces mimétiques, que les créateurs de fiction utilisent pour donner naissance à un univers fictionnel et qui permettent aux récepteurs de réactiver mimétiquement cet univers. Un vecteur d'immersion est en quelque sorte la clef d'accès grâce à laquelle nous pouvons entrer dans cet univers. Les postures d'immersion sont les perspectives, les scènes d'immersion que nous assignent les vecteurs. Elles déterminent l'aspectualité, ou la modalité particulière, sous laquelle l'univers se manifeste à nous du fait que nous y entrons grâce à une clef d'accès, un vecteur d'immersion, spécifique. [10]

Selon Schaeffer, le vecteur d'immersion caractéristique de la fiction homodiégétique serait « celui de la substitution d'identité narrative »[11] puisque, en amont des actes de langage feints qui

---

[9] Caractéristique de cette tendance serait par exemple l'*incipit* de *Mon grand appartement* (Paris, Minuit, 1999) de Christian Oster : « Je m'appelle Gavarine, et je voudrais dire quelque chose. »

[10] Jean-Marie Schaeffer, *Pourquoi la fiction ?*, Paris, Seuil, 1999, coll. « Poétique », p.244.

[11] *Ibidem*, p.246.

composent le texte, l'auteur troque son identité réelle contre celle, fictive, du narrateur. Il s'ensuit que la posture d'immersion correspondante devrait être « celle de la « narration naturelle »[12], avec cette différence que l'accent se déplace de l'acte narratif vers l'identité du narrateur ».[13] Cette hypothèse a le mérite d'aborder une question épineuse, qui pourrait se formuler ainsi : face à une fiction homodiégétique, le lecteur aura-t-il tendance à investir le texte en occupant la position du « je » ou celle du « tu » ainsi présupposé ? Si l'on applique mécaniquement au récit littéraire les analyses linguistiques consacrées par Benvéniste à l'embrayeur de la première personne, il faudrait en conclure que le lecteur, situé *de facto* en position de destinataire, s'identifie nécessairement au « tu ». A l'inverse, si l'on importe dans le champ des études littéraires les outils de la psychologie cognitiviste[14], l'attention portée à la dimension « proprioceptive » des énoncés pourrait inciter à diagnostiquer une identification du lecteur au « je »[15]. En apparence, les conclusions de Jean-Marie Schaeffer semblent rejoindre celles des cognitivistes, mais par la suite de ses analyses il est conduit à préciser que le lecteur oscille fréquemment entre les deux pôles représentés par le narrateur et son destinataire – en fonction notamment d'idiosyncrasies qui échappent partiellement à la saisie théorique[16].

---

[12] « La posture d'immersion qui correspond à la feintise d'actes de langage descriptifs est celle de la « narration naturelle ». Nous accédons à l'univers fictionnel à travers la voix et plus largement la perspective d'un narrateur qui prétend nous raconter des faits réels […]. Cette modalité d'accès à l'univers fictionnel est typiquement celle de la fiction verbale hétérodiégétique […] » (*idem*).

[13] *Ibidem*.

[14] Sur ce point, voir François Récanati, *Introduction aux sciences cognitives*, Paris, Gallimard, 1992, coll. « Folio Essais ».

[15] J'emprunte ces considérations à une très stimulante communication de Béatrice Bloch, « Voix du narrateur et identification du lecteur », présentée dans le cadre du 6ème colloque international du Centre de Narratologie Appliquée de l'université de Nice (avril 2000). Ce texte a été publié dans *La Voix narrative*, *Cahier de narratologie*, n° 10, 2001, vol. 1, pp.221-229.

[16] *Pourquoi la fiction ?*, *op. cit.*, p.256.

En outre, aussi convaincante que puisse être une typologie des vecteurs et des postures symétriques d'immersion fictionnelle, la réalité fréquemment complexe des textes littéraires vient inévitablement déjouer – du moins en partie – une telle taxinomie théoricienne. Convenir de cette résistance des textes aux modélisations abstraites qui prétendraient les transcender pour mieux les subsumer revient à faire droit à la nécessité des analyses empiriques. Place, donc, au *Black Note*.

Locuteur et allocutaires
Comme il l'a déjà été signalé, le roman de Tanguy Viel consiste en une fiction homodiégétique, c'est-à-dire que le narrateur, utilisant la première personne du singulier, est également présent comme personnage au sein de l'univers diégétique ainsi édifié. De plus, il faut signaler que, à la différence des autres principaux actants du récit, dont nous sont à la fois dévoilés le prénom et le surnom (« Paul » *alias* « John », « Georges » *alias* « Jimmy », « Christian » *alias* « Elvin »), l'identité du narrateur-personnage dont le discours constitue le roman que nous lisons ne nous est jamais communiquée. Cet anonymat narratorial délibérément préservé creuse ainsi un vide dans ce récit à la première personne, place blanche qui peut dès lors constituer un lieu d'accueil privilégié pour le lecteur. Cependant, cet évidement relatif de l'origine locutive est contrebalancé par les particularités idiolectales de la parole qui se donne à « lire-entendre ». Anacoluthes, gallicismes (« C'est la façon qu'on a tous de se croiser dans le parc », p.11), phrases clivées (« Je l'aurais mis moi-même, le feu », p.29), gauchissement de locutions figées (« vous êtes capable […] de faire abnégation pour m'écouter », p.52), *etc.* : si le discours narratorial peut donner une impression d'oralité, c'est au prix d'un remarquable travail de « stylisation affective de la langue », c'est-à-dire d'une élaboration linguistique d'ordre spécifiquement littéraire[17].

---

[17] Sur les procédés de « stylisation littéraire de l'oralité », voir les analyses exemplaires de Danièle Racelle-Latin, *Le* Voyage au bout de la nuit *de Céline : roman de la subversion et subversion du roman*, Bruxelles, Palais des Académies, 1988, notamment p.90 *sq.*

Pour séduisante qu'elle soit dans son activité esthétique de déformation subjective des codes de la langue et des normes du bien
dire, cette parole saturée d'affects, si fortement caractérisée donc
caractéristique, peut ainsi, en dépit de l'anonymat de sa source,
maintenir le lecteur à distance en lui imposant de faire
l'expérience de l'altérité.

Altérité qui, dans *Le Black Note*, est loin de ne concerner
que le style, mais caractérise également, et indissolublement, le
cadre diégétique lui-même. La voix du narrateur-personnage qui,
si on la considère sous l'angle de la temporalité narrative, oscille
entre présent (« Ici, je parle à tout le monde. », *incipit*, p.11), futur
(« on jouera à nouveau dans une maison calme », p.66) et passé
(« Il y avait du vent ce soir-là. », p.115) avec une notable prédo-
minance de la dimension rétrospective, est en effet émise depuis
un lieu fort particulier : un centre d'accueil spécialisé, où le narrateur-personnage, toxicomane impliqué dans une énigmatique
affaire de meurtre, subit une cure de désintoxication. Ajoutons à
cela le fait que la victime (« Paul »), ami intime du locuteur, était
en outre l'un de ses colocataires, et l'on conviendra que cette situation fictionnelle diffère radicalement des scénarios empiriques
familiers de la plupart des lecteurs. En revanche, le stéréotype du
« meurtre énigmatique » recoupe nombre de scénarios intertextuels, abondamment alimentés par l'hypogenre qu'est le roman
policier. Une fois encore, on ne peut que constater l'existence
d'une forte tension entre les vecteurs d'adhésion à la figure du
narrateur et les facteurs de mise à distance.

Mais, pour qui ambitionne de cerner la place du lecteur face
à ce roman, il est capital de prendre en considération l'intégralité
des constituants de la scène énonciative, dont seul le pôle émetteur a jusqu'à présent été abordé. La voix narrative sera donc ici à
entendre dans l'acception genettienne du terme :

> [...] « aspect, dit Vendryès, de l'action verbale considérée
> dans ses rapports avec le sujet » – ce sujet n'étant pas ici
> seulement celui qui accomplit ou subit l'action, mais aussi
> celui (le même ou un autre) qui la rapporte, et éventuelle-

ment *tous ceux qui participent, fût-ce passivement, à cette activité narrative.*[18]

Prêter attention au dernier membre de phrase de la définition proposée par Gérard Genette est en effet indispensable à l'analyse des spécificités énonciatives du récit littéraire, car si l'on accepte de considérer la littérature comme une forme – certes éminemment particulière – de communication, il importe alors d'accorder toute son importance à la bipolarité constitutive de cette relation d'interlocution spécifique. Cela est tout particulièrement nécessaire à l'étude du roman de Tanguy Viel, dont la scène énonciative est précisément construite sur un détournement spécifiquement littéraire de la dynamique de l'échange propre à la communication orale. Si les analyses précédentes ont principalement insisté sur l'importance de la fonction émotive dans la parole narrative, flux verbal que l'on pourrait ainsi éprouver la tentation d'assimiler à la forme du monologue[19], il est temps de signaler à présent la place notable qu'y occupent les fonctions conative et phatique. Cette part capitale de l'orientation de la parole du « discoureur » anonyme vers le destinataire, prolongée et complétée par une accentuation du contact ainsi établi, est d'autant plus remarquable dans *Le Black Note* que la voix narrative élit (c'est-à-dire construit) non pas un unique mais *plusieurs allocutaires*. Ces figures de récepteurs, régulièrement interpellées par le locuteur, font au fil du texte l'objet d'une caractérisation de plus en plus précise, de sorte que loin de se résumer à leur fonction d'écoute elles finissent par devenir d'authentiques personnages. Le narrateur-personnage s'adresse ainsi successivement, et à plusieurs reprises, à « Georges » *alias* « Jimmy », l'un de ses anciens compagnons toujours libre au moment de l'énonciation, à

---

[18] Gérard Genette, *Figures III*, Paris, Seuil, 1972, coll. « Poétique », p.226, je souligne.

[19] Le vecteur d'immersion correspondant serait alors « la feintise ludique d'actes mentaux […] [quand] la posture d'immersion qui est créée par ce vecteur est celle de l'intériorité subjective. » (Jean-Marie Schaeffer, *op. cit.*, pp.244-245).

« Christian » *alias* « Elvin », un autre de ses camarades désormais lui aussi pensionnaire du centre d'accueil spécialisé, à « Rudolph », pensionnaire du centre rencontré quant à lui en ces lieux, enfin au directeur de cette institution.

Cette orientation de la parole narrative vers un allocutoire pluriel, dont chaque unité constitutive est graduellement particularisée, nécessite un examen approfondi. La conséquence la plus visible du choix de ce dispositif spécifique consiste en un morcellement du flux verbal émis par le locuteur, fragmentation clairement signalée sur le plan grammatextuel : dans un souci manifeste de lisibilité, chaque changement d'allocutaire est matérialisé par un blanc typographique. La matérialité du volume-livre est ainsi placée au service de la mise en évidence d'un des traits marquants de son idéalité.

Ensuite, la multiplication des allocutaires entraîne, sur le plan stylistique, un recours extrêmement fréquent au procédé de l'interpellation, qu'à la suite de Fontanier[20] il vaudrait mieux désigner par le terme d'*apostrophe* – j'y reviendrai. Pour que le lecteur puisse distinguer avec aisance chaque nouvel allocutaire, il est en effet nécessaire que le locuteur spécifie son identité en l'apostrophant plus ou moins régulièrement. Aussi peut-on repérer des apostrophes à la première page de chaque nouvelle séquence textuelle du *Black Note*, de même très souvent qu'à la dernière page, voire dans la clausule. L'apostrophe initiale (« Arrête de regarder, Elvin, écoute-moi maintenant. », p.64) permet au lecteur de faire le point sur le changement d'allocutaire, l'aide à réajuster son activité de réception en lui signalant d'emblée la nouvelle donne énonciative. Quant à l'apostrophe clausulaire (« Tu viendras avec moi, Elvin, quand on sortira », p.66), sa fonction semble être de susciter un effet

---

[20] « L'*Apostrophe*, qu'accompagne assez ordinairement l'*Exclamation*, est cette diversion soudaine du discours par laquelle on se détourne d'un objet, pour s'adresser à un autre objet, naturel ou surnaturel, absent ou présent, vivant ou mort, animé ou inanimé, réel ou abstrait, ou pour s'adresser à soi-même. » (Pierre Fontanier, *Les Figures du discours* (1830), Paris, Flammarion, 1977, coll. « Champs », p.371).

d'encadrement, qui confère à la séquence textuelle ainsi bornée une relative autonomie, et facilite donc la saisie mentale de sa cohérence allocutive par le récepteur. Cependant, la spécification de l'identité du nouvel allocutaire en ces lieux stratégiques que sont le début et la fin de chaque séquence n'est pas toujours suffisante, car il arrive parfois qu'un nombre important de pages successives s'adresse au même personnage. Aussi le procédé de l'apostrophe est-il également mis à contribution au sein même de chacune des séquences textuelles, généralement à de nombreuses reprises.

Sur ce point, il importe de signaler qu'en dépit de l'ingéniosité de son dispositif énonciatif *Le Black Note* ne saurait tomber sous le coup d'éventuelles accusations de « formalisme gratuit ». Dans ce roman en effet, les mécanismes de composition et d'écriture trouvent tous une justification fort cohérente dans les particularités de l'univers fictionnel qu'ils contribuent à édifier. Ainsi, dans le cas qui nous occupe, la prolifération des apostrophes ne saurait sans abus être exclusivement appréhendée sous l'angle de préoccupations techniques liées à la préservation de la lisibilité – ce dont témoigne parfaitement l'extrait suivant :

> Je n'ai plus peur, *Georges*, je ne crains pas de lui parler quand il vient, qu'il reste là, muet sur une branche d'arbre dans le parc, je fais comme s'il était vivant pour de vrai. Parce que c'est vrai, et il murmure toute la nuit, je ne sais pas ce qu'il dit, ça n'a aucune importance, c'est une question de présence brute, *Georges*, de souffle qui s'étale sur les vitres, il pénètre à l'intérieur de moi pour mieux murmurer, pour respirer à ma place, je le sens, *Georges*. (p.60, je souligne)

La présence de trois apostrophes dans ce seul passage[21], dont deux dans une même phrase, excède de beaucoup le souci « technicien » de clarifier la relation allocutive : le procédé énonciatif est ici indissociable d'effets de sens qui le débordent. La

---

[21] La seule page 60 en compte cinq.

répétition incantatoire de l'identité de l'allocutaire peut être interprétée comme une tentative désespérée du locuteur, non seulement pour emporter la conviction de qui l'écoute en soulignant le
contact qui les unit, mais aussi et surtout pour s'arracher à
l'emprise du spectre qui hante sa psyché tourmentée en ancrant sa
parole et la voix qui la porte dans l'ici et maintenant de
l'énonciation. Assemblage de signes linguistiques formant figure
rhétorique, l'apostrophe, par sa récurrence, devient symptôme du
délire obsessionnel qui *in-forme* le discours.

   Et il faut insister sur le fait que cette solidarité optimale du
rhétorique et du sémantique concerne l'intégralité du texte. Ainsi,
en dépit de son origine locutive en apparence unique, la scène
énonciative de ce roman s'ouvre-t-elle à une forme de polyvoca-
lité, non seulement du fait de la pluralité des allocutaires, mais
aussi parce qu'en amont la voix du narrateur-personnage peut être
définie comme une voix « ventriloquée ». En effet, la parole à la
première personne du locuteur est en permanence phagocytée par
celle des autres personnages, de sorte que la narration homodiégétique dominante est parsemée d'îlots relevant quant à eux d'une
relation de type hétérodiégétique. Dans la mesure où les paroles
rapportées constituent ici l'un des principes dynamiques qui permettent à l'intrigue de progresser, il advient donc fréquemment
que le locuteur premier se retire dans les coulisses de
l'énonciation et abandonne momentanément l'avant-scène aux
voix d'autrui, avant de réinvestir ce premier plan à la faveur d'un
rappel de la situation allocutive englobante :

   Et se disait à part entre nous : son retranchement dans un
   camp fortifié, sa torpeur devant la télévision éteinte, disait
   Georges surtout, c'était le besoin de faire mûrir en lui les
   grandes phrases, que bientôt, grâce à lui, ce serait du concret. C'est source d'inspiration, disait Elvin, et vous verrez,
   il compose mentalement, on finira par s'enrichir vraiment
   en musique, parce qu'il prépare notre avenir à tous, disait
   Elvin. Et nous tous d'y croire, et de s'enfermer nous aussi
   dans une pièce, d'ouvrir la fenêtre l'été pour respirer un

peu, et de rêver. Tu n'aurais pas supporté un dixième, Rudolph, tu aurais claqué la porte au premier jour. (p.26)

Là encore, ce dispositif énonciatif étagé ne saurait être considéré comme une déclinaison purement expérimentale du principe narratologique selon lequel derrière tout récit à la troisième personne se dissimule une première personne susceptible à tout moment de réaffirmer sa mainmise sur la narration[22], mais constitue le vecteur d'effets de sens primordiaux pour la compréhension du texte. Ces multiples délégations ponctuelles de la parole traduisent en effet le désir du narrateur-personnage de reconstituer la communauté fusionnelle qu'il formait encore naguère avec ses compagnons (« Paul », « Georges » et « Christian ») – ce qu'illustre parfaitement dans l'extrait cité le recours au « nous » inclusif. Mais le meurtre de « Paul » rendant cette aspiration impossible, la fusion projetée se mue douloureusement en son contraire : une irrémédiable séparation qui se traduit sur le plan linguistique par la juxtaposition de bribes des voix d'autrui, jusqu'à provoquer une atomisation de la parole du narrateur – inapte à maintenir son unité et dès lors vouée à la fragmentation et à la dispersion. En termes psychiatriques, le discours narratorial pourrait donc être qualifié de schizophrène ; diagnostic auquel incite notamment le réseau établi par l'épigraphe (« « *Car je meurs en ta cendre et tu vis en ma flamme* » / *Tristan l'Hermite* »), les événements de la diégèse (la mort de « Paul » dans un incendie criminel) et le sentiment fréquemment affirmé d'une dépossession de soi (« Paul s'investit en moi, il gronde partout dans mon corps, et il parle à ma place déjà : […] bientôt il parlera tout haut dans ma bouche. », p.70). Cet exemple témoigne avec clarté de la solidarité qui, dans *Le Black Note*, rassemble partis pris d'écriture et contenu narratif, ainsi mutuellement motivés.

---

[22] Voir Gérard Genette, *Nouveau Discours du récit*, Paris, Seuil, 1983, coll. « Poétique », p.65 *sq.*

L'auditeur derrière les allocutaires

Si les analyses précédentes ont permis de mettre au jour les implications stylistiques, narratives et sémantiques de la diversification
des allocutaires, il convient à présent de tenter d'en évaluer
l'impact pragmatique, c'est-à-dire d'en mesurer les répercussions
sur le lecteur. Le phénomène marquant dans cette perspective
tient au fait que, de même que la parole du locuteur repose dans
Le Black Note sur un simulacre d'oralité, de même la relation
allocutive y est clairement factice, feinte ou simulée. Certes, toutes les marques qui caractérisent le fonctionnement d'une authentique adresse à l'allocutaire en contexte de communication orale
sont fidèlement reproduites dans le texte de Tanguy Viel : vocatif
(représenté par les multiples interpellations), impératif (« vois »,
« arrête »), formules destinées à établir le contact entre interlocuteurs, à le maintenir ou à l'intensifier (« tu comprends », « tu
vois », « n'est-ce pas », « oui »), tours interrogatifs (« ça te revient maintenant, tu revois ce moment ? », p.98), *etc.* Mais dans
ce contexte romanesque, on pourrait les qualifier de rigoureusement *non-fonctionnelles*.

　　Cela tient bien sûr en grande partie aux différences structu-
relles qui distinguent communication orale et pseudo-
communication littéraire. En régime romanesque, comme il l'a
déjà été signalé, les « interlocuteurs » ne sont pas co-présents, ce
qui prive le récepteur de la possibilité d'exercer une authentique
action en retour sur le « message » que lui adresse l'émetteur. Il
ne saurait donc y avoir là interlocution qu'en un sens élargi, partiellement métaphorique. De plus, dans le cas spécifique du *Black
Note*, si la scène énonciative met aux prises un locuteur unique et
une pluralité d'allocutaires, ces derniers n'ont d'existence textuelle que dans les apostrophes que leur adresse le narrateur homodiégétique : leurs voix ne sont jamais textualisées (en dehors
de propos rapportés au discours indirect, enchâssés dans la parole
narratoriale et démarqués par l'usage de l'incise), mais doivent
être induites des seules particularités du flux verbal à la première
personne qui constitue le roman. Ainsi le statut des tours interrogatifs fréquemment employés par le locuteur est-il fondamenta-

lement ambigu : si l'on se focalise sur la seule lettre du texte, dans la mesure où jamais n'apparaît la moindre réponse à ces diverses questions, il semble légitime de les considérer comme autant de formules purement rhétoriques. Mais à l'inverse, puisque tout univers fictionnel est par essence voué à l'incomplétude et que l'activité lectrice consiste dans une large mesure à combler mentalement ces inévitables lacunes[23], il est possible d'estimer que les réponses des divers allocutaires, même si elles n'ont pas été consignées au sein du livre, ont pourtant été émises, et existent en quelque sorte dans ses marges. Une approche immanente, dont l'objet est le texte, tout le texte et rien que le texte (première hypothèse), identifiera donc dans le roman de Tanguy Viel un long monologue fragmenté, artificiellement déguisé en polylogue ; au lieu qu'une approche transcendante, ouverte sur les prolongements virtuels du texte comme sur leur actualisation par le lecteur[24] (deuxième hypothèse), accordera le bénéfice du doute à la « réalité » des échanges linguistiques entre locuteur et allocutaires.

Qu'on en tienne pour l'une ou pour l'autre hypothèse, il n'en reste pas moins que la possibilité même d'une telle alternative provient à l'origine d'une exploitation conjointe des ressources logiques de la présupposition et des capacités linguistiques particulières qu'on nomme le « pouvoir performatif » de la parole. Dans un roman, écrire « Rudolph » revient en effet à postuler implicitement l'existence antérieure d'un individu répondant à ce prénom – postulation ainsi fort économiquement imposée au lecteur qui, au nom de la fameuse « suspension momentanée et volontaire de l'incrédulité »[25], a toutes les chances de l'entériner

---

[23] Sur ce point on se reportera avec grand profit aux analyses de Pierre Bayard, *Enquête sur Hamlet (Le Dialogue de sourds)*, Paris, Minuit, 2002, coll. « Paradoxe ». Voir en particulier la section intitulée « Il n'y a pas d'œuvre complète » (pp. 45-57).

[24] Emblématiques de cette approche sont la plupart des travaux de Pierre Bayard. Outre *Enquête sur Hamlet*, déjà cité, on mentionnera *Qui a tué Roger Ackroyd ?*, Paris, Minuit, 1998, coll. « Paradoxe ».

[25] Samuel Taylor Coleridge, *Biographia Literaria* (1817), *The Collected Works*, Princeton, Princeton University Press, 1983, t. VII, vol. 2, p.6 :

comme un pré-requis « évident » et indispensable à son activité
de réception. L'interpellation ne constitue qu'une variante de ce
principe logique élémentaire : en régime romanesque, interpeller
« Rudolph » consiste simultanément à le créer, car il suffit à la
parole fictionnelle de s'adresser au vocatif à un allocutaire pour
aussitôt susciter sa présence. Le locuteur du *Black Note* apostrophe « Georges », « Rudolph », « Elvin » ou « monsieur le directeur », et il n'est nul besoin d'une condition supplémentaire pour
que « Georges », « Rudolph », « Elvin », ou « monsieur le directeur » accèdent à l'existence fictionnelle.

   Une fois posées les caractéristiques de cette relation allocutive spécifique, reste à tenter de préciser la façon dont le lecteur
l'investit. Ici, un bref détour par l'article déjà cité de Franc Schuerewegen s'impose : prenant notamment appui sur les travaux de
Pierre Barbéris, il a démontré de façon très convaincante que dans
Le Père Goriot la « lectrice à la blanche main » apostrophée au
début du roman, narrataire invoqué par le narrateur balzacien, se
trouvait « expulsée du livre »[26] *en vertu même de l'emploi de
l'apostrophe* – ce qui illustre clairement la possibilité d'une différence foncière entre narrataire et lecteur (même virtuel). C'est
qu'en effet l'apostrophe telle que la définit Fontanier apparaît
comme une figure du « détournement », de la « dérive », dans la
mesure où elle « vient séparer allocutaire et auditeur (qu'on est en
mesure maintenant d'identifier au narrataire et au lecteur [du
texte]) » (p.252) et à ce titre peut être perçue « comme une stratégie de l'échec, comme l'aveu d'une impossibilité de communi-
quer « vraiment », c'est-à-dire *face-to-face*, comme c'est le cas
dans la conversation quotidienne » (*ibidem*).

   Appliquées au roman de Tanguy Viel, ces analyses trouvent
une éclatante confirmation de leur pertinence. Tout d'abord, la
séparation de l'allocutaire et de l'auditeur par le mécanisme de
l'apostrophe y est particulièrement évidente, et révèle en outre sa
dimension plurivoque. D'une part, en effet, l'identité onomasti-

---

« willing suspension of disbelief for the moment, which constitutes poetic
faith ».
[26] Franc Schuerewegen, article cité, pp.248-249.

que du personnage apostrophé constitue un obstacle notable aux éventuelles tentatives de lecture par identification : par exemple, sauf cas d'homonymie, l'inscription sur la page du prénom « Elvin », apostrophé par le narrateur, suffit en raison de l'irréductible singularité identitaire ainsi établie à reléguer le lecteur en situation de « tiers exclu » de la communication. Dès lors, si « Elvin » est allocutaire, le lecteur occupe quant à lui la place de l'auditeur surprenant, depuis les coulisses du roman, un échange verbal qui – déclarativement du moins – ne lui serait pas destiné. Notons en outre que la démultiplication des allocutaires (elle-même renforcée par la polynymie) vient encore intensifier ces implications distanciatrices de l'emploi de l'apostrophe, puisque ce sont quatre communications « privées » et entrecroisées qu'« intercepte » le lecteur. Si l'identification idiosyncrasique d'un auditeur donné à un allocutaire unique est après tout peut-être envisageable, elle devient radicalement impossible face à plusieurs allocutaires distincts : nul lecteur du *Black Note* ne saurait s'identifier alternativement à « Georges » *alias* « Jimmy », « Christian » *alias* « Elvin », « Rudolph » et « monsieur le directeur ».

D'autre part et inversement, à l'examen ce sont les allocutaires successifs qui occupent alternativement la place du tiers exclu et, pour reprendre la formule de Franc Schuerewegen, se trouvent « expulsés du livre ». Cela tient bien sûr à la dimension littéraire du cadre au sein duquel se développe cette communication particulière : en régime fictionnel, l'allocutaire *n'est pas* le lecteur, mais tout au plus une figure qui peut lui tenir lieu de représentant au sein de la fiction, et remplir ainsi une fonction de vicariance. Or, plus ce « relais » intradiégétique est précisément particularisé, moins le lecteur réel a de chances de s'identifier à lui – et se voit dès lors renvoyé à son inaliénable singularité. Cela est tout particulièrement incontestable lorsque l'allocutaire est nommé, en raison de la barrière que constitue l'identité onomastique. De plus, dans le cas spécifique du *Black Note*, ces mécanismes distanciateurs se trouvent considérablement accrus du fait de la pluralité des allocutaires qui, bien que (ou parce que) distincts les uns des autres, apparaissent comme autant de fantoches et de leurres destinés, à terme, à s'effacer devant l'unique destinataire de la « communication » – c'est-à-dire, plus rigoureusement, du texte – : le lecteur.

Si l'hypothèse, qui prend le contre-pied de la précédente, peut peut-être paraître contestable, pour s'assurer de sa validité il n'est que de raisonner en termes de volume d'informations. Dans le roman de Tanguy Viel en effet, aucun des allocutaires n'a accès à l'intégralité de l'apport informatif : seul le lecteur, qui quant à lui n'est jamais interpellé, est en mesure de faire la somme des propos du narrateur[27] – ce qui suffirait à établir son statut de destinataire véritable des informations véhiculées par le texte. En outre, la position qui lui est ainsi ménagée indirectement par le biais des apostrophes successives est d'autant plus précieuse que le narrateur homodiégétique du *Black Note* apparaît progressivement comme « peu crédible » (*unreliable*), dans la mesure où son discours révèle un recours ponctuel à la figure de l'épanorthose (« Ici, je parle à tout le monde. », p.11 / « je m'ennuie ici. Je ne parle à personne. », p.63)[28] et un tri soigneux des informations en fonction des allocutaires. Seul le lecteur, depuis sa position à la fois marginale et surplombante, peut dès lors tenter de démêler le vrai du faux sur la base des indices qu'il partage uniquement avec le narrateur, ce qui lui confère une supériorité extrêmement valorisante sur les divers allocutaires. Pour autant, on se gardera bien d'en conclure hâtivement à une forme d'omniscience lectorale car, dans le cadre d'une fiction homodiégétique, l'aveu par le narrateur de son usage ponctuel du mensonge (p.101, p.111) voue le récepteur à une aporie interprétative bien connue depuis le paradoxe d'Epiménide le Crétois.

---

[27] Ce qui est évidemment crucial compte tenu de la dimension « policière » de l'intrigue, qui repose sur l'élucidation d'une énigme – même si cet aspect particulier du roman est loin d'épuiser sa richesse.
[28] Autre exemple : « Le feu dans la maison, Rudolph, c'est moi qui l'ai mis, dans la pièce principale. » (p. 85) / « Est-ce que je t'ai dit vraiment que j'avais pu mettre le feu, est-ce que tu as pu me croire ? […] c'était des mensonges […] » (p. 101).

Cependant, il est un autre trait marquant qui vient renforcer l'exclusion des allocutaires successifs et confirmer le lecteur dans son rôle gratifiant d'auditeur privilégié : du début à la fin du roman, le dispositif énonciatif *évolue*. Si durant les trois premières parties (pp.11-107) se maintient la situation d'allocution plurielle précédemment décrite, en revanche la quatrième et dernière partie (pp.111-125) consiste en une narration homodiégétique désormais *dépourvue d'allocutaire*. Le réajustement du protocole de réception impliqué par cette brusque mutation du cadre énonciatif est d'ailleurs si troublant et si lourd de conséquences que le lecteur peut dans un premier temps éprouver la tentation de lire ces pages comme si l'allocutaire en était le directeur du centre d'accueil spécialisé. En effet, les passages (pp.49-52, pp.72-75, pp.92-95) antérieurement adressés à « monsieur le directeur » contenaient un nombre réduit de marques allocutives et, sur le plan sémantique, traitaient de la préservation difficile d'un non-dit. Or, la dernière partie du roman débute par un aveu (« C'était mieux de la faire brûler, je le dis pour de vrai : c'est moi qui ai pris l'allumette, j'étais en congé ce jour-là, j'ai menti quand j'ai dit que je travaillais. Avec Georges, on a mis le feu à notre maison. » p.111) qui pourrait donc être adressé au personnage du directeur[29] sans que la cohérence ni la vraisemblance du récit aient à en souffrir. Mais une relecture attentive de ces dernières pages permet de constater qu'elles ne contiennent aucune apostrophe, donc aucun allocutaire ; ce qui signifie que le roman récuse *in fine* son dispositif allocutif antérieur.[30]

---

[29] Le personnage de « Rudolph » pourrait également, à première vue, constituer un allocutaire plausible de la dernière partie du roman, car le narrateur lui a promis de façon récurrente (« Je te raconterai tout, Rudolph […] », p.88 et *passim*), tout au long des trois parties précédentes, de lui révéler un jour l'entière vérité.

[30] Au point que, parvenu à ce stade de son activité de réception, le lecteur peut se demander si tout ce qui a précédé n'était pas un monologue artificiellement paré des apparences du polylogue. En d'autres termes, pour qui considère le locuteur comme un schizophrène, l'existence des allocutaires, déjà problématique antérieurement, devient éminemment douteuse à partir du moment où ils disparaissent de la scène énonciative. Dans cette perspective, ce dialogisme de

Cette invalidation tardive du scénario énonciatif est évidemment lourde de conséquences, puisqu'elle suffit à désigner rétrospectivement la dimension feinte et artificielle de la situation allocutive plurielle précédemment mise en place : au terme de la narration, il apparaît clairement que le lecteur est l'unique destinataire authentique du flux verbal morcelé émis par le locuteur homodiégétique. Or, la dénudation finale de l'artifice des codes qui ont jusque-là sous-tendu la « communication » pose d'intéressants problèmes d'interprétation, dans la mesure où elle génère des effets contradictoires. D'une part en effet cette disparition des allocutaires peut tendre à accroître l'impact de la révélation finale sur le lecteur, car l'aveu du meurtre de « Paul » *alias* « John » par le narrateur-personnage est ainsi délivré dans une immédiateté éminemment crédibilisante : les relais intradiégétiques que représentaient les allocutaires successifs ont désormais disparu, de sorte que le lecteur peut avoir l'impression de bénéficier ainsi d'un accès direct à la « vérité » – enfin dévoilée sans détours. L'abandon du dispositif énonciatif étagé remplirait donc une fonction vraisemblabilisante, reposant sur la restitution au lecteur de son rang privilégié de destinataire effectif de la confession narratoriale. Mais, d'autre part, cette mise à nu des codes énonciatifs peut être interprétée dans une perspective inverse, qui y identifierait une révélation métatextuelle de l'artifice du récit, à valeur de suggestion de fictionnalité. Cette seconde hypothèse interprétative présente l'avantage de pouvoir être étayée par plusieurs passages du roman qui, s'ils renvoient sur le plan dénotatif à l'univers intradiégétique, n'en font pas moins référence sur le plan connotatif aux particularités marquantes de l'activité de textualisation du scripteur du *Black Note*. Ainsi de l'*incipit* : « Ici, je parle à tout le monde. ». Dans une perspective réaliste, cette première phrase du roman désigne les échanges du protagoniste avec les divers autres pensionnaires du centre d'accueil spécialisé ; mais simultanément elle fait également sens dans une perspective métatextuelle : le déictique inaugural renvoie dès lors à l'espace

---

façade ne serait qu'un auxiliaire artificiel destiné à faciliter l'aveu final du narrateur-personnage.

spécifiquement littéraire qu'est le roman, quand le contenu sémantique de l'assertion désamorce par avance la spécificité de la relation allocutive encore inconnue du lecteur. Déclarant « parle[r] à tout le monde », c'est-à-dire à l'ensemble des lecteurs/lectrices, le narrateur homodiégétique dénonce du même coup de façon anticipée[31] l'artifice et la fictionnalité de l'énonciation étagée qu'il adopte. La strate dénotative du discours est ainsi concurrencée et débordée par la présence sous-jacente des connotations métatextuelles.

Plus précisément encore, le scénario allocutif si particulier du *Black Note* est décrit à la faveur d'une évocation des particularités de la parole de « Paul » *alias* « John » :

> Et on écoutait toujours : quand il parlait à l'un, les deux autres écoutaient encore plus. Maintenant je sais : il le faisait exprès, il calculait tout, et savait, oui, savait les paroles, à qui on les donne et qui les reçoit, et comment ça se distille dans les veines, il savait tout, il parlait à Elvin pour que ça pénètre Jimmy, et me parlait pour que ça imbibe Elvin. (pp.26-27)

Si ce passage demeure tout à fait signifiant pour qui se cantonne à l'intérieur des frontières de l'univers diégétique, sur le plan métatextuel il connote avec justesse l'énonciation biaise du roman, dont le narrateur apostrophe « Georges », « Rudolph », « Elvin » et « monsieur le directeur » pour mieux se faire entendre du lecteur. Il serait aisé de multiplier à l'envi les passages reposant sur une similaire stratification sémantique et connotant par-delà leur façade réaliste tantôt les particularités du pacte de lecture littéraire (p.29), tantôt celles de l'expérience d'immersion fictionnelle (p.34, p.40), *etc.*, mais mieux vaut citer un ultime extrait du roman, qui porte à son comble la suggestion de sa fictionnalité :

---

[31] Le premier des allocutaires successifs n'apparaît en effet qu'à la ligne 15 de la page liminaire : « Je serai neuf, *Georges* […] » (je souligne).

> Il n'y a que toi qui le sais [que j'ai mis le feu], et personne
> n'a entendu quand je te l'ai dit, personne nulle part, ni dans
> notre monde ni ailleurs. Il n'y a pas de preuve écrite, Ru-
> dolph, c'est comme si je ne t'avais rien dit. (p.87)

La révélation de l'artifice du récit provient ici de l'exploitation
ironique du décalage institué entre allocutaire et auditeur : c'est
précisément parce qu'il vit « ailleurs », c'est-à-dire à l'extérieur
de l'univers fictionnel du *Black Note*, précisément parce qu'il
tient entre ses mains la « preuve écrite » de l'aveu narratorial antérieur que constitue le texte du roman, que le lecteur est conduit
à prendre conscience de l'écart qui le sépare des relais énonciatifs
fictifs (en l'occurrence de « Rudolph ») comme, plus généralement, de la fictionnalité de ce qu'il est en train de lire. Bien avant
la quatrième partie, la dénégation du narrateur-personnage occa-
sionne ainsi une invalidation du scénario énonciatif du roman, car
elle se renverse sur le mode de l'antiphrase en un aveu à valeur
métatextuelle qui mobilise chez le récepteur l'instance de la secondarité critique.

L'intérêt majeur d'une telle lecture métatextuelle tient à la distinction ainsi établie entre allocutaire(s) et auditeur, c'est-à-dire,
dans le cas particulier du roman de Tanguy Viel, entre
« narrataires invoqués » et « lecteur ». Encore reste-t-il à spécifier
ce que recouvre ce dernier terme. Il peut tout d'abord désigner le
« lecteur implicite », c'est-à-dire un rôle de lecture inscrit dans les
structures de texte : le dernier extrait cité montre clairement que
cette capacité lectorale abstraite programmée par le texte ne saurait être confondue avec le narrataire invoqué. De plus, il importe
de préciser qu'en amont de l'énonciation le partenaire de cette
fonction lectrice n'est ni le narrateur homodiégétique ni l'auteur
réel, mais l'« auteur implicite », conçu comme l'image de l'auteur

qu'il est possible d'induire de l'ensemble des particularités esthétiques et sémantiques du roman.[32]

Mais le « lecteur » peut également s'entendre comme le récepteur réel du texte, c'est-à-dire l'individu de chair et de sang qui, depuis l'univers extradiégétique, réagit aux sollicitations textuelles en investissant le rôle que constitue le « lecteur implicite » - ce qui revient à actualiser au moins en partie cet ensemble de potentialités lectorales. On sait que pour les théoriciens de la lecture[33] l'activité de réception du lecteur réel repose sur la mobilisation d'*instances lectrices* qui se partagent entre mécanismes d'adhésion à l'univers fictionnel et mécanismes de distanciation critique. Adopter cette perspective élargie permet de rendre justice à la richesse esthétique du *Black Note* : en effet, la lecture métatextuelle favorisant l'établissement d'un *distinguo* typologique entre allocutaire et auditeur (donc entre narrataire invoqué et lecteur implicite) ne constitue qu'un des axes possibles de la réception de ce roman, qui a le mérite de favoriser un investissement équitable et harmonieux de l'intégralité des instances lectrices. Le « lu »[34] est ainsi vivement sollicité en raison de la très forte charge affective du récit, exemplifiée à la fois par le délire obsessionnel du narrateur-personnage et par la morbidité du « prétexte » narratif : un meurtre. De plus, si l'élucidation progressive de cette énigme criminelle flatte l'archétype fantasmatique qu'est la pulsion scopique, elle contribue simultanément à l'efficacité narrative du roman en sollicitant une réception de type

---

[32] Sur ces notions, voir la très rigoureuse mise au point théorique effectuée par Vincent Jouve, « Qui parle dans le récit ? », *Cahier de narratologie*, n° 10, 2001, vol. 2, pp.75-90.

[33] Par exemple Michel Picard, *La Lecture comme jeu*, Paris, Minuit, 1986, coll. « Critique », et Vincent Jouve, *L'Effet-personnage dans le roman*, Paris, PUF, 1992 ; *La Lecture, op. cit.*

[34] Défini comme « l'inconscient du lecteur réagissant aux structures fantasmatiques du texte » (Vincent Jouve, *La Lecture, op. cit.*, p.34).

projectif et participatif. C'est donc cette fois le « lisant »[35] qui est
mis à contribution, puisque le lecteur aiguillonné par le désir de
voir et de savoir est ainsi invité à suspendre momentanément son
incrédulité et à adhérer à l'univers du récit. Mais ces très efficaces
vecteurs d'immersion fictionnelle sont contrebalancés par une
mobilisation notable (et inversement symétrique) des instances de
la secondarité critique. Nous l'avons vu, l'élaboration d'un dispositif énonciatif anomique contraint le lecteur à prêter une attention
aiguë aux stratégies narratives employées, et conséquemment à se
regarder lire - ce qui correspond à une mise à contribution du
« lectant jouant »[36]. Enfin, l'invalidation finale du scénario allocutif et les paradoxes d'une énonciation mensongère[37] convoquent fortement le « lectant interprétant », c'est-à-dire cette part
qui en chaque lecteur s'efforce de mettre au jour « le sens global
de l'œuvre »[38]. On constate donc que, si le lecteur du *Black Note*
est maintenu « à sa place »[39], c'est-à-dire paradoxalement ren-

---

[35] C'est-à-dire « cette part du lecteur piégée par l'illusion référentielle qui considère, le temps de la lecture, le monde du texte comme un monde existant »
(*ibidem*, p.36).

[36] Qui « s'essaye à deviner la stratégie narrative du texte » (*idem*).

[37] On peut en effet également voir dans ce roman une brillante variation sur le
paradoxe du narrateur-assassin, jadis popularisé par Agatha Christie dans *Le
Meurtre de Roger Ackroyd* et *La Nuit qui ne finit pas*. L'adoption d'une narration homodiégétique, en raison de la restriction focale qu'elle implique, voue
les lecteurs à ne disposer que d'une version éminemment subjective des
« faits » qui composent le contenu narratif. Aussi, lorsque – comme c'est le cas
dans *Le Black Note* - le narrateur multiplie les palinodies, confesse sa propension au mensonge, et est suspect de folie, il devient impossible de mettre au
jour une hypothétique « vérité ». Confrontés à une telle aporie, certains lecteurs
seront donc fondés à refuser de prendre au sérieux les assertions du narrateur,
avant éventuellement de rechercher un autre coupable plus convaincant. Tel est
par exemple le parti pris de Pierre Bayard dans *Qui a tué Roger Ackroyd ?*, *op.
cit.* Mais il importe de préciser que *Le Black Note*, plus encore que *La Nuit qui
ne finit pas*, finit en raison même de l'ampleur de ses paradoxes énonciatifs par
révoquer l'horizon d'attente policier qu'il semblait tout d'abord convoquer.

[38] Vincent Jouve, *La Lecture*, *op. cit.*, p.36.

[39] Cette « assignation à résidence » du lecteur, confiné dans son rôle de récepteur, provient me semble-t-il en grande partie du brouillage des frontières entre
les vecteurs d'immersion fictionnelle, puisque *Le Black Note* joue concurrem-

voyé à son statut de destinataire effectif du texte en raison même de la multiplication des narrataires invoqués tardivement désignés comme autant de leurres énonciatifs au moment de leur effacement final, cette « leçon » de pragmatique importée dans le champ littéraire ne nuit en aucune façon aux multiples gratifications que peut dispenser la lecture du roman.

En outre, il faut préciser pour finir que, plus généralement, « le » lecteur évoqué jusqu'à présent n'est après tout, en dépit du qualificatif de « réel » régulièrement employé, qu'un outil nécessaire à qui souhaite éviter une dissolution de la théorie de la lecture dans l'empirisme et le relativisme. Mais considérer l'activité lectorale dans sa dimension la plus concrète impliquerait de substituer le pluriel au singulier, pour tenter d'évaluer la façon dont les instances lectrices se répartissent chez chacun/chacune, en fonction de multiples paramètres tels que notamment l'éducation, l'appartenance sociale, l'âge, le sexe, *etc.* – vaste domaine d'investigation, sis à la croisée du théorique et de l'empirique, qui demeure à l'heure actuelle encore largement inexploré.

Bibliographie

Tanguy Viel, *Le Black Note*, Paris, Minuit, 1998.
—, *Cinéma*, Paris, Minuit, 1999.
—, *L'Absolue perfection du crime*, Paris, Minuit, 2001.

---

ment de la « simulation d'actes verbaux mentaux », de la « simulation d'actes illocutoires » et de la « substitution d'identité narrative » (Jean-Marie Schaeffer, *op. cit.*, p.255). La complexité de ces échanges contrariant la possibilité d'investir une posture d'immersion unitaire et stable, les récepteurs du texte sont ainsi *nolens volens* conduits à prendre – au moins partiellement – conscience de leur activité de réception et des mécanismes qui la sous-tendent.

Pierre Bayard, *Qui a tué Roger Ackroyd ?*, Paris, Minuit, 1998, coll. « Paradoxe ».

—, *Enquête sur Hamlet (Le dialogue de sourds)*, Paris, Minuit, 2002, coll. « Paradoxe ».

Béatrice Bloch, « Voix du narrateur et identification du lecteur », dans *La Voix narrative, Cahier de narratologie*, numéro 10, 2001, vol. 1.

Samuel Taylor Coleridge, *Biographia Literaria* (1817), *The Collected Works*, Princeton, Princeton University Press, 1983.

Pierre Fontanier, *Les Figures du discours* (1830), Paris, Flammarion, 1977, coll. « Champs ».

Gérard Genette, *Figures III*, Paris, Seuil, 1972, coll. « Poétique ».

—, *Nouveau Discours du récit*, Paris, Seuil, 1983, coll. « Poétique ».

Marc Gontard, « Postmodernisme et littérature », *Oeuvres & Critiques*, XXIII, 1, 1998.

Vincent Jouve, *L'Effet-personnage dans le roman*, Paris, PUF, 1992.

—, *La Lecture*, Paris, Hachette, 1993, coll. « Contours littéraires ».

—, « Qui parle dans le récit ? », *Cahier de narratologie*, n° 10, 2001, vol. 2.

Michel Picard, *La Lecture comme jeu*, Paris, Minuit, 1986, coll. « Critique ».

Danièle Racelle-Latin, *Le* Voyage au bout de la nuit *de Céline : roman de la subversion et subversion du roman*, Bruxelles, Palais des Académies, 1988.

François Récanati, *Introduction aux sciences cognitives*, Paris, Gallimard, 1992, coll. « Folio Essais ».

Jean-Marie Schaeffer, *Pourquoi la fiction ?*, Paris, Seuil, 1999, coll. « Poétique ».

Franc Schuerewegen, « Réflexions sur le narrataire (Quidam et Quilibet) », *Poétique*, n° 70, avril 1987.

Quand Robbe-Grillet reprend la perversion…

Holden Lievestro

Enfin, les tourments érotiques auxquels est alors soumise la prisonnière, qui devra au besoin demeurer plusieurs jours enchaînée dans son cachot, selon les désirs du riche amateur exécutant lui-même, en général, la liste des humiliations et cruautés inscrites en détail dans la sentence (brûlures de cigare aux doux emplacements intimes, cinglons coupants sur les chairs tendres avec divers fouets ou verges, aiguilles d'acier enfoncées lentement aux endroits sensibles, tampons ardents d'éther ou d'alcool à l'entrée du conin, etc.), ne doivent jamais de marques durables ni la moindre infirmité.

Nulle surprise si Alain Robbe-Grillet nous propose de nouveau dans son dernier roman, *La Reprise* (2001), certaines scènes perverses, décrites en détail sur un ton ludique. Nulle surprise aussi si la narration s'égare lors de ces scènes, par le biais d'un glissement, par un changement d'instance narratrice. Le caractère fuyant de la narration, la provocation séductrice et le commentaire édulcorant s'enchevêtrent constamment dans ces passages. La scène citée plus haut se poursuit à la page 241 par la description détaillée d'une orgie particulièrement cruelle à laquelle succède le propos suivant du policier descripteur : « Rassurez-vous, mon cher ami, ces fraudes n'ont pas duré très longtemps, car nous faisons notre métier avec vigilance, bien que de façon compréhensive, l'éros étant par nature le domaine privilégié de la frustration, du fantasme criminel et de la démesure ». Quel peut être aujourd'hui l'intérêt de telles scènes robbe-grilletiennes ? Saura-t-on dégager de ce roman, à travers les personnages cabotins, les détails délicieux et les charmes narrateurs, la fonction véritable du miroir pervers que nous tend Robbe-Grillet ?

Remarquons d'abord que le roman est un exemple réussi d'un anti-polar postmoderne, construit sur une narration complexe, multivocale, une ironie omniprésente et des effets de miroirs textuels et intertextuels. La complexité narrative et focalisatrice joue sur le thème postmoderne du doute ontologique résultant d'une épistémologie affectée par la culture. Ces qualités littéraires se combinent avec la mise en scène d'un imaginaire pervers qui est loin d'être gratuit. Décrire en détail des tortures ou des viols de jeunes filles est pour le moins un geste culturel problématique. Mais, qu'il soit ironique, pervers, polémique, critique ou subversif, ce geste s'inscrit dans un débat social parfois silencieux sur la perversion.

Dans ces quelques pages, nous regarderons de plus près le rôle et l'intérêt de la perversion dans *La Reprise*. Nous nous intéresserons à la valeur subversive que peut avoir la perversion, mais également à l'ironie postmoderne 'facile' qui peut faire passer pour inoffensifs des éléments fort problématiques.

Pour mieux repérer la place de la perversion et de la subversion dans *La Reprise*, situons brièvement ce roman dans l'œuvre de Robbe-Grillet. Ce texte publié en 2001 est le retour au roman de Robbe-Grillet après vingt ans. La production de l'auteur s'est concentrée, après le roman *Djinn* de 1981, sur des films et des récits d'inspiration autobiographique, dans lesquels la fiction et l'autobiographie se combinent. Or, tout comme beaucoup d'autres romans de Robbe-Grillet, *La Reprise* se lit comme un anti-polar ; l'intrigue des *Gommes*, le premier roman publié servant de cadre de départ. En effet, au lieu de résoudre un assassinat, l'agent subalterne qui est le personnage principal, se voit de plus en plus impliqué dans l'affaire qu'il traite. Toutefois, ce dernier roman, dernier pour le moment, de Robbe-Grillet reprend également l'ensemble de l'œuvre de notre auteur, en la transformant en un petit musée en ruine d'organisation labyrinthique. Pour celui qui connaît bien l'œuvre robbe-grilletienne les multiples références intratextuelles (tout comme intertextuelles) sont autant de clins d'œil auxquels il est habitué. Mais l'ouverture possible vers ces autres textes n'empêche cependant pas une lecture plus ponctuelle, grâce à un équilibre réussi d'unité et de dispersion.

Le personnage principal (notion qui d'ailleurs se compliquera vite) de ce roman, agent subalterne de profession, part en mission dans la ville détruite qu'est le Berlin de 1946. Dans le train à destination de Berlin, le narrateur rencontre quelqu'un qu'il prend pour son double, ce qui lui rappelle un traumatisme d'enfance. Arrivé à Berlin, son contact, Pierre Garin, l'emmène dans une ancienne demeure d'où il doit observer une rencontre entre un certain Danny von Brücke et 'son assassin' (rappelons que dans *Les Gommes* c'était un certain Garinati qui était l'assassin présumé et Daniel Dupont, l'homme peut-être ? tué). Ici, la dite rencontre n'a pas lieu, et l'assassinat, en revanche, est observé en direct par le narrateur. A partir de là, une narration multivocale retrace l'origine de ce crime : multivocale en ce sens que – selon un procédé déjà mis à l'épreuve par Robbe-Grillet – le personnage principal change plusieurs fois de nom et de personne grammaticale.

Comme c'était déjà le cas dans *Les Gommes*, le thème du double est fort présent dans l'intrigue. Seulement ici, le double n'est pas uniquement un personnage, imaginaire ou non, mais il s'avérera être également le narrateur des notes qui figurent dans le roman. Ces notes sont d'abord courtes et de ton neutre, mais elles deviennent de plus en plus personnelles et de plus en plus longues. Tellement longues, qu'elles font concurrence pour ainsi dire au texte premier.

Tout en suivant le récit du narrateur initial, le lecteur lit en effet différentes versions proposées par ce double, lequel dévoile lentement son identité. Or, alors que les deux narrateurs prétendent tous les deux révéler l'histoire vraie, leurs versions diffèrent de plus en plus ; en revanche, leurs situations personnelles les rapprochent en proportion inverse et une éventuelle rencontre se laisse prévoir. C'est à ce moment du texte qu'apparaît la

perversion, dans un récit fait par le double à propos de lui-même
et d'une fille qui se trouve être sa propre demi-sœur.

Cette structure narrative, construite à partir d'un narrateur
premier et d'un 'narrateur des notes', se complique davantage à
cause de deux facteurs supplémentaires. Premièrement, par
l'apparition dans le texte d'un court récit écrit dans le style des
Romanesques[1], c'est-à-dire d'un texte quasi-autobiographique
(p.81/2), à propos de la tempête qui a ravagé les jardins du château de Robbe-Grillet, l'auteur. Une deuxième fois, le texte est
interrompu par une voix qui est peut-être la même, mais qui, juste
avant l'épilogue, parle à un niveau méta-textuel pour discuter
l'approche de la fin du livre (p.226/7). Deuxièmement, le statut
du narrateur des notes change radicalement au moment où il apparaît en tant que personnage dans le texte « primaire ». La fin du
roman rend encore plus explicite ce que le texte a montré depuis
le début : les deux personnages se fondent en un seul, laissant
derrière eux la déconstruction des nombreuses oppositions qui les
différenciaient auparavant.

A part cette nouvelle subversion des valeurs romanesques,
l'unicité du personnage et le statut du texte primaire, *La Reprise*
contient les glissements ontologiques caractéristiques de Robbe-
Grillet entre la description imaginaire et réelle, entre action et
description, ainsi que des glissements d'une instance narratrice à
l'autre ou d'un lieu à l'autre. On retrouve également d'autres
constantes de l'univers robbe-grilletien, telles le doute sur
l'espace et sur la chronologie, le manque de cohérence et de spécificité psychologique des personnages, la thématique sado-
érotique, l'ambiance de polar et les passages méta-textuels.
Ajoutons que, comme toujours, tout ceci est écrit dans un style
neutre et faussement objectif. Parmi tous ces éléments, on se li-
mitera ici, comme il a été annoncé plus haut, à élaborer la thématique de la perversion.

---

[1] La trilogie des *Romanesques* consiste en une écriture autobiographique mêlée
de fiction. Elle comprend *Le Miroir qui revient* (1985), *Angélique, ou
l'enchantement* (1988) et *Les Derniers Jours de Corinthe* (1994).

Précisons d'abord l'intérêt que peut avoir la perversion dans une perspective littéraire et théorique. La tradition littéraire et la production récente montrent de multiples exemples de la place ambiguë qu'occupe la perversion. De l'époque du libertinage au scandale de *Roses Bonbons*, de la polémique sur Houellebecq à l'édition de la Pléiade de l'œuvre du Marquis de Sade, la perversion ou la sexualité 'anormale' font toujours l'objet de discussions acharnées. Dans le champ littéraire, comme dans le champ psychanalytique, la perversion se prête à des transpositions de sens. Aussi nombre de critiques littéraires extrapolent-ils le terme pour l'appliquer à un mouvement de déviation par rapport à une norme autre que sexuelle. Guy Scarpetta par exemple parle d'une perversion de la représentation[2] ; on a aussi entendu parler d'une structure narrative perverse à propos d'œuvres antérieures de Robbe-Grillet ou d'autres textes. Récemment Nathalie Kok s'est intéressée au lien souvent évoqué mais peu étudié qui unit l'acte d'écrire à la perversion[3].

Pour notre part, nous préférons réserver le terme de perversion au domaine plus strictement sexuel et employer celui de subversion pour indiquer un renversement idéologique, la rupture avec une norme. Une distinction nette permet de mieux voir quand la perversion au sens littéral est employée dans un mouvement subversif ou quand elle s'inscrit dans un mouvement qui renforce un imaginaire discutable. Pareille approche n'empêche pas de prendre en compte l'éventuel foisonnement entre les différents degrés « pervers », mais elle est ici, à notre avis, un moyen heuristique plus efficace.

Quel est donc l'intérêt de la perversion dans le champ culturel ? Pour bien cerner le problème, il nous paraît primordial de considérer la perversion comme le miroir de la sexualité dite 'normale'. L'exemple de l'homosexualité peut ici éclaircir

---

[2] Scarpetta, Guy. « Représentation de la perversion et perversion de la représentation », *Critique,* 651-52 (août-septembre 2001).

[3] Kok, Nathalie. *Confession et Perversion : une exploration psychanalytique du discours pervers dans la littérature française moderne,* Louvain, Peeters publishers, 2000.

l'intérêt de la notion vu que l'homosexualité a longtemps figuré parmi les manifestations perverses (voir : note 4). Or, il est évident que cette catégorisation reflète une angoisse homophobe de la part des champions de l'hétérosexualité normative et régulatrice. La perversion peut ainsi être une occasion de s'interroger sur la normalité de la sexualité.

D'autre part, la perversion peut aussi devenir un moyen pour un imaginaire misogyne de se manifester sous l'aspect de l'instinct et donc de se faire passer pour 'naturel'. Dans cette perspective, la perversion est dépourvue de ses atouts révolutionnaires ou subversifs ; au contraire, elle renforce et solidifie un phénomène culturel que l'on cherche ainsi à mieux comprendre. La perversion peut donc, simultanément, être un moyen de subvertir certaines normes et une pratique de renforcement.

La perversion permet en outre de reposer la question sur le fondement de la stricte séparation entre la fiction et la réalité. Les liens évidents qui existent entre les éléments fictifs, fantasmatiques de la culture et les aspects réels de la littérature se manifestent le mieux quand un texte peut provoquer des désirs de censure ou quand les crimes réels provoquent l'horreur sur le mode fantasmatique. L'étude de la perversion littéraire peut nous renseigner sur les éléments fictifs des fantasmes ainsi que ceux de la sexualité 'normale'.

Une fois esquissé l'intérêt que peut avoir la perversion suivant de multiples perspectives, passons maintenant à ce que nous propose plus spécifiquement le roman *La Reprise* d'Alain Robbe-Grillet. La question centrale sera ici de savoir en quoi consiste le mouvement subversif dans cette œuvre. Si l'on interprète la subversion comme le renversement d'un ordre idéologique, comme nous le ferons dans le cadre de cet article, il faudra préciser quel est l'ordre ciblé. Si l'ordre attaqué n'est pas précisé, ni le résultat même provisoire d'un tel processus, le terme de subversion risque de rester vide. Ainsi, on pourrait dire que les textes de Robbe-Grillet sont déjà subversifs parce qu'ils proposent une mise en scène spécifique, provocatrice de la sexualité. Cette forme de subversion ne serait pas forcément très intéressante ni très origi-

nale et surtout elle ne ferait pas justice à la complexité du texte et
à sa thématique de la violence. Si, en revanche, les textes 'expo-
sent' une idéologie sournoise qui est en rapport avec les images
présentées dans le livre, cette subversion deviendra plus intéressante.

Robbe-Grillet et « sa perversion »

La perversion présente dans *La Reprise*, contient bien des éléments connus de l'œuvre de Robbe-Grillet. Il s'agit surtout des
phénomènes de fétichisme, de voyeurisme et de sadisme.
D'autres phénomènes classés sous le nom de perversion[4], comme
le masochisme ou le transvestisme y occupent une place beaucoup moins importante.

    Le lecteur familier de l'œuvre de Robbe-Grillet ne
s'étonnera sans doute pas de retrouver, encore une fois, l'univers
dit sado-érotique. Cette thématique est assez univoque et n'est pas
sans rappeler Sade : l'idéal pour certains personnages robbe-
grilletiens semble être de violer, torturer et parfois de tuer aussi,
une jolie jeune fille. Dans *La Reprise*, une scène exemplaire de
cette thématique est 'l'interview' que le narrateur des notes fait
passer à Gigi. Dans cette interview, on retrouve quelques fantasmes et éléments pervers des plus connus[5] : l'attachement, le fouet,

---

[4] Dans leur *Vocabulaire de la psychanalyse* (Presses Universitaires de France.
1998 (1967)), Laplanche et Pontalis définissent la perversion comme :
« Déviation par rapport à l'acte sexuel « normal », défini comme coït visant à
obtenir l'orgasme par pénétration génitale, avec une personne du sexe opposé.

    On dit qu'il y a perversion : quand l'orgasme est obtenu avec d'autres ob-
jets sexuels (homosexualité, pédophilie, bestialité, etc.), ou par d'autres zones
corporelles (coït anal par exemple) ; quand l'orgasme est subordonné de façon
impérieuse à certaines conditions extrinsèques (fétichisme, transvestisme,
voyeurisme et exhibitionnisme, sado-masochisme) ; celles-ci peuvent même
apporter à elles seules le plaisir sexuel.

    D'une façon plus englobante, on désigne comme perversion l'ensemble du
comportement psychosexuel qui va de pair avec de telles atypies dans
l'obtention du plaisir sexuel » (p.306,7).

[5] Par cette remarque je m'implique dans une tradition, dont une distanciation
totale ne serait pas possible, mais qui n'est peut-être pas universelle. Dire 'connu' ne saurait être une constatation objective, car c'est bien moi qui les connais.

la menace de brûlure avec un cigare, les excréments (Gigi fait pipi dans les mains du narrateur). La femme est représentée ici comme la jeune victime condamnée à la passivité, au supplice, mais elle est aussi, selon le narrateur, celle qui apprécie inconsciemment la violence exercée à son encontre. En concordance avec la définition de la perversion de Laplanche et Pontalis, 'l'orgasme textuel' n'est pas obtenu par une relation sexuelle avec Gigi, mais par la combinaison de la confirmation du lien familial entre le narrateur et Gigi et du hurlement de terreur de celle-ci, caractérisé par le narrateur comme « le dénouement attendu » (p.148). Même si l'acte de référence est problématique, on peut dire que les fantasmes présents dans *La Reprise* sont repris de la culture populaire des affiches, publicités, romans, films et vidéos. Ce sont bien des fantasmes stéréotypes que le texte met en scène.

En ce qui concerne la réception critique de cette mise en scène, on peut distinguer plusieurs orientations. Premièrement, celle des critiques pour qui l'imaginaire évoqué a une fonction purement génératrice et par conséquent poétique : les images mettant en route le processus de l'écriture robbe-grilletienne. Les images sont provocatrices seulement dans la mesure où elles mettent en relief le génie du texte (de Robbe-Grillet ?), qui fait en sorte que le lecteur ne puisse jamais vraiment saisir leur statut : imaginaire, « réelle », description/action, fantasme, crime, projection du lecteur… Mais, une fois montré les fonctions de l'imaginaire à l'œuvre, les critiques abandonnent la partie, dirait-on, et laissent sans développement critique les images mêmes, qui sont pourtant problématiques.

Or, il ne s'agit pas de n'importe quelles images. Certes, le statut continuellement incertain et fuyant des images possède en soi un très puissant impact littéraire, qui joue sur le thème postmoderne du doute ontologique. Mais de ne pas pouvoir prendre au premier degré les images, de ne pas pouvoir les rattacher à des références sociales directes, n'empêche pas que l'on puisse

---

Ceci crée une tension entre la distanciation critique et l'implication culturelle peut-être inévitable. Cette tension, comme je le prétendrai dans cet article, est au cœur du projet subversif ou non de *La Reprise*.

les prendre au sérieux et les regarder dans leur spécificité. Même avec un statut incertain, les images ont une fonction et des effets, difficiles à fixer peut-être mais non pas impossibles à analyser. Toutefois, si dans cette approche déjà, on parle de subversion, c'est pour constater que le texte subvertit les conventions de représentation littéraire et non pas l'univers des images féminines.

Une deuxième tendance en honneur chez les critiques est de considérer que l'imaginaire mis en œuvre dans ces œuvres possède une fonction subversive, précisément en tant qu'imaginaire. En copiant les images standard (issues de « l'imaginaire populaire », terme qui n'est pas forcément utilisé de façon élitaire ou péjorative, entre autres, par Robbe-Grillet), et en les insérant dans une constellation littéraire et artificialisée, Robbe-Grillet les pourvoirait d'un certain degré de subversion. Ce fonctionnement montrerait l'obsession voyeuriste et fétichiste, tout en la critiquant au niveau de l'épistémologie sexiste. Ou encore il se produirait un processus de déconstruction des images, provoqués par de menus changements insérés au sein des descriptions, des variantes dans la répétition, ce qui est d'ailleurs un processus récurrent dans les passages dits méta-textuels de *La Reprise* – et qui évidemment prend une valeur thématique.

Cette deuxième orientation sous-entend une critique, subversive des images. Mais, comme nous l'avons dit plus haut, les critiques n'analysent que rarement le fonctionnement de cette subversion, qu'ils avancent pourtant en défense morale de Robbe-Grillet[6]. C'est pourquoi, après avoir regardé de plus près l'emploi

---

[6] A titre d'exemple, je cite Jacqueline Levi-Valenski : « Sans faire de l'auteur de *La Maison du Rendez-vous* ou des *Souvenirs du Triangle d'or* un champion de la cause des femmes, on ne saurait cependant occulter, ni même minimiser la fonction subversive qu'il veut donner, en partie, à ces multiples scènes de viol et de supplice du corps féminin […]. » (p.138) Prétendant analyser les figures féminines dans l'œuvre de RG, Levi-Valenski se limite à dire que la fonction subversive (de quoi, vers quoi ?) est indéniable. Le seul développement de cette problématique consiste à dire que les femmes chez Robbe-Grillet sont privilégiées pour incarner la place de la subversion et non pas celle de l'ordre établi, termes qui restent vagues dans ses propos.

de la perversion dans *La Reprise*, nous essayerons d'analyser le fonctionnement du texte dans son rapport avec le phénomène de la perversion.

Que fait la perversion au texte ?

L'emploi raffiné de l'imaginaire sado-érotique dans les œuvres de Robbe-Grillet a souvent été relevé par la critique littéraire. Jean Ricardou, entre autres, en a fait des lectures intéressantes en montrant de quelle façon cet imaginaire engendre le texte. Les images seraient des « thèmes générateurs » privilégiés ; le fonctionnement de ces thèmes étant innovateur dans la conception littéraire de la structure des romans. La constellation structurale du texte se fait grâce à cet imaginaire, qui ne semble servir que cette cause-là. Ainsi, dans *La Reprise*, on a de nouveau à faire à une structure narrative largement influencée par l'imaginaire sado-érotique.

La perversion ne fait son apparition que progressivement dans *La Reprise*. Contrairement à ce qui se passe dans beaucoup d'autres romans de Robbe-Grillet, même le langage érotisé ou suggestif n'est guère employé dans les cent premières pages. Le narrateur du texte premier s'est montré tout au plus amateur de femmes. La première description un peu érotique du roman ne figure qu'à la page 86, à propos de celle qui s'avérera être « Gigi », « [...] penchée elle-même en avant par-dessus le garde-corps, avec sa chemisette transparente plus qu'à demi défaite, comme si, dormeuse tardive, elle avait entrepris à la hâte d'ôter ses lingeries de poupée nocturne pour passer une tenue plus décente ». Cette description montre l'implication fantasmatique de l'observateur, même si le langage reste plus ou moins neutre. Cette description vient à un moment du texte où le narrateur des notes commence à prendre forme en tant que personnage.

C'est alors que, sous la plume de celui-ci, un langage plus vulgaire fait son apparition dans le texte. Le narrateur parle de « notre délicieuse petite pute » (p.119) et rappelle en détail une interview sadique qu'il a fait subir à Gigi, au cours de laquelle celle-ci était attachée, fouettée et palpée. Ainsi, celui que l'on croyait être plus ou moins objectif et neutre (le narrateur des notes correctrices), s'avère être le pervers. Le glissement n'en reste d'ailleurs pas là, car par un effet de transfert, le narrateur premier commence, petit à petit, à montrer lui-même des côtés pervers et le discours du narrateur 'primaire' va dès lors connaître un lent crescendo dans le voyeurisme et le sexisme.

Vers la fin du roman non seulement le narrateur des notes fait son entrée en tant que personnage, mais il tue l''autre' narrateur, qui s'avère ensuite avoir survécu à cet attentat et apprend à son tour la mort du narrateur des notes, tué par Gigi. Après ce meurtre, le narrateur fait comprendre qu'il reprendra la place du narrateur des notes que ce dernier occupait dans l'organisation sexo-criminelle. Ce dernier événement n'a presque plus rien de surprenant, étant donné le caractère double et ambigu qu'ont acquis les narrateurs en cours de route. Même s'ils se disputaient encore au début du texte l'apanage d'être le plus fiable et le plus neutre, à la fin du roman il est clair que les deux narrateurs/personnages n'ont (plus) rien de spécifique. Il n'y a pas un seul trait de caractère que l'un n'ait sans que l'autre ne le possède également. Ainsi, à l'intérieur du texte, a lieu une déconstruction de tous les éléments qui caractérisaient les deux personnages. Si l'on considère que l'un des deux est honnête, neutre ou objectif, on sera vite détrompé par la suite. Ce foisonnement anarchique des caractéristiques des personnages est récurrent dans la littérature postmoderne ; ici il permet de présenter la perversion comme un phénomène qui se retrouve, qui foisonne dans tous les discours régulateurs dominants, autrement dit comme un phénomène inlocalisable.

L'évolution de la perversion à l'intérieur du texte, permettant ce foisonnement, est un aspect intéressant du roman, d'autant plus qu'elle se manifeste dans un discours que l'on croyait au début neutre, autoritaire, objectif : celui des notes. Certes, dans l'ère postmoderne, les notes servent à déstabiliser le texte, à subvertir le statut du narrateur du texte primaire, créant l'ironie dite postmoderne, qui fait que l'on ne peut plus faire confiance au texte narré. Parmi d'autres, Borges et Perec ont déjà utilisé le discours des notes de cette façon ; et Robbe-Grillet lui-même y a largement recours : pensons par exemple à *Djinn* (1981).

Dans *La Reprise* cependant, les notes possèdent une autre fonction, car c'est le discours même des notes qui y est attaqué. On a ici à faire à un changement radical des paramètres de ce discours, qui la plupart du temps se veut objectif, condensé et factuel, et en tout cas sans ajout trop significatif au texte primaire. Et c'est précisément dans ce discours que Robbe-Grillet place la perversion. En y faisant apparaître progressivement la subjectivité et, plus tard, la perversion, Robbe-Grillet fait en sorte que le lecteur fait d'abord confiance au narrateur des notes et se méfie du narrateur primaire. Pendant cette première période de lecture, le lecteur est plongé dans la confusion. Mais, même si ce dernier accepte de ne plus faire confiance aux narrateurs (distinguables ou non), les éléments narratifs qui se succèdent exigent une interprétation provisoire… La présence de la perversion dans une couche textuelle à l'apparence peu problématique, déstabilise le texte à un certain niveau, évitant ainsi l'ironie trop facile. Le roman n'accepte pas une lecture qui localise la perversion dans un seul des niveaux textuels.

A part cette utilisation efficace de la perversion, j'entrevois une autre fonction qui me paraît intéressante et qui est liée à sa présence dans les passages méta-textuels. C'est dans ces passages, en effet, que le texte lui-même met en abîme et discute la problématique de la perversion dans la poétique de Robbe-Grillet.

Le lecteur familier de Robbe-Grillet a l'habitude de repérer les nombreux passages méta-textuels : il se rappellera peut-être les descriptions du chant de l'Indien dans *La Jalousie*, du trajet de Mathias dans *Le Voyeur*, la disposition des rues de la ville dans *Les Gommes*, et cetera. Dans tous ces cas, la description renvoie à la poétique utilisée dans le roman en question. Vu que les romans de Robbe-Grillet reprennent à peu près toujours la même poétique, ces passages possèdent en même temps un fonctionnement intertextuel. Le texte se met volontairement en relation 'citation-nelle'.

C'est ainsi que les passages méta-textuels reflètent ou commentent, à un niveau 'supérieur' du texte, des aspects tels que la répétition, la distribution des voix, la fragmentation des scènes, la chronologie bouleversée et bouleversante ou telle thématique, par exemple celle des images perverses. Aussi ces passages 'expliquent-ils', de façon indirecte et souvent métaphorique, le fonctionnement du texte et/ou rendent son contenu ironique en mettant en évidence sa mise en scène. A titre d'exemple, prenons les commentaires du narrateur de *Projet pour une Révolution à New York* :

> Les phrases sont courtes et simples – sujet, verbe, complément – avec de constantes répétitions et antithèses, mais le vocabulaire comporte un assez grand nombre de mots savants appartenant à des domaines variés, philosophie, grammaire ou géologie, qui reviennent avec insistance. Le ton des parleurs reste toujours uni et neutre, même dans la plus grande violence du propos […]. (p.37/8)

Ce passage reflète le style du livre, qui connaît, on s'y attendrait, une thématique de la violence servie par un ton 'neutre', un peu 'trop' froid. De fait, le vocabulaire qui est ici pris en compte se retrouve également dans d'autres textes de Robbe-Grillet, comme par exemple dans *Projet*. Un tel passage est donc nettement méta-stylistique, dans le sens où c'est surtout le style robbe-grilletien qui y est commenté, mais il est également méta-thématique, car il insère dans le roman un commentaire sur la combinaison de la thématique (violence des propos) et du style (ton neutre et uni). En outre, la fréquence et l'importance quantitative de pareils fragments constituent aussi une partie du contenu sémantique du roman. Il ne s'agit donc pas d'une simple fonction subalterne ; c'est en fait une réflexion critique insérée à l'intérieur du texte, qui conserve cependant sa propre fonction narrative.

Un tel passage peut ainsi être mis en relation métaphorique avec la poétique, avec la thématique ou la narration ou avec un mécanisme épistémologique ou discursif. Dans ce cas-là, nous nous rapprochons fort de la figure de la mise en abyme. Mais la spécificité de la méta-textualité de Robbe-Grillet est qu'elle peut aussi être métonymique, dans le sens où le second degré n'a que des ressemblances partielles avec le premier ou encore se trouver dans une relation de contiguïté, formant par là un décalage entre le texte et son auto-commentaire.

Les parties méta-textuelles sont par là même un lieu de discussion, interne, ouverte. Ce ne sont en aucun cas des miroirs parfaits, qui nous donneraient en quelque sorte la clef de l'énigme, mais elles créent ce mouvement d'indécision si caractéristique des textes de Robbe-Grillet. Le premier et le deuxième degré ne correspondent que partiellement et augmentent de cette manière leurs résonances respectives.

Or, si ces passages parlent du fonctionnement de certains éléments thématiques, l'opinion qui y est exprimée pourrait facilement s'imposer au lecteur. Pour donner un exemple banal : la phrase « La lutte des sexes est le moteur de l'histoire » (*Djinn*, p.19) invite le lecteur à *croire* à cet énoncé, alors qu'il serait très bien possible que l'opinion formulée par l'auteur soit contestable. Toutefois, grâce à la fréquence de ce deuxième degré métonymique (ne dirait-on pas même bathmologique…) le lecteur est mis en garde contre l'opinion exprimée. Le caractère ouvert du texte lui permet au contraire de s'approprier la thématique et de faire abstraction de l'opinion émise par l'auteur.

Dans *La Reprise*, la thématique de la subversion et de la perversion au niveau méta-textuel est récurrente. Je me propose d'analyser quelques-uns de ces passages qui sont nettement marqués par un va-et-vient entre les différents degrés. Le narrateur des notes, en analysant le 'comportement narratif' du narrateur du texte primaire, remarque :

Sa tactique probable, dans le mauvais pas d'où il peine à sortir, serait ainsi de dissoudre ses responsabilités person-

nelles – conscientes ou inconscientes, volontaires ou invo-
lontaires, délibérées ou subies – dans un bain opaque de
machinations compliquées ourdies par ses adversaires, de
doubles jeux à tiroirs, d'envoûtements et charmes hypnoti-
ques divers exercés contre lui, exonérant de toute faute ou
implication sa malheureuse et fragile personne. On aimerait
évidemment qu'il précise lui-même notre propre intérêt à le
détruire. Tous ceux qui ont pris connaissance de ses précédents rapports, fût-ce de façon rapide ou partielle, auront en
tout cas pu observer que cette thématique jumelée du com-
plot et de l'enchantement offre sous sa plume une remarquable récurrence, sans oublier la tumultueuse agression finale par un déchaînement de petites filles érotiques. (R,
p.106)

La dernière phrase renvoie à l'œuvre antérieure de Robbe-Grillet,
dans laquelle les éléments cités figurent, en effet, grosso modo.
En soi, cette constatation n'a rien de subversif ; on peut seulement
dire qu'elle favorise une lecture au second degré. Mais ce qui
nous intéresse plus spécialement dans ce passage, c'est ce qui est
dit sur la 'tactique probable': le but du narrateur serait de dissoudre ses responsabilités personnelles. Cette remarque renvoie, entre autres, à la position de l'auteur. Quelle est sa responsabilité
vis-à-vis de sa narration ? La réponse formulée à propos de la
responsabilité est sans doute ironique mais elle nous paraît révé-
latrice d'une conception intéressante de la responsabilité. C'est
que les 'machinations compliquées' peuvent refléter les forces
idéologiques interpellant le sujet dans une structure sociale, à
laquelle le sujet ne saurait échapper, par le fait même que sa raison d'être est déterminée par cette structure. La conception de la
responsabilité prend ainsi une apparence nettement foucaul-
dienne : le sujet est, malgré lui, privé de pouvoir de décision.
Dans une telle perspective, le sujet ne saurait s'appuyer sur les
forces idéologiques qui le fondent. Sa position est ici très fragile ;
elle ne relève que de loin d'une philosophie anthropocentrique.
Cette fragilité, on la rencontre aussi dans un autre passage, dans

lequel le narrateur des notes affirme que son pouvoir est loin d'être absolu.

> Tout en m'efforçant de la [Gigi] maintenir sous contrôle, je dois pour la bonne cause faire semblant de céder à ses quasi quotidiennes extravagances, et me prêter à des caprices dont je pourrais devenir peu à peu le pantin sans avoir pris clairement conscience d'un enchantement qui m'entraînerait sans recours, inexorablement, vers une mort peut-être imminente... Ou pis encore, la déchéance et la folie. (R, pp.126/7)

Cet aveu vaut également, nous en avons l'impression, pour l'auteur, qui confesse par endroits ne pas contrôler directement la narration, comme c'est le cas dans le passage sur le policier déjà cité plus haut, que nous reprenons ici pour en discuter la méta-textualité :

> Notre commissaire aux excès érotiques parle d'une voix mesurée et réfléchie, convaincue, bien souvent un peu rêveuse, qui semble de plus en plus l'écarter de son enquête pour se perdre dans le brouillard de sa propre psyché. L'éros serait-il aussi le lieu privilégié du ressassement éternel et de la reprise insaisissable, toujours prête à resurgir ? Suis-je là pour rappeler à l'ordre ce fonctionnaire impliqué dans son travail d'une façon trop personnelle ? (p.243/4)

Dans ce passage, le narrateur (et à travers lui l'auteur) pose une question essentielle et qui reste sans réponse. C'est un questionnement ouvert à propos de la thématique de la subversion, en combinaison avec la sexualité. Le domaine de la sexualité est-il le domaine par excellence où se manifeste la force de la reprise, de la répétition obsessionnelle ? Or, dans une perspective méta-textuelle, on ne peut que répondre par l'affirmative. Comme on le sait, l'œuvre de Robbe-Grillet réserve une place privilégiée à la thématique de la sexualité. Mais la question se pose aussi à un autre niveau. C'est que non seulement *La Reprise* se voit impliqué dans la méta-textualité, mais le thème de la reprise, dans le sens kierkegaardien, y est également en jeu. En épigraphe de *La Reprise*[7] se trouve un passage de *La Reprise*, titre d'une nouvelle traduction du livre *Gjentagelsen* de Kierkegaard (traduit en français d'abord sous le titre *La Répétition*) :

> Reprise et ressouvenir sont un même mouvement, mais dans des directions opposées ; car, ce dont on a ressouvenir, cela a été : il s'agit donc d'une répétition tournée vers l'arrière ; alors que la reprise proprement dite serait un ressouvenir tourné vers l'avant. (R,7)

En ce sens, le passage cité plus haut, pose une autre question : celle de savoir si la possibilité de reprise est une qualité essentielle et constitutive de l'éros. Le 'ressassement éternel', ne fait-il pas partie intégrale de la sexualité, normative et/ou perverse ? Ce thème de la reprise, d'une répétition vers l'avant, nous paraît proche d'autres notions importantes, telles que la citation critique et la subversion, sur lesquelles nous allons revenir, après avoir élaboré l'effet subversif, compromettant ou critique du texte pour ce qui est de la perversion.

Que fait le texte à la perversion ?

Jusque-là, nous nous sommes concentrés sur les effets textuels de la perversion dans le roman : elle permet à l'auteur de renouveler l'écriture métatextuelle. C'est ainsi que le fonctionnement habituel des notes en bas de page se voit renversé par sa présence. Ce que nous avons vu, c'était des effets sur le texte causés par la thématique perverse. Mais, en adoptant un angle de vue différent, on pourrait s'interroger sur la position idéologique que s'avère prendre ce roman envers cette thématique perverse.

---

[7] C'est sous ce titre qu'est parue une nouvelle traduction, laquelle a été une source d'inspiration pour Robbe-Grillet, comme il l'affirme dans le Post-Scriptum du texte *Le Voyageur. Textes, causeries et entretiens (1947-2001)*.

Quelles sont en effet les modalités par lesquelles le texte articule une prise de position critique, ambiguë, engagée envers la perversion ? C'est cette perspective que nous allons examiner maintenant, à partir de deux passages-clé.

Il s'agit de moments où domine un discours pervers qui se voit toutefois soumis à la critique. Et c'est précisément la forme que prend cette critique que nous trouvons exemplaire de la manière dont la subversion est cernée dans *La Reprise*. Dans le premier fragment, le narrateur, qui jusque-là avait négligé d'en parler, décrit en détail des dessins pornographiques de la main de Walther von Brücke (le personnage caché derrière le narrateur des notes).

1. *Séquence des dessins pornographiques*
Cette séquence se présente dans une période du roman pendant laquelle le narrateur tache de montrer que Walther von Brücke, fils soi-disant perdu de Danny, est un personnage-clé dans l'organisation sexo-criminelle à Berlin. Le narrateur erre dans un des bâtiments mystérieux et décrit ce qu'il voit. Plus tard, le lecteur comprend qu'il a été sélectif dans ses observations, car il n'avait pas tout d'abord mentionné la trouvaille des dessins. Ceux-ci sont pour le narrateur une preuve que Walther von Brücke n'est pas mort (à cause de leur production récente). Mais il ne les a pas mentionnés avant, « car ça ne [lui] semblait pas un élément essentiel, sinon pour jeter une lumière crue sur les pulsions sado-érotiques de ce W » (p.175). Pareille remarque laisse sans nul doute percer un certain refoulement. Le narrateur se distancie de « ce » W, dont il condamne les pulsions : distanciation critique suivant des termes (quasi psycho-) analytiques[8]. Cependant, le fait de ne pas avoir mentionné les dessins est frappant

---

[8] Tous ceux qui connaissent l'attitude de Robbe-Grillet envers la psychanalyse peuvent savoir que ça va mal finir pour celui qui prend ce ton. Par conséquent le passage qui suit forme un pastiche qui ridiculise de façon exagérée le discours psychanalytique. Mais le fait que ce soit un jeu n'empêche pas que le passage peut être significatif et intéressant. Pastiche peut-être, mais pas seulement.

et révèle une pudeur un peu forcée. Le narrateur tente certes d'expliquer l'absence de cette mention par le fait qu'il n'est pas sûr de la place et du moment (« Une difficulté narrative cependant subsiste[...] », (p.176)). Alors commence tout de même la longue description des dessins, sans que le narrateur explique le pourquoi de ce changement de programme.

Le début de la description/interprétation puise dans l'univers de la critique d'art : il y est question de la qualité des matériaux utilisés. Le narrateur fait sentir sa distanciation critique envers le contenu en remarquant que :

> [...] la précision est presque excessive, maniaque; alors que d'autres parties sont laissées dans une sorte d'indécision, comme due à l'éclairement inégal, plus ou moins contrasté suivant la place des lumières, ou bien à cause de l'attention inégale que porte l'artiste pervers aux divers éléments de son sujet. (p.176/7).

Le narrateur tient apparemment à se tenir à distance de ce qu'il voit. Il 'localise' la perversion chez l'artiste et prend lui-même le ton d'un observateur critique. Son éventuel parti pris visuel dans « l'attention inégale » reste tabou.

S'étant mis à l'écart, autrement dit : ayant traité l'artiste de pervers, le narrateur se sent autorisé à livrer une description fort détaillée du premier dessin. Or, grâce à sa description, l'attention se dirige surtout vers les régions traditionnellement qualifiées d'érogènes. Le 'descripteur' entrevoit toutes sortes de mouvements 'évoqués', ce qui fait que la fille sur le tableau semble être vivante. Ici, description et action se mêlent. « Les traits sensuels de l'adolescente *expriment* une sorte d'extase, qui pourrait *être* de souffrance mais *évoquent* davantage la voluptueuse jouissance du martyre » (p.178, mes italiques). L'interprétation se présente comme découlant directement du dessin ou des qualités essentielles de la nature montrée, mais il devient de plus en plus clair que l'observateur s'y trouve aussi largement impliqué.

Sans faire de commentaires qui puissent relativiser sa propre position ou interpréter explicitement le premier dessin, le
narrateur poursuit ses descriptions. Cette fois-ci, on n'est guidé
par aucune remarque introductrice, mais le vocabulaire objecti-
vant des critiques d'art est toujours présent : Gigi est « vue ici de
trois-quarts arrière ». En même temps, l'évocation de la jeune
fille devient de plus en plus vivante : il est noté que celle-ci
pousse « de longs râles de douleur, modulés et fort excitants. »
(p.178). L'activité interprétative est donc de plus en plus perceptible. Et de nouveau, mais avec encore plus d'évidence, le
narrateur, toujours soumis au processus du refoulement, attribue
aux cris en eux-mêmes – qu'ils soient imaginaires ou évoqués,
peu importe – un pouvoir séducteur. Ce n'est pas lui qui est excité, mais ce sont les cris qui sont 'objectivement', 'par nature',
excitants. Une lecture inspirée par l'étude intitulée *Postcard
from the Edge* de Mieke Bal[9] permet de voir que l'observateur
soi-disant dépourvu de subjectivité ne fait, dans sa critique de la
perversion, que renforcer certains aspects de l'idéologie ciblée.
Il affirme avec cette interprétation que c'est la 'nature' de la
'femme' qui est érotique et non pas l'activité voyeuriste ou imaginaire. Le texte propose plusieurs options pour la personnalité
de l'observateur : « [...] les fesses ainsi exposées en face du
spectateur (artiste peintre, amoureux ému, tortionnaire lascif et
raffiné, critique d'art...), [...] » (p.178). La première possibilité
sous-entend que le dessin est fait d'après modèle, supposition

---

[9] L'étude de Bal porte sur un essai de photos de l'auteur Raymond Corbey
concernant l'imaginaire colonialiste à propos de femmes des pays d'Afrique.
L'exposition des photos va de pair avec une critique des images en question.
Bal montre comment l'auteur se compromet dans sa critique concentrée sur
la responsabilité du photographe, en reprenant sans le savoir une partie de
l'imaginaire qu'il est en train de critiquer. L'idée implicite qui a guidé ses
choix est la 'nature' de la femme qui est par elle-même érotique, excitante.
L'auteur pointe du doigt 'les colonisateurs', mais il oublie que ce n'est pas la
'nature' des femmes ou des hommes qui est par essence érotique, mais que
c'est surtout la vision qui érotise. L'acte de critiquer peut être considéré partiellement comme une continuation de l'imaginaire critiqué. Par conséquent,
il est important de regarder l'effet performatif de l'exposition des images, un
effet qui ne coïncide pas toujours avec l'intention critique.

que la vivacité suggérée par le dessin pourrait bien étayer : la 'réalité' du dessin fait, aux yeux du narrateur, vivre la scène évoquée. Aussi est-on tenté d'admettre qu'il pourrait y avoir un artiste et un modèle présents dans la scène imaginée. Cette supposition permet à nouveau au narrateur de localiser « ailleurs » l'excitation.

Un critique d'art, décrivant ou analysant un tel tableau, risque lui aussi de se perdre dans le flou de la subjectivité. Au moment où il discute le tableau, il ne peut pas s'empêcher de reprendre des éléments du discours pervers. Cette reprise est par essence problématique. L'activité du critique d'art ne serait donc pas si différente de celle du dessinateur en question ? De nouveau, on voit un rapprochement entre un critique et la cible de sa critique. Ceci montre à nouveau combien est problématique la notion de la reprise, à cause de la position adoptée qui est forcément intermédiaire.

Entre le deuxième et le troisième dessin se trouve un alinéa consacré au revers d'une feuille. Parmi les mots illisibles semble figurer le mot allemand « meine ». Le narrateur insiste sur l'ambiguïté qu'a ce mot si on ne connaît pas le contexte. « [Il] pourrait aussi bien signifier « j'ai dans l'esprit » que « la mienne », « celle qui m'appartient ». A mon avis, on pourrait discerner une certaine ironie dans le mélange de ces trois options qui nous sont ici proposées en filigrane.

Encore une fois, sans aucune remarque critique introductive, le narrateur nous présente le troisième dessin. Celui-ci montre à nouveau la cruauté, mais avec une plus grande intensité que le deuxième. Un élément de ce dessin blasphématoire, une coupe de champagne remplie de sang, permet de 'glisser' dans la séquence suivante, dans un autre lieu, à un autre moment.

Dans toute la séquence des dessins, on nous propose une critique des images fournies. Mais d'une façon subtile, la voix critique se compromet, se critique trop peu en fin de compte, trahissant une implication plutôt que la prétendue distanciation. On voit que le narrateur, tout en jugeant pervers les dessins, renforce l'aspect de la perversion standard qui prend la femme pour un

objet, comme si elle était une 'catégorie naturelle' ayant des qualités intrinsèques et 'naturelles' qui devraient exciter de façon
'générale'. Cette idée très répandue n'est point attaquée, voire se
voit renforcée par une affirmation de la 'qualité' excitante de la
fille dessinée.

Or, le fait que le texte expose ce mécanisme fait ressortir un
degré de subversion qui va à l'encontre de l'imaginaire dominant
et très récurrent dans la société et la littérature. Le texte évite le
dogmatisme en problématisant sans cesse les éléments que la critique vient justement de saisir avec force. Ainsi, on voit qu'après
avoir permis cette critique de l'érotique soi-disant naturelle, le
texte reprend les aspects mêmes qu'il vient de critiquer. On retrouve à nouveau les images qui présentent l'érotique comme un
fait de nature et qui de la sorte, à nouveau, négligent l'activité de
la vision subjective. Grâce à un tel procédé, l'ironie s'intègre au
texte, empêchant ainsi que la critique devienne évidente et claire :
il faut continuer de brouiller les pistes, également dans le champ
de la critique culturelle, et peut-être là surtout.

2. Séquence du récit du policier

La deuxième scène reprend la thématique devenue traditionnelle
de la police corrompue. Elle présente néanmoins quelques éléments intéressants. C'est avec l'assassinat de Danny von Brücke
que les policiers, chargés de l'enquête, font leur apparition ; un
assassinat dont le narrateur est d'ailleurs l'un des suspects. Au
début leur version des événements coïncide parfaitement avec ce
que le narrateur nous en a dit, ou, en tout cas, leur version ne
contredit pas celle du narrateur. A un moment donné, cependant,
un des policiers fait référence à des données fournies au lecteur
par le narrateur des notes, mais contestées par le narrateur premier. La question se pose alors de savoir si c'est en fin de
compte le narrateur des notes, celui qui se montre pervers, qui
nous livre une certaine vérité objective ; la possibilité de transmission du pervers au policier étant exclue du point de vue logique... Or, c'est exactement ce lien qui se crée lors de l'interview.

Walther von Brücke, narrateur des notes et personnage, fait partie d'une organisation qui entretient des rapports très directs avec les policiers. D'après le policier, Walther est « [...] aujourd'hui l'un de nos agents les plus incontournables, à cause précisément de son passé, comme de ses liens actuels avec les multiples louches sociétés plus ou moins clandestines et règlements de compte en tout genre qui fleurissent à Berlin. »

Avant ce lien explicite entre le représentant pervers et le policier, on avait déjà pu voir se glisser dans le rapport de celui-ci une certaine tendance à la subjectivité, laquelle allait être par la suite remarquée par le narrateur. Petit à petit, le discours du policier se pervertit donc, sans pour autant être pervers, pour le moment... Mais la deuxième fois que le commissaire, qui s'avère s'appeler Lorentz (cf. Laurent... des *Gommes*), fait son apparition, les choses changent. C'est que cette fois-là le commissaire se montre bien impliqué dans la perversion.

Il s'agit d'une scène située à l'hôpital, où le narrateur, qui s'appelle maintenant Markus von Brücke, se repose après la tentative de meurtre faite par Walther, devenu uniquement personnage. La deuxième interview commence par des questions neutres portant sur Pierre Garin et sur l'alibi de Markus. Mais après ce début d'interrogation, le langage de Lorentz s'imprègne de perversion. Si d'abord ce discours ne concerne que les actions dont Markus est accusé, bien vite on voit le parti pris pervers du policier (souvent les éléments pervers ou 'trop' subjectifs sont ostentatoirement placés au second plan, à savoir dans les subordonnées descriptives). De plus en plus, le policier s'emballe dans son récit. Sous prétexte de faire un exposé sur les pratiques des bordels, il 's'excite' tout seul et reprend sans critique des éléments du milieu qu'il est, tout de même, censé poursuivre. Quant au narrateur, il se distancie à plusieurs reprises du discours du policier :

> Cet homme à l'aspect raisonnable serait-il tout à fait fou ?
> Ou bien veut-il me tendre un piège ? Dans le doute, et pour
> tenter d'en savoir plus, je me risque avec prudence sur son
> terrain, visiblement miné par les adjectifs d'un répertoire

trop connu, même par des non-spécialistes : « Je suis en somme accusé d'avoir abîmé par malveillance un de vos plus jolis jouets d'enfants ? [...] » (p.243).

Le narrateur se distancie donc du policier, mais ne lui coupe pas non plus la parole. Il s'aventure même sur ce terrain, qu'il affirme ne pas être le sien, créant ainsi une opposition un peu artificielle entre le policier et lui-même.

Plus loin, le narrateur va même prendre le ton du psychanalyste pour se distancier du policier : il parle du « fonctionnaire impliqué dans son travail d'une façon trop personnelle ». A part la méta-narrativité qui lie explicitement la thématique de la perversion à la thématique de la R/reprise, aspect dont j'ai déjà parlé plus haut (voir page 11), le passage cité ici montre à nouveau le parti pris du policier et la critique ambiguë qu'en fait le narrateur. Le renversement dans le rôle habituel de la police, inversion devenue assez traditionnelle, est complet quand le policier, à la demande du narrateur, fait comprendre qu'il n'a point l'intention d'arrêter Markus. Le narrateur généralise ensuite : « Comme souvent dans une institution policière bien comprise, Lorentz a vraiment l'air de vivre en parfaite harmonie avec les activités plus ou moins répréhensibles d'un secteur qu'il surveille jalousement » (p.245/6).

La dernière scène avec le policier révèle encore deux aspects intéressants. Premièrement en ce qui concerne le policier, lequel vient d'une institution qui devrait être normalement à l'opposé de l'organisation sexo-criminelle. La déconstruction bien connue de cette institution, faite par le truchement de la perversion, peut être mise en parallèle avec la subversion de la neutralité observatrice, telle qu'on l'a vue plus haut. Deuxièmement, il est intéressant de noter que le narrateur, tout en se distanciant, donne libre cours au discours pervers. Par-ci par-là, il prend sans doute ses distances vis-à-vis de ce discours, mais en même temps il ne cesse de relancer le policier. Et la critique qu'il fait de ce dernier est du même genre que celle qu'il a émise sur les dessins pornographiques. Ce faisant, il impute, encore une fois, la perversion à l'autre et ne se croit lui-même plus concerné, laissant ainsi hors d'atteinte le rôle qu'il joue et sa relation avec l'univers idéologique.

Subversion... ?

Essayons maintenant de saisir l'importance de la perversion pour le roman *La Reprise*, tout comme la particularité de la position idéologique du roman. On peut tout d'abord noter que la thématique perverse permet au texte de subvertir certains paramètres du discours des notes. Ce qui était marginal et correcteur devient alors omniprésent en même temps que contestable. Mais le texte contient également la contrepartie d'un tel mouvement, si bien que les deux orientations finissent par se dissoudre dans un flou critique et pervers. Aussi l'autorité correctrice, qu'elle soit l'apanage du narrateur primaire ou de celui des notes, perd-elle ses fondements et devient une source de critiques contradictoires et de perversion.

Cette même contradiction ouvrant la porte à une discussion sur la normalité sexuelle le texte la renvoie au lecteur. Ce dernier est invité, dans les passages méta-textuels, à jouer et à s'approprier la position ambiguë du critique, qui ne cesse de se compromettre. Car dans les passages méta-textuels tout comme dans l'utilisation des notes, la place de la perversion met en évidence l'implication culturellement déterminée du sujet humain : la neutralité et la distanciation critique sont présentées comme des illusions. La seule alternative à ces tentatives de critique sociale que propose le texte est le jeu de la reprise.

Mais dans ce flou, porteur de critique épistémologique en même temps que d'ironie rebelle, qu'est-ce qui se voit subverti ? Quelle est la cible, quel est le fonctionnement et quels sont les effets, même provisoires ?

Il semble bien que les idées auxquelles le texte s'en prend avec le plus de vigueur, soient celles de la certitude, de la cohérence et de l'essence qui règnent dans un système philosophique téléologique, soutenu par une épistémologie empirique affirmant la possibilité de contrôle, de sens et de savoir. Au contraire, le

texte robbe-grilletien privilégie le dynamisme, les transformations, le flou et le jeu.

En règle générale, on peut parler d'"exposition ironique'
pour caractériser la façon principale dont le texte arrive à subvertir les idées reçues. Le texte, en effet, se livre à une imitation assez fidèle de ces idées et des mécanismes qui les soutiennent. La
minutie avec laquelle sont décrits ces phénomènes se lit facilement comme une analyse hyperbolique ; et c'est précisément par
son aspect hyperbolique, entre autres facteurs, que l'ironie se fait
sentir. Les passages méta-textuels, en particulier, sont les endroits
privilégiés pour la formulation d'une critique directe. La critique
s'articule ainsi dans un contexte très étrange, à savoir à l'intérieur
d'une mise en abyme qui met en scène ce qui, précisément, est
critiqué. Tout en 'exposant' le mécanisme d'une citation critique,
le texte cite de façon trop peu critique un discours pervers. Cette
ironie empêche le ton de devenir dogmatique ou moralisateur, en
relançant le débat au lieu d'arriver à une conclusion critique. Et
même si la critique interne ne doit pas être négligée, la confrontation, la polémique reste avant tout le parti pris du roman.

C'est là aussi où l'aspect ludique se montre avec le plus
d'évidence. Le texte semble préférer faire ce dont il accuse les
autres, pour ne pas tomber dans le piège de la sagesse absolue. Il
faut continuer de jouer…

Ainsi, au lieu de contenir, dans quelque forme labyrinthique, une opinion prononcée sur la perversion, le roman combine
le mouvement critique analytique et le mouvement compromettant, séducteur. Pour ce faire, il ne manie pas le ton cynique ou
purement provocateur en honneur dans certaines œuvres contemporaines, mais un ton avant tout complexe et joueur. Ce que *La
Reprise*, avec sa résonance intertextuelle (Robbe-Grillet, Kierkegaard), propose surtout, c'est de continuer de fouiller les structures de la violence et du refoulement, de disséquer les positions de
domination (sexuelle ?), d'explorer les liens unissant le pouvoir à
la sexualité. Sans doute s'agit-il de se les approprier pour les critiquer, mais à condition de ne pas tomber dans le piège d'une
distanciation critique absolue. Le texte montre ainsi que le jeu est

plus important que la morale, si l'on veut se reprendre en avant comme l'indique le motto kierkegaardien. Voilà bien le jeu, fort sérieux, que l'on joue en lisant *La Reprise*.

Bibliographie

Œuvres d'Alain Robbe-Grillet, Paris, Éditions de Minuit :
—, *Projet pour une Révolution à New York*, 1970.
—, *Djinn : un trou rouge entre les pavés disjoints*, 1981.
—, *La Reprise*, 2001.
—, *Le Voyageur. Textes, causeries et entretiens (1947-2001)*, choisis et présentés par Olivier Corpet, avec la collaboration d'Emmanuelle Lambert, Paris, Christian Bourgois, 2001.

Ouvrages critiques :
Mieke Bal, *Double Exposures. The Subject of Cultural Analysis*, New York, London, Routledge, 1996.
Nathalie Kok, *Confession et Perversion : une exploration psychanalytique du discours pervers dans la littérature française moderne*, Louvain, Peeters Publishers, 2000.
J. Laplanche et J.-B Pontalis, *Vocabulaire de la psychanalyse*, Paris, Presses Universitaires de France, 1998 (1967).
Jacqueline Levi-Valensi, « Figures féminines et création romanesque chez Alain Robbe-Grillet », IN : Jean Bessière (ed. & introd.) *Figures féminines et roman*, Paris, Presses Universitaires de France, 1982.
Guy Scarpetta, « Représentation de la perversion et perversion de la représentation », *Critique*, 651-52 (août-septembre 2001).
Susan Robin Suleiman, « *Subversive Intent. Gender, Politics, and the Avant-Garde* », Cambridge, Massachusetts, London, Harvard University Press, 1990.

Terrasse à Rome de Pascal Quignard : un portrait en éclats

Christine Bosman Delzons

> Garder le silence, c'est ce que, à notre insu,
> nous voulons tous, écrivant.
> M. Blanchot

La vie de monsieur de Sainte-Colombe, musicien du dix-septième siècle restera à jamais méconnue. Nul ne connaît son prénom ni les dates de sa naissance et de sa mort. Son nom est parvenu jusqu'à nous grâce à son illustre élève Marin Marais, musicien de la cour auprès de Lully, et grâce à Pascal Quignard qui profite de cette ombre pour faire le portrait du très janséniste joueur de viole de gambe. *Tous les matins du monde* retraçait le naufrage de l'amitié entre le tout jeune élève, musicien virtuose mais fasciné par la vie, les femmes, les honneurs, et son maître solitaire, mystique de la musique, qui ne souffrait que la compagnie de sa femme défunte, son unique amour pour qui il avait ajouté une corde à sa viole de gambe, une corde basse, secret de son art inimitable, comme un fil tendu entre lui et l'invisible.

Dans *Terrasse à Rome*, Meaume est à la gravure ce que Monsieur de Sainte Colombe est à la musique, un créateur c'est-à-dire un homme qui « fait d'un désastre une chance » (p.31). Tous deux vivent en marge du monde, absorbés par leur création, semblant avoir gelé toute forme d'affects pour préserver en eux l'icône de leur amour perdu, source de leur inspiration. Pascal Quignard provoque d'ailleurs la brève rencontre du graveur et du musicien en une scène étrange où sont échangés de mystérieux propos sur la voracité des ancêtres.

Né en 1617 à Paris, Meaume le graveur d'eau forte est mort à Utrecht en 1667. Entre ces deux repères une vie s'est déroulée de Bruges à Mayence, Ravello, Rome, les Pyrénées, l'Atlantique, la Normandie, Paris, Londres, Rome à nouveau et Utrecht où le graveur meurt étouffé par un passé qui l'a finalement rattrapé. Tout comme Sainte-Colombe, Meaume n'a pas de prénom ; le graveur n'a jamais existé. Sa vie fictive nous est offerte en trente-sept petits chapitres comme autant d'éclats d'un tableau qu'il nous appartient de reconstituer. C'est Meaume lui-même qui en ouverture du roman esquisse son existence à grands traits : « Je suis né l'année 1617 à Paris [….] Maintenant je vis à Rome où je grave ces scènes religieuses et ces cartes choquantes. Elles sont en vente chez le marchand d'estampes à l'enseigne de la Croix noire via Giulia. »[1]

Noir de la Croix de cette enseigne comme un emblème de la vie en deuil de Meaume, graveur à la manière noire, homme de l'ombre qui « se tenait autant que possible la face complètement dérobée dans le noir » (p.69), dissimulant ainsi les traits brouillés de son visage brûlé par l'acide que lui lança au visage le fiancé officiel de la femme qu'il aimait. Noir comme ses œuvres érotiques et scandaleuses qui se vendent en cachette et qui finiront en cendre ; noir enfin comme la colère qu'il porte en lui « Le noir et la colère sont un même mot comme Dieu et la vengeance forment l'unique acte éternel. [...] Il n'y a jamais assez de noir pour exprimer le violent contraste qui déchire ce monde entre naissance et mort [...]. Il ne faut pas dire : *entre naissance et mort*. Il faut dire de façon déterminée comme Dieu : *entre sexualité et enfers* » (p.100).

Entre naissance et mort s'écrit la vie de Meaume le bien nommé, homme défiguré, hanté par le souvenir de la seule femme qu'il aima, vie non pas déroulée mais évoquée à travers « quelques sons, quelques lumières peut-être, qui se portent sur un corps » par le biais d'une écriture fragmentaire.

---

[1] Pascal Quignard, *Terrasse à Rome*, Paris, Gallimard, 2000, pp.9-10. Toutes les références renvoient à cette édition.

Entre sexualité et enfers s'écrit cette même vie mais sur une 'autre scène', présentant alors le travail psychique de la création qui « comme le travail du deuil, se débat avec le manque, la perte, l'exil, la douleur ; il réalise l'identification à l'objet aimé et disparu qu'il fait revivre »[2].

Une gêne technique à l'égard de Terrasse à Rome
« J'ai écrit parce que c'était la seule façon de parler en se taisant » a souvent affirmé Pascal Quignard, philosophe de formation, lecteur aux éditions Gallimard, enseignant à l'université de Vincennes, musicien et co-fondateur du festival d'opéra et de théâtre baroque de Versailles. Et c'est bien pour se consacrer au silence de la parole écrite qu'il se retira de toutes ces activités et choisit de s'établir dans une petite ville de province. Il reçut, à sa grande surprise, le prix Goncourt pour le premier tome de *Dernier Royaume*.

Il est difficile de classer cet écrivain à l'œuvre complexe et poétique qui, de livre en livre, nous offre une méditation sur le langage et tente de cerner la mystérieuse relation qui lie tout créateur à son art. Pourtant, et ce jusqu'à *Terrasse à Rome*, paru entre *Vie secrète* et *Dernier Royaume*, il était convenu de distinguer deux sortes d'œuvres de Pascal Quignard. Les unes, depuis *Le Salon de Wurtemberg*, romans de facture traditionnelle, racontent des vies d'hommes solitaires et hantés. Les autres, dans la lignée des *Petits traités*, revendiquent leur forme fragmentaire que *Une Gêne technique à l'égard des fragments* explique et justifie. Partant des *Caractères* de La Bruyère, Pascal Quignard s'interroge sur cette forme, la gêne qu'elle peut faire naître chez le lecteur, les querelles qu'elle a engendrées et fustige cette manie de l'art moderne de se complaire dans ce qu'il appelle le « haillonneux ». Lui au contraire, tout en reconnaissant la dualité de sa position, affirme que « les fragments sur-le-champ non seulement forment système, mail ils délivrent un sens » (p.55).

Terrasse à Rome réunit ces deux formes. Par son histoire, l'histoire de l'eau-fortier se rattache aux romans et plus particuliè-

---

[2] Didier Anzieu, *Le corps de l'œuvre*, Paris Gallimard 1981, p.20.

rement, comme nous l'avons mentionné, à *Tous les matins du monde* dont il reprend le thème de la création, même si la perspective adoptée n'est pas la même dans les deux romans. Le portrait de Sainte Colombe s'esquisse à travers ses filles, son élève, son entourage, et surtout à travers les ravages que provoquent les exigences d'un art, telles que les conçoit Pascal Quignard. Souffrance et solitude sont le tribut à payer par tout créateur dit l'histoire du musicien, celle de Meaume est plus explicite encore : la création, tout comme l'amour, naît de la perte de l'autre, de l'effacement de soi pour les autres et se nourrit de cette souffrance. *Terrasse à Rome* offre ainsi le portrait, fait de noir et de silence, d'un créateur, mais c'est à nous qu'il appartient cette fois de reconstituer le portrait de Meaume, à travers les fragments épars de cette biographie pour le moins déroutante.

Un incipit étrange ouvre le récit « Meaume leur dit :» le plaçant d'emblée dans le temps présent de la parole. Meaume se présente brièvement : il est graveur à Rome et recherche inlassablement dans son travail les traits d'une femme qu'il a aimée. Le chapitre deux donne alors la parole à un narrateur omniscient qui retrace la rencontre du graveur et de Nanni, la femme aimée. Puis Meaume reprend la parole. L'auditoire a changé, un « elle » s'est substitué au « leur » laissant entendre que le lieu et le temps du récit ont aussi changé. Nous n'en saurons pas plus. C'est en présence de ce « elle » que Meaume évoque le deuxième rendez-vous avec la jeune fille aimée, mais il laisse le récit en suspens sur une étrange question « Quel homme n'aime quand l'enfance crève ? ». A la voix de Meaume se substitue alors celle, multiple, du livre. Toutes les formes de narrations se succèdent au fil des chapitres : récits romanesques, une lettre, descriptions de gravures champêtres ou érotiques, anecdotes de voyages, énumérations, paroles rapportées, proverbes, aphorismes, considérations sur la langue et ses origines, récits de rêves, brefs dialogues comme de courtes scènes de théâtre, une sorte de conte tragique, des réflexions sur l'amour, la vie et l'art. Tous ces brefs chapitres sont traversés par des ombres que l'on ne peut guère qualifier de personnages, tant les infimes portions de vies fictives ou véridiques resteront à jamais mystérieuses. Certains noms nous sont inconnus, certains détails étonnants ou mystérieux. D'autres au contraire sont plus familiers aux lecteurs de l'œuvre de Quignard, entrevus dans les traités ou dans d'autres romans (Sainte Colombe, l'évocation du Jadis, l'oreille…)

La syntaxe porte aussi les traces de ce déroutement : les phrases courtes s'enchaînent sans toujours respecter le fil du discours, les temps sont juxtaposés comme si passé et présent se confondaient en un temps hors du temps « Il court, courut » (p.34) ; « il se releva brusquement ; il ne salua même pas le consul des Flandres, ni les archers, ni le prêtre, ni le revendeur de faïences. Il est déjà dehors. Les poules crient ; il court sur la colline » (p.135).

Ignorant tout futur, le déroulement même du récit semble marcher sur ses propres traces : Meaume, l'amant voleur de Nanni, est défiguré par Vanlacre, le fiancé de celle-ci. Des années et bien des pays plus tard, Meaume est égorgé par Vanlacre, le fils qu'il a eu avec Nanni, qui a cru reconnaître en ce père inconnu le voleur qui vient de lui dérober le portrait de sa mère. Meaume finira par mourir de ses blessures mais c'est par l'évocation de sa naissance et de son étrange baptême avec sang de Concini que se clôt le récit.

Ce que par commodité nous appellerons ces deux « scènes » d'agression et qui ne sont en fait que la même scène répétée de ce que l'on pourrait appeler 'le vol de Nanni', forment le motif central de ce récit à la narration désarticulée. Au contraire des autres chapitres, pour la plupart indépendants dans leur forme et dans leur contenu, ces scènes sont constituées d'une suite de petits chapitres de narration plus traditionnelle racontant deux moments de la vie de Meaume, ses amours et sa mort. C'est à partir de ces deux moments que le lecteur peut reconstituer la mosaïque et tenter de comprendre le sens que « délivre ce système de fragments », ce qu'un récit chronologique n'aurait pu faire.

L'écriture fragmentaire : Meaume entre vie et mort

Le choix du fragment est, nous le savons, la forme choisie par Pascal Quignard. Elle part d'un constat simple, l'impossibilité de la langue à tout dire. Il est tout d'abord et bien évidemment impossible de dire la totalité d'une vie, d'une scène, d'un être. Ce qui peut en être rapporté ne sont jamais que quelques traces inscrites entre des blancs, comme autant de marques sur une plaque de métal. De plus, pour dire ce qui a échappé à l'oubli, l'écrivain ne dispose que d'une langue qui a ses limites, ses défaillances et trahit plus sûrement qu'elle ne traduit. Enfin, il n'est pas permis de tout dire. Au fil du temps, l'usage et la pudeur ont jeté un voile sur l'origine souvent basse et sordide des mots : nous sommes les héritiers de l'effroi romain dont nous avons adopté le regard latéral pour aborder tout ce qui a trait au fascinus[3]. Comment dès lors parler d'amour ou de désir ?

Ce triple constat d'échec peut mener à deux attitudes, le silence ou l'écriture. Mais une écriture qui devra alors rendre compte de ces trois impossibilités en se faisant « soudure entre les spasmes »[4], en exhibant sa défaillance et en interrogeant sans cesse son origine.

C'est ce que font très explicitement les *Petits traités*, *Albucius*, *Vie secrète*… Dans les romans, ce sont les personnages qui relaient ces trois échecs du langage. Tous en effet sont des sortes de collectionneurs passant leur vie à rassembler des morceaux épars (notes de musique, petits jouets, objets précieux, écrits, souvenirs, dessins) pour leur donner sens. Ainsi que le définit Jean-Pierre Richard dans son *Terrains de lecture*, tous ces hommes foudroyés ont «fait l'objet de cette destruction, de ce « *coup porté* » qui les force à vivre depuis lors en marge du monde, refusant ce langage divertissement qui ne sert qu'à « border de fleurs

---

[3] « Je veux méditer sur un mot romain difficile : la *fascinatio*. Le mot grec de *phallos* se dit en latin le *fascinus*. […] La fascination est la perception de l'angle mort du langage. Et c'est pourquoi ce regard est toujours latéral »
Pascal Quignard, *Le Sexe et l'effroi*, Paris, Gallimard Folio, 1994, p.11.
[4] L'expression est de Pascal Quignard, *Petits traités* I, p.25.

les précipices », tous enfin questionnent sans relâche leur passé et auront un jour à l'affronter, de face. Meaume est à leur image, un homme en fuite, silencieux, dont le cœur est le tombeau de celle qu'il a aimée.[5]

Le fragment, sa part de silence et son inscription entre deux blancs, est d'abord la forme propre à rendre compte de l'amour, sentiment démesuré qui, comme le remarque Julia Kristeva ne saurait s'accommoder d'un récit cohérent, sensé, linéaire : « comment rendre visible ce qui n'est pas visible du fait qu'aucun code, convention, contrat, identité ne le supporte»[6]. Le récit du rêve de sa rencontre amoureuse avec Nanni (une des huit extases) s'interrompt brusquement, traduisant l'impossibilité de mettre en mots l'amour sans le dénaturer. L'ellipse narrative se fait alors condensation : le blanc ne traduit pas un rien mais un trop plein. Echappant à la parole, le même rêve peut, par contre, prendre les traits d'une gravure (chap. IX), présentant alors toutes les formes d'un tableau érotique. Depuis le mythe de Méduse, nous savons que le sexe ne se regarde pas en face mais, une fois encore, latéralement, par le biais du récit érotique.

Fragment et rêve procèdent ainsi par sélection, transformation, condensation et déplacement. Comme l'image dont la gravure serait la forme épurée, ils sont autant d'écrans sur lesquels viennent s'inscrire les traces de ce que nous avons perdu : « L'amour comme la peinture prend sa source dans la seule scène qui est impossible aux yeux qui en résultent » ne cesse de dire et de démontrer Pascal Quignard. L'amour est ainsi lié au perdu et rien ne console de sa perte. Nous aimons ce que nous n'avons pas, l'objet d'amour est l'objet manquant. Pour transcrire ce manque, le récit se fait littéral, lacunaire, fragmenté. Le texte se fait image pour montrer cet « angle mort de la langue ». Dans un court traité,[7] Pascal Quignard rapporte ces mots de Flaubert à qui

---

[5] Métaphore de Tacide citée dans *Le Sexe et l'effroi*, p.174.

[6] Julia Kristeva, *Histoires d'amour*, Paris, Gallimard Folio, 1983, p.455. On peut ici également penser, bien sûr, aux *Fragments d'un discours amoureux*.

[7] Petits traités I, VIIème traité, *Sur les rapports que l'image et le texte n'entretiennent pas*, Paris, Gallimard Folio, 1990, p.131.

l'on proposait d'illustrer l'un de ses romans : « Vous voulez que le premier imbécile venu dessine ce que je me suis tué à ne pas montrer ». En (d)écrivant des gravures, les mots vont bien montrer l'immontrable, latéralement, en passant par le burin et l'acide de Meaume. « Le littéraire est chaque mot. [...] Son investigation propre est plus profonde à cause de l'image », précisait Pascal Quignard dans *Rhétorique spéculative.* [8] La quête de cette image originaire lie bien sûr le fragment à la mémoire, dont les caractéristiques sont aussi celles du rêve et de l'image.

Terrasse à Rome peut être lu comme une « Œuvre de mémoire construite sur le modèle de la mémoire », comme le formule si bien Chantal Lapeyre-Desmaison.[9] Comme elle le précise aussi, le fragment peut prendre de nombreuses formes, quelques mots, un petit conte un trait d'esprit, tous disparates, tous éléments constitutifs d'un tout. Aux différentes formes de fragments qu'elle nomme, nous ajouterions les listes, ces énumérations hétéroclites récurrentes dans l'ensemble de l'œuvre de Quignard qui constituent même l'ensemble d'un roman, *Les Tablettes de buis D'Aponi*. Dans *Terrasse à Rome* il est ainsi question de quatre propos tenus par Meaume, de huit extases qu'il aurait connues dans sa vie, de deux rêves... Ces objets, pensées, sensations qui ne semblent être liés entre eux que par le fait de figurer sur une même liste ont, au niveau de la fiction, la même fonction que le fragment au niveau de l'écriture. Ces listes se substituent à l'évocation indicible d'un passé dont elles sont les vestiges. Ainsi, les huit extases de Meaume « Un rêve, un souvenir, une toile de la main de Claude Gellée offerte par lui l'année 1651 [...] » auxquelles s'ajouteront une oreille, une gravure – les trois autres extases nous resteront inconnues – et qui sont autant de traces d'un passé toujours présent. Le mot « extase » leur confère une dimension mystique, mais souligne surtout que ces objets transportent Meaume hors de lui. Nous pouvons aussi noter que dans le rêve, comme dans la mémoire, comme dans la description d'images, le

---

[8] p.12
[9] Chantal Lapeyre-Desmaison, *Mémoires de l'origine*, Paris, Flohic Éditeurs, 2001, p.197.

temps ne suit pas son cours. Toutes les images transcrites, les rêves racontés, la mémoire invoquée, sont donnés au présent, un temps qu'habite Meaume comme tous les héros quignardiens. Un présent dans lequel émerge le passé que transcrivent ces fragments où les temps se heurtent, où soudain l'origine d'un mot affleure, où des figures de tous siècles se côtoient, et qui permet à Pascal Quignard d'écrire dans l'un de ses petits traités qu'il aimerait être lu au XVIème siècle.

Images d'amour, traces du passé, quête de l'origine, tous ces fragments indépendants en apparence sont aussi les éclats d'un même tableau, une sorte de tableau cubiste, morcelé, à la perspective incertaine, que deux 'scènes' plus lisibles organisent. Un tableau fragmenté à l'image de ce que l'eau-fortier crée, à l'image de ce qu'il est.

Meaume entre enfers et sexualité

« *Tout voyeur de déesses est un homme de nuit* », écrit Quignard dans *Le Sexe et l'effroi* (p.118). L'histoire de Meaume illustre cet aphorisme. En effet, le jeune homme de vingt-cinq ans tombe sous le charme d'une étrange jeune fille. La scène reprend tous les topoi propres au coup de foudre : sidération, fascination, recherche désespérée de l'objet d'amour entrevu, premiers regards échangés lors d'une présentation, amour frappé d'un interdit puisque Nanni est promise à un autre. Nous savons depuis longtemps que la loi est mortifère pour les amants et que cette histoire finira mal, comme l'a déjà annoncé Meaume. Mais nous savons aussi qu'elle est la condition de l'exaltation amoureuse, celle que Pascal Quignard a défini comme étant une chute dans l'autre, sans médiation sociale ou familiale. Comme toujours, tout commence par un regard.

Meaume est fasciné par l'apparition de la jeune fille, au point d'en devenir « désert » et de perdre tout autre désir que celui de la retrouver. Il la suit de loin mêlant déjà « son ombre à l'ombre noire des porches ». Meaume offre tous les symptômes de l'amoureux transi, sidéré, par la jeune femme, la cherchant partout, ne trouvant pas un mot à lui dire lors de leur première rencontre, dans l'angle glacé d'une chapelle. L'apparence de cet étrange objet de son désir à de quoi stupéfier tant elle tient plus du cygne que de la femme, analogie qui se confirme au fur et à mesure de leurs rencontres : « Elle était blonde, très blanche, légèrement voûtée, la taille fine, les mains fines, la gorge lourde, très silencieuse » (p.12) « Parfois elle était étrange et se tenait toute voûtée, toute pâle, introuvable, dans les recoins, même quand elle se trouvait en plein jour » (p.14) « Elle a un long cou. Elle est toujours vêtue de vêtements stricts et gris » (p.15). Oiseau solaire – pensons à Zeus incarné sous la forme d'un cygne pour s'accoupler à Léda – le cygne est un oiseau au symbolisme ambigu. Pour Gaston Bachelard, le cygne offre l'image de l'hermaphrodisme, féminin en apparence, masculin dans l'action, la pure image du désir sexuel. L'ambivalente de ce curieux objet d'amour est confirmé tout au long du récit de leurs amours. D'abord par son rêve de partager ses repas avec Meaume dans son lit fermé (p.16), belle expression d'un fantasme d'incorporation, puis par Meaume lui-même qui évoque leurs amours comme un « fragment de nuit où il sombre » (p.17).

Face à l'amoureux médusé (le verbe *suivre* revient à plusieurs reprises, accentué même par « sans s'en rendre compte »), Nanni apparaît parfaitement consciente « Elle, elle s'en rendit compte » (p.13) et elle est maîtresse de ce qui se joue. C'est elle qui recherche la silhouette du graveur, qui « le regarde directement, dans les yeux » (p.15), elle encore qui lui prend les mains lui communiquant ainsi la fièvre de son désir, elle toujours qui « ose tous les gestes que son âme se représente » (p.18) et le convoque à tous moments pour assouvir son envie de lui. Pourtant, à ce corps brûlant de désir s'oppose le masque de son expression : « jamais son visage ne marquait de bonheur » (p.19). Cette fascination pour un objet ô combien mortifère ne peut que mal se terminer. Belle scène de castration, le moment de la brûlure au visage impose le retour en force de la Loi que bravaient les amants et le pénis aux couleurs de la mort « gluant et bleu » (p.22) marque la perte du phallus (terme utilisé bien sûr dans sa signification analytique de signifiant du désir).

La perte du visage marque la fin d'un « je », prix à payer pour qu'advienne le moi créateur : « La première personne n'est qu'un sexe masculin au repos et qui se recroqueville [...] Ce sexe peut émouvoir mais il ne peut pas transporter l'épouse, qui est le lecteur. Pour que le plaisir du texte demeure imprévisible, il faut que le lecteur ne puisse savoir d'où va venir le désir. Le désir ne peut dire je, ni avoir de visage ; il ne peut que désirer, bander. *Fascinus fascinatus* »[10].

Le moi créateur est un moi qui a volé en éclats : le je ou moi corporel, rendu à jamais illisible au regard de l'autre (comme l'était le visage de Nanni), se dissocie du moi psychique, qui se morcelle aussi, une partie s'identifiant à l'objet perdu – « j'ai gardé en moi la femme que j'ai perdue » (p.154) – dont il nie la perte, tandis que l'autre partie conserve son statut (malgré sa douleur, Meaume « empoche l'amende » à laquelle a été condamné Vanlacre et reprend son travail » (p 23).

Le chapitre suivant est une lettre de Nanni, réponse à celle qu'elle a reçue de Meaume et au portrait qu'il a fait d'elle. La lettre de Meaume ne nous est pas donnée à lire, mais on peut penser que c'était une lettre d'amour aux antipodes de la réponse qu'il reçoit ici, et par laquelle il apprend que le portrait qu'il a fait de la jeune fille a été amputé : elle a en effet « coupé aux ciseaux la gorge car vous l'aviez gravée nue et elle ne m'a pas paru décente » (p.26). L'image et l'écrit apparaissent ainsi en lieu et place de l'objet d'amour manquant et sont, l'une comme l'autre, les lieux d'inscription du désir. Meaume n'aura de cesse de faire et refaire le portrait de Nannie en gravant, 'latéralement', son désir pour elle dans ses œuvres gravées à l'acide. Meame se refermera sur ce souvenir, se faisant crypte de son amour ancien, comme ses gravures seront autant de lieux d'inscription d'un désir, noir comme ce soleil « cou coupé » de la mélancolie : « un livre est une gorge égorgée qui se rouvre, un souvenir l'édite »[11].

Comme nous le savons en effet, l'accès à l'ordre symbolique ne se fait qu'au prix de la perte de l'objet et de sa dénéga-

---

[10] Pascal Quignard, *Rhétorique spéculative*, p.67.
[11] Petits traités I, p.538.

tion[12]. Dans *Soleil noir*, Julia Kristeva analyse les mécanismes qui mènent à la dépression et émet l'hypothèse, particulièrement convaincante dans le cas de Meaume, d'un déni de dénégation. Le sujet « nostalgique, se replie sur l'objet réel de sa perte qu'il n'arrive précisément pas à perdre, auquel il reste douloureusement rivé ». Pour le graveur, ce clivage va être sublimé par l'art qui verbalise à sa manière – noire – son affect. Meaume devient un homme de nuit ; il s'installe dans un deuil impossible où il ne nie pas le manque, mais au contraire l'évoque sans cesse, latéralement. L'image de Nanni habite Meaume, mais il n'en parle pas ou peu, ne la nomme jamais que par abstractions : « une femme que j'aimais », « une femme ». Il ne la représente jamais mais pourtant « dans chaque rêve, dans chaque image, dans chaque vague, dans tous les paysages [il a] quelque chose d'elle ou qui procédait d'elle » (p.149).

Le déni de dénégation est, sans aucun doute, un système de défense face à la violence de l'agression dont Meaume a été victime. Comme nous l'avons vu, il se caractérise tout naturellement par la difficulté de conférer aux signes quelque crédibilité que ce soit. L'expérience de Meaume est également à cet égard remarquable, car elle met en lumière la distorsion qui s'installe entre le langage et son expérience affective. La première lettre de Nanni se clôt par un adieu sans appel ; quelques jours plus tard elle est à son chevet. Elle l'informe avoir demandé sa mort à son fiancé mais vient le prévenir pour le sauver. Un an après, il la retrouve mariée, mère d'un enfant, ce qui ne l'empêche nullement de chercher à le retenir : « Viens, dit-elle » (p.33) ; cette fois il prend la fuite, choisissant le silence, la solitude et de la gravure. Notons cependant qu'il ne choisira la manière noire qu'après sa rencontre avec Abraham, figure éminemment paternelle, et après la mort de celui-ci. Ses œuvres portent aussi la marque de ce clivage : comme il le dit dès l'ouverture du récit, elles sont de deux natu-

---

[12] Rappelons brièvement que le sujet accède au langage pour retrouver dans celui-ci l'objet perdu, c'est-à-dire la mère. La dénégation de la perte est la voie d'accès à l'ordre symbolique.

res, « religieuses ou choquantes (p.10), sous le signe de la Loi ou du sexe.

Rivé à cette expérience traumatique, le temps de Meaume ne s'écoule plus. Le graveur n'a pas d'avenir, il ne vit que dans une forme de passé vécu au présent, un temps qui rappelle celui de la cure analytique et que Pontalis, appelle la cinquième saison, ce temps où le temps ne passe pas. Ce passé surgit dans le présent, chargé d'affect, à travers des objets, une pensée, un rêve ou une peinture. Rome est bien sûr la ville par excellence où le passé est présent « Rome n'est plus étanche comme elle l'était avant que le passé déborde et franchisse les murailles » (p.139), affirme Meaume, la gorge serrée par la blessure qu'il a reçue et dont il mourra. Paroles énigmatiques pour son interlocuteur et ami Claude Gellée, mais qui prennent tout leur sens pour nous qui savons que le passé de Meaume vient de surgir sous la forme d'un jeune homme à la ressemblance troublante avec Nannie, jeune homme qui n'est autre que son fils, bien sûr, et qui, ne reconnaissant pas son père, lui donnera le fatal coup de couteau à la gorge.

Mais, avec cette résurgence du passé, nous sommes loin de la démarche de Proust pour qui la madeleine, les églantines, le pavé de Venise sont autant de portes ouvertes sur le passé. A l'opposé, pour Quignard ce qui est perdu l'est irrévocablement. Il n'en reste que des vestiges qui témoignent de son existence. Se souvenir n'est en aucun cas faire ressusciter le passé, mais juste une entreprise pour masquer un vide, en liant entre elles les diverses pièces, qui ne feront que souligner l'impossibilité de dire.

« Orphée pétrifie la renaissance d'une émotion sous la forme mensongère d'un souvenir », écrit Pascal Quignard dans *Le Mot sur le bout de la langue*. Se retourner fait disparaître le passé, tous les personnages quignardiens en font l'expérience. Le passé soi-disant retrouvé (le salon de Karl, la petite fille identifiée d'Edouard, l'ami chassé enfin revenu de Sainte Colombe) ne correspond en rien à l'image conservée au plus profond de soi. Pourtant, « Nous transitons : cela veut dire aussi nous allons vers le passé. Et c'est totalement ; tout entier que nous allons vers un passé total », affirme Karl dans *Le Salon de Wurtemberg* (p.178).

Comme lui, comme Monsieur de Sainte-Colombe, Meaume fait partie de ces « desêtres » décrits par Lacan, qui ne peuvent trouver recours ni secours dans le langage, accrochés à un passé qu'ils questionnent sans relâche, tout en sachant que jamais ils ne le retrouveront. La confrontation de Meaume avec son passé remet le temps en marche, le faisant basculer dans « un âge où on ne rencontre plus la vie mais le temps. On cesse de voir la vie vivre. On voit le temps qui est en train de dévorer la vie toute crue » (p.139). Meaume est assailli par son passé à Rome et l'on songe aux vers de Boris Pasternak cité par Aragon, « Or être vieux, c'est Rome qui Au lieu des chars et des échasses Exige non la comédie Mais que la mise à mort se fasse.» La mise à mort à lieu en effet, non loin de Rome, la ville où la parole de Meaume, rare, se faisait parfois entendre sur une terrasse, ce lieu privilégier qui n'est ni maison – cette *domus* où règne la loi du père et sa *dominatio* –, ni jardin qui invite à l'immobilisme de la contemplation, ni ville où l'on se perd, mais un endroit comme posé en marge du monde où le graveur pouvait enfin se laisser aller à la confidence en compagnie de son ami peintre.

Dans un entretien récent accordé à la télévision française, Pascal Quignard montre sa maison au sud de Paris, où il s'est retiré de toute vie publique pour se consacrer à l'écriture, décision qui fut suivie d'une grande dépression, que retraçait *Vie secrète*. A côté de sa maison, une sorte de grange abrite ses souvenirs, ses livres et ses instruments de musique. Puis il nous emmène au Japon qu'il aime particulièrement et où il dit avoir en partie écrit *Terrasse à Rome*. Evoquant son travail, il affirme ne pouvoir écrire que sur ce qu'il a perdu et avoir même besoin d'une certaine distance géographique entre les lieux où il se trouve et ceux qu'il décrit. Ces propos sur le passé irrémédiablement perdu, qui nourrit une œuvre en cours et ce choix de vivre en retrait, ne peuvent que faire penser à la vie de Meaume. En se gardant bien de tout rapprochement hâtif, il n'est peut-être pas tout à fait erroné de penser que si *Terrasse à Rome* offre le portrait en éclats du sculpteur, en filigrane se dessine celui d'un écrivain dont chaque livre est un fragment, mais dont il convient de lire l'ensemble comme un tout. Dans chacune de ses œuvres affleurent en effet de petites épaves resurgissant d'un fragment à l'autre, comme autant de traces d'une même histoire. Ainsi Monsieur de Sainte Colombe apparaît dans *Terrasse à Rome*, la viole de gambe fait l'objet d'un petit traité et compte pari les dont Karl joue. Les *Petits traités* s'ouvrent par «Tous les matins du monde sont sans retour». Le mot sur le bout de la langue, titre d'un ouvrage, est une phrase littéralement reprise dans *Le Salon de Wurtemberg*, présente également dans *Carus*. Les souvenirs de Meaume sont déjà dans les *Petits traités*, l'oreille, l'image, Port-Royal – et son histoire ne peut que rappeler cette du *Mot sur le bout de la langue*, récit autobiographique d'un premier amour meurtri. Muti, la jeune fille qui s'occupait de Pascal Quignard enfant, quitta la maison laissant l'enfant muet de douleur pendant de long mois. Tous ces souvenirs, ces objets trouvent ainsi une nouvelle vie de livre en livre dans le présent sans cesse renouvelé de la lecture, grâce à nous, lecteurs qui, comme un double de la mémoire rendons présente cette œuvre, lui offrant un futur.

L'histoire de Meaume occupe une place à part dans son œuvre. Elle illustre le choix irrémédiable de Pascal Quignard pour le fragment, et montre en quoi et pourquoi il lui serait impossible d'écrire autrement. *Terrasse à Rome* peut être alors lu comme l'illustration d'un projet d'écriture entrepris il y a trente-cinq ans. Il nous semble en effet que l'histoire de l'eau-fortier, par sa forme, rassemble les multiples aspects de cette écriture si particulière et rare que Adriano Marchetti[13] définit bien comme étant une « une parole poétique d'une intense concentration, à la fois étendue, dilatée ou ramassée et elliptique, dramatique et lyrique, portée à une dimension plus allusive qu'ambiguë, à une transposition plus analogique que symbolique, à un discours pragmatique. » Par ses thèmes également, *Terrasse à Rome* réunit les grandes lignes de la réflexion que Pascal Quignard poursuit au fil de ses écrits. Réflexions sur l'amour et la langue aux pouvoirs médu-

---

[13] Adriano Marchetti, Introduction à *Pascal Quignard : la mise au silence*, Paris, Éditions Champ Vallon, collection Détours.

sants et dont la perte foudroie ; sur le livre, lieu d'inscription du désir, et sur l'art en général, qui exige le retrait et l'isolement créant un espace et un temps où passé et présent, perdu et retrouvé, défient tout futur. Ainsi est-on en droit de penser que, peut-être, Pascal Quignard écrit comme Sainte Colombe fait de la musique ou comme Meaume sculpte, par amour, par vengeance, parce que « Comme dans la vie psychique, une souffrance, en criant vengeance, n'appelle rien d'autre qu'un récit. »[14]

Bibliographie :

Œuvres de Pascal Quignard :
—, *Terrasse à Rome*, Paris, Gallimard, 2000.
—, *Une Gêne technique à l'égard des fragments*, Paris, Fata Morgana, 1986.
—, *Petits traités*, Paris, Gallimard/Folio, 1990.
—, *Le Nom sur le bout de la langue,* Paris, Gallimard/Folio, 1993.
—, *Le Sexe et l'effroi*, Paris, Gallimard/Folio, 1994.
—, *Rhétorique spéculative,* Paris, Calman-Levy, 1995.
—, *Vie secrète,* Paris, Gallimard,1998.
—, *Ombre errante,* Paris, Grasset, 2002.

Ouvrages critiques :
Didier Anzieu, *Le Corps de l'œuvre*, Paris, Gallimard, 1981.
Julia Kristeva, *Histoires d'amour*, Paris, Gallimard/Folio, 1983.
Chantal Lapeyre-Desmaison, *Mémoires de l'origine*, Paris, Flohic Éditeurs, 2001.
Jean-Pierre Richard, *Terrains de lecture* Paris, Gallimard, 1996.
J-B Pontalis, *Ce temps qui ne passe pas*, Paris, Gallimard, 1997.
Julia Kristeva, *Soleil noir*, Paris, Gallimard/Folio, 1987.
Adriano Marchetti, *Pascal Quignard : la mise au silence*, Paris, Éditions Champ Vallon, collection Détours. Texte consulté sur leur site internet.

---

[14] *Rhétorique spéculative*, p.170.

Richard Millet
entre les ombres et les vivants

Aline Mura-Brunel

Il n'est plus à démontrer que la littérature contemporaine est florissante : les romans se multiplient et des courants se dessinent. Renouant avec les codes les mieux établis du romanesque d'antan, les écrivains d'aujourd'hui réhabilitent les personnages étoffés même si la glose psychologique reste discrète, l'intrigue bien agencée malgré le jeu des ellipses, les repères chronologiques en dépit d'effets de brouillage persistants.

Aux côtés d'une école dite Minuit qui garde le souvenir du minimalisme et d'un certain formalisme, d'autres écrivains puisent largement dans le champ du romanesque et convoquent en particulier toutes les formes de filiation, qu'elles soient symboliques ou effectives. « Dans les romans de Richard Millet, écrit Sjef Houppermans, […] l'histoire des habitants du plateau de Millevaches permet de montrer dans une écriture d'une grande pertinence matérielle comment ce pays incarne une mémoire millénaire et permet de revivre les mythes et les légendes des origines. Cette littérature est pour le domaine des signes une réserve inépuisable ».[1] A l'évidence, le romancier assigne aux livres de hautes ambitions puisqu'ils constituent notre patrimoine, « hors nostalgie », et qu'ils nourrissent notre imaginaire –prenant en cela le relais des mythes. On comprendra dès lors que la fiction de l'intime (si souvent illustrée dans la littérature contemporaine) croise ici les récits de la mémoire et de l'histoire. C'est en mettant l'accent sur la langue et les langues que l'écrivain interroge le monde, les autres et lui-même.

---

[1] Sjef Houppermans, « Les campagnes camusiennes », in *La Terre dans le roman contemporain, L'Esprit créateur,* Summer 2002, vol. XLII, n°2.

Ainsi, Richard Millet dans *Le Sentiment de la langue* se situe au sein d'une communauté qui n'a pas d'époque mais se retrouve autour de croyances comme « le souci de la permanence, le sens de la langue, le cheminement vers cet ordre que chaque écrivain invente en prenant en charge toute la langue, ou la langue en tous ses états ».[2]

Après avoir écrit quelques récits brefs et empreints d'une mélancolie noire, R. Millet compose une véritable fresque romanesque où s'élabore une topographie imaginaire et où se meuvent les ombres d'un passé littéraire et personnel. Tenté par la fascination du silence, dans le sillage de Louis-René des Forêts et de Pascal Quignard, il apprivoise la part obscure de lui-même et du monde pour la faire advenir à la lumière – dans l'œuvre. Il est possible de repérer une évolution dans les choix esthétiques et les résonances thématiques de l'auteur, un passage du récit bref au roman de plus ample envergure, de la tentation du silence à son apprivoisement, de la fiction de l'intime aux récits de la mémoire. Mais toute l'œuvre est profondément marquée par un souci extrême de la langue, de son histoire, de sa musicalité et de ses infinies possibilités.

L'œuvre de Richard Millet, riche de vingt-cinq titres, suit donc à l'évidence une progression : des premiers récits marqués par l'influence de Maurice Blanchot – la fascination pour le silence et le sentiment de l'imposture – aux romans au long cours où resurgissent des personnages déjà familiers au lecteur, comme dans les fresques romanesques de Balzac et de Proust. Il est vrai que la retenue et la sobriété caractérisent le phrasé des nouvelles de *Cœur blanc* ou des récits qui paraissent jusqu'au début des années quatre-vingt-dix ; mais c'est plutôt la recherche du classicisme et de l'harmonie qui s'imprime dans la prose de l'écrivain. Ses références sont Malherbe, Guez de Balzac et La Fontaine avant que ne s'affirme son admiration pour Faulkner, Joyce et Proust. Depuis dix ans environ, le baroque s'immisce dans le style et

---

[2] Richard Millet, *Le Sentiment de la langue,* La Table Ronde, rééd. 2003, p.234.

l'inspiration bouscule les codes formels. Des phrases riches de subordonnées enchâssées et destinées à ne jamais finir s'étendent dans *Lauve le pur, La Voix d'alto* ou même le court récit *Le Renard dans le nom*. Ainsi, dans ce texte, peut-on lire :

> Pierre-Marie était là, devant la nuit, la grande nuit siomoise qui, en ce temps-là, avait encore de quoi inquiéter, qui en tout cas nous faisait peur, car nous l'imaginions peuplée de loups, de renards enragés, de voleurs d'enfants, de gardes-chasse maudits, et d'êtres comme ce Pierre-Marie à sa haute fenêtre, qui était là sans y être vraiment, regardant les choses que nous aurions été bien en peine de voir, quand bien même on aurait été à sa place, ai-je pensé en grimpant sur la plus haute branche d'un épicéa, dans l'espoir de découvrir malgré tout, ce qu'il pouvait contempler.[3]

A l'unisson d'une nature sauvage et mystérieuse, la phrase suit des méandres syntaxiques et donne à entendre de multiples échos. Une même obsession de la langue – musicale et originelle – traverse l'ensemble de l'œuvre : or, le souci de la langue juste – comme on parlerait du ton juste – est aussi souci de soi, incursion dans les replis du sujet. Intimement liées aux terres de l'enfance, la langue ou plutôt les langues (le français, le patois limousin, l'arabe) tiennent lieu d'origine et confèrent à l'entreprise littéraire sa légitimité.

Ainsi, au lieu de s'ingénier à distinguer des « manières » successives chez cet écrivain (les récits brefs et introspectifs puis les romans plus denses et plus ambitieux), il conviendrait sans doute plutôt de repérer un espace textuel dessinant une topographie imaginaire et une communauté humaine, articulé autour de trois pôles : le massif limousin, la dimension libanaise et la langue, lourde de son histoire. C'est ainsi qu'à la fiction de soi – de sa géographie intérieure, de ses « cadastres intimes » – succèdent des récits généalogiques et archéologiques. R. Millet s'attache en effet à consigner dans la trilogie dite corrézienne ainsi que dans la

---

[3] *Le Renard dans le nom,* Gallimard, 2003, p.28.

Voix d'alto le souvenir d'une civilisation rurale disparue – sans nostalgie mais avec une cruelle clairvoyance. Le romancier écrit :

> Mon enfance ne fut pas malheureuse. Elle n'eut de triste que ce que toute enfance compte d'ennui quand elle se passe dans une bourgade aussi isolée que l'est Siom, dès cette époque condamnée à voir sa population vieillir, mourir, ne pas se renouveler. J'ai vu fermer le presbytère, la forge, la poste, les épiceries, les deux restaurants, les trois fermes, l'école ; j'ai vu ceux qui les tenaient s'enfoncer dans la nuit, et je suis un des derniers à figurer au registre siomois des naissances.[4]

La terre de Corrèze, unique et troublée d'images multiples, se réinvente alors sous l'effet du verbe et de ses limites, comme un alter ego probable : malgré les détails qui s'accumulent, elle semble de plus en plus opaque, fantasmatique, faite de rêves et de mots. Force est alors de reconnaître que ce retour vers le passé et la consignation de rites disparus ne font en aucun cas de R. Millet un écrivain du terroir : il accomplit certes un devoir de mémoire, mais l'exigence reste l'écriture de la transcendance. Le narrateur de la *Voix d'alto,* altiste, cherche une voix qui diffuse une lumière étrange, toute intérieure, que seul le silence permet de capter – un silence « qui est au fond, de même nature que la taciturnité de [ses] ancêtres siomois ».[5]

Autrefois sacralisé, le silence, tenu à distance maintenant, est toujours à l'orée et au bout de toute quête de l'origine : il instaure un lien avec la musique, l'écriture, la terre, quelque chose de soi-même. Richard Millet déclare dans une revue parue en 2001 : « J'appartiens à une génération silencieuse, qui répugne à l'emphase, au pathos, aux doxas, aux barbaries langagières. La voix vive, la voix haute me semblaient le lieu de toutes les impostures ».[6] Il s'agit en ce cas de l'opéra. L'œuvre entière de R.

---

[4] *La Voix d'alto,* Gallimard, 2001, p.47.
[5] *Op. cit.,* p.67.
[6] « Anciennes voix d'enfants », in *L'œil-de-bœuf* n°21, avril 2001, p.33.

Millet est hantée par le silence : le musicien de *L'Angélus* ou l'écrivain Sirieix du récit éponyme en subissent la menace, fascinés. Solitaire, face à son œuvre absente, le narrateur de *l'Ecrivain Sirieix* en dénude l'imposture : « Mon existence n'aura pas même été le roman pitoyable ou pathétique, encore moins édifiant, que j'imaginais en rédigeant ces pages, mais tout au plus les épisodes qui composent ce maigre récit ».[7] Pourtant, ce « récit » se prolonge dans d'autres écrits qui naissent sous la plume de Richard Millet (que l'on ne saurait complètement confondre avec le narrateur de *L'Ecrivain Sirieix* pas plus qu'avec les narrateurs des romans ultérieurs, malgré d'indéniables projections), faisant naître un discours qui se propulse à la limite du langage, qui dénonce ses propres défaillances – continuant « d'écorcher l'innocence de l'enfance ».

En 1994 comme en 2004, l'écriture romanesque transpose donc « la mutité du monde » pour advenir : née du silence, elle le porte en elle, l'apprivoisant comme un espace de mort dans une vie en cours. Tout bruissant de paroles contenues, le silence se fait voix dans l'œuvre. Or, c'est sans doute *La Voix d'alto* qui dit le mieux cette voix muette, venue de la terre d'origine et des voix anciennes d'enfants, à la fois sur l'instrument et dans les mots qui rapportent le son. « Disparition vibratoire » du superflu, des bruits parasites, du sujet social sous la majesté sacrée de la musique, du « grain de la voix » inouï et pourtant audible dans le texte lu. L'ethos (et peut-être même le pathos) transparaissent alors après être passés par le tamis du silence – celui-ci étant lui-même tenu à distance dans ce roman sous le voile de l'ironie. Silhouette reparaissante, Samuel du Bois (qui n'est autre que la figure de Louis-René des Forêts déjà nommé dans *L'Angélus*), se détache à son tour du silence après l'avoir sanctifié, recherché au-delà des mots : le maître, puisque Samuel de Bois n'est plus poète mais compositeur, s'éloigne d'une « première manière », préférant désormais s'en tenir aux « ironiques approches du silence »[8] et créant pour le plus grand plaisir de Nicole (personnage féminin

---

[7] *L'Ecrivain Sirieix,* P.O.L, 1994, p.92.
[8] *La Voix d'alto,* p.187.

principal de *La Voix d'alto*) « un austère Trio ». Conservant à la fois un ancrage dans des réalités terriennes et une aspiration à une vision épurée du monde, par le biais de la musique, ce roman fait sentir à quel point la transcendance ne manifeste jamais aussi bien sa présence que dans l'immanence, dans le corps des femmes, dans la voix d'alto.

Par delà le silence, ou composant avec lui, l'écrivain (ou le « prosateur » comme il aime à se désigner) dresse aussi, d'une œuvre à l'autre, une sorte de bilan de l'enfance enfuie après la guerre du Liban (1975-1990) tout en continuant de s'interroger dans le même temps sur la vanité de l'écriture et son absolue quoique « terrifiante nécessité ».

> Je suis en quête d'une ville perdue en elle-même, écrit-il dans *Le Sentiment de la langue,* (effondrée par endroits sur elle-même, telle une étoffe lourde). Parfois je crois reconnaître des maisons, des rues, des visages, mais cela n'a plus de nom : quel être, que je devine infiniment proche dans la nuit tiède, pour les désigner pourrait venir à moi dans les inflexions douces du français que l'on parle au Liban ? [9]

La dimension libanaise est omniprésente dans l'œuvre de R. Millet mais elle est au cœur de textes comme *Beyrouth* (1987), *Un Balcon à Beyrouth* (1994) ou *L'Accent impur* (pièce de théâtre, 2001). Il s'agit toujours de relier les terres de l'enfance (deltas des langues) à une quête ontologique, fondée sur des partis pris esthétiques.

De grandes veines thématiques traversent donc l'œuvre et en corrèlent les fragments épars : le sentiment insistant de la perte, le souci de la langue, la mort dans toute sa violence, les rites ancestraux, la musique et le silence, le corps mortifié ou exalté. C'est dans une langue qui permet de voir et de sentir l'horreur de la mort et de la solitude ou au contraire l'irrépressible désir de l'autre qu'il relit le passé. *Lauve le pur* et *La Gloire des Pythre*

---

[9] *Le Sentiment de la langue,* La Table Ronde, 1993, p.29.

abondent en détails sur l'homme blessé ou meurtri, dans sa chair et dans son être. A cet égard, l'incipit de *Lauve le pur* qui donne à voir le personnage éponyme souillé par ses propres déjections et traversant ainsi sali Paris et sa banlieue peut susciter chez le lecteur une forme de malaise. Loin d'une littérature qui édulcore ou distancie les secousses du réel, l'écrivain montre aussi ceux qui s'accouplent et puis s'éloignent, en termes crus ou presque lyriquement afin de rendre hommage aux textes qu'il convoque. Il excelle alors à restituer l'attente et la déception et place parfois sous l'égide de « modèles » antérieurs les élans de ses personnages. Ainsi, se souvenant du *Lys dans la vallée* de Balzac et préfigurant son propre texte *L'Amour des trois sœurs Piale,* il écrit dans une nouvelle de *Cœur blanc* intitulée « Les Grâces » :

> Je n'avais cessé de sourire, les yeux clos à demi, irrité autant qu'amusé du pouvoir que Thérèse prétendait avoir pris sur moi ; ce qui ne m'empêcha point de dire à Henriette combien j'aimais son prénom, celui de Mme de Mortsauf et de la sœur de Renan, prénom que je voyais blanc, pur, très frais, comme un frémissement d'ombrelles au printemps ou des linges qui sèchent en plein air.[10]

Et sans doute faut-il voir une allégorie du rapport à l'écriture dans cet aveu du narrateur de la *Voix d'alto* : « il me semble n'avoir passé ma vie à rien d'autre qu'à oublier qui je suis, entre les cuisses des femmes, ou en jouant de l'alto ».[11] Qu'il s'agisse de musique ou de littérature, le personnage de Millet recherche une voix(e) et s'épuise dans le mouvement même de la quête, faisant de son impossible accomplissement la matière de la création, conférant à l'inéluctable perte un pouvoir palingénésique.

Une forte unité semble donc se dégager d'une œuvre (encore en cours d'écriture). Et si l'on décèle des moments différents dans sa

---

[10] *Cœur blanc,* « Les Grâces », P.O.L, 1994, p.134. Nous reviendrons sur ce texte à la fin de notre étude.
[11] *La Voix d'alto,* p.171.

trajectoire, c'est que la blessure du silence est désormais admise et que le sens peut jaillir à nouveau dans un univers retrouvé, en l'occurrence celui de la Corrèze et du Liban originels, sans que la fracture ne soit jamais vraiment refermée. Dès 1997, Dominique Rabaté en souligne la continuité : «*La Gloire des Pythre* (1995) se fait donc saga mais pour dire la fatalité d'une malédiction qui ramène à la nuit et au silence ».[12] En dépit d'une évolution sensible du « style », la cohérence de l'œuvre ne cesse de se renforcer. C'est somme toute autour de la quête d'une identité et d'une légitimité de l'écrivain fondées sur le pouvoir ambigu de la littérature, la force incontestée de la langue et des terres de l'enfance que se fait entendre un discours engagé, une parole résolue et neuve. La présence de personnages insistants tels que l'innocent (les narrateurs incarnent presque tous cet « archétype » inédit), la silhouette de Samuel du Bois, alias L.-R. des Forêts, (ou les Pythre insérés dans un tissu familial et social dense) donne également à l'ensemble sa cohésion. Faut-il écrire plutôt que se taire ? Richard Millet a désormais tranché tout en conservant une distanciation sceptique et le sentiment rémanent d'une désillusion.

C'est une prose ample et rythmée qui épouse le tempo de musiques aimées et mime les mouvements intérieurs, conjuguant l'évocation de lieux originels réinventés et le lent cheminement vers soi qui caractérise la trilogie corrézienne (*La Gloire des Pythre – Lauve le pur – L'Amour des trois sœurs Piale*) ainsi que les derniers romans publiés à ce jour (*La Voix d'alto – Ma vie parmi les ombres*).[13]

Nous nous proposerons donc d'analyser un extrait du dernier livre paru *Ma vie parmi les ombres* (2003) ainsi qu'un passage d'un texte plus ancien, la nouvelle « Les Grâces » du recueil *Cœur blanc*.

---

[12] Dominique Rabaté, *Le Roman français depuis 1900,* Que sais-je ? P.U.F, 1997, p.109.
[13] Sur la question des interférences entre la musique, la langue et la terre, je me permets de renvoyer à mon article intitulé « La voix de la terre » publié in *La Terre dans le roman contemporain, L'Esprit créateur,* vol. XLII, summer 2002.

Richard Millet en effet né en Corrèze à Viam (en 1953) sur le plateau de Millevaches dans un monde rural aujourd'hui disparu réinvente le roman familial. « Le grand passé l'habite, avec les vieilles particularités, les douleurs et les drames très anciens »[14], écrit Pierre Bergounioux. Or, avant de retracer le cours de cette vie antérieure et d'en faire entendre les voix éteintes, le romancier effectue tragiquement une traversée par la négation : *L'Angélus* (1988), *La Chambre d'ivoire* (1989) et *L'Ecrivain Sireix* (1992) en témoignent. C'est encore au cœur d'une violence cruelle que se situent la plupart des nouvelles de *Cœur blanc* publiées en 1994 ; mais à l'intérieur du recueil, des récits comme « Octavian » ou « Les Grâces » sont plus nettement placés sous l'égide d'une mélancolie suave et obsolète.

Dans « Les Grâces », le cadre est celui de la campagne corrézienne, près d'Ussel, « propice aux songes désolés comme aux extrêmes ferveurs »[15] Les personnages présentés successivement sont des femmes plus âgées que le narrateur puisqu'il s'agit de sa tante et de deux de ses amies. Il y a Thérèse « la petite brune maigre » qui rêve de rencontrer l'auteur d'*Intermezzo* et qui interroge le jeune homme sur ses livres – ce dont il répugne à parler avec les personnes de sa famille. En se racontant à celle qui aurait pu être sa mère, le narrateur ouvre le sillon généalogique que l'auteur creusera tout au long de son œuvre à venir. Les amies de Thérèse rejoignent le duo et le narrateur décrit la scène de rencontre. Comme dans un roman de bon aloi, le narrateur esquisse successivement le portrait des trois femmes mais il met l'accent sur l'effet produit sur lui. Dans le prénom d'Henriette, chargé de réminiscences littéraires qu'il trouve « blanc, pur, très frais »,[16] il voit la douceur funèbre d'un passé enseveli : le contexte littéraire place la rencontre dans une sphère à la fois poétique et érotique. Etrangement, le souvenir du *Lys dans la vallée,*

---

[14] Pierre Bergounioux, « Une prose noire », in *L'Œil-de-bœuf* n°11, novembre 1996, p.21.

[15] Richard Millet, *Cœur blanc,* P.O.L, 1994, p.129.

[16] Richard Millet, *Cœur blanc,* « Les Grâces », p.134.

un des romans les plus chers à l'auteur, transparaît plus nettement dans une autre nouvelle du recueil, « Octavian », tant par
la situation des personnages que par les personnages eux-
mêmes. Or le prénom de l'héroïne balzacienne surgit presque
inopinément dans une histoire qui est sans rapport avec celle du
roman romantique. Seule la scène du baiser fait surgir, comme
une image subliminale, la fascination de Félix de Vandenesse
pour les épaules grasses et rosées de Mme de Mortsauf : « Ses
lèvres tremblèrent, ses mains délivrèrent lentement deux seins
épais et encore fermes que je caressai longuement. Elle avait
fermé les yeux ».[17] Il émane de ce geste la grâce d'un acte érotique gratuit – comme suspendu dans le temps, éthéré par la référence littéraire. Ecrire c'est alors inscrire sa trace sur un palimpseste mythique.

De plus, la succession des brèves rencontres avec chacune
des trois femmes déréalise les séquences. Renée se détache sur
une toile de fond négative puisqu'elle est accompagnée par son
mari et que la présence de celui-ci exaspère le narrateur (le romancier s'expliquera d'ailleurs de cette haine des hommes dans
Ma vie parmi les ombres). Renée donc, l'amie de Thérèse, attire
le regard par ses défauts . Elle « avait des cheveux courts, d'un
roux excessif qui flamboyait dans le soleil de midi ».[18] Et, plus
loin, le portrait est encore noirci par une série de superlatifs :
« Renée la plus fanée, la plus maigre, la plus timide et dont
l'artificielle rousseur aurait dû me faire fuir […] restait le dos
contre la porte et souriait, les yeux baissés ».[19] C'est le paradoxe
de l'échange qui est mis en avant et les caresses prodiguées à
celle qui ne devrait pas spontanément inspirer le désir donnent
toutefois l'impression de l'évidence et du naturel. « Elle trembla
un peu lorsque je la couchai sur le lit et que je caressai cette
peau flétrie mais qui avait par endroits une douceur extraordinaire. […] Je m'allongeai sur elle ».[20] En contrepoint, Anne-

---

[17] *Op. cit.,* p.142.
[18] *Op. cit.,* p.135.
[19] *Op. cit.,* p.144.
[20] *Ibidem.*

Marie trop exigeante et sûre d'elle, n'obtiendra rien du narrateur. Tout se passe selon un rite étrange qui s'inscrit dans une esthétique de l'inattendu et de l'inédit. La sexualité du jeune homme s'éveille pour ces femmes beaucoup plus âgées que lui parce qu'elles font écho à sa nature sensible et solitaire et qu'elles ont partie liée avec sa terre originelle, reconstruite à partir de références fictionnelles.

C'est bien là cette topographie imaginaire qui se crée dans l'œuvre de Richard Millet, au fil des récits et des romans, conférant à sa prose son indéfectible originalité.

Plus accentuée et plus présente, l'évocation du passé envahira l'espace dans le roman publié en 2003 chez Gallimard, au titre largement significatif, *Ma vie parmi les ombres*. Tout au long du récit, les ombres qui hantent le petit Bugeaud sont à la fois littéraires et familiales. Elevé en effet par ses grandes tantes et sa grand-mère à Siom puis à Villevaleix, le narrateur adolescent séjourne exceptionnellement à Vichy, en compagnie de sa mère.[21] Celle-ci souvent absente, y compris lorsqu'elle est présente, revêt aux yeux de l'enfant l'apparence d'un être étrange et fantasmatique qui appartient « au monde romanesque par excellence, celui qui se confondait avec l'univers des romans, sa manifestation à la fois évidente et mystérieuse, supérieure et contradictoire, et dont j'étais plus curieux que de toute chose ».[22] C'est là une vision d'enfant (puisque le récit est écrit en focalisation interne) qui figure le monde des adultes comme un espace crypté. Il en va de même pour le livre qui est omnipotent dans l'esprit et la vie de ce fils sans père :

> Lire, c'est décréter que le monde n'est pas un livre, mais que rien ne vaut le livre capable de le faire oublier, c'est en appeler à la clôture, à l'abolition du monde ; c'est jouer cette clôture contre le temps ; c'est pour le prédateur, le

---

[21] Nous nous arrêtons sur les pages 370 et 371 de *Ma vie parmi les ombres*, Gallimard, 2003.

[22] *Ma vie parmi les ombres,* Gallimard, 2003, p.370.

rêveur qu'est tout lecteur, se vouer à devenir tôt ou tard livre – celui-ci n'étant rien d'autre en fin de compte, qu'une
perception singulière du temps : nous cherchons infiniment, enfants solitaires ou adultes asociaux, des coïncidences entre le temps personnel et le temps historique ;
nous sommes des anachronismes vivants.[23]

Dans le parcours initiatique du narrateur qui s'efforce de percer
les arcanes du monde adulte et du monde des livres, se dessine
celui du romancier cherchant dans les livres (écrits et plus seulement lus) à jeter quelque lumière sur les ombres du passé, dé-
plaçant sans l'apaiser la souffrance et l'ennui. Revenant
d'ailleurs au moment de l'énonciation et à son présent
d'écrivain, le narrateur avoue : « Je n'ai pas aimé être jeune ;
j'ai détesté mes années d'adolescence, pendant lesquelles j'ai
plus souffert qu'à toute autre période de ma vie, parce que
j'étais le fils de personne. J'aime me sentir vieillir, sans doute
parce que je ne tiens pas vraiment à la vie, et cela dès l'origine.
Je n'ai pas pour autant été attiré par la mort volontaire. […] Je
n'en suis pas à une contradiction près ».[24] Prendre la mesure du
temps est sans aucun doute l'obsession la plus prégnante dans
les romans de R. Millet – placés à l'ombre de l'œuvre tant aimée
A la Recherche du temps perdu. Afin d'éprouver le cours du
temps et d'en conserver la trace et non de le suspendre, il est
impératif pour ne pas dire vital de lui donner ampleur et résonance, de créer cette topographie et chronologie imaginaires
comme seul roman familial possible. L'ennui, l'étrangeté, l'exil
sont alors des « grâces » qui permettent d'accomplir cette tâche
devenue urgente et exigeante dans une société entrée dans un
« processus d'indifférenciation vestimentaire et langagière ».[25]
Conscient de sa différence, aujourd'hui comme hier, le narrateur, proche une fois encore du narrateur proustien, cristallise
autour de sa mère ses angoisses et ses espérances :

---

[23] *Op. cit.,* p.371.
[24] *Op. cit.,* p.370.
[25] *Ibidem.*

> Ma mère était, comme les vivants et les morts de mon en-
> tourage, un personnage romanesque, une énigme senti-
> mentale, l'étoile inverse des femmes qui m'élevaient, une
> lumière d'astre mort dont je tâchais malgré tout, de capter
> le bruissement lumineux, de le restituer dans un système
> affectif, […] afin de ne pas me rendre aux aberrations de
> la nuit sidérale.[26]

Dans un roman qui accomplit le travail de l'anamnèse et la
plongée dans un espace à la fois fictionnel et référentiel,
l'adjectif « romanesque » – utilisé à deux reprises dans ces pages – fait écho aux modèles antérieurs du genre, aux récits
d'aventures imaginaires, mystérieuses et invraisemblables. C'est
à cette distance que se situe la mère pour l'enfant presque orphelin, inaccessible « étoile » dont « le bruissement lumineux »
occupe toutes les pensées et justifie toutes les actions. Il n'est
que par le regard qu'il porte sur elle – comme sur les livres. Fi-
lant la métaphore de la lumière et de l'ombre dans ce passage
comme dans l'ensemble du roman, le prosateur livre une des
clefs de son dispositif romanesque : vivre parmi les ombres est
peut-être la seule façon de voir la lumière et de donner un sens
quelconque à notre existence. Dans ces pages où la réflexion se
conjugue harmonieusement avec la narration, le romancier
donne la preuve de son talent et de son exigence.

A l'évidence, Richard Millet occupe une place singulière dans le
paysage du roman français contemporain. Il se distingue des écrivains publiés chez Minuit et du minimalisme qu'il stigmatise
d'ailleurs en termes peu amènes, également de ceux qui réhabilitent le pouvoir de l'imaginaire et revendiquent la paternité de
Balzac au nom d'une « nouvelle fiction » et même des romanciers
soucieux de conserver intacte une tradition. Plus proche sans
doute de Pierre Michon et de Pierre Bergounioux, Richard Millet

---

[26] *Op. cit.,* p.371.

établit des filiations à partir d'ancêtres de lettres tout autant que
de terres disparues. Il constitue ce faisant une œuvre de mémoire
dans une langue nourrie de ses sources multiples.

Quant à Louis-René des Forêts et à Pascal Quignard, ils
font partie de la formation intellectuelle et littéraire de l'écrivain
et laissent des marques sensibles dans l'œuvre qui nous occupe.
Tous trois partagent le même amour de la musique et son insertion dans l'écriture bien que les choix génériques soient différents ; exilés au milieu de leurs contemporains, ils recherchent
une parole qui soit épurée des scories du tumulte et creusent les
hantises et les interrogations de l'homme « égaré de son vrai
lieu » (selon le mot de Pascal) et de lui-même.

Bibliographie

Œuvres de Richard Millet
—, *L'Invention du corps de Saint Marc*, POL, 1983.
—, *L'Innocence*, POL, 1984.
—, *Sept passions singulières*, POL, 1985.
—, *Le Sentiment de la langue*, Champ Vallon, 1986.
—, *Le plus haut miroir*, Fata Morgana, 1986.
—, *Beyrouth*, Champ Vallon, 1987.
—, *L'Angélus*, POL, 1988.
—, *La Chambre d'ivoire*, POL, 1989.
—, *Le Sentiment de la langue 2*, Champ Vallon, 1990.
—, *Laura Mendoza*, POL, 1991.
—, *Accompagnement*, POL, 1991.
—, *L'Ecrivain Sirieix*, POL, 1992.
—, *Le Chant des adolescentes*, POL, 1993.
—, *Le Sentiment de la langue 1,2,3*, La Table Ronde, 1993
—, *Cœur blanc*, POL, 1994.
—, *Un Balcon à Beyrouth*, La Table Ronde, 1994.
—, *La Gloire des Pythre*, POL, 1995.
—, *L'Amour mendiant*, POL, 1996.
—, *L'Amour des trois sœurs Piale*, POL, 1997.
—, *Cité perdue*, Fata Morgana, 1998.

—, *Autres jeunes filles*, Éditions François Janaud, 1998.
—, *Le Cavalier siomois*, Éditions François Janaud, 1999.
—, *Lauve le pur*, POL, 2000.
—, *La Voix d'alto*, Gallimard, 2001.
—, *L'Accent impur*, Dar An-Nahar, Beyrouth, 2001.
—, *Le Renard dans le nom*, Gallimard, 2003.
—, *Ma vie parmi les ombres*, Gallimard, 2003.

Ouvrages critiques
Pierre Bergounioux, « Une prose noire », in *L'Œil-de-bœuf* n°11, novembre 1996.
Sjef Houppermans, « Les campagnes camusiennes », *L'Esprit créateur, La Terre dans le roman contemporain,* Summer 2002, vol. XLII, n°2.
Aline Mura-Brunel, « La voix de la terre », *L'Esprit créateur, La Terre dans le roman contemporain*, Summer 2002, vol. XLII, n°2.
Dominique Rabaté, *Le Roman français depuis 1900,* Que sais-je ? P.U.F, 1997.

Miette de Pierre Bergounioux, le récit d'un monde disparu

Cora Reitsma-La Brujeere

Les livres de Pierre Bergounioux décrivent un monde en transition : la vie d'un bout de province inchangée depuis des siècles est envahie par le présent du monde moderne. Cette thématique apparente l'auteur à des écrivains tels que Pierre Michon et Richard Millet (des Limousins comme lui), qui, chacun de sa façon, essaient de fixer ce qui sera perdu ou l'est déjà[1].

Pierre Bergounioux, né en 1949 à Brive-la-Gaillarde, a publié une trentaine de livres chez différents éditeurs, dont Gallimard et Verdier. La plupart des livres publiés dans les années 80 tels que *Cathérine* (1984), *La Bête Faramineuse* (1986), *La Maison Rose* (1987), portent encore la mention 'roman' qui n'apparaît plus sur les textes des années 90 comme *Miette* (1995). Ce changement est d'autant plus remarquable qu'au fil de ses publications, Bergounioux reprend les mêmes thèmes, poursuivant une œuvre fondée sur des données autobiographiques et familiales, ancrée au cœur de son Massif Central natal dont elle reflète les deux versants parentaux et géographiques : le Quercy maternel et le Limousin paternel.

Parmi ses récentes et nombreuses publications, Bergounioux poursuit l'évocation de ses souvenirs d'enfance et d'adolescence. Ainsi dans *Le Premier Mot* (2001) l'auteur tente de comprendre l'ennui qu'il ressentait et le « puissant déplaisir » (p.9) que lui inspirait Brive, le lieu où il a grandi. Il pense à son grand-père maternel, « le seul à pouvoir m'éclairer » (p.9), « le seul lien vivant avec le lieu » (p.13), qui aurait pu donner des réponses à ses questions. Mais le grand-père est mort quand son

---

[1] Voir à ce sujet notamment Sylviane Coyault-Dublanchet, *La Province en Héritage,* Droz, Genève, 2002. J'ai profité en outre des remarques de Sjef Houppermans au sujet de mes analyses.

petit fils n'avait que sept ans, et « les quelques mots dont j'avais besoin l'ont suivi dans la tombe » (p.10). Ni les mots ni les réponses ne lui sont donnés par son père non plus, qui, lui, ne parle guère : « le silence fut son ultime sauvegarde » (p.23). Le garçon doit se tourner ailleurs pour trouver des réponses : vers les livres, la nature et la technique, qui en dernière instance le conduisent vers l'écriture et 'le premier mot'[2].

Egalement en 2001 paraissent chez Verdier deux autres livres de Bergounioux reprenant les mêmes thèmes : *Un peu de bleu dans le paysage*, recueil d'articles publiés d'abord en revue, et *Simples, magistraux et autres antidotes* ; il évoque par exemple des promenades avec le grand-père, des baignades dans la Vézère, la découverte de la nature et des animaux, et décrit les lieux d'enfance. Le contraste entre les deux régions de ses origines est à nouveau présent : le Quercy, pays de la famille maternelle, associé à un sentiment de bonheur et qu'il considère comme son « authentique et profonde demeure » (p.27) et le pays paternel, avec son « sol humide » et son « ombre » (p.28), des habitants taciturnes et courtauds (p.67), qui le fascinent et l'effraient en même temps. Le livre se termine par le récit du départ de l'auteur vers la ville, qui marque la fin de son enfance : « Je me suis retrouvé ailleurs, disponible pour d'autres tâches » (p.73).

Dans *Un peu de bleu dans le paysage* nous reconnaissons également les paysages de l'enfance, ainsi que les différents facteurs qui ont contribué au changement de la campagne et de la vie de ses habitants. Dans deux de ses huit chapitres, l'histoire de la famille paternelle qui est aussi le sujet de *Miette*, est reconstituée. Puis on y trouve des descriptions merveilleuses du paysage limousin dans le passé et le présent, du plateau de Millevaches, de la ville de Brive et de la forêt, qui envahit lentement la plaine et recouvrira bientôt les maisons abandonnées : « On en est là. Demain, tout sera terminé » (p.27). Le récit de ces souvenirs personnels s'accompagne de considérations sur le temps et l'espace. Ainsi, la première fois qu'il monte dans la traction de son copain

---

[2] Voir à propos du *Premier Mot* : J-P. Richard, *Quatre lectures*, Fayard, Paris, 2002, pp.71-95.

Pomme (chapitre 3) marque un moment important non seulement pour lui personnellement mais encore pour toute sa génération. Les voitures vont envahir la campagne[3], élargissant « l'univers » qui jusque là était restreint à « un kilomètre, à peu près » (p.42), et il s'imagine : « combien différents nous allions devenir après qu'il nous avait semblé que nous resterions pareils, que nous appartenions pour toujours au passé » (p.42). Notons que cet emploi du futur du passé est caractéristique du style de Bergounioux permettant la confrontation de deux temps (celui du passé révolu et celui de l'écriture) qui tranche sur l'historicité et, tout en suggérant une catastrophe rousseauiste, évoque un temps mythique absolu. L'auteur situe ce moment en 1965, l'année pivot qu'il mentionne à plusieurs reprises ; dans *La Puissance du Souvenir dans l'Ecriture* [4] il précise : « Nous avons été enlevés au temps immobile, à l'immédiateté. Il a fallu répondre de toute urgence à la requête du monde extérieur » (p.8). Ce n'est pas sans conscience malheureuse que l'auteur ressent la fissure dans sa vie ; dans les descriptions de ce moment il emploie fréquemment des mots comme « exil », « deuil » et « regrets » :

> j'aurais demandé à venir avant ou après. Les deux existences distinctes, ennemies que j'ai eues, dans l'espace de ma vie, m'auraient été épargnées. Avant, j'aurais été d'un but à l'autre de plain-pied avec le petit pays embroussaillé, assoupi où je suis né. Après, j'aurais été du monde. Je ne porterais pas le deuil d'un paysage avec lequel j'ai fait corps, des êtres, des choses que j'aimais, que je n'ai cessé de regretter. [5]

---

[3] Bergounioux n'hésite pas à indiquer le revers de la mobilité qui augmente : « Des gars de 18 ans ont commencé à parcourir les routes tortueuses, bombées, bordées de hêtres et de platanes homicides, du département », interview dans *Le monde de l'éducation*, avril 2002.

[4] Pierre Bergounioux, *La Puissance du Souvenir dans l'Ecriture*, Éditions Pleins Feux, Nantes. Le texte a fait l'objet d'une conférence à Nantes, le 18 février 2002.

[5] *La Puissance du Souvenir dans l'Ecriture*, pp.37-38.

Pour Bergounioux, on ne s'en étonne pas, c'est par l'écriture qu'il a essayé de remédier à ce sentiment d'avoir perdu son emprise sur le passé[6], « il importait de savoir de quoi l'on était fait. On y parvient mieux en le mettant sur le papier ».[7] Outre les souvenirs personnels, l'auteur décrira les histoires des habitants de cette terre limousine, qu'il a parfois connus lui-même. Les histoires sont intimement liées au sol, à la région, et au changement qui s'y opère. Depuis des générations, les habitants y ont vécu et leur existence dépend de cette terre-mère, de ce paysage « avec lequel ils font corps ». Mais le changement se poursuit et ce sera notamment dans la vie des habitants et donc des personnages de Bergounioux que la mutation se matérialise. Il est inévitable qu'elle va de pair avec un lent arrachement du sol natal. Ainsi se fait la différence d'ailleurs avec l'auteur régionaliste traditionnel qui cultive sa nostalgie. Bergounioux se 'déterritorialise' et devient écrivain, forcément mélancolique.

La transition à travers les personnages.
L'histoire de *Miette*, livre qui nous a paru particulièrement significatif pour ce cheminement d'auteur, est celle du personnage éponyme et de ses quatre enfants, les deux filles Lucie et Octavie, et les deux garçons, Baptiste et Adrien. Leur photo, prise en 1910, est en couverture de l'édition Folio. Cette photo et quelques autres encore, est une des sources dans laquelle le narrateur puise pour connaître les personnages. Miette y apparaît clairement pour la première fois ; une photo antérieure, un portrait d'elle et de son mari datant de 1905, laisse ses traits « entièrement effacés, comme si elle n'avait pas de visage » (p.35). En effet, elle assume son rôle au moment où elle a eu ses quatre enfants, « après qu'elle eut fourni à la propriété son contingent d'âmes neuves » (p.34).

---

[6] Voir aussi Liesbeth Korthals Altes et Manet van Montfrans, 'Pierre Bergounioux : Un Limousin entre Descartes et Bourdieu', *European Studies* 18, 2002, pp.125-149.
[7] *La Puissance du Souvenir dans l'Ecriture*, p.8.

Dans ces photos le narrateur tentera de saisir le *punctum* de leur étrangeté familière au-delà de toute studieuse contemplation[8].

Le narrateur est fasciné par le personnage de Miette, bien qu'il ne la connaisse pas personnellement. Il ne l'a entrevue qu'une seule fois. Cette rencontre éphémère a marqué de son sceau l'imaginaire du garçon. Il ne s'agit que d'un moment très bref, mais les réflexions du narrateur sur le temps et son rôle dans l'avenir excèdent de loin l'événement même :

> Miette avait disparu quand je vins, au printemps, officiel-lement. Mais on s'est vus, trois ans plus tôt … Ce qui se passe, parfois, nous dépasse infiniment. On ne comprend rien au rôle qu'on va jouer. On n'a aucune idée de ce qu'on atteint, sollicite ou qui, à notre insu, nous meut, dirige les actes téméraires qu'on se surprend à esquisser, enchaîner sans qu'il semble qu'on y ait de part […] (p.47).

C'est l'autre temps, épique, qui s'empare de l'histoire de l'homme et l'écrivain en porte témoignage. Cette réflexion conti-nue encore pendant une page, après quoi le narrateur revient à la rencontre proprement dite. Voici la fin du chapitre où le narrateur transmet sa fascination au lecteur :

> Soudain, la porte de l'arrière-cuisine s'est ouverte. Une ombre, une vieille femme vêtue de noir, pour autant que j'ai pu en juger, a glissé jusqu'à l'autre porte, qui ouvre sur le corridor où elle a disparu. Cette silencieuse apparition a du-ré environ trois secondes. C'était Miette (p.48).

Pourquoi le narrateur est-il tellement impressionné par cette femme ? Il l'étudie sur la photo de 1910 et la trouve belle, mais ce qui compte, c'est « la force d'âme, la résolution qu'elle a eues, qu'elle incarna qui, littéralement, l'emportent au-delà d'elle-

---

[8] Cf. Roland Barthes, *La Chambre claire*, Paris, Seuil, 1980, notamment la photo de la mère.

même et l'élèvent dans la grande temporalité » (p.29). Cette notion de 'grande temporalité ' procure son statut transchronique et
partant littéraire au personnage. La mémoire de Miette s'est conservée également de manière matérielle, d'abord dans la vieille
maison où le narrateur découvre les objets qu'elle a conservés en
énorme quantité :

> C'est elle qui a [...] rassemblé dans des caisses les débris
> métalliques, outils rompus, coins brisés, maillons de chaî-
> nes, serrures cassées, cercles de barriques, fragments de
> fonte, pointes, gonds et pentures, anneaux, tubes, éperons,
> boucles de ceintures, boutons hémisphériques des vareuses
> militaires, casseroles, clés (p.30).

Sa fonction muséale – conserver *l'autre* temps – s'exhibe symp-
tomatiquement dans cette manie de collectionneuse. Ainsi ce trait
de caractère dépasse la raison directe qu'est sans doute son esprit
d'économie qui lui inspire de ne rien jeter qui puisse encore servir. La fascination des objets et des outils se retrouve chez ses fils,
Baptiste et Adrien ; l'héritage y marque sa pérennité. Pour le narrateur, bien sûr, tous ces objets retrouvés fonctionnent comme les
photos, ils sont des témoins du passé. Quant aux photos, il les *lit*
pour connaître la personnalité de Miette et il compare les quelques photos où elle figure pour comprendre la vie qu'elle a me-
née.

Miette s'est mariée, contre son gré, avec Pierre, mais elle accepte
le fait comme une réalité indiscutable. Pendant la guerre elle remplace son mari et s'occupe de la propriété. Elle a sans doute eu
une vie difficile, témoin les photos prises plus tard dans sa vie et
qui montrent une femme « au visage dur » (p.34), mais, et le narrateur y insiste, jamais elle ne se serait plainte, grâce à « la maîtrise de soi » : « c'est en cela que Miette s'élevait très au-dessus
de son temps, de sa condition. Aux larmes et aux plaintes, elle a
préféré l'opposé, le silence, l'impassibilité » (p.58). Ainsi elle
appartient étrangement à l'a-chronie des monuments et des pho-

tos. Voilà la raison pour laquelle elle a gagné l'admiration du narrateur. Miette, malgré sa position modeste, est une personnalité forte qui accepte la vie la tête haute. Par là elle a sans doute exercé une grande influence sur ses enfants. En outre, elle semble avoir effacé son mari Pierre : « On dirait que Miette, en accédant au seuil perceptif, à la réalité, l'éclipse complètement » (p.36). Miette est, plus que Baptiste, la gardienne de la tradition et l'âme de l'endroit, ce qui explique peut-être son comportement cruel envers sa bru Jeanne, en qui Miette a ressenti une héritière inconvenable parce qu'indépendante et indifférente à la propriété qui constitue le centre de son existence à elle. Jeanne est une menace pour la vie traditionnelle et un exemple de l'émancipation de la femme : elle a osé faire ce qu'elle voulait, tandis que Miette s'est inclinée devant la volonté des autres.

Lucie, la fille aînée, suit le destin traditionnel de sa mère : elle « entra comme bru, comme sa mère, dans une ferme à laquelle elle fournit son lot d'enfants et sa part de peine, c'est-à-dire chaque instant de sa vie » (p.52). Selon le narrateur, elle est « née un an trop tôt » (p.53) et est par là vouée à une vie pauvre et dure, soumise à son mari et ses beaux-parents. Le personnage de Lucie ne joue pas un grand rôle dans le livre, d'abord parce que le narrateur ne l'a pas bien connue et ensuite parce que son destin ne donne pas beaucoup de matière à rêver sur le changement qui s'opère sur le plateau, elle qui « était née pour l'ignorance et la servitude » (p.55).

Octavie, par contre, est la cadette des deux sœurs et elle peut profiter de cetrte situation. Elle a le don des études et avant l'âge de 25 ans, sa carrière est tout à fait exceptionnelle, puisqu'elle est admise à l'université de Paris où elle fait de brillantes études de mathématiques. Mais elle n'ira pas plus loin, car son père lui refuse la permission de partir pour Berkeley, où elle espérait poursuivre ses études. Bien que la décision de son père ne soit pas facile à accepter, elle finit par se plier à sa volonté ou plutôt à la volonté de la terre : elle « a laissé agir la nuit, la terre sourde, le silence. Elle a changé de visage et quand elle rentre à la maison, c'est avec l'air d'ajonc qu'on voit à la fillette de 1910[9] et qu'elle gardera jusqu'au bout puisque le cercle s'est refermé, qu'elle a accepté » (p.73). Elle devient professeur, d'abord à Limoges, puis à Tulle en enfin à Egletons, « à dix kilomètres de son point de départ » (p.73). Octavie restera célibataire. Elle est un être double, comme son frère Adrien. D'une part c'est une femme moderne – elle fait des études supérieures, tient une position indépendante, elle fume et conduit une voiture – et d'autre part elle reste fille de paysan souffrant d'une « fatalité de trois mille ans » (p.73) dont il est impossible de s'échapper. Pendant toute sa vie elle restera attacheé aux habitudes « draconiennes » (p.94) de paysanne, apprises de sa mère. Ainsi elle continue à porter « les bas de laine que Miette lui tricotait » (p.94), « elle vivait d'une pomme de terre et d'un bout de pain qu'elle mangeait, comme sa mère, dans un coin de sa petite cuisine obscure » (p.84). Elle a l'esprit qui « vagabonda à des milliers, à des millions de lieues de la maison triste qu'elle habitait au bourg » (p.141), esprit intelligent et libre mais prisonnière du sol et d'une prédestination. Elle est un de ces êtres entre deux âges, entre deux ères qui incarne la fissure des temps.

A première vue le trajet que parcourt le fils aîné, Baptiste, est semblable à celui de Lucie. Baptiste est « la dernière hypostase de l'être de trois mille ans » (pp.128-129). C'est lui qui reprend le travail de son père, lorsque celui-ci doit partir à la guerre. Dès ce moment jusqu'à sa mort, Baptiste laboure la terre et, comme son père, il est négociant de vin. Il s'absente donc fréquemment, mais l'intervalle le plus long est celui de la deuxième guerre mondiale, pendant laquelle « il avait été mobilisé, destitué, dégradé, capturé, libéré, mitraillé, repris. Il s'était évadé, exilé » (p.121). Si pour son frère Adrien les années passées hors du territoire ne semblent pas vraiment compter, pour Baptiste les années de la guerre font bien une différence ; il découvre le temps historique, lui qui ne connaît que le temps mythique : « c'était du temps, qui passait, et non pas l'éternité tournant sur elle-même » (p.117). Comme négociant de vin, chaque année il passe quatre

---

[9] La date renvoie à la photo en couverture de l'édition Folio.

mois loin de ses terres pendant qu'il « négocie [ait] l'achat de vins fins auprès des propriétaires de chais bordelais, en assure [ait] la vente dans la bonne société lilloise ou bruxelloise » (p.94). Le narrateur exprime à plusieurs reprises son étonnement devant cet être bipolaire ; il se demande comment un homme peut être à la fois « dans les grandes villes qui le firent à leur image, bourgeoisement vêtu et bien-disant, ouvert au commerce des hommes, habile au négoce, et solitaire, muet, dans le genêt, la callune et l'ajonc nain des hauteurs » (p.112). Baptiste est un homme qui s'identifie aux choses, il « ne distinguait pas entre les choses et lui » (p.44). Comme sa mère, il ne se pose pas de questions sur sa vie, « il était sans désir ni penchant, sans réticence ni faiblesse. Il recevait les directives des choses » (p.105). C'est l'absence de désir qui paraît permettre cette position à cheval sur deux chronologies. C'est encore la relation qu'a Baptiste aux choses qui serait à la base de sa bipolarité : « Les rapides accès d'humeur, la sauvagerie qui lui venaient dès qu'il se détournait des hommes, je ne peux me les expliquer autrement que par la tension chronique de ses rapports avec les choses » (p.15). Sans doute ce rapport est lié au rôle traditionnel qu'est censé assumer le fils aîné, héritier de la propriété. « Les choses sont là » (p.26) et elles attendent qu'on prenne soin d'elles. C'est cette réalité qui détermine la vie de Baptiste, même s'il se rend compte qu'il est le dernier dans la lignée et qu'après lui tout changera.

Cet homme double, « le maître des choses » (p.105) et « homme du devenir » (p.102) se marie avec Jeanne, une institutrice[10] :

---

[10] A propos de Jeanne et sa profession, l'auteur fait la remarque suivante dans une interview publiée dans *L'Humanité* du 26 juillet 1995 : « C'était l'une de ces fillettes qu'on tirait de la campagne, qu'on expédiait à la préfecture pour leur donner un certain nombre de principes universaux. ... Ces gamines de dix-huit ans étaient parachutées dans les coins qui n'avaient pas bougé, j'exagère à peine, depuis le néolithique. On continuait d'y jargonner en patois, le français n'y avait pour ainsi dire pas cours, la maison d'habitation et l'étable y étaient contiguës, les bêtes et les hommes y étaient séparés par une cloison de bois à mi-hauteur. Et ce sont des gamines et des gamins de dix-huit ans qui ont pro-

Naturellement, il voulait tout, le silence et les belles paroles, le patois et le français, le temps et l'éternité. En marche comme il était, il ne pouvait qu'épouser au loin quelqu'un qui aurait une vie à soi. Il avait déjà planté des arbres, privé d'occupation, de justification une femme qui eût ressemblé à sa mère ou à sa sœur Lucie, sacrifié à l'immense travail qu'on laissait aux femmes après qu'on avait labouré, hersé, soigné les bêtes, fauché, moissonné, fendu le bois, cassé les pierres, enfoncé des clous partout. Mais dans le même temps, il aurait eu agréable que sa femme le regarde pour le maître des choses et les choses dont il était l'esclave comme les seules choses (p.105).

Mais Jeanne « avait ses choses à elle, sa classe, ses cours à préparer » (p.105) – choses transformationnelles qui s'opposent à la lourdeur des choses stagnantes et à la massivité de l'objet traditionnel. Bien qu'elle aime son mari, elle ne s'intéresse ni aux bois ni à la ferme, ce qui sera une source de malentendu entre les deux époux.

Une génération sépare Miette et Jeanne et la différence, les possibilités et les choix à faire, sont considérables. Miette ne voulait pas se marier avec Pierre, parce qu'elle était amoureuse d'un autre homme, mais elle n'avait pas le choix, « il n'y avait pas, pour elle, d'alternative » (p.42). Ses parents et ceux de Pierre, ou « la volonté commune » (p.43), avaient décidé pour elle et elle n'avait qu'à accepter. C'est ce qui l'oppose à Jeanne et c'est en même temps la source du « malentendu [qui] naquit à la seconde où Jeanne entra et s'éteignit trente ans plus tard, avec Miette » (p.43). Miette n'accepte pas Jeanne, elle « ne désarma jamais. Elle n'eut pour Jeanne que paroles blessantes et silences réprobateurs » (p.46). Baptiste est tiraillé entre les deux femmes. Après la retraite de Jeanne, le couple revient vivre à la ferme, tandis que Octavie et Miette « se retirèrent au bourg » (p.81). C'était la seule solution possible, pour Baptiste aussi, parce que « un homme ne

---

prement arraché ces univers très anciens à l'archaïsme, à l'éternité, à la grande temporalité, pour parler comme Hegel. »

peut simultanément vivre au présent et rester dans le passé »
(p.81).

Le narrateur a une vive admiration pour Baptiste, pour sa
force et sa ténacité. A la fin de la vie de Baptiste les deux ont des
contacts plus ou moins fréquents. Comme Adrien, Baptiste est
une source de connaissance du travail à la ferme, mais également
comme son frère, Baptiste garde des secrets : « il ne m'a rien dit
du grand travail qui avait rempli sa vie » (p.125), c'est-à-dire son
intention de « planter un million d'arbres et [...] de changer la
face de la terre » (p.111). Baptiste a travaillé à ce projet pendant
toute sa vie, mais il sait que son travail ne sera pas continué parce
que les temps ont trop changé :

> Il savait qu'il était le dernier, l'esprit opiniâtre qu'on verra
> aux bois, aux rochers, à la brande.. Et c'est pour s'être su
> tel, séparé en quelque sorte de lui-même, éloigné ... qu'il
> pouvait accepter, se taire, m'entretenir des seules choses
> qu'il m'ait jugé capable d'envisager, de compren-
> dre (pp.125-126).

Baptiste, en être double appartenant au monde ancien et au
monde changeant, est le personnage par excellence qui peut satisfaire aux besoins du narrateur de savoir, de connaître la vie du
passé. Il est « intermédiaire entre le narrateur, enfant des temps
modernes, et la tradition millénaire »[11].

Une autre source importante est Adrien. Le narrateur, dont
on soupçonne qu'il est marié à une des filles de Baptiste, s'est
établi dans l'ancienne maison de famille afin de la rénover et y
rencontre le fils cadet de Miette. Chaque jour Adrien, 83 ans et
dernier survivant de la famille, vient le voir, parfois pour l'aider
à manier les outils. Adrien reste un personnage flou ; il ne parle
pas beaucoup et ne révèle rien de personnel : « Il n'a rien dit à
personne du fond de ses pensées » (p.149). Il a quitté sa terre
natale pour vivre à Paris mais de cette période le narrateur n'a
pas non plus de détails : « Des quarante ans qu'il passa à Paris, il

---

[11] Liesbeth Korthals-Altes et Manet van Montfrans, p.135.

ne m'a rien dit » (p.137). Comme témoin du passé il est quand même important parce que c'est lui qui renseigne le narrateur sur la vie d'avant à la ferme, surtout en lui apprenant à se servir des outils anciens et à continuer ainsi une tradition : « c'est à lui que je dois d'en connaître l'usage primitif et le nom : le pique-pré, la scie à foin, la pince à taureau » (p.10). C'est par des gestes qu'Adrien parle, des gestes qu'il a appris de sa mère Miette. Comme Octavie il est l'héritier des habitudes du passé, qu'ils poursuivent jusqu'à la fin de leur vie, malgré les années passées dans la modernité de la ville. Le narrateur va mimer la solide matérialité de ce contact avec les objets primitifs, mais ce sera pour en faire des collages inédits, des montages artistiques, reprenant la chose héritée en y apposant le sceau du créateur qui permet au temps pétrifié de revivre sa genèse.

Traditionnellement, pour Adrien, comme fils cadet, il n'y avait pas de place importante à la ferme de son père :

> Les deux frères différaient sur ce point justement parce qu'ils étaient frères. Baptiste avait touché la propriété, c'est-à-dire la maison de 1930, la plus grande partie des terres et l'obligation de les représenter, ce dont Adrien, son cadet, s'était trouvé, par le fait, exempté (p.16)

Plus tard, le narrateur décrit ce sort traditionnel : « il serait devenu l'oncle célibataire qui dort dans la grange et fournit, sans contrepartie, un obscur labeur » (p.135)[12]. Du moins, ceci aurait été le cas pour la génération précédente. Mais le monde change, on est au vingtième siècle. Et Adrien commence « à se désintéresser du travail de ferme », il « s'absente » et apprend le (symbolique) métier de serrurier. Sa mère, Miette, accepte son indépendance et le fait qu'il n'aide pas son frère pendant la récolte ; elle « ne fit rien pour contraindre Adrien à leur obéir » (p.136). Il part pour Paris, où il restera donc 40 années, se marie, élève des enfants. Cependant, au moment de sa retraite, il rentre seul, au moment où

---

[12] Dans le dernier chapitre de *Un peu de bleu dans le paysage* on trouve une description saisissante de la vie du cadet d'une famille paysanne.

Miette a encore « un an à vivre » (p.138), et la période parisienne n'est qu'un « intermède vide, négligeable, oublié » (p.139). Son mariage avec une femme parisienne est voué à l'échec ; l'attraction de la terre, « une inclination prédéterminée depuis trente siècles » (p.140) s'avère encore plus forte que la volonté d'être libre, d'avoir de nouvelles expériences et de construire une existence indépendante, « son âme était restée en arrière » (p.141). Dans son for intérieur il reste attaché au plateau limousin, et à la fin de sa vie, il ressemblera tant à son frère Baptiste qu'il arrive que le narrateur se méprenne : « c'était, parfois, ... une seconde durant, son frère qui se penchait vers moi, sa voix qui me souhaitait le bonjour » (p.132). C'est sans doute la force de l'endroit et du sol qui fait disparaître les différences entre les deux frères.

Les personnages jouent chacun leur rôle dans le récit des changements effectués pendant le siècle dernier. Leur (im)mobilité est significative de l'existence qui va se renouveler. La terre fixe encore les personnages qui se définissent à partir de la propriété ancestrale. Au début du siècle dernier, le rôle de chacun est évident et déterminé d'avance, mais ce mode de vie décrit ici à travers quelques personnages est voué à disparaître dès le milieu du siècle. L'horizon s'élargit et les habitants n'acceptent plus la vie sans alternative, qui ne laisse pas de choix personnel. Miette, son mari Pierre et sa fille Lucie sont les derniers de cette famille à accepter les conséquences d'une telle vie. Baptiste appartient déjà en partie au présent, comme Octavie et Adrien. Mais ceux-ci n'ont ni la force ni le désir de se libérer complètement des contraintes imposées par la terre et la tradition et ils reviennent pour s'établir de nouveau dans leur pays natal, où ils vivent parmi les membres de la famille, en pays de connaissance.

Ce sentiment d'être chez soi, en sûreté, est aussi ressenti par le narrateur lui-même. Un jour d'hiver il se sauve de l'internat à Limoges[13] pour aller vers la maison ancestrale sur le plateau ; il ne sait pas exactement pourquoi, mais il ressent « la possibilité de renaître, le retour des possibles » (p.97). Quand il est arrivé, bra-

---

[13] La scène est décrit en détail dans *La Maison Rose*, chapitre VII.

vant la distance, le froid, la neige et la fatigue, il sait que « rien ne peut plus nous être enlevé ni se perdre. Tout est bien » (p.98). Il est dans un état de confusion et peut-être qu'il subit même un sentiment de perte d'identité. Il espère inconsciemment que sa fugue lui apportera des éléments de réponse. Il est remarquable qu'il se dirige ainsi vers la terre familiale et familière, comme Octavie et Adrien, comme si, lui aussi se sentait exilé et avait besoin de se refaire une identité sur les lieux d'origine. En même temps le narrateur se fait une place dans la reconstitution de l'histoire familiale. Il rejoint le temps d'avant qui exclut l'historicité et lui rend ainsi sa virtualité intégrale ou qui en donne tout au moins l'illusion. Chez Bergounioux la fissure chronique entre l'éternité d'avant et la temporalité historique se retrouve dans la vie individuelle des adolescents qui vers 13 ans vivent la catastrophe d'une perte de l'âge d'or uni pour entrer dans leur condition humaine d'adulte (voir *C'était nous* par exemple). Mais ce qui distingue clairement le narrateur des autres personnages, c'est le fait qu'il prend à tâche de raconter leurs vies et que pour en être capable, il veut les connaître et les comprendre. Eux, ils n'ont pas le temps :

> Savoir n'est pas nécessaire. D'abord, ça suppose qu'on prenne du recul, qu'on arrête un peu et le temps manque. Il y a trop à faire pour qu'on s'offre le luxe de s'interrompre un seul instant. Les choses sont là, obstinées dans leur nature de choses, corsetées de leurs attributs, rétives, dures, inexorables. Elles ne livrent leur utilité qu'à regret. Elles réclament toute la substance des vies qu'elles soutiennent (p.26).

Les gens du lieu ne se posent pas de questions et continuent leur travail qui est défini depuis des siècles selon le rythme des saisons. Le narrateur, lui, joue le rôle de passeur ; il est un « témoin enquêtant sur des vies qu'il a simplement entrevues »[14]. Ainsi, on l'a vu, il se renseigne auprès de Baptiste et d'Adrien pendant les

---

[14] Sylviane Coyault, p.165.

dernières années de la vie des fils de Miette. Il a un regard admiratif pour ces personnages et leur force de subsister sur leur plateau à la lisière de la forêt, endroit qui détermine leur caractère et leur vie :

> Mais un autre élément … restreint l'éventail des variations, les confine, toutes, dans la moitié haute et sombre de l'humeur. En fait, c'est le même, celui qui impose à chacun sa place et sa conduite, ses vues, son vouloir, son être et son refus de savoir (sinon il ne voudrait pas, il ne serait plus). C'est l'endroit. Je n'ai jamais entendu rire ni parler, sur la hauteur, comme on faisait, librement, par plaisir, entraînement, plus bas, quand le jour décline et qu'on s'attarde dans la douceur du soir. Un froid pénétrant sort des bois, monte du sol mouillé de sources... On perçoit l'écho abyssal du silence. C'est ça que tous avaient dans l'âme, aînés et benjamins, garçons et filles … (pp.65-66).

On peut se poser la question pourquoi le narrateur choisit à habiter cet endroit peu accueillant. C'est sans doute la curiosité qui gagne, ainsi que le désir de décrire les habitudes et usages en voie de disparition. Le narrateur est dans le récit un personnage modeste qui respecte la vieille maison et ses anciens habitants. Il est en train de rénover la maison mais ressent de la peine au moment où il doit détruire certains objets. C'est que la maison contient des signes de ceux qui y ont habité, de Baptiste par exemple : « des signes que celui qui avait été l'âme du lieu et son incarnation dernière avait laissés » (p.19). Ou de Jeanne : « La main de Jeanne est visible dans les pièces vouées à la vie commune » (p.20). La maison et son intérieur parlent au narrateur et lui renseignent sur l'existence des personnages qui y ont vécu, et sur « l'esprit du lieu » (p.22). La maison et tout ce qu'elle contient, les collections de Miette, les meubles qui se témoignent d' « une solidité à toute épreuve » (p.21), les outils agricoles, les photos sont matière à écrire et une source riche du passé. Les discussions avec Baptiste et surtout avec Adrien ajoutent des détails importants. Ce qui frappe, c'est que le narrateur ne condamne pas ses personnages ; il se met à une certaine distance, enregistre et raconte sans porter de jugement de valeur. Dans son récit il tente de conserver l'équilibre précaire entre la déterritorialisation qu'il vit à la fois comme sevrage et comme libération, et une reterritorialisation (selon la terminologie deleuzienne) où le paradis perdu jouxte la mort sur un ton indubitablement 'unheimlich'.

Conclusion : l'espace et le temps.
Ailleurs, par exemple dans *La Puissance du Souvenir dans l'Ecriture*, Bergounioux donne une description du pays natal, de cette France profonde de sa jeunesse. Le département « s'apparentait d'un bout à l'autre à un accident de terrain » et s'oppose par là à « des paysages ouverts ... donnant par toutes leurs portes et toutes leurs fenêtres sur le vaste monde » (*La Puissance,* p.9) comme ceux de la Hollande. Ce sont des « mauvaises terres » avec des « escarpements » et des « gorges », « spongieuses, infestées de joncs », c'est un paysage avec des « petites villes » et « une paysannerie pauvre » (p.11), où domine un sentiment d'isolement, encore renforcé par la difficulté de circuler : « On ne bougeait pour ainsi dire pas » (p.12) et du point de vue intellectuel, par un manque d'éducation. Tout cela change, stimulé par des « facteurs économiques », « la disparition de la paysannerie, la prolongation de la scolarité, l'urbanisation accélérée » (p.21-22). Les jeunes partent en quittant « le noir berceau » (p.25) pour faire des études et pour travailler ailleurs que dans les terres de leurs ancêtres.

Ce qui reste, ce sont les souvenirs :

Cette rupture d'échelle brisait l'habitude, l'évidence aveugle de la persistance du passé. Elle nous rendait visibles, soudain, notre histoire singulière, notre infirmité. C'est pour avoir vu le jour dans la plus reculée des provinces, participé corps et âme d'un lieu séparé, d'une heure dépassée puis découvert, à la dernière minute, la culture ci-

tadine et le vaste monde, que la vie première a précipité en
mémoire (*La Puissance*, pp.29-30).

Le fragment rend évidents les mobiles de Bergounioux et le projet
qu'il élabore dans ses livres. Le changement de son pays natal est
irrévocable ; le temps moderne envahit le plateau avec son regard
dirigé vers l'avenir et non plus vers le passé avec ses habitudes
figées depuis toujours. L'auteur a été témoin du moment de basculement et il sait que la vie d'antan va disparaître pour toujours.
Pour lui, en temps qu'auteur, la reconstitution du passé est un acte
qu'il doit à ses ancêtres, à sa région d'origine et il l'accomplit
sans manifester des sentiments de nostalgie, mais avec un sentiment de deuil. La brisure des existences et la fissure du temps
s'inscrivent dans la profonde ambiguïté de son écriture, entre regret et sentiment de libération, entre l'attitude du bâtard et le rêve
de l'orphelin[15].

Dans *Miette* et ses personnages, un début de cette transition
est perceptible. Le vingtième siècle est divisé en deux : au début,
un monde immobile, « contemporain des ogres et des fées »
(p.97), c'est « l'éternité tournant sur elle-même avec le ciel et les
saisons, sur les hauteurs » (p.117). Après, « le temps monte des
plaines » (p.135), c'est « l'aube d'un âge neuf » (p.89). Les personnages nés au début du siècle se trouvent au pivot de ce nouvel
âge, tel que Baptiste, « le dernier représentant du vieil âge »
(p.88). Il fait ce que son père a fait avant lui sans se poser des
questions tout en s'identifiant aux choses. Le narrateur, en
homme moderne, commente : « On l'imagine difficilement »
(p.89). Mais Baptiste s'inscrit dans la longue succession des générations qui n'a vécu qu'en fonction de la terre à labourer et dont le
travail revient au même, malgré les machines modernes. Il s'agit
d'un temps cyclique sur lequel les événements historiques n'ont
pas de prise. Dans *Miette*, les deux guerres mondiales laissent des
traces, en introduisant le temps historique, mais elles n'influent
pas sur la vie à la ferme : « Parce qu'il n'y avait rien d'autre à

---

[15] Cf. Marthe Robert, *Roman des origines et origines du roman*, Parsi, Seuil,
1974.

faire que de continuer » (p.27). Il faut en effet attendre les années soixante, c'est-à-dire l'époque de Bergounioux et du narrateur de *Miette*, pour voir se réaliser les grands changements, mais ces événements dépassent les cadres du livre.

L'espace et le temps semblent indissolublement liés, « si le temps n'existe pas en soi mais toujours en un lieu qu'il baigne, et que ce lieu allait sortir du temps, ou le temps – c'est tout un – le déserter » (p.79). Le travail au cours des siècles est déterminé par le sol et les saisons. Et à leur tour, les personnages sont intimement liés au sol ; ils sont fréquemment représentés comme faisant partie de la végétation, telle que Octavie, « un vrai fagot d'épines » (p.55) ou Baptiste, fait « de branches, d'herbes et de mousses » (p.109). Les personnages semblent comme enracinés dans le sol et ceci explique le fait qu'ils retournent toujours à la terre et qu'une vie ailleurs reste inconcevable. Ils ressemblent au pays et en font partie. C'est leur raison d'être. La description des personnages sur les photos est aussi significative du lien entre l'espace et le temps : la photographie « les montre tels qu'ils auront été, déterminés, eux-mêmes, sans reste ni réserve, tels que l'heure et l'endroit l'exigeaient depuis trois mille ans » (p.27). Au-delà de la lignéfication (que symbolise l'élan de l'homme-arbre, Baptiste), au-delà de la fusion avec la terre, les corps se pétrifient et se changent en tombeau. C'est sur ces plaques minérales que le narrateur inscrit son message de mémoire et d'oubli[16].

Le rythme des phrases reflète l'alternance de la temporalité et de l'intemporalité. Le récit du temps mythique et cyclique est rendu dans de longues phrases, parfois assez complexes, tandis que les événements qui appartiennent à l'époque plus récente, au temps historique, sont relatés dans un style bien différent, par exemple quand le narrateur parle de lui-même. C'est là que l'accent ponctue le récital. Ainsi, une série de phrases brèves représente les réflexions sur son rôle et son ignorance des événements passés : « On ne comprendra peut-être jamais. On n'a pas l'âge ou le temps.... Il n'est pas très important que nous sachions. Il vaut peut-être mieux ne pas. ... On n'est pas sûr qu'ils [les ac-

---

[16] Cf. Paul Ricoeur, *Mémoire, oubli, histoire*, Seuil, 2002.

tes et paroles] aient eu lieu. Il pourrait s'être passé tout autre chose que ce que l'on croit, maintenant » (p.47-48). Ces doutes n'empêchent pas la reconstitution admirable, tragique et tendre à la fois, d'un monde disparu. Reconstitution fragmentaire, non-chronologique, qui ne juge pas, et n'aspire pas à donner toutes les réponses et toutes les explications, mais qui peint à travers la vie des personnages, le changement inévitable lié à l'époque et au lieu où ils ont vécu. Et l'on comprend que devenir auteur participe forcément à une comparable métamorphose.

Bibliographie sélective :

Œuvres citées de Bergounioux :
—, *Catherine*, Paris, Gallimard, 1984.
—, *La Bête faramineuse*, Paris, Gallimard, 1986.
—, *La Maison rose*, Paris, Gallimard, 1987.
—, *Miette*, Paris, Gallimard, 1995. Edition de poche Folio 1996. Nos citations renvoient à cette édition-ci.
—, *La Puissance du Souvenir dans l'Ecriture*, Nantes, Éditions Pleins Feux, 2000.
—, *Le Premier Mot*, Paris, Gallimard, 2001.
—, *Un peu de bleu dans le paysage*, Lagrasse, Verdier, 2001.
—, *Simples, magistraux et autres antidotes*, Lagrasse, Verdier, 2001.

Interview :
Antoine Spire, « Les gens de ma sorte ont parcouru en une vie l'équivalent de quinze siècles », *Le Monde de l'Education*, avril 2002.
Jean-Claude Lebrun, *L'Humanité*, 26 juillet 1995.

Œuvres critiques :
Sylviane Coyault-Dublanchet, *La Province en Héritage : Pierre Michon, Pierre Bergounioux, Richard Millet*, Genève, Droz, 2002.

Liesbeth Korthals Altes et Manet van Montfrans, « Pierre Bergounioux : un Limousin entre Descartes et Bourdieu », *European Studies*, 18, 2002, pp.125-149.
Jean-Pierre Richard, *Quatre lectures,* Paris, Fayard, 2002.

Henri Raczymow romancier : judéité et modernité

Annelies Schulte Nordholt

Henri Raczymow, comme l'a dit Norbert Czarny dans *La Quinzaine littéraire,* est à la fois « fils des livres » et « enfant de Belleville, donc des contes d'exil et d'oubli »[1]. Né en 1948 à Paris, il est le petit-fils d'immigrants juifs-polonais arrivés en France dans les années '20 et, comme cet autre écrivain contemporain d'ascendance juive-polonaise, Jean-Claude Grumberg, il grandit dans le milieu artisan et populaire des ateliers de confection de l'est de Paris. Raczymow est l'auteur d'une vingtaine de romans et d'essais, où la thématique juive joue un rôle plus ou moins important. Mais, rappelons-le, il est tout autant « fils des livres » : comme écrivain contemporain, sa filiation est tout autre. Par sa réflexion sur l'écriture et sur l'impossibilité où elle s'origine, par son interrogation sur l'échec en littérature et sur la fin du 'grand écrivain', il se situe dans la lignée d'une modernité typiquement française, celle de Mallarmé, de Blanchot et plus récemment du Nouveau Roman, dont ses premières œuvres s'inspirent par leur forme.

   Dans le présent article, ce sont ces deux pistes que je suivrai – celle de la judéité et celle de la modernité – afin de montrer comment elles convergent dans son œuvre, depuis ses premiers récits, *La Saisie* et *Contes d'exil et d'oubli,* jusqu'à son dernier récit en date : *Le plus tard possible,* en passant par son roman le plus connu, *Un cri sans voix.*

---

[1] « De Belleville à la Lorrèze », *La Quinzaine littéraire,* no. 625, 1er juin 1993, p.10.

Un homme assis dans une chambre vide

Henri Raczymow débute en 1973 avec *La Saisie*, récit publié chez Gallimard qui lui a valu le Prix Félix Fénéon. Aucune thématique juive apparente, ici, et pourtant tout y est déjà. Dans un style elliptique et surchargé de métadiscours, un Je-narrateur, dénommé Irtych, raconte comment, du jour au lendemain et sans raison apparente, 'ils' sont venus saisir ses meubles et ses possessions, ne lui laissant qu'une chaise. « Nu comme un ver », il devient un homme assis sur une chaise dans une chambre vide aux murs nus. Le terme juridique de 'saisie', qui légalise et légitime l'opération, rapproche Irtych du protagoniste du *Procès* de Kafka : comme celui-ci, il se trouve pris dans un processus d'auto-culpabilisation à cause d'une faute dont il ignore la nature. Mais la saisie opère également une table rase dans la vie du narrateur, elle fait le vide autour d'elle et ce vide, traduit par des blancs dans le récit, est une image du vide et du silence qui, dans la conscience moderne, précède toute parole, tout récit. Ainsi, *La Saisie* est un récit sur la possibilité ou plutôt l'impossibilité du récit et, plus fondamentalement, de la parole.

Cette interrogation sur le récit se traduit d'abord par un métadiscours extrêmement intense, obsessif même. Il n'est que de citer l'incipit du récit :

> Puis-je dire sans ambages, sans précautions, sans la réflexion mûrie, sans doute si nécessaire pour ce genre de propos, et afin d'éviter le risque énorme, monstrueux, que constituerait l'arbitraire, cette peste à fuir : Ainsi c'est fait, le sort en est jeté, je me décide, c'est liquidé, bientôt je n'en reparlerai plus ? [2]

Dans cet incipit, il n'est encore nullement question de ce qui eut lieu, il n'y a encore qu'une interrogation sur la possibilité, oui ou non, d'en parler. Interrogation contorsionnée, pleine de précautions oratoires, d'hésitations, ce qui contredit de manière comique le désir de « dire sans ambages, sans précautions ». Par un tel

---

[2] *La Saisie,* Gallimard, Le Chemin, 1973, p.9.

métadiscours, qui couvre la première trentaine de pages, le récit de ce qui eut lieu – la saisie – est infiniment différé, retardé, et les phrases s'enlisent dans un discours qui ne se réfère qu'à lui-même, ce dont témoignent les très nombreux déictiques qui ne renvoient à rien, du moins à aucun événement narré précédemment : « *ce* qui eut lieu » (p.9), « Mais déjà *cela* est dit » (p.10), « Enfin, *c'*est fait » (ibid.). Déictiques qui se retrouvent d'ailleurs déjà dans la première phrase, citée ci-dessus : « le sort *en* est jeté, *c'*est liquidé, bientôt je n'*en* reparlerai plus ». Un tel début autoréférentiel, qui nie tout début, toute possibilité de commencer et qui plonge brusquement le lecteur 'in medias res', rappelle les incipit des récits de Blanchot. Qu'on se souvienne de l'incipit de *Celui qui ne m'accompagnait pas* : « Je cherchai, *cette fois*, à *l'*aborder » ou bien de celui de *L'Attente l'oubli* : « *Ici*, et sur *cette* phrase qui lui était peut-être aussi destinée, il fut contraint de s'arrêter. » Dans les deux cas, le narrateur parle, écrit toujours déjà (mais n'est-ce pas aussi le cas pour le narrateur de *La Saisie*, malgré ses tergiversations ?) mais – et c'est un point commun avec Raczymow – les déictiques (cette, l', ici) ne renvoient à rien, puisque rien ne précède.

Dans le récit de Raczymow, de manière mallarméenne mais sur un ton plus léger, plus enjoué, l'impossibilité de parler et le silence sont rendus présents, sensibles par des blancs, qui abondent dans le texte. On assiste à une spatialisation de l'écriture, elle aussi typiquement moderne. Les blancs dans le texte traduisent d'abord les vides dans l'espace de l'appartement vide, méticuleusement décrit par le narrateur. Ainsi, lorsque le récit parle de « l'emplacement de mon lit aujourd'hui disparu », le texte laisse un vide de trois-quarts de ligne : « Mon lit est rangé contre le mur, à droite de la porte d'entrée de la chambre [...] » (p.47). Le blanc est aussi celui des murs, dépouillés des images dont ils étaient tapissés. Pour indiquer ce blanc, le mot 'blanc' est remplacé par un blanc :

> [...] cela représentait vraiment pour moi une gêne insup-
> portable, cela me gênait déjà depuis longtemps d'avoir sans

cesse ces quelque cinquante centimètres carrés de sous les
yeux, ce blanc qui peu à peu s'est réduit, jusqu'à ne plus
être que ces quelque cinquante centimètres carrés qui sur le
mur faisaient tâche [...] (p.26)

L'espace de la chambre est devenu écriture, espace écrit et inversement, comme chez Mallarmé, ce jeu des blancs accentue le
caractère spatial de l'écriture.

En apparence, *La Saisie* se meut entièrement autour de la
question – éminemment moderne – de la possibilité du récit. Dans
ce premier récit de Raczymow, la thématique juive, qui deviendra
si prééminente plus tard, semble absente. Cependant il ne faut pas
s'y tromper, la question de la judéité est présente en filigrane, à
travers le thème de l'étranger. 'Irtych', le texte le suggère explicitement, est un nom « à consonance étrangère » (p.17), russe
plus précisément[3]. Mais donner un nom russe à son protagoniste,
c'est lui donner un nom exotique, nom de nulle part, ce qui reflète
le registre général du récit, symbolique et abstrait comme les récits de Kafka. Comme ceux-ci, *La Saisie* ne se situe en aucun lieu
et en aucun temps précis. Ce qui importe, c'est qu'Irtych est un
homme venu d'ailleurs, un immigré qui, d'une manière ou d'une
autre, a 'fait son trou' dans son pays d'accueil.

Le seul lieu où il se sente chez lui, c'est son appartement :
ses meubles et les nombreuses images de divas découpées dans
les journaux illustrés, qui tapissent les murs sans laisser le
moindre vide. Or, du jour au lendemain, 'ils' lui enlèvent tout
cela. 'Ils' viennent lui confisquer ses images et ses meubles,
réduisant à zéro son difficile processus d'adaptation à son nouveau pays : « ils ont tout effacé » (p.39), toute la modeste vie
qu'Irtych s'était construite, « Tout est redevenu blanc comme
aux temps primitifs de ma venue dans ce pays, et singulièrement
dans ce quartier. » (p.38). Or, quelque abstrait, intemporel que
soit le récit d'Irtych, cette saisie, pseudo-légitimée par le terme

---

[3] Selon une précision fournie par l'auteur, 'Irtych' est le nom d'un fleuve de
Russie. Il lui fallait un nom à consonance russe parce que son propre nom
sonne « russe » aussi.

juridique employé, rappelle immanquablement le sort réservé aux Juifs étrangers en France pendant l'Occupation. Comme ceux-ci, Irtych est traité d'usurpateur, accablé d' « accusations sordides », de « sombres médisances » ; comme les héros de Kafka, il est amené à s'auto-accuser et à désirer l'expiation (cf. 44). Ainsi, de mesure en mesure, d'interdit en interdit, « progressivement leurs filets se resserraient autour de moi, m'étouffant » (p.46) : voilà encore qui rappelle de manière insistante les persécutions ordonnées par Vichy et par l'occupant, et exécutées par la police française.

« Mon premier livre, *La Saisie,* un récit sans thématique juive, disait le rien. », a dit Raczymow dans « La mémoire trouée » [4]. Il y affirme n'avoir pas eu conscience, à l'époque, que ce rien certes lui venait de Flaubert et du Nouveau Roman, mais qu'il constituait également le noyau même de sa judéité (p.177). Ce n'est que cinq ans plus tard qu'il écrira un « livre 'juif' » : c'est *Contes d'exil et d'oubli.*

« La mémoire trouée »

Le narrateur de ce récit fragmentaire s'appelle Matthieu Schriftlich. Comme son nom l'indique, il est celui qui consigne par écrit les histoires et les noms d'un monde disparu ; il est par là même un double de l'écrivain, de l'auteur. Matthieu, qui vit à Paris dans les années '60, interroge son grand-père Simon Dawidowicz sur la Pologne juive de ses ancêtres. Cependant, ce livre n'a rien des romans nostalgiques qui chantent la vie du shtetl. A aucun moment, le narrateur n'oublie sa position de Juif de l'après, définitivement coupé de cet univers dont rien ne subsiste. Cet univers, Raczymow l'appelle la 'préhistoire'(ou l' 'avant-histoire') : temps définitivement révolu, aussi lointain que l'ère des dinosaures, et aussi inconnu. Aussi, le point de départ de son entreprise est-il le constat de sa totale ignorance : « Je ne sais rien de Konsk. » [5]. Le savoir sur ce monde disparu est à jamais perdu, et à rien ne sert de retourner sur les lieux, comme l'a fait l'oncle Noïoch Ochsen-

---

[4] « La mémoire trouée », in *Pardès* no. 3, 1986, p.179.
[5] Gallimard, Le Chemin, 1979, p.19.

berg : « A Konsk par exemple, tout avait changé. A Kaloush, plus
de quartier juif. Et plus de Juifs du tout. Et dans le petit cimetière
juif où il se rendit, Noïoch eut grand peine à discerner les étoiles
de David, les portraits dans les médaillons [...] » : « Quelle tristesse, se dit-il, ils ont tout gommé, tout effacé. » (p.30).

Reste une seule voie : interroger les témoins, le seul témoin encore vivant, son grand-père. Mais la mémoire de celui-ci
est défectueuse : de l'énorme arsenal de personnages, d'histoires
– de contes, comme le titre l'indique – et de chansons, il ne lui
reste que des bribes. « Simon, mémoire trouée » (p.61) : c'est
cette formule que Raczymow reprendra pour caractériser la
mémoire de la génération d'après. Ses souvenirs étant fragmentaires et imprécis, le grand-père en est réduit à inventer, à fabu-
ler : « Savez-vous, Matthieu, dit Simon, il me faut bien un peu
inventer moi aussi, ça fait si longtemps » (p.51). En
s'entretenant avec son grand-père, le narrateur fait un voyage
imaginaire dans la Pologne de ses ancêtres. Voyage qui le mène
dans une Pologne elle aussi largement imaginaire, mythique.
Mais l'invention est loin ici d'être un pis-aller. Ce n'est pas une
invention de toutes pièces, mais plutôt une intense vision mentale, c'est un rêve qui prend par moments des allures
d'hallucination, capable de ressusciter une géographie, des êtres
défunts :

> La parole muette de Simon Gorbatch trace devant Mat-
> thieu un sillon ténu absent des cartes, le conduit, le prend
> par la main, par ses yeux bandés, lui, aveugle sur les rou-
> tes absentes, enlisées, englouties, se repérant aux herbes,
> aux rosées, aux flammes fragiles des candélabres à sept
> branches des synagogues de l'Orient de l'Europe, synago-
> gues-cimetières, lui, caressant du bout des doigts les ins-
> criptions hébraïques sur les tombes des cimetières. Podo-
> lie. Lituanie. Biélorussie. Mazovie. Où était-ce ? Qui
> étaient-ils ? Cela a-t-il été ? (p.86)

Le rôle de Matthieu Schriftlich est donc loin d'être purement ré-
ceptif. S'il commence par recueillir les propos d'un témoin, son
grand-père, il s'avère bientôt être celui qui les invente ; visionnaire, il ressuscite « des lieux rêvés plutôt que remémorés »
(p.53), des personnages, tout un univers haut en couleur évoqué
avec poésie et humour.

Mais *Contes d'exil et d'oubli* est beaucoup plus qu'un récit
riche en couleur locale sur la 'Yiddishkeit' d'Europe orientale ;
c'est un récit qui thématise la 'mémoire trouée' de la génération
d'après, qui s'interroge inlassablement sur la possibilité de se
souvenir, de raconter, d'écrire. Et c'est cette métadiscursivité qui
rapproche ce récit de *La Saisie*. Ici comme là, on discerne un
même mouvement. Dans *La Saisie,* c'est la table rase, le vide qui
paradoxalement déclenche l'écriture ; dans *Contes d'exil et
d'oubli,* c'est la 'mémoire trouée' du narrateur qui le conduit à
inventer, à imaginer et en fin de compte à écrire : « mais peut-être
cette distance, cette absence sont-elles nécessaires à Matthieu.
Comment sinon [...] dessinerait-il ces traces monotones et ap-
proximatives ? » (p.92). Cette référence du texte à lui-même place
clairement ce récit dans la même lignée que *La Saisie*.

« La mémoire trouée » : en 1986, Raczymow reprendra
cette formule des *Contes d'exil et d'oubli* comme titre d'un texte
important où il retrace son itinéraire d'écrivain[6]. Ici, Raczymow
définit rétrospectivement sa judéité, celle de la génération d'après
comme un manque, comme un rien, mais c'est un « rien positif » : « Ma judéité n'était pas rien, elle était *le rien*, une sorte
d'entité propre, avec un poids, une valeur, une forme ou des formes possibles […] » (p.177). S'il définit cette judéité comme un
manque, c'est d'abord par rapport au judaïsme traditionnel qui,
pour les Juifs ashkénazes, se perd dès l'ère des Lumières, qui les
projette définitivement dans les temps modernes, faisant d'eux
des « orphelins du judaïsme » (p.178). Ensuite, il y a la perte de
l'univers géographique et spirituel de la judéité d'Europe de l'Est
devenu 'un monde disparu', pour reprendre le titre du célèbre
album photographique de Roman Vishniac. Enfin et surtout, c'est

---

[6] « La mémoire trouée », in *Pardès* 1986, no. 3, pp.177-182.

évidemment la Shoah qui a battu en brèche l'identité juive des survivants et de leurs descendants. Pour la génération d'après, il s'agit tout particulièrement ici de la manière dont la Shoah a été transmise à ceux qui naquirent après : « sous la forme de la non-transmission » (p.180).

Trois événements aux conséquences immenses – la sécularisation, la Shoah et la fin de l'univers juif oriental qui en découla – ont donc fait de la mémoire juive une 'mémoire trouée', une 'mémoire absente'. Cependant, comme le montrent déjà les deux premiers récits de Raczymow, cette 'mémoire absente' est pour Raczymow « le moteur de l'écriture » (p.181). Loin de paralyser toute écriture, elle en constitue la raison d'être. Un univers de mots vient se substituer à l'univers perdu. Cependant – et c'est là encore que le projet de Raczymow révèle sa modernité – ses livres « ne cherchent pas à combler cette mémoire absente [...], mais à la présenter, justement, comme absente. Je tente de restituer une non-mémoire, par définition irrattrapable, incomblable » (*ibid.*).

Dès *Contes d'exil et d'oubli,* deux pistes se rejoignent chez Raczymow. Il y a convergence entre deux thématiques en apparence très différentes : d'une part celle de la 'mémoire trouée' propre à la génération d'après, considérée comme moteur de l'écriture. De l'autre la problématique de la modernité en littérature : la thématisation du manque, du vide comme origine de l'écriture, et conjointement la réflexion sur l'impossibilité et le silence, telle qu'elle nous vient de Mallarmé et de Blanchot. Chez Raczymow, les deux thématiques, dans leur convergence, se modifient et s'enrichissent mutuellement. La thématique juive concrétise la problématique de l'écriture, lui enlève le côté intemporel et abstrait qu'elle a chez Blanchot ; dans les romans de Raczymow, le vide perd sa légèreté pour s'incarner historiquement, autrement dit, le trou symbolique, propre à tout homme, « rejoint un trou dans le réel »[7]. Inversement, la problématique de l'écriture ôte à la thématique juive le côté anecdotique, folklorique même qui est parfois le sien, sans pour autant réduire la ju-

---

[7] « La mémoire trouée », p.181.

déité à un symbole, à une image de l'écriture, comme cela est le cas chez Blanchot[8] et dans une certaine mesure chez Jabès, chez qui on trouve la même convergence entre judéité et écriture.

Comme écrivain et comme Juif, Raczymow médite le vide et l'absence mais surtout, recrée, invente, écrit malgré mais aussi en raison de cette absence. Il en résulte ce que, dans un article portant ce titre, Mounira Chatti appelle «une poétique de l'absence-présence où le mort saisit le vif, où l'effacement surgit de sa trace», et inversement[9]. Cette poétique de l'absence-présence trouve son expression la plus riche dans ce qui est, à juste titre, le roman le plus connu de Raczymow, *Un cri sans voix*[10].

Un cri sans voix

Un cri sans voix est le roman le plus connu de Raczymow, et le plus commenté[11]. La traduction en américain du roman lui a valu d'être inclus dans le canon international de la 'littérature de l'Holocauste'. Il s'agit certainement ici du roman le plus 'juif' d'Henri Raczymow, pour reprendre la qualification qu'il emploie lui-même dans « La mémoire trouée », où il retrace le mouvement qui l'a mené à écrire ce roman. Après plusieurs récits qui parlent tantôt de l'avant de la Shoah (la 'préhistoire'), tantôt de l'après – le Belleville des années '50 où Raczymow a grandi – *Un cri sans voix* constitue un moment essentiel : celui où il ose dire le blanc, le non-dit qui s'étend entre l'avant et l'après, où il enfreint

---

[8] Voir notamment *Le Pas au delà* et *L'écriture du désastre*.

[9] « Le palimpseste ou une poétique de l'absence-présence », in C. Mouchard et A. Wieviorka éd, *La Shoah. Témoignages, savoirs, œuvres*, Presses Universitaires de Vincennes, 1999, pp.297-312.

[10] Gallimard, 1985. Abréviation : CV.

[11] Outre celle de M. Chatti, je signale les études suivantes : Ellen Fine, « The Absent Memory : the Act of Writing in Post-Holocaust French Literature » in Berel Lang, éd., *Writing and the Holocaust,* New York, Holmes & Meier, 1988, pp.41-57 ; Froma Zeitlin, « The Vicarious Witness. Belated Memory and Authorial Presence in Recent Holocaust Literature », in *History and Memory,* vol. 10, no. 2, 1998, pp.5-20 ; et de moi-même, « Ni victime ni témoin. Henri Raczymow et la difficulté d'écrire la Shoah », *Lettres Romanes,* tome LVI, nos. 1-2, 2002, pp.127-142.

l'interdit qui pesait jusque là sur la Shoah pour lui qui n'est « ni victime, ni rescapé, ni témoin de l'événement »[12]. Le roman n'est ni témoignage direct, ni recréation fictionnelle de l'univers concentrationnaire. Des persécutions, des déportations, il ne parle que par l'intermédiaire de ses deux protagonistes, dont aucun n'a consciemment vécu les événements : Mathieu, le narrateur, est né après et sa sœur, Esther, est née en 1943. Plus que des événements eux-mêmes, il s'agit donc dans ce roman de la génération d'après et de son difficile rapport à la Shoah. Et c'est cette thématique de la judéité de l'après qui, dans *Un cri sans voix* comme dans les romans qui précèdent, entraîne une réflexion sur l'écriture et une technique narrative qui se situent dans la lignée de la modernité.

Il faut d'abord dire un mot de la structure très particulière d'*Un cri sans voix,* qui se compose de deux parties absolument hétérogènes. Le roman s'ouvre 'in medias res', par un journal écrit en 1943, dans le ghetto de Varsovie, par une jeune femme appelée Esther ; douée d'aspirations littéraires, elle s'exerce en tenant la chronique des petits et grands événements dans le ghetto. Ce journal, qui occupe toute la première partie, s'interrompt au bout d'une centaine de pages, sur l'évocation menaçante des déportations. Le blanc qui sépare cette première partie de la seconde est plus qu'une césure rhétorique : il figure à la fois la Shoah elle-même comme l'absence, le vide impossible à évoquer, et la solution de continuité entre celle-ci et l'après. En effet, dans la seconde partie, le lecteur se retrouve dans un tout autre univers, à une toute autre époque : le Belleville des années '50. Il y découvre une toute autre Esther. Sœur du narrateur, Mathieu, elle est née en 1943 à Paris :

> Le jour où Esther est née [le 2 août 1943], il n'y avait plus de ghetto, à Varsovie, depuis des mois. Il n'y avait plus, là-bas, que des ruines, des ruines (CV p.108).

---

[12] « La mémoire trouée », art. cit. p.180.

Esther n'a donc jamais pu vivre là-bas pendant les années 1942-43 ; encore moins a-t-elle pu écrire le Journal qui précède. Elle a survécu aux persécutions en se réfugiant en Zone Sud, avec sa mère. Après la guerre, la famille est réunie à Paris et deux autres enfants naissent : Mathieu, le narrateur, et son jeune frère Yanick. Mais, malgré que le cercle familial ait été préservé, Esther ressent vivement le vide laissé par ceux qui, dans sa famille, ne sont pas revenus. Comme cette tante Esther, morte en déportation, et dont elle s'imagine porter le prénom. Se considérant, aux yeux de son grand-père, comme destinée à remplacer sa tante, elle est amenée à s'identifier fortement à celle-ci, et par son biais aux déportés[13].

Pour ce faire, il lui faut quelque chose de plus concret que la vie de sa tante, dont elle sait trop peu de chose. Or rien de plus concret qu'une photographie : dans sa qualité de document historique, elle témoigne de ce qui a été. De plus, c'est à une photographie célèbre que s'identifie Esther : celle de la jeune combattante du ghetto qui, avec deux camarades, attend courageusement le peloton d'exécution. Prendre cette photo comme modèle, c'est se replacer elle-même, par l'imaginaire, dans un univers qu'elle n'a pas connu. Dangereuse identification pourtant, qui la mènera à un sentiment de culpabilité de plus en plus aigu : c'est le sentiment d' « être née trop tard », d'avoir « raté un train » (CV p.109). Cette suridentification et l'auto-culpabilisation qui s'ensuit la mènent à choisir une mort aussi semblable que possible à celle des déportés : à 32 ans, Esther meurt suicidée en introduisant sa tête dans le four à gaz.

---

[13] Nadine Fresco, auteur d'un remarquable essai sur la génération d'après, insiste sur cette impossible exigence de substitution : ces enfants ont « l'impossible devoir de réparation d'une perte irréparable » (« La diaspora des cendres », dans *Nouvelle Revue de Psychanalyse,* no. 24, automne 1981, p.217). Il y a chez eux une identification parfois extrême au parent dont ils portent le nom, dont ils se sentent appelés à poursuivre la vie prématurément interrompue et à perpétuer la mémoire. Le trait d'Esther a d'ailleurs un petit côté autobiographique puisqu'on le retrouve dans le dernier roman de Raczymow, *Le plus tard possible,* où le narrateur raconte avoir été « une figure substitutive » de son oncle Henri, aux yeux de ses grands-parents, et pour cela choyé comme s'il avait été leur propre fils (cf. plus loin dans cet article).

Dans sa deuxième vie, imaginaire, d'habitante du ghetto, elle écrit son journal, comme le firent tant d'habitants du ghetto. Dans la vie réelle, intellectuelle et professeur, elle rêve d'écrire un roman sur ce sujet. C'est le 'roman du ghetto', qu'Esther n'a probablement jamais écrit. Afin de restituer la vie imaginaire dont elle avait rêvé et de sauvegarder sa mémoire, son frère Mathieu va écrire un roman dont elle sera le sujet : « Esther, ma sœur, une nuit de l'été 1982, sept ans après sa mort, ressuscita sous ma plume sous d'autres traits, des traits que je lui inventais, qui n'étaient pas ceux de la jeune fille que j'avais côtoyée des années durant […], les traits d'un personnage auquel peut-être elle avait rêvé, pour lequel elle se prenait, une jeune fille qui avait vingt ans en 1940. Comme une de la photo » (CV p.14).

Avec *Un cri sans voix,* Raczymow touche donc au noyau intime d'une expérience à la fois personnelle et historiquement déterminée : l'expérience propre à la génération d'après. Mais pour ce faire, il s'éloigne de tout réalisme, inventant une structure romanesque et des techniques narratives qui doivent tout à la modernité. Ainsi, à deuxième lecture, la première partie s'avère une réécriture, un brillant pastiche d'un genre bien connu : le journal du ghetto, la chronique au jour le jour telle qu'elle a été pratiquée par Adam Cerniakow ou Emmanuel Ringelblum dans le même ghetto de Varsovie. Pour Mathieu, un tel pastiche – terme qui n'a ici rien de péjoratif – constitue une manière de replonger dans une réalité – les ghettos, les persécutions – que ni lui ni Esther n'ont vécue. En écrivant le 'roman d'Esther', il se met « en demeure de traverser ce que je crois qu'elle a traversé par la pensée : l'extermination des Juifs d'Europe par les nazis. » (CV p.14). Et il est certain que cette manière de faire revivre le ghetto par le pastiche du journal, a un effet puissant sur le lecteur.

Cependant, comment le lecteur est-il averti que ce qu'il lit n'est pas un journal trouvé dans le ghetto ? En réalité, le lecteur doit être bien distrait pour y croire, car les signes avertisseurs abondent. L'illusion du journal est continûment brisée, par la formule narrative d'abord : dans ce journal, Esther ne dit pas 'je', comme on s'y attendrait. Si la vie du ghetto est vue par les yeux d'Esther, elle n'est pourtant pas le narrateur. Le narrateur, c'est Mathieu, même s'il est, à ce stade, largement invisible. L'emploi de la troisième personne du singulier, au lieu de la première, est un signe au lecteur que ce qu'il lit, ce n'est pas un journal authentique trouvé dans le ghetto, mais la mise en scène de l'invention du 'roman d'Esther' par Mathieu. Continuellement, il est averti que ce qu'il lit n'est pas un témoignage direct mais une recréation du témoignage. Mais n'est-ce pas là la seule manière de 'témoigner', pour la génération d'après ? Tel est, implicitement, le message de *Un cri sans voix*.

L'élaboration de cette formule narrative très particulière indique déjà *qu'Un cri sans voix* est plus qu'un roman sur la génération d'après. Ou plutôt, ce thème, très finement développé, suscite l'invention de nouvelles techniques romanesques. Ainsi dans la seconde partie, le narrateur réinvente des genres très différents : écriture fragmentaire de ses souvenirs personnels, témoignages recueillis auprès des survivants... Ici encore, il s'agit bien entendu d'un pastiche, d'une réécriture du genre du témoignage. Contrairement à la première partie, où Esther était vue par ses propres yeux, par la déformation de ses propres fantasmes, ce sont ici les témoins extérieurs qui donnent chacun leur version des faits. Mathieu d'abord, mais son point de vue de frère cadet est trop limité à son sens : il ne consiste qu'en fragmentaires souvenirs d'enfance. C'est pourquoi il interroge les survivants de sa famille (chapitres 2 & 3). Ici, on glisse du témoignage sur Esther à une enquête sur l'histoire familiale avant et pendant l'Occupation. Mathieu, en véritable interviewer, fait parler les témoins et se porte ainsi « témoin du témoin »[14], participant au processus du témoignage. Il en ressort une sorte de collage où de multiples voix s'alternent : celle de Charles, le père de Mathieu et Esther, celle de Fanny, leur mère, celle de l'oncle Avroum et celle de Simon, l'ex-mari d'Esther. Cette seconde partie, polyphonique, contraste fortement avec la première.

---

[14] Shoshana Felman & Dori Laub, *Testimony. Crises of witnessing in Literature, Psychoanalysis and History,* Londres, Routledge, 1992, chapitre 2.

Comme dans les premiers romans de Raczymow, le narrateur devient de plus en plus présent dans cette seconde partie.
D'invisible qu'il était dans la première partie, il gagne progressivement le centre du récit jusqu'à en devenir le sujet. En effet, en
dernière instance, c'est de son évolution qu'il s'agit dans le roman : du refoulement initial au retour du refoulé, à l'identification
avec Esther et à la prise en charge de la mémoire de celle-ci par le
biais du roman. Cette présence accrue du narrateur se traduit surtout par l'abondance du métadiscours, dans cette seconde partie.
La composition du 'roman d'Esther' s'y double d'une réflexion
incessante sur l'(im)possibilité d'écrire. Avec le personnage
d'Esther et les aspirations littéraires de celle-ci, nous sommes en
présence d'un thème récurrent chez Raczymow, celui de
l'impossibilité et de l'échec en littérature. Quelles qu'en soient les
causes chez Esther, toujours est-il qu'elle n'écrira jamais le roman
projeté. C'est Mathieu qui l'écrit à sa place. Ce faisant, il obéit au
'devoir de mémoire', à ce que Raczymow considère comme sa
tâche la plus importante, 'sauver les noms' : « Pour moi, la tâche
de l'écrivain est de renommer les morts, aussi les vivants, c'est-à-
dire les morts en puissance. »[15] Comment expliquer alors que ce
roman, Mathieu l'écrive dans la honte, accablé de sentiments de
culpabilité de plus en plus puissants ? C'est qu'en écrivant le
'roman d'Esther', « il écrit à sa place. Il la vole. Il lui vole son
livre. [...] Il lui vole sa mort, il lui vole sa vie. »[16]. Dans le même
passage, il compare l'écrivain au nécrophore : insecte qui vit en
parasite sur les cadavres, dont il tire sa nourriture. Comme le nécrophore, l'écrivain se nourrit, il nourrit son œuvre de la vie et de
la mort des autres, qu'il s'approprie tout en les transformant, en
les transfigurant jusqu'à en faire des personnages de roman.

Ainsi, pour Raczymow, le processus d'écrire et à plus forte
raison, la création d'un personnage, semble impliquer la mort de

---

[15] « Mémoire, oubli, littérature : l'effacement et sa représentation », dans *Vivre
et écrire la mémoire de la Shoah. Littérature et Pscychanalyse*. Sous la dir. de
Charlotte Wardi et de Pérel Wilgowitz. Paris, Alliance Israélite Universelle,
2002, p.50.
[16] *Un cri sans voix* p.145.

l'être réel qui en constitua le modèle. C'est une idée qui est au centre de son essai sur Proust, *Le Cygne de Proust*[17], où il retrace la genèse du personnage de Swann. Le modèle le plus connu de Swann, comme on sait, c'est Charles Haas. Dans son essai, Raczymow montre comment, en créant Swann, Proust a 'tué' Haas : il lui a ôté son nom, remplaçant le nom juif de celui-ci par un nom anglicisant (comble de l'assimilation, qui était bien un trait marquant de Haas), bref il a vidé de sa substance l'être réel pour lui substituer un être fictionnel. La culpabilité profonde qui en résulte chez Mathieu comme chez Raczymow rappelle celle de Proust dans *Le Temps retrouvé*. Ici, le narrateur proustien, parvenu au seuil de son œuvre future, se reproche amèrement d' « utiliser », et même d'exploiter la souffrance de ses proches pour en extraire des lois générales :

> Tous ces êtres qui m'avaient révélé des vérités et qui n'étaient plus [on pense à Albertine et à la grand-mère], m'apparaissaient comme ayant vécu une vie qui n'avait profité qu'à moi, et comme s'ils étaient morts pour moi.[18]

Si pour Proust, cette transposition des souffrances particulières sur le plan général fait intrinsèquement partie de la création littéraire, Raczymow, lui, cherche une voie pour 'sauver les noms' et ne pas dénaturer les êtres particuliers. C'est cette aspiration qui a mené à la structure narrative que je viens de décrire. *Un cri sans voix,* loin de constituer un portrait monolithique et exhaustif d'Esther, de vouloir la faire revivre, l'évoque dans son absence, dans son mystère même. En esquissant, dans le 'journal' initial, le personnage qu'Esther aurait voulu être, et en multipliant ensuite les points de vue sur elle, le narrateur met en valeur l'imperfection et les lacunes qui persistent dans l'image qu'il trace d'Esther. Il en résulte un texte fragmentaire, qui ne fait que mettre en scène les traces éparses d'une existence particulière.

---

[17] Gallimard, 1989.

[18] *A la recherche du temps perdu,* Gallimard, Bibliothèque de la Pléiade, 1989, vol. IV, p.481.

Un fauteuil sur fond de mur blanc
Le dernier récit en date de Raczymow, *Le plus tard possible,*
s'ouvre sur une déroute. Déroute après la mort successive de la
mère du narrateur, Anna, de son frère Alain et de son ami
d'enfance, Nathan. Déroute lorsque, comme il le dit avec un
humour amer sur la quatrième de couverture, sa relation avec
Nina, sa femme, subit « le même sort que le Titanic », et lorsque
son amour pour la jeune Lilah s'avère impossible, le plongeant
dans la solitude et la détresse : « Je faisais l'expérience de la
solitude absolue »[19]. Avec une grande lucidité, le narrateur fait
face au néant :

> [...] aujourd'hui, je n'allais plus vers une femme. Je
> n'allais que vers moi-même, c'est-à-dire le néant, le vrai
> néant. [...]
> Aujourd'hui, je n'avais plus de certitudes.
> Aujourd'hui n'avait plus de cœur, n'avait plus de satellites
> pour former une couronne.
> Aujourd'hui était un prince qui pratiquait la politique de la
> chaise vide.
> Aujourd'hui était une chaise vide, longtemps captée par
> une caméra vidéo. Un fauteuil, disons, un fauteuil Voltaire,
> très bien Voltaire, en ces temps fanatiques, un fauteuil sur
> fond de mur blanc, un fauteuil longtemps filmé, vide.
> (p.123)

Ce mélange de lyrisme et d'humour, mais encore et surtout cette
image de l'absence : le fauteuil vide sur fond de mur blanc, nous
ramènent d'un seul coup à *La Saisie,* le premier récit de Raczymow, à cet homme assis sur une chaise dans une chambre vide
aux murs nus. Malgré les circonstances différentes, l'effet est le
même : la table rase, l'absence, le vide. Et qui plus est, dans *Le
plus tard possible,* on discerne le même mouvement que dans ce
premier récit : c'est ce néant, ce blanc qui, paradoxalement, dé-

---

[19] *Le plus tard possible,* Stock, 2003, p.109.

clenche l'écriture. Ici comme dans *La Saisie* et dans *Un cri sans voix*, l'écriture demeure la seule manière d'assumer le vide, sans pourtant le nier, le combler. C'est pourquoi, dans ce dernier récit comme dans les précédents, le métadiscours reste très important.

Le plus tard possible, édité dans une couverture sombre et avec une photographie de l'auteur non moins sombre, est un livre de deuil, un récit qui fait le point sur une crise personnelle. C'est un livre douloureux par son extrême sincérité. Cependant, malgré la tonalité autobiographique, il ne s'agit nullement de la confession d'un homme vieillissant visant à s'apitoyer sur lui-même. Par deux éléments essentiels, le récit transcende ce niveau : l'humour et l'ironie d'une part, qui font que le narrateur se moque gentiment de lui-même et de ses déboires, et de l'autre, le filtre de la littérature. En effet le narrateur, lui-même écrivain, ne peut faire autrement que de vivre chaque événement – la mort d'un être cher, l'amour, la jalousie, la solitude, le vieillissement – à travers la littérature, à travers les auteurs qui l'accompagnent depuis toujours : Proust, Joyce, Flaubert. De ces intertextes, Proust est certes le plus important : c'est à travers lui que le narrateur vit la maladie et la mort de sa mère. De même, comment vivre un amour jaloux, comme le sien pour la jeune Lilah, sans devenir un instant Swann à la poursuite d'Odette ? Cette intertextualité est bien entendu teintée d'autotextualité. Car la référence à Proust, à Flaubert et à Joyce n'est pas nouvelle chez Raczymow : nous la retrouvons, de diverses manières, dans les essais qu'il a consacrés à ces auteurs mais surtout dans son roman *Bloom & Bloch,* où les trois univers, de Proust, de Joyce et de Flaubert, se rencontrent dans un pastiche savant et spirituel.[20]

C'est en revanche l'*Ulysse* de Joyce qui s'inscrit dans les pages où le narrateur décrit le rapport antinomique entre ses parents : le père – « Etienne-Leopold Bloom-Ulysse » – actif, toujours en périple, et la mère – « Anna-Pénélope-Molly » – toujours en attente, qui reste à la maison à tricoter et à regarder

---

[20] Sur Raczymow et Proust, voir mon article : « Henri Raczymow entre Proust et Flaubert », *Neophilologus* 86, 2002, pp.363-385.

la télévision (cf. pp.64-65). Or c'est dans ce tempérament de Pénélope que se reconnaît le narrateur : tempérament contemplatif, jusqu'à la passivité, par opposition au tempérament actif, entreprenant du père et d'Alain. Par contraste avec le portrait d'Alain, le narrateur brosse un tableau très noir, douloureux de la condition d'écrivain. Pour le narrateur, Alain est l'image même de la vie et de la plénitude. Ses voyages, ses amours, ses aventures – l'aventure sioniste, aventure écolo – , sa fécondité aussi (il est père bien avant le narrateur) s'opposent de manière dichotomique à la vie d'écrivain : « Sa vie [d'Alain] dessinait une ligne brisée. C'était une vie. La mienne était, est un espace sans cesse labouré, toujours le même espace remâché, et non une ligne. Ou bien les lignes sur le papier. Qui tiennent lieu de ligne de vie. »(p.61). Aux pires moments de détresse, le narrateur voit son frère et lui comme figures de la vie et de la mort : « Il était dans la vie, j'étais dans la mort. Je n'étais nulle part, je n'étais pas. » (p.39).

Et pourtant, le narrateur découvre ceci : « En somme, pour peu que j'écrive, peu importe la vie que je mène. Ou la non-vie. Ecrire justifie tout, même la solitude et l'abandon. » (p.119). Cependant l'écriture n'est pas une vie imaginaire, qui puisse pallier l'inanité ou le malheur de la vie réelle. Elle n'est possible que dans la claire conscience de cette inanité, en prenant en compte le fait qu'elle se trouve aux antipodes de la vie active. Alors seulement, en acceptant la solitude affective qu'elle implique, le narrateur pourra assumer l'écriture comme son bien propre, sans pourtant l'idéaliser : « Quel était mon bien propre ? me répétais-je. C'était d'écrire. Voilà, je me retrouvais tout seul avec *écrire*. Mais faisait-on l'amour avec *écrire* ? Prenait-on *écrire* dans ses bras ? […] » (pp.212-213).

Le livre de ma mère
Le plus tard possible s'ouvre sur un rêve, reproduit en italiques. Commencer par un rêve c'est, du point de vue romanesque, commencer 'in medias res'. C'est, d'emblée, catapulter le lecteur dans un univers intime dont celui-ci ignore tout, jusqu'aux

noms des 'personnages'. C'est aussi donner un signal au lecteur que, dans ce récit, il s'agira d'une plongée dans l'univers intime, inconscient même, d'un je-narrateur. Et justement, des noms de personnages, il y en a au moins trois dans cet incipit : Nathan Szejnman, à qui le récit est dédié, Alain et Etienne, et 'elle', à qui le narrateur imagine de parler. Ce n'est qu'en déchiffrant la page suivante que le lecteur découvrira l'identité de ces quatre figures : Nathan, l'ami d'enfance mort avant l'heure ; Etienne, le père ; Alain, le frère, lui aussi mort jeune, la même année que Nathan ; et enfin Anna, la mère, décédée elle aussi, une année avant les deux autres. C'est donc un livre de deuil, de commémoration qu'écrit le narrateur. En inscrivant en première page les noms de ses morts, le narrateur fait de son livre une épitaphe, un 'Livre du Souvenir' ou un mémorial. C'est, encore une fois, 'sauver les noms'[21]. Dans *Le plus tard possible,* la mère et le frère ne font pas simplement l'objet d'un portrait sans complaisance, ils sont également les destinataires du récit : c'est « le livre de mon frère murmuré à ma mère, ou l'inverse » (p.8).

Le plus tard possible est, avant tout, le 'livre de ma mère'. Tout le reste – le rapport au frère, aux femmes – découle d'un rapport ambigu à la mère, où l'amour et la haine se conjuguent. Pourtant, ce qui frappe, dans ce portrait de la mère vieillissante, c'est d'abord le caractère quotidien, ordinaire de cette vie, décrite avec simplicité, affection et humour :

> Du jour où Anna a vendu sa boutique, elle dit qu'elle se réveillait chaque matin en remerciant 'le ciel' qu'elle n'ait rien à faire de la journée. Elle ouvrait les yeux et mesurait sa vacuité, sa disponibilité entières. [...] Elle s'habillerait vers midi, regarderait à loisir le *soap opera* du début de l'après-midi (amours rivales autour du bloc opératoire), pourrait téléphoner à ses copines, relire les meilleures pages de *Télé 7 Jours.* Et ça s'écoulerait tout doucement. (p.42)

---

[21] Cf. « Mémoire, oubli, littérature. L'effacement et sa représentation », art. cit.

La simplicité et l'innocence de cette vie est en contraste flagrant avec la complexité des relations entre mère et fils. Amour exclusif pour la mère, nostalgie de la symbiose maternelle, à laquelle la naissance du frère vint brutalement mettre fin, jalousie, haine de la mère, suivie de sentiments de culpabilité et de remords, et enfin désir de pardon et d'expiation : c'est en résumé ce qui se révèle dans et par le travail du deuil après la mort de la mère. C'est un ensemble qui évoque consciemment Proust ; aussi la *Recherche,* et en particulier les pages des 'Intermittences du cœur', sur le deuil après la mort de la grand-mère, constituent-elles ici un intertexte important. Mais à la grande différence de la *Recherche,* où les motifs de l'amour-haine, de la cruauté, bref de ce que Proust appelait 'les mères profanées', restaient à l'état oblique, caché, *Le plus tard possible* est un récit d'après Freud. Il y a ici une claire conscience de ces motifs, et même un sentiment de déjà vu, dû à Freud mais aussi à Proust. Dans son amour exclusif et déçu pour sa mère, le narrateur reconnaît « la bonne vieille œdipienne névrose des familles » et, malgré l'analyste qui lui dit qu'une telle névrose n'a plus cours, il se dit « de l'ancienne école », souffrant bel et bien d'une telle névrose (p.127). Cette conscience lui permet bien entendu de prendre ses distances par rapport à Proust ; aussi les références à la *Recherche* fonctionnent-elles le plus souvent par antiphrase, produisant le comique.

Ainsi, prévoyant la fin prochaine de sa mère, le narrateur tente d'enregistrer ses conversations avec elle au téléphone. Voilà qui évoque la scène où Marcel téléphone à la grand-mère depuis Balbec, dans *Le Côté de Guermantes*. Mais alors que pour Marcel, la voix de la grand-mère au téléphone est un signe annonciateur de sa mort prochaine, faisant déjà d'elle « une ombre chérie que je venais de laisser perdre parmi les ombres »[22], il en est tout autrement pour le narrateur du récit de Raczymow. Pour lui, la voix n'est aucunement l'image de l'âme bientôt désincarnée de sa mère, elle est plutôt « quelque chose de matériel, presque de corporel », bref quelque chose de tangible que

---

[22] *A la recherche du temps perdu*, Gallimard, Pléiade, 1988, vol. II, p.432.

l'on peut conserver (p.50). Il est une autre raison pourquoi ce passage évoque Proust par antiphrase : si au téléphone, Marcel et sa grand-mère se disent avec grande émotion « notre mutuelle tendresse », en revanche le narrateur et sa mère parlent de tout et de rien, dans un bavardage quotidien et interminable, comme le montre un autre récit de Raczymow, *Quartier libre,* qui contient également une telle conversation téléphonique, précédée de la tentative infructueuse de la part du narrateur de l'enregistrer. Au téléphone, « ma mère et moi, on peut se parler, simplement se parler, peut-être pas tout se dire, [...] mais se parler, simplement se parler, avec cette distance [...] » [23]. La distance, loin de préluder à la séparation définitive, est la seule manière d'être en communication.

Pour la mère, le narrateur nourrit donc un amour exclusif. Aussi, lorsque naît le frère, Alain, ne lui accorde-t-il aucun regard (p.17). A la jalousie propre au stade œdipien, vient s'ajouter le fait que ce deuxième enfant devient vite le préféré de la mère : « un chérubin que j'ai dû détester. » (p.18). Du coup, « je rendais infernale la vie de mon frère. Je le maltraitais. » (p.67). Et à son tour, le narrateur se voit maltraité par la mère : il se souvient comment « ma mère me punissait sans raison, m'infligeait des châtiments, y compris corporels, imprévisibles, indépendants de la faute ainsi punie. » (p.149) Tout cela est en contraste flagrant avec l'Eden d'avant la naissance de son frère : « Cabourg, Houlgate, Trouville où ma mère m'emmenait enfant, alors que j'étais encore son fils unique et que mon père restait à Paris pour gagner des sous. » (pp.168-169). Ici, l'intertexte Proust surgit de nouveau, produisant une vue ironique des relations du petit garçon à sa mère, si dramatiques et en même temps si banales... Et lorsque, devant le docteur psychanalyste, le narrateur répète le diagnostic effrayant de sa femme Nina – qu'il a voulu tuer son frère et sa mère – celui réagit sans étonnement d'un : « C'est tout ? » (p.75). Velléités de fratricide, de matricide, tout cela c'est du déjà vu pour ceux qui, comme le docteur et le narrateur lui-même, vivent dans l'après-Freud. La

---

[23] *Quartier libre,* Gallimard, Haute enfance, 1995, pp.35-36.

lucidité et l'auto-ironie du narrateur sont tout entières concentrées dans le projet d'annonce suivant : « H. 52 a. Petit (1,63 m), enveloppé, fumeur, casanier déprimé, revenus modestes (mi-temps), ne sait comment allumer un feu ni ouvrir une fenêtre, ch. *mère adoptive* plus jeune, beaux seins, beau cul, gaie, douce, volubile (lui triste et taiseux). » (p.77, je souligne).

La conscience claire de cette haine pour la mère le plonge dans des sentiments de culpabilité et de remords qui nous ramènent encore à Proust. Comme le narrateur proustien en effet, le narrateur du *Plus tard possible* a ignoré la maladie de la mère, il n'a pas voulu reconnaître sa mort prochaine. Par exemple lorsque le narrateur et son frère viennent la voir à l'hôpital, et bavardent entre eux sans lui adresser la parole. Le fait qu'elle se plaint de leur conduite est pour eux une preuve de plus que « c'était notre mère de toujours. Nous la reconnaissions telle qu'en elle-même, inchangée, inchangeable, comme si de rien n'était, comme si aucune maladie ne l'affectait, comme si nous nous mouvions dans l'éternité [...]. » (p.54). En filigrane, on lit ici 'Les intermittences du cœur', où le narrateur proustien se reproche d'avoir, à Balbec, ignoré la maladie de la grand-mère et qui plus est, de l'avoir blessée, notamment lorsqu'elle voulut se faire faire un portrait photographique pour lui léguer un souvenir d'elle-même, ce qu'il prend pour de la coquetterie[24].

Mais pourquoi cet amour-haine à l'égard de la mère ? Chez Raczymow, la trame œdipienne se complique par un nouvel élément : c'est la problématique de la génération d'après. A trois reprises, le narrateur revient à la relation privilégiée qu'il avait, enfant, avec sa grand-mère maternelle[25]. En effet, parce qu'il porte le nom du fils de celle-ci, Henri, mort en déportation à vingt ans, elle « l'aimait comme son fils » (p.99). Du coup, le narrateur devient « une figure substitutive de son propre fils » (p.118) : « De mes grands-parents, j'ai tenu lieu du fils qu'ils avaient perdu. » (pp.100-101). Dans « La diaspora des cendres », texte distillé à partir d'une série d'entretiens avec des

---

[24] Cf. *A la recherche du temps perdu,* Gallimard, Pléiade, vol. III, p.156.
[25] Cf. pp.18, 99-100, 117-118.

Juifs de la génération d'après, Nadine Fresco a bien montré les immenses conséquences de ce « remplacement » : « [...] on remplace un enfant. On charge le suivant d'un impossible devoir de réparation pour une perte irréparable », l'accablant de sentiments de culpabilité et d'imposture sans fin[26]. Pour le narrateur du *Plus tard possible,* la situation donne lieu à une double confusion. D'une part, en effet, un sentiment d'imposture, qui va de pair avec un problème d'identité. Pour lui, il y a « deux Henri » (p.100). Qui est-il ? Le Henri né après guerre, ou bien cet oncle Henri mort à vingt ans dans les camps, auquel il est voué à s'identifier ?

> Enfant, je voulais que mon grand-père Dawidowicz me mène en Allemagne [...] parce que Henri (Heinz), son fils, y était né (à Düsseldorf), vers 1920, 1922. 1922 puisqu'il avait vingt ans en 1942, date de sa déportation, tout ce que je savais. Je voulais probablement revenir à la source, à l'origine de celui que par ma naissance j'étais censé 'remplacer' auprès de mes grands-parents. Fouler le sol qui avait vu naître ce être-là auquel je ressemblais peut-être, dont je portais le nom, qui était mort à vingt ans, asphyxié. (p.118)

On retrouve cette situation dans *Un cri sans voix,* où Esther s'identifie à sa tante Esther, morte en déportation, au point de s'imaginer vivre à Varsovie pendant l'Occupation ! Mais la situation d'enfant de 'remplacement' suscite une deuxième confusion chez le narrateur : celle entre « deux mères » : la grand-mère et la mère, qui toutes deux le revendiquent comme leur fils. Au moment de la naissance du frère, ses parents le « récupèrent », désirant mettre fin à sa relation privilégiée avec la grand-mère. Mais dès lors la relation du narrateur à la mère est troublée : des deux côtés, l'amour est mêlé de haine, de ressentiment (cf. p.100). La 'substitution' si typique de la généra-

---

[26] N. Fresco, « La diaspora des cendres », *Nouvelle Revue de Psychanalyse,* no. 24, automne 1981, p.217.

tion d'après affecte donc durablement la relation entre mère et fils.

   Dans *Le plus tard possible*, le thème de la judéité et de la difficile mémoire de la Shoah resurgit donc, même si ce n'est pas de manière aussi prééminente que dans les ouvrages précédents de Raczymow. Phénomène qui tient sans doute à l'évolution que j'ai tenté de tracer : ses premiers récits, où il recréait la 'préhistoire', en parlant de ses ancêtres et du monde disparu de la Pologne d'avant-guerre (*Contes d'exil et d'oubli*), ont inexorablement mené Raczymow à l'impressionnant mémorial qu'est *Un cri sans voix,* où il se confronte à l'Histoire elle-même, pour enfin lui permettre, dans ce dernier récit autobiographique, de parler de lui-même et de ses proches. Dans cette œuvre dont *Le plus tard possible* est le dernier ouvrage en date, judéité et modernité sont des forces non pas antagonistes, mais convergentes, complémentaires.

Bibliographie

Œuvres de Henri Raczymow (sélection)
—, *La Saisie,* Gallimard, Le Chemin, 1973.
—, *Contes d'exil et d'oubli*, Gallimard, Le Chemin, 1979.
—, « La mémoire trouée », in *Pardès* no. 3, 1986.
—, *Un cri sans voix*, Gallimard, 1985.
—, *Le Cygne de Proust*, Gallimard, 1987.
—, *Quartier libre,* Gallimard, Haute enfance, 1995.
—, « Mémoire, oubli, littérature : l'effacement et sa représentation », dans *Vivre et écrire la mémoire de la Shoah. Littérature et Psychanalyse.* Sous la dir. de Charlotte Wardi et de Pérel Wilgowitz. Paris, Alliance Israélite Universelle, 2002.
—, *Le plus tard possible,* Stock, 2003.

Critique
Mounira Chatti, « Le palimpseste ou une poétique de l'absence-présence », in C. Mouchard et A. Wieviorka éd., *La Shoah. Té-*

moignages, savoirs, œuvres, Presses Universitaires de Vincennes, 1999.

Ellen Fine, « The Absent Memory : the Act of Writing in Post-Holocaust French Literature » in Berel Lang, éd., *Writing and the Holocaust,* New York, Holmes & Meier, 1988, pp.41-57.

Shoshana Felman & Dori Laub, *Testimony. Crises of witnessing in Literature, Psychoanalysis and History,* Londres, Routledge, 1992.

Nadine Fresco, « La diaspora des cendres », *Nouvelle Revue de Psychanalyse,* no. 24, automne 1981.

Froma Zeitlin, « The Vicarious Witness. Belated Memory and Authorial Presence in Recent Holocaust Literature », *History and Memory,* vol. 10, no. 2, 1998, pp.5-20.

Annelies Schulte Nordholt, « Ni victime ni témoin. Henri Raczymow et la difficulté d'écrire la Shoah », *Lettres Romanes,* tome LVI, nos. 1-2, 2002, pp.127-142.

Annelies Schulte Nordholt, « Henri Raczymow entre Proust et Flaubert », *Neophilologus* 86, 2002, pp.363-385.

Le récit d'enfants et la double lecture : Gaétan Soucy, *La Petite fille qui aimait trop les allumettes* et Lionel Trouillot, *Les Enfants des héros.*

Danièle de Ruyter-Tognotti,
Marloes Poiesz

Le récit d'enfants, celui dont le narrateur est un enfant[1], est un genre romanesque qui a ses titres de noblesse dans la littérature universelle. La littérature française – nous nous limiterons ici au domaine francophone – en fournit incontestablement de bons exemples et plus particulièrement le XIXe siècle qui pour des raisons socioculturelles lui a accordé une plus large place : que l'on pense au très réussi roman de Jules Vallès, *L'Enfant*, pour n'en citer qu'un. Or, à l'heure actuelle ce genre semble prendre encore plus d'ampleur. Et si l'on considère l'ensemble de la littérature d'expression française, on s'aperçoit qu'il s'y illustre par des œuvres d'intérêt évident et dont le nombre ne cesse d'augmenter : il est assez significatif de constater à ce sujet que les éditions Gallimard y a même consacré une série assez récente, « Haute Enfance ».

Sans doute le récit d'enfants répond-il à des exigences diverses : la principale étant la présentation et la critique du milieu, familial et au-delà social, dans lequel l'enfant vit, tout cela teinté dans la plupart des cas d'un humour naïf et corrosif à la fois. Humour naïf et corrosif qui ressort encore plus dans les œuvres où l'enfant est érigé en narrateur, ce qui arrive souvent dans les œuvres du XXe siècle. Par là, on touche à un autre objectif du genre, celui de privilégier le mode de pensée de l'enfance vis-à-vis de

---

[1] Dans la littérature « à enfants », on peut distinguer deux catégories: les œuvres où le personnage principal est un enfant et celle où le narrateur est un enfant. Les deux catégories allant d'ailleurs souvent de pair.

celui de l'adulte, de faire apparaître ainsi une prise de conscience divergente sur soi et sur le monde. Il faut préciser toutefois que la narration à la première personne n'est pas la manière exclusive d'atteindre ce but et d'ouvrir sur la perspective de l'enfance ; le « il/elle » autant que le « nous » ou le « on » − comme dans *L'Opoponax* de Monique Wittig − sont encore des manières de présenter le sujet, tout en rendant plus distante et même plus floue la notion même de sujet. L'enfance, on le sait, est la période où la conscience de soi n'est pas encore bien élaborée. Pareille donnée permet sans conteste de poser sans artifice, en douceur en quelque sorte, l'interrogation postmoderne sur la cohérence de la personne, de l'identité et de la relation au monde : en ce sens le récit d'enfants est bien une approche actuelle.

Distanciation ironisante, perspective privilégiée de l'enfant, d'un sujet en pleine construction, bien proche par le truchement des mécanismes narratifs d'un sujet en déconstruction, en tout cas toujours plus ou moins en porte-à-faux par rapport aux normes connues : voilà les orientations que nous retrouverons dans les deux œuvres qui seront examinées ici, celle du Québécois Gaétan Soucy, *La Petite fille qui aimait trop les allumettes* (1998) et celle du Haïtien Lionel Trouillot, *Les Enfants des héros* (2002).

Le rapprochement de ces deux auteurs peut s'avérer intéressant, car s'ils appartiennent à deux pays et à deux contextes socio-politiques et culturels différents, il s'agit de deux pays qui se sentent, à des degrés fort différents certes, freinés dans leur développement, pour lequel l'ingérence plus ou moins marquée des puissances extérieures n'est pas sans jouer un rôle restrictif. La violence, le règne quasi ininterrompu de la terreur et des mesures répressives, (il faudrait presque dire qui existe depuis la naissance glorieuse de la nation haïtienne au début du XIXe siècle) l'extrême misère qui sévit en Haïti depuis de nombreuses décennies, les espoirs sans cesse avortés d'une possible amélioration sont bien sûr sans commune mesure avec la situation du Québec, où le problème politique, la lutte pour l'indépendance revendiquée par certains, ne porte pas atteinte au niveau de vie des habitants.

Cet arrière-fond politico-social peut donc être une première raison de tenter une comparaison. Commençons par un rapide profil de chacun de ces deux écrivains, tous deux appartenant à la génération actuelle d'écrivains.

Gaétan Soucy (1958-) est professeur de philosophie dans un Collège à Montréal et écrivain. Mais il a fait également des incursions dans le domaine des sciences pures, l'astrophysique et les mathématiques en particulier. Son intérêt pour la littérature, japonaise incluse, reste cependant dominant. Aujourd'hui, Soucy est l'auteur de quatre romans et d'une pièce de théâtre, mais il s'est véritablement imposé sur la scène littéraire québécoise, voire internationale, avec son roman *La Petite fille qui aimait trop les allumettes* qu'il a publié en 1998. Ce succès international reste étonnant pour cet écrivain québécois, puisque la reconnaissance de la littérature québécoise à l'étranger se fait souvent à cause d'un facteur rajouté à toute œuvre « différente », à savoir l'exotisme, celui du lieu ou du milieu et surtout de la langue, qui sert de déclencheur d'intérêt. Or, non seulement les lieux dans *La Petite fille* restent flous, mais comme l'affirme Pierre Lepape dans la préface du roman : « Quant à la langue, il invente la sienne, comme le font tous les grands écrivains, sans se complaire à lustrer les québécismes ni à faire rutiler les saveurs du patois » (p.II). Toutefois, sans évoquer directement ce pays, les romans de Soucy peuvent facilement se lire comme une métaphore du Québec, bien qu'en fin de compte, dans ses œuvres, Soucy touche davantage aux valeurs universelles : en autres, la question des origines et de la filiation, la gémellité, le rapport à la vie, ou la survie, et la mort. De plus, l'auteur réussit chaque fois à en proposer une lecture différente, voire déroutante. L'univers de Soucy n'est donc pas simple et limpide. Dès ses premiers romans, *L'Immaculée Conception* (1994), *L'Acquittement* (1997), Soucy mène le lecteur dans des univers labyrinthiques ; ce dernier est entraîné dans un monde indicible et ce n'est qu'à la toute fin que l'énigme s'éclaire, sans pour autant être résolue. Ce même mécanisme est à nouveau à l'œuvre dans *La Petite fille qui aimait trop les allumettes*. Déroutant et inquiétant, l'univers de deux enfants qui « doivent prendre l'univers en main » après le suicide de leur père l'est certes. Le récit se construit et se déconstruit également au fil d'une lecture/écriture, sur laquelle nous nous pencherons plus loin. A ce roman fait suite en quelque sorte une pièce de théâtre, *Catoblépas,* dans laquelle on retrouve le même narrateur/la même narratrice des années plus tard. Ce texte dramatique constitue, pour ainsi dire, le deuxième volet d'un diptyque sur « la petite fille ». Finalement, en 2002 est publié un dernier roman qui, selon l'auteur lui-même, termine le cycle : *Music Hall !* dans lequel les thèmes explorés dans les romans précédents sont repris et d'une certaine manière plus concrétisés.

Par rapport aux autres œuvres, *La Petite fille* constitue donc un pivot dans l'écriture de Soucy, et elle mérite, à ce titre, une étude détaillée de sa thématique comme de ses choix narratifs.

Quant à Lyonel Trouillot, intellectuel de la jeune génération haïtienne (1956-), après un séjour aux États-Unis, est rentré au pays, où il est actif en tant qu'écrivain, journaliste, outre ses activités de professeur de littérature. Co-fondateur de plusieurs revues d'Haïti et de la diaspora, il a publié différents poèmes et textes critiques. Depuis la fin des années 80, il écrit de la poésie (par laquelle il avait déjà commencé sa carrière littéraire) en parallèle avec des romans, aussi bien en français qu'en créole. Vu le sujet de cet article, nous nous bornerons ici à un rapide aperçu de quelques aspects caractéristiques de son écriture romanesque. Il faut toutefois faire remarquer que poésie et roman n'ont pas de frontières bien fixes dans son œuvre, comme en témoigne plus particulièrement son récit-poème, *Les Dits du fou de l'île.* Sans doute, et l'on pouvait s'y attendre, Trouillot est-il aux écoutes des remous qui agitent son pays ; ce qui ne veut pas dire qu'il soit un écrivain engagé dans le sens militant ou populiste du terme. Mais il est bien un représentant de la littérature haïtienne actuelle qui s'est détournée, entre autres, du « réalisme merveilleux », de la révélation de la luxuriance et des richesses insoupçonnées du réel, tant chanté au début du XXe siècle, pour dire à présent son envers : le désenchantement et au-delà de la révolte, l'angoisse, le cauchemar[2]. A son tour, Trouillot dans un article de cette même revue va encore plus loin en parlant pour la génération actuelle d' « esthétique du délabrement » dans laquelle sujet collectif comme sujet individuel a disparu avec un 'je' qui n'a « ni mémoire, ni territoire, ni histoire, ni géographie » (p.23)[3]. Cependant on peut se demander si toute forme de vitalité est définitivement bannie de cette littérature ? Disons du moins d'entrée de jeu que toutes les marques de repérage n'ont pas complètement disparu des romans de Trouillot, mais elles y sont manipulées avec une désinvolture certaine : multiplication des voix, effacement plus ou moins radical du sujet, évocations parfois très violentes mais distanciées (ainsi dans son roman de 1996, *Rue des pas perdus*) en sont les ingrédients majeurs.

Comparé aux œuvres précédentes, *Les Enfants des héros* pourrait paraître de facture plus traditionnelle. Trouillot en tout cas a un nouveau projet : d'après ce qu'en rapporte Kathleen Gyssels dans son compte-rendu du roman, il veut laisser entendre « des voix inédites, des voix de subalternes qui rendent compte d'un monde en débris ».[4] Toutefois, il semble que l'auteur renoncerait ici à ses pratiques narratives, car nous avons bien affaire à un narrateur et à une voix uniques. Voire. En tous cas la violence et la colère rentrée sont bien à l'appel. De plus, si l'histoire est facilement saisissable (il s'agit de la cavale de deux enfants qui viennent d'assassiner leur père : la cavale durera trois jours et avant d'être rattrapé par la police, ils connaîtront un beau dimanche), le récit en lui-même se déroule comme une trame serrée dans laquelle présent et passé s'entremêlent, tout comme les pensées du narrateur et celles des autres. Pour le reste, il faudra juger sur pièces. C'est ce que nous ferons dans ce qui suit en tentant, dans la mise en parallèle du roman de Soucy et de celui de Trouillot, de les éclairer l'un par l'autre.

---

[2] voir Régis Antoine, *Notre Librairie,* pp.64-72.

[3] Il est vrai que Trouillot réfère à ce sujet aux poètes. Mais ne pourrait-on étendre la définition aux romanciers également ? Et à Trouillot lui-même en particulier ?

[4] *Apela*, no 13, juin 2002. Voir « www.apela-asso.net ».

Comme nous l'avons signalé plus haut, le cadre socioculturel de
ces deux auteurs, pour différent qu'il soit, peut déjà donner lieu
à des confrontations intéressantes. Mais sans doute cet aspect ne
serait pas suffisant pour amorcer une analyse comparative vraiment constructive. Certes, nous avons affaire à deux approches
différentes à première vue : les titres nous en donnent déjà une
indication. Ou du moins disons que celui de Soucy est plus directement repérable comme conte (la référence à Andersen est
évidente), alors que celui de Trouillot, s'il ne permet d'emblée
de le rattacher à un genre défini, nous oriente plus sur le réel, la
réalité historico-sociale (même si la référence au domaine mythique n'est pas exclue) avec ses 'héros' et leur descendance.
Toutefois, il existe des points de jonction manifestes entre les
deux œuvres. Le plus important, c'est le motif principal similaire dans les deux romans, et qui est à chaque fois le point de
départ de la narration : la mort du père. On conçoit d'ores et déjà
qu'un tel motif prête facilement au travail de la métaphore (le
Père, représentant, on le sait, toute figure ou instance de
l'autorité), sur laquelle nos deux romans ne se feront pas faute
de jouer. En outre, hormis cette mort, les deux romans nous offrent d'autres aspects narratifs et structurels de convergence, tels
que l'absence de la mère, le couple frère–sœur, le brouillage de
temps du récit et de l'instance narrative.

Outre ces convergences, ce qui retiendra finalement notre
attention, ce sont les protocoles de lectures qui se dessinent également dans les deux œuvres. Inscrits principalement aux limites
du récit, ils le font rebondir et préparent deux orientations principales d'interprétation : le lecteur est par là quelque peu manipulé,
il est en tout cas confronté à différentes possibilités et sollicité par
elles : c'est ce que nous appelons le motif de 'la double lecture'
sur lequel nous insisterons surtout à la fin de notre parcours.
Toutefois, chez Trouillot – de manière plus évidente que chez
Soucy –, l'économie du texte en lui-même, certains agencements
narratifs préparent déjà, mettent en place ces deux niveaux, qui

nous arrêterons au passage. Mais commençons par l'examen des différents motifs parallèles.

La famille bancale

La mort du Père

La mort du Père constitue l'amorce du récit dans les deux cas, mais il existe pourtant une différence dans la manière d'amener cet élément déclencheur : chez Soucy, le père vient de mourir au moment où commence le récit – on apprendra plus tard qu'il s'est suicidé –, tandis que chez Trouillot ce sont les enfants, la sœur du jeune narrateur aidée de ce dernier, qui ont assassiné leur propre père, ce qui ne devient tout à fait clair qu'après quelques pages.

Le Père chez Soucy va apparaître avec de plus en plus d'évidence, et même vers la fin avec une insistance un peu lourde, comme une image de Dieu. Outre le fait qu'il a organisé le monde où ses enfants vivent (un monde protégé et séparé de la société extérieure qui n'est autre ici que « le village »), qu'il les aurait tiré de la boue (aux dires du 'je' narrateur), les références souvent cocasses à la figure christique sont claires avec les allusions au temps où le père était « prêtre beau gosse » – « il avait été missionnaire au Japon du temps où il était beau gosse » (p.109) –, avec ses enseignements, plus, il est vrai, sur l'architecture spécifique de l'église que sur les commandements divins, sa mise en croix sur la croix de Saint André, sa mise en terre d'ailleurs vite bâclée, pour en arriver finalement à cette réflexion qu'après la mort du père, Dieu existe toujours et que rien n'a changé. Seulement, pareille constatation n'est pas tout à fait porteuse de l'Espérance qui soutient le croyant : « J'ai crainte que nous n'ayons rien fait que continuer à lui obéir, sans le savoir, n'y pouvant mais, emportés tous les deux par un mouvement fatal qui émanait de lui, continuant à nous entraîner dans sa vague, encore et toujours. » (p.164). Les sentiments des deux enfants s'avèrent donc mitigés vis-à-vis de cette figure de la Toute-Puissance, qui, malgré les emprunts au registre chrétien, n'est pas forcément la métaphore de la divinité chrétienne bienveillante et salvatrice : le

Père est bien plus la métaphore plus généralisante de la Loi, subie plutôt que comprise.

De fait, malgré l'affection dont fait preuve le narrateur/narratrice à son égard, le Père est à un second niveau, comme par inadvertance, assez maltraité par ses enfants. Si toute la première partie du récit est occupée par le devoir d'enterrement, pareille préoccupation donne lieu à tout un enchaînement de situations inattendues d'un baroque parfois flamboyant. Au fond, il s'agit de trouver le moyen de se débarrasser du cadavre, ce qui est raconté dans une verve digne de Ionesco (*Amédée ou comment s'en débarrasser*) : entre autres exploits, il y a la descente du cadavre par les escaliers qu'il dégringole pour finir en patin désarticulé (« Papa s'écrasa sur le plancher de la cuisine, à la verticale, les pieds en l'air dressés comme des oreilles de lapin » ; le reste de la description est à l'avenant (p.30)) ; ou la tentative avortée d'incinération… dans le poêle de la cuisine ! En outre, à travers les mailles du récit, pourrait-on dire, sans commentaires appuyés du 'je' narrateur, apparaît une autre image du Père moins gratifiante. Il n'est peut-être après tout qu'un pauvre type fixé sur son passé, miné par une culpabilité assez diffuse : en témoignent en particulier ses longues heures passées auprès du corps du « Juste Châtiment », ce cadavre momifié de ce qu'on apprendra être la sœur jumelle de la narratrice (appelons-la ainsi car, nous y reviendrons, c'est bien d'un 'je' au féminin qu'il s'agit) ; en outre, cet homme n'a-t-il pas choisi de se pendre ?

Il existe une autre figure paternelle potentielle de remplacement, à savoir le frère. Mais ce garçon, presque autiste, est seulement conditionné par ses désirs élémentaires et directs et ne fait que tourner en dérision le rôle du Père. Ce « frère » reçoit d'ailleurs plus d'« horions » que la narratrice et semble la victime préférée du – premier – père. Or, s'il est capable physiquement d'engendrer, son acte de quasi viol et d'inceste (« il me gigote dessus ») apparaît fortuit et sans importance pour lui, et d'ailleurs également pour la sœur, qui ne le note qu'en passant, sans états d'âme. « Frère » est en fait inapte à devenir une figure de l'Autorité et s'il en fait tout de même une tentative après avoir mis son père en terre, cette tentative est digne de la geste ubues-que : grotesque et cruel comme son modèle, Frère, devenu « maître », affirme-t-il, de ce domaine menacé par la société exté-rieure, organise un siège contre les assaillants. Assis au haut du belvédère sur trois escabeaux en guise de trône, entouré de ses mannequins-soldats munis de balais et de fourches, il tire à tort et à travers à coups de perdrix enflammées vives, tuant et finalement détruisant par le feu son pauvre royaume (pp.130-135).

L'idée donc d'un monde-paradis terrestre régi par une Au-torité inébranlable et bienveillante ne cesse de recevoir des coups de sape. Et si nous nous reportons au registre du conte, il faut bien avouer que ce monde enfermé par le bois enchanté[5] (ici c'est un bois bien maigre à la vérité puisqu'il s'agit d'une petite pinède) n'est guère enchanteur, ou n'est pas protégé par une Bête en fin de compte tutélaire. A quel ordre, à quelles valeurs peut-on se référer ici si ce n'est à celles d'un monde fragilisé ? C'est ce que nous tâcherons de préciser plus loin.

Qu'en est-il de la figure paternelle chez Trouillot ? Contrairement au Père de Soucy qui occupe une fonction d'ordre, disons, spiri-tuel, la figure paternelle est plus directement réaliste chez Trouillot. En effet, le père incarne un certain type social : il habite un bidonville où règne la misère, dans une ville que l'on a aucun mal à identifier avec Port-au-Prince ; de plus c'est un ivrogne qui bat sa femme. Ce père est présenté ironiquement sous son pseu-donyme « Corazón »: cœur de la famille, du récit ; 'joli cœur' à l'extérieur. Ses enfants viennent de l'abattre quand commence le récit. C'est donc cet assassinat qui constitue l'élément déclen-cheur. Mais contrairement au roman de Soucy, où le motif de base de l'histoire est donné d'entrée de jeu (« Nous avons dû prendre l'univers en main mon frère et moi car un matin peu avant l'aube papa rendit l'âme sans crier gare »), chez Trouillot

---

[5] Dans le conte le bois est presque toujours un lieu 'enchanté', fermé sur lui-même et régi par une force obscure mais incontournable (Bête, loup, ogre…). Par là on comprend que le bois puisse se lire comme l'image de l'inconscient et de ses monstres.

est mis en place tout un processus de retardement qui fait que le
drame ne devient évident qu'au bout de quelques pages : « Si l'on
commence par la fin, les premiers coupables, c'est nous », déclare
le narrateur à brûle-pourpoint après quelque temps (p.15). Mais,
auparavant, le texte ne nous présente pas ce qui précède le meurtre, mais ce qui le suit. Et, plus important encore, la fuite des jeunes meurtriers, c'est-à-dire ce qui suit le meurtre et qui fera
l'objet du reste du récit, n'est pas non plus tout de suite rendue
claire en tant que telle. Tout le début est de l'ordre de l'allusion
voilée et même déroutante. Ainsi, la première phrase annonce que
les enfants commencent à « courir » (et non à « fuir ») ; et s'il y a
une « odeur », on pourrait bien s'en accommoder. Bien mieux,
avant leur départ, la première focalisation se fait d'abord sur
l'autre 'victime', la mère Joséphine, avant de prendre en considération le vrai mort et les ravages qui l'entourent, si bien que l'on
ne sait pas exactement quels sont les faits importants ni leurs causes exactes : « Endormie, elle paraissait plus morte encore que
Corazón qui gisait au centre de la pièce, le crâne ouvert, le corps
en partie caché par la commode et les chaises qu'il avait renver-
sées dans sa chute […] Tout, ou presque tout dans la maison,
s'était brisé sur le grand corps de Corazón » (pp.13 et 14).
Trouillot fait jouer, avec une grande maîtrise, son art de la distanciation, étayé ici par la perspective enfantine qui se place au-delà
du bien et du mal, ou plutôt faudrait-il dire en deçà : l'enfant narrateur ne prend aucune position morale vis-à-vis de l'acte commis
ou du moins s'il en émet une, elle le concerne à peine : le
« Personne n'a le droit d'ôter la vie » est une évidence apprise qui
ne le dérange guère (p.15).

Or, au cours du récit, on va s'apercevoir qu'il existe une
lecture à deux niveaux de l'histoire ; une lecture que nous propose
d'ailleurs le narrateur en termes explicites. Nous retrouverons à
propos de 'l'écriture' ce mécanisme de la double lecture qui est,
nous l'avons déjà annoncé, une des clés de l'interprétation de
cette œuvre, comme elle l'est également de celle de Soucy. Pour
l'instant, il s'agit de suivre le narrateur dans ses explications de la
situation. Là de nouveau l'auteur utilise une technique du retar-

dement et du déplacement, qui reporte chaque fois plus loin le point focal. Ainsi, la première proposition faite par le narrateur « la violence attire la violence » (p.21) pourrait bien être une raison suffisante à l'acte commis. C'est le jugement possible de la société qui, tout en dénonçant ce fait divers de l'horreur, se propose également de comprendre ces 'coupables innocents'. Les assistantes sociales, les juges, les médias sont prêts à trouver des excuses à cette jeunesse malheureuse, des excuses auxquelles le lecteur n'a aucun mal à adhérer en suivant le point de vue obligé d'un 'je' en somme fort touchant. Il est vrai toutefois que la compréhension de la société ne dépassera pas un certain seuil : lorsque le psychologue de service échoue à faire entrer dans le profil des cas sociaux ces jeunes délinquants sans remords ni traumatismes et que les animateurs de télévision n'arrivent pas à réaliser un scoop intéressant, la sympathie diminuera vite ; finalement ce parricide sera classé dans les annales de la ville parmi les grands « crimes de sang ». Mais comme nous l'avons déjà signalé, Trouillot ne cherche pas à nous faire entrer dans une perspective victimaire ; et le récit d'enfants est bien une autre manière de voir les choses.

De fait, le narrateur y insiste à plusieurs reprises : le père était déjà mort quand ils l'ont abattu. Mort pour eux, effacé par son manque de dignité, sa bassesse, ses mensonges. La révélation de son imposture dans la scène du garage constitue pour cela l'élément déclencheur : Corazón est traité comme quantité nulle dans le garage où il affirme travailler et lorsque les enfants découvrent par hasard sa véritable condition, tout s'écroule pour eux et la 'première mort' du père se produit alors (la « deuxième mort » ne sera sans doute qu'un ersatz pour eux) : « C'est comme si l'une des grandes statues de la place des Héros s'effondrait sur son socle » (p.36). Le Père est le héros tombé de son piédestal ; c'est cela que les enfants ne supportent pas.

Mais ce père, tout comme le personnage de Soucy, est à son tour une victime de la vie : il a été floué dans ses rêves de grandeur. Lui aussi a eu son héros, le boxeur Joe Louis, qu'il a rêvé d'égaler. Ce que le roman met en place, c'est une réaction en chaîne de la perte des héros : les enfants ont perdu leur héros, comme leur père a perdu le sien. Et comme le peuple haïtien qui n'a plus grand-chose à chercher du côté de ses héros tutélaires, les Pères de la patrie, pour cimenter ses espoirs perdus. Figurativement du moins, leurs statues pourraient bien elles aussi être tombées de leur socle sur la place du Champ-de-Mars. Il semble, en effet, que la génération actuelle a cessé de croire à cette glorification du passé, dont on trouve peu de traces, à de rares exceptions près, dans les œuvres récentes (voir De Ruyter, « Politiek en literatuur »). Mais peut-être cette génération a-t-elle tué ainsi une certaine forme d'idéal, peut-être est-elle orpheline de cette grandeur perdue, même si celle-ci n'était après tout qu'un rêve ou qu'un fantasme.

En tout cas, disons qu'en règle générale, et d'une manière plus directe et plus radicale que chez Soucy, aucune forme ou figure d'autorité ne fonctionne correctement dans le roman de Trouillot. Témoin la dérision dont le prédicateur itinérant (genre prédicateur de télévision) et la religion qu'il enseigne sont l'objet : la Bonne Nouvelle qu'il cherche à annoncer à travers la parabole des Noces de Cana est pour le moins bien écornée (dans ces Noces de Cana, ce n'est pas par bonté divine que le Christ accomplit le miracle, mais sous la pression des « mécréants » !) ; et soit dit en passant la parole de ce pasteur n'a d'ailleurs aucun effet sur des ouailles plus préoccupées par les appâts bien charnels de la jeune Mariéla, la sœur de Colin, le narrateur. Quant aux figures portant les marques de l'ordre et de la dignité sociale, elles sont figées dans leur indifférence, rendues inaccessibles par cela même, à l'image du vieux monsieur impassible assis sur le banc de la place des Héros et qui disparaît « fluide comme un fantôme », au milieu de passants pareils à « un peuple en fuite » (p.43).

Cependant, nos récits d'enfants ne s'arrêtent pas là ; il y a encore bien des ressorts, et bien des ressources, au royaume de l'enfance.

La mère absente/ la mère de remplacement

La figure paternelle est morte dans les deux récits. Qu'en est-il de la mère ? Dans les deux romans celle-ci est absente, ou du moins sa présence est en creux, sinon creuse. Chez Soucy, l'image de la mère est éphémère et elle est rattachée à un passé lointain ou enfouie dans la mémoire ; les allusions qui y sont faites dans le récit sont également éphémères ; elle est liée à des événements douloureux et effrayants, peu explicités eux non plus, mais qui pèsent encore sur le présent. En outre cette image est couplée à celle de la sœur jumelle, elle aussi disparue. L'une et l'autre figures sont donc inaccessibles, entourées d'un halo d'étrangeté (d' « inquiétante étrangeté ») et pourtant elles forment un pôle d'attraction très puissant. Dans un souvenir ou fantasme particulièrement poétique où dans « la salle de bal » du domaine sont convoquées les ombres d'une fête très nervalienne, la narratrice évoque la figure maternelle : « Au sein de la foule, je sentais autour de moi les bras d'une pute, ou d'une sainte vierge, qui fleurait bon, et qui se penchait vers mon oreille pour me dire des choses en riant d'un rire doux […] » (p.114).

Ces deux définitions de la mère ou de la femme, « la pute et la sainte-vierge » ne sont pas si provocantes ni si originales sous la plume de cette narratrice peu orthodoxe, et qui adopte une perspective enfantine non critique, même si elles choquent la société des bien-pensants. Tel rapprochement lui vaudra bien sûr « deux horions » de la part du curé du village (p.70), mais il résume les deux fonctions originelles et complémentaires de la femme, dont l'absence lui a manqué dans son enfance.

La mère chez Trouillot se trouve, elle, dans le présent, mais c'est une mère démissionnaire pour ses enfants : Joséphine « est devenue une chose transparente », est-il dit dès le début (p.13). De fait, elle est plus 'fille' que mère, en ce sens qu'elle a besoin de séduire le Père pour exister, elle ne vit qu'en fonction de cette figure et, à défaut, fait endosser au fils le rôle du Père (pour exorciser sa peur de la solitude, elle fait coucher son fils près d'elle lors des absences de Corazón). Pourtant, si elle est ignorée par sa fille qui la méprise, elle est cependant aimée par son fils, comme il l'affirme lui-même, quoiqu'elle ne vienne qu'après Mariéla, la sœur. Autrement dit, cette mère n'est pas une marâtre, elle est d'abord et avant tout elle aussi une victime de la vie, une opprimée devenue apathique. En cela elle représente bien une de ces 'non-voix' dans un monde sans espoir. Cet aspect du personnage n'est certes pas difficile à saisir et à accepter. Mais dans la perspective des enfants, incapable de les aider, elle est tout simplement inexistante : Trouillot là encore joue sur deux points de vue.

Or, tout comme dans le cas du père, si la mère est absente dans les deux récits, la figure maternelle est bel et bien présente. Il s'agit en quelque sorte de mères de remplacement ou potentielles, mais ces figures, à l'encontre de celles des pères, sont cette fois-ci connotées positivement. De fait, c'est surtout Mariéla qui assume pleinement la fonction de remplacement, tandis que la narratrice de Soucy devient à la fin véritablement mère, mais en quelque sorte par inadvertance, comme il a été signalé plus haut. Mariéla est sans doute d'abord une nouvelle Électre, qui avec Colin-Oreste reforme le couple mythique, à forte charge psychanalytique, pour désigner l'éternel roman familial (bien que par rapport au modèle classique leurs rôles soient ici renversés, ou peut-être rétablis dans leur configuration originelle). Mais dans l'économie du récit elle se présente surtout comme la sœur protectrice et maternelle dont la littérature, et parfois la vie, nous ont fourni certains exemples. C'est en tout cas ici un très beau rôle ; elle incarne à merveille « la sainte vierge et la pute » dont parlait le 'je' de Soucy, et même d'une manière encore plus radicale. En effet, elle s'occupe de son petit frère avec un grand sens de la responsabilité et une sollicitude toute maternelle, en même temps qu'elle utilise sans complexe ses charmes de jeune femme, se vendant à l'occasion quand la nécessité la pousse, mais se donnant aussi pour son seul (bon) plaisir.

Toutefois, ces figures de femme ne sont pas complètement cernées par ces caractérisations personnelles et sociales, car, le récit y revient à plusieurs reprises, il est assez vain de les définir trop strictement en fonction de leur sexe autant que de leur âge.

Ainsi Mariéla, en dépit de toute sa féminité, apparaît comme un enfant presque viril aux yeux du père. Certes, il est possible de concevoir le meurtre précisément comme la preuve de son sexe, de l'amour déçu de la fille envers le père – autrement dit, d'un épisode du 'roman familial'. Mais le narrateur le dit clairement, Corazón l'aimait comme un fils : « [s]on fils, c'était elle », plutôt que le petit Colin faible et souffreteux (p.78). En tout cas Mariéla, est forte, même physiquement, comme elle le prouve dans la scène du meurtre ; et elle fonce dans la vie sans tergiversations : « Elle seule possède assez de force pour faire face, décider. Elle est prête à payer le prix » (p.38). Voilà toutes qualités qui de longue tradition (littéraire) servent à dessiner des types masculins d'envergure – quoiqu'on ne manque pas non plus de portraits de femmes fortes et la littérature antillaise en particulier peut nous en fournir des exemples probants[6]. Quoiqu'il en soit, fils-fille, enfant-femme, qui apprend rapidement à devenir adulte dans le milieu et les circonstances dans lesquels elle vit : la perception enfantine ne s'embarrasse pas de ces catégories, qui sont ici mélangées pour faire place à une figure multiple et comme telle pourtant sorte de figure idéale.

Mais le personnage le plus kaléidoscopique est certainement le 'je' narrateur de *La Petite fille qui aimait trop les allumettes*. Comme on le sait, au début le 'je' se désigne comme « fils ». Non que le lecteur hésite longtemps sur son sexe véritable. En effet, sa féminité n'est pas en cause, comme le prouve, entres autres, l'allusion assez lourde dans sa cocasserie même au complexe de castration de la fille, castration amalgamée d'ailleurs aux signes de la menstruation : la cicatrice mal fermée qui lui a fourni parfois assez de sang à jeter à la figure des gens ! Mais la reconnaissance de son sexe est le fait du regard extérieur : d'abord celui du Père (le Tout-Puissant qu'il faut bien croire) qui la nomme au masculin contre les affirmations de l'ingénieur des mines, « le fiancé » de ses rêves, avec lequel elle se révèle bien

---

[6] En ce qui concerne la littérature caribéenne d'expression française, un bel exemple de femme forte nous est donné avec le personnage principal, Marie-Sophie Laborieux, de *Texaco* de Patrick Chamoiseau.

féminine. En somme, ce 'je' est un peu ce qu'on veut faire d'elle/de lui ?. De plus, il/elle ne s'en préoccupe pas outre mesure ; du moins en apparence. Il en est de même pour l'âge : petite fille – bien petite avec son complexe préœdipien – elle est en même temps indéniablement jeune fille. De nouveau ici le brouillage des catégories est significatif d'une perspective non fixatrice. Et peut-être également du schématisme propre au conte.[7]

Sauvés par la parole ?
'Last but not least', c'est finalement le fonctionnement de l'instance narrative qui va porter les significations ultimes, et nous faire découvrir le fin mot de l'affaire.

Point commun aux deux œuvres : dans les deux cas, le récit du narrateur est la conséquence d'un ordre donné. Il s'agit plutôt d'un quasi ordre chez Trouillot. C'est la sœur qui incite son jeune frère à raconter leur histoire. Situation paradoxale car il est noté à plusieurs reprises que Mariéla, elle, sait s'exprimer et que même elle écrit avec facilité (elle faisait les rédactions scolaires de Co-lin), alors que le petit garçon n'a aucun don en ce domaine. Or, dans le récit Mariéla n'a à aucun moment droit à la parole directe ou écrite ; tout juste, de façon sporadique, à quelques paroles rapportées. Pourtant c'est elle l'instance première qui déclenche cette parole. A la fin il est rapporté cette phrase insistante qu'elle aurait répétée à deux reprises : « Si tu dois raconter essaie d'en faire une belle histoire », « ne leur dis rien à moins d'en faire une belle histoire », intime-t-elle à son frère (pp.133 et 135). Mariéla, qui par l'imminence de sa condamnation et de sa réclusion va être réduite au silence, délègue ses pouvoirs dans l'urgence. Sans

---

[7] Il est sans doute temps de rappeler que ces deux romans illustrent à merveille les théories de Marthe Robert sur le roman. Sur la quatrième de couverture de son livre on peut lire ces assertions de l'auteur: « A strictement parler, il n'y a que deux façons de faire un roman: celle du *bâtard* réaliste, qui seconde le monde tout en l'attaquant de front ; et celle de *l'enfant trouvé*, qui, faute de connaissances et de moyens d'action, esquive le combat par la fuite et la bou-derie »: le roman de Soucy correspondant à la catégorie de « l'enfant trouvé », tandis que celui de Trouillot s'insère bien dans celle du « bâtard ». *Roman des origines et origines du roman*, Paris, Gallimard, repris des eds. Grasset, 1972.

doute vaudrait-il mieux se taire pour éviter les déformations in-évitables ; celle qui sait ici le mieux manier les mots s'en méfie[8]. Mais peut-on vraiment les arrêter ? Ceux qui ne cessent de se répandre ? et ceux de son frère en particulier ? Envers la parole le récit porte les marques d'une certaine méfiance en même temps que la conscience de son cours irrémédiable.

Pour la narratrice de Soucy la question est a priori plus claire, car raconter est ici un ordre du Père. Ce dernier confiait à tour de rôle la fonction de « secrétarien » à ses enfants. Le fils se dérobe plus ou moins à ce devoir, mais la fille lui est fidèle. Que signifie cet ordre ? S'agit-il de noter les détails de leur vie comme pour un devoir de mémoire ? Ou ne serait-ce pas plutôt la forme ironisée et déformée des Tables de la Loi (non) dictées par Dieu à un Moïse à l'autorité comme au sexe incertains, et qui nous sont ré-vélées sous une forme très peu sacrée ni convaincante en tant que règles de vie ? Là aussi la motivation de cette parole est assez vague ; en demeure à la lecture surtout la liberté d'expression propre à l'enfant.

Or, pour d'autres raisons encore, ces récits d'enfants ne vont pas tout à fait de soi : la crédibilité du genre est parfois mise en cause. Certes, il faut toujours tenir compte des conventions du roman, de l'ingérence auctoriale inévitable. Le ton général des deux romans, nous l'avons dit, se veut naïf, dépourvu d'effets moralisants, détaché. Mais si chez Soucy on peut à la rigueur ac-cepter comme trouvailles d'enfants tous les jeux de mots dont le récit est tissé (pléonasmes, déformations, mots-valises, etc.), si la formulation se veut enfantine, certaines réflexions le sont moins – on passe à un autre niveau par exemple avec l'amorce de la belle méditation sur la douleur (p.152) –, les dérogations sont parfois plus criantes chez Trouillot. On n'en veut pour preuve que la scène des rails où, durant le prêche du pasteur ambulant, l'ouvrier

---

[8] Il est intéressant de constater que dans le roman précédent de Trouillot, *Thé-rèse en mille morceaux* (2000), la jeune héroïne éponyme nous est surtout connue par diverses 'voix', celles de l'entourage, du passé ou celles de lettres anciennes. Cette figure féminine de la liberté, qui va s'évader vers la liberté, n'a pas droit non plus à la parole. Silence significatif !

voudrait bien violer Mariéla : le jeune narrateur nous offre alors
une analyse très adulte du désir de l'homme (p.81). Mais on ne
saurait crier à la maladresse : il serait dommage pour le lecteur de
perdre ces ruptures d'unité de ton[9]. En fait, les deux œuvres
jouent aussi sur un brouillage du temps de la narration et de
l'instance narrative.

Rien n'est moins sûr, en effet, que le récit du narrateur des
Enfants des héros soit celui du petit garçon de l'histoire, en dépit
de l'effet de rapprochement qui est créé. De fait, il s'agit d'un
récit après coup, comme on l'apprend par une petite phrase, à
peine soulignée, de la fin : « il y a des jours ou des années depuis
que cela s'est passé » (p.135). « Des jours et des années »:
l'hésitation est significative. Tout d'un coup, au détour de cette
phrase, l'identité du narrateur est remise en cause : qui dit cela ?
On ne sait plus exactement, en effet, si l'on est en face d'une reconstitution du narrateur devenu adulte ou alors de celle faite en à
peine différé, mais dans ce cas-là sans doute par un autre, ou par
d'autres. Or, ces autres sont là ; ce sont les copains du narrateur,
ceux qui vont enregistrer l'histoire 'sans commentaire', la recevoir en symbiose sympathisante, et finalement la retransmettre
comme telle : « Eux n'ont pas insisté. Ils ont préféré faire comme
si la vérité n'existait pas ou n'avait aucune importance, et sont
partis en sifflotant, sans faire le moindre commentaire » (p.112).
De fait, et c'est là le point important, il s'agit d'un récit de transmission, non pas écrit, c'est à souligner, mais oral (nous sommes
dans un pays de tradition orale), raconté par plusieurs voix, à des
sympathisants, à des opposants (« les gendarmes »), à des récepteurs encore moins définissables « des gens qui n'existent pas »
(p.135). Il en résulte que ce récit s'est forgé à plusieurs niveaux,

---

[9] On pourrait faire à ce propos un rapprochement avec *L'Etranger* de Camus:
comme chez Camus, il existe un effet de rapprochement maximum de la narration, écriture minimale, presque « écriture zéro », qui fonctionne toutefois
d'une façon plus convaincante chez Camus que chez Trouillot. Mais dans les
deux œuvres il y a dérogation à la convention choisie. On a remarqué que dans
L'Etranger la seconde partie relève plus du réquisitoire que du journal intime,
ce qui est souligné par la montée de la colère chez le narrateur/protagoniste et
la charge de la fin (« les cris de haine » désirés).

mais peut être également reçu à plusieurs niveaux. Comme on l'a déjà signalé, on peut distinguer au moins deux niveaux de lecture : celui que la narration inscrit d'abord clairement dans sa trame, en particulier celui du jugement social solidement constitué, mais aussi un autre, entraîné en quelque sorte par la structure du déplacement du sens, et qui se profile par dessous. Il semble même que la force de cette œuvre est de prendre constamment en charge ces deux possibilités de lecture. On ne peut en effet faire fi du premier niveau qui nous est tellement familier, ancré qu'il est dans l'ordre de la Loi et des lieux communs. Outre les sentences justicières, le texte nous offre en extra le cliché des touristes américains pleins d'enthousiasme d'avoir découvert ce couplage typique à leurs yeux de la beauté des tropiques et de leur misère : et de prendre en photo(s) le petit couple de miséreux sur fond panoramique… (p.124). En somme, le récit avec ses brouillages nous tiraille entre ces deux approches du monde, mais tente aussi, à chaque fois, de nous arracher à la doxa pour laisser passer ce murmure fragile à voix multiples, un murmure qui semble d'ailleurs être sans fin, et qui est bien celui de ceux privés du droit à l'expression.

Pour la jeune narratrice de *La Petite fille qui aimait trop les allumettes* il n'y a pas de prime abord d'hésitation sur l'instance narrative. Par contre, le temps de la narration va à un moment donné faire problème et entraîner par contrecoup une interrogation sur la démarche du 'je'. Au début, pourtant, le 'je' paraît avoir bien les rênes de sa narration en main : il est souvent indiqué avec précision à quel moment la narratrice prend et reprend son écriture. Seulement, voilà que tout va se dérégler au moment où le grand incendie allumé par Frère va provoquer la disparition ultime, « le grand sacrifice que je m'apprête à accomplir » (p.171). Or, première dérogation aux règles ordinaires de l'écriture, la narratrice se demande si elle va brûler son « grimoire » en même temps que « la planchette » qui en est le support. Mais, qui plus est, on apprend au moment ultime que le 'je' 'n'a écrit tout le temps que la lettre "l" ; il s'agit donc véritablement d'« un grimoire » qu'elle est donc la seule à comprendre (pp.175-176). A partir de là se déclenche le grand jeu, cher aux lacaniens, du signifiant/signifié ; un jeu qui garde tout son charme sous la plume de Soucy. Car le « l », c'est évidemment le 'elle'. Si la narratrice écrit, ce n'est donc pas pour expliquer et organiser le monde extérieur, mais plutôt pour essayer de (re)trouver ce 'elle', autrement dit et d'abord la Mère. Nous sommes passés dans les zones de l'inconscient où le sujet recherche cette figure englobante originaire, non tant, semble-t-il, dans le processus d'identification propre au narcissisme primaire, au fameux 'stade du miroir', mais plutôt pour se perdre en elle, s'annuler. Et si ce 'elle' pouvait être la sœur jumelle, cette autre figure du même et de l'autre, de l'alter ego, ne fonctionne pas non plus car elle est avant tout liée à la destruction. C'est elle qui paraît être la petite fille aux allumettes, l'incendiaire de l'origine et de la construction identitaire. Nous ne lisons donc pas une histoire élaborée par la conscience claire, car elle se trame dans les profondeurs du moi, dans les profondeurs préhistoriques où le conte, et c'est son apanage, nous mène. Le fonctionnement narratif, désigne d'ailleurs ce niveau par ses manques, ses omissions à chaque allusion faites à ces figures enfouies dans l'imaginaire, révélant ainsi 'le trou' dans lequel s'engouffrer. D'ailleurs, si trou il y a, il est d'importance, car la barre de séparation entre l'ordre de l'intelligible et de l'inconscient a été détruite avec la destruction par le feu de la planchette. « Un mariole tomberait-il sur ce grimoire qu'il n'y pourrait d'ailleurs comprendre rien » et « j'entends tous ces mots dans mon chapeau » nous donnent assez la mesure de l'entreprise (pp.175 et 176). Tout ce que l'on lit renvoie à autre chose que ce qui est écrit, l'écriture sert ici d'écran à une histoire cachée et finalement indicible, en fin de compte celle de fantômes de la nuit. On voit que par un autre biais, par la grâce du conte en particulier, on rejoint les doubles niveaux de Trouillot : le caché, l'indicible, là aussi, peut se lire comme la métaphore d'un malaise d'être tant pour l'individu que pour la personne sociale.

Ici l'histoire se termine encore plus mal, en tout cas d'une façon encore plus radicale que chez Trouillot, puisque le feu va tout détruire. Et il ne restera en fin de compte rien de ces tentatives de révélation. Il y a pourtant un épilogue à tout cela. Le feu dans la polarité de son symbolisme, s'il est destruction peut signifier aussi résurrection ; la débâcle imminente pourrait bien être aussi le chambardement de la naissance, car au moment de l'anéantissement final, l'enfant va naître. Et le 'je' se « prend[s] à rêver au renouveau » (p.177). Rien n'affirme bien sûr que ce rêve prendra consistance, mais il ouvre sur une autre perspective possible. Ici ce sont de nouveau les conventions du conte, disons ses conventions de lecture, qui confortent la double possibilité. Car le conte, on le sait, fait souvent l'objet de lectures différentes, soit qu'on n'en retienne que la fin catastrophique (la lecture sérieuse de l'adulte qui se concentre surtout sur la mort – celle de la petite fille aux allumettes, ou du Petit Chaperon rouge ...– soit que l'on ait besoin de la fin heureuse, plus irréelle souvent – lecture de l'enfant rêvant à la petite marchande d'allumettes emportée dans les nuées chaudes et maternelles ou de la petite victime sortant du ventre du loup).

Dans notre récit cette dualité existe aussi. Précisons, avant de conclure, de quoi serait fait ce renouveau : c'est assez significatif. Avec l'enfant, que la narratrice imagine au féminin, elle referait un monde clos : « Nous formerions une grande famille à nous deux toutes seules » (p.177) ; une communauté où se produirait une sorte d'osmose entre les deux. On comprend aisément que la nouvelle petite fille deviendrait un nouveau reflet d'elle-même, remplaçant la sœur jumelle : la poésie baudelairienne du « mon enfant, ma sœur » nous berce de son rythme. Et sans doute le 'je' pourra-t-il enfin se reconnaître comme sujet en existant dans et par l'échange affectif. Et aussi intellectuel : installées ensemble dans les restes de la bibliothèque, elles passeraient leur temps à lire, à s'enivrer d'histoires. Le temps de l'écriture trop solitaire est ainsi remplacé par celui de la lecture. Du coup, nous repassons de l'autre côté de la barre – il vaudrait mieux dire qu'on se tient à la frontière entre le dessus et le dessous, ce qui est au fond la position normale, et privilégiée. Le « 1 » devient alors celui de la 'Lettre' et celui de la 'Lecture'. Du côté du symbolique nous attendent de nouveau l'ordre de la codification comme de l'échange social qui attirent et bloquent à la fois le désir du lecteur de 'déchiffrer' le signe, de s'approprier le sens. Ici, il y a comme un redoublement de la recherche et de l'échange dans le bonheur partagé de la lecture à deux. Lecture qui devient un processus ouvert, « un rapport nouveau et inventif au monde, une capacité à affronter l'inconnu »[10].

On se trouve donc face à deux textes qui permettent différents niveaux d'approche. Le premier niveau nous confronte à ce qui est donné dans la construction narrative, tandis que le second nous entraîne à saisir la portée de l'indicible et d'un ailleurs. Leur métaphorisation, mais il faudrait mieux dire leur métonymisation, ne se fait vraiment que dans ce balancement auquel renvoient les conventions du récit d'enfants, sur lesquelles se greffent celles du conte et du récit oral. Ces deux œuvres nous disent dans des registres différents leur opposition à la vision réaliste souvent restrictive et même annihilante dans la recherche ou le rêve d'un monde meilleur, à l'oppression déclenchée par la kyrielle de lieux communs, clichés et doxa en général, sans parler évidemment de l'oppression plus directement politico-sociale qui apparaît tout le temps en arrière-plan, et d'une façon évidente dans l'œuvre de

---

[10] Nathalie Roelens, *Le Lecteur, ce voyeur absolu*, Amsterdam, Rodopi, 1998, p.412. Dans son analyse très pertinente de l'expérience de lecture, Nathalie Roelens montre bien combien le désir de s'approprier le sens est vain et fallacieux. De fait, le lecteur a beau s'investir dans l'œuvre, le texte lui résiste toujours, le renvoie à ses propres limites et le met en face d'un illisible, d'un inappropriable à respecter. « L'expérience de lecture aurait alors non pas pour effet de dessiller les yeux du sujet et de lui faire recouvrer une clairvoyance, un savoir ou une maîtrise du sens, mais de le rendre vigilant, sensible à la survenue de l'autre, disponible face à l'imprévu [...] » (p.412). C'est un ébranlement identitaire du sujet qui va de pair avec la découverte « d'une altérité qui le regarde, l'interpelle, le surprend » (id.). Pareille analyse pourrait bien s'appliquer à ce désir de lecture émis par la narratrice de Soucy, même si cela n'est pas explicité dans le texte. Et si l'on suit N. Roelens pour qui il n'y a pas de clivage entre lecture textuelle et lecture tout court (d'une image, du monde, d'un corps désiré, etc.), nous saisirons mieux l'impact d'une telle entreprise.

Trouillot. Sans pour autant prôner une vision pessimiste, les deux romans remettent donc en question de valeurs et de savoirs trop communément acceptés. Mais s'ils ne cherchent pas à apporter de solutions de rechange, serait-ce de l'ordre du rêve et de l'imaginaire, ils laissent pourtant, chacun à sa manière, une porte ouverte et nous parlent aussi et finalement, selon le mot de la fin lancé par la narratrice de Soucy, des « martyre[s] de l'espoir » (p.180).

Bibliographie

Gaétan Soucy, *La Petite fille qui aimait trop les allumettes*, Montréal, Boréal, 1998.
Lyonel Trouillot, « Haïti 90 : l'esthétique du délabrement », *Notre Librairie*, no 133, 1998.
Lyonel Trouillot, *Thérèse en mille morceaux*, Paris, Actes Sud,, 2001.
Lyonel Trouillot, *Les Enfants des héros*, Paris, Actes Sud, 2002.

Régis Antoine, « Le réalisme merveilleux dans la flaque », *Notre Librairie*, no 133, 1998.
Kathleen Gyssels, « Les Enfants des héros », compte-rendu in *Apela*, n°13, juin 2002. Voir « www.apela-asso.net ».
Marloes Poiesz, « La fonction de l'enfant dans *Le Souffle de l'Harmattan* de Sylvain Trudel, *C'est pas moi, je le jure* ! de Bruno Hébert et *La Petite fille qui aimait trop les allumettes* de Gaétan Soucy », mémoire de fin d'étude pour l'obtention du grade de maître ès arts, fait sous la direction de J.M.M. Houppermans et présenté à l'Université de Leyde (NL) en mai 2002.
Marthe Robert, *Roman des origines et origines du roman*, Paris, Gallimard, 1972.
Roelens, Nathalie, *Le Lecteur, ce voyeur absolu*, Rodopi, coll. « Faux Titre », Amsterdam, 1998.

Danièle de Ruyter-Tognotti, « Haïti : de hedendaagse literatuur van Haïti geconfronteerd met de 'grote Overleden Doch-Eeuwig-Voortlevende dictator' », in *Rapsoden & Rebellen*, Sjef Houppermans, Remke Kruk & Henk Maier (reds.), Amsterdam, Rozenberg, 2003.

Liste des auteurs

Jan Baetens est professeur de lettres à l'Université Catholique de Louvain ; jan.baetens@arts.kuleuven.ac.be

Christine Bosman Delzons a fait une maîtrise de lettres à l'Université de Leyde ; clarc@tiscali.nl

Sjef Houppermans est professeur de littérature moderne à l'Université de Leyde ; j.m.m.houppermans@let.leidenuniv.nl

Mariska Koopman-Thurlings est professeur de lettres à l'Université Radboud de Nimègue ; m.koopman@let.ru.nl

Holden Lievestro a fait une maîtrise de lettres à l'Université de Leyde ; holden_lievestro@yahoo.fr

Aline Mura-Brunel est professeur de lettres à l'Université de Pau ; almura@club-internet.fr

Marloes Poiesz est assistante à l'Université Laval à Québec ; marloespoiesz@videotron.ca

Cora Reitsma-La Brujeere a fait un doctorat de lettres à l'Université de Leyde ; reitsma@xs4all.nl

Danièle de Ruyter-Tognotti est professeur émérite de l'Université de Leyde ; d.m.n.de.ruyter-tognotti@umail.leidenuniv.nl

Richard Saint-Gelais est professeur de lettres à l'Université Laval à Québec ; Richard.St-Gelais@lit.ulaval.ca

Fieke Schoots a fait un doctorat de lettres à l'Université de Leyde ; F.Schoots@library.leidenuniv.nl

Annelies Schulte Nordholt est professeur de lettres à l'Université de Leyde ; a.e.schultenordholt@planet.nl

Christa Stevens est professeur de lettres à l'Université d'Utrecht ; c.stevens@rodopi.nl

Jeanette den Toonder est professeur de lettres à l'Université de Groningue ; j.m.l.den.toonder@let.rug.nl

Jorden Veldhuijsen a fait une maîtrise de lettres à l'Université de Leyde ; jordenv@lycos.nl

Dominique Viart est professeur de lettres à l'Université Lille 3 ; dominique.viart@univ-lille3.fr

Frank Wagner est professeur de lettres à l'Université de Namur ; frank.wagner@fundp.ac.be

Sabine van Wesemael est professeur de lettres à l'Université d'Amsterdam ; S.M.E.vanWesemael@uva.nl